> 时下，我国正处于全面建设小康社会的关键时期，经济体制正经历着深刻变化，社会利益格局因之而发生深刻的调整，人们的思想观念也因之而发生复杂的变化。如是说，处于转型时期的中国社会，正进入了一个社会结构变化、社会问题增多、社会矛盾复杂、社会风险犹存的特殊时期。此时此期，如何实现社会顺利地转型？怎样促进现代化的持续发展？如何正确处理人民内部矛盾？……该书作者希冀从理论与现实的角度为当前形势下正确处理人民内部矛盾提供建设性意见。

解放军外国语学院博士文库

转型时期群体文化和谐研究

ZHUANXING SHIQI QUNTI WENHUA HEXIE YANJIU

李丽华 著

中国社会科学出版社

图书在版编目（CIP）数据

转型时期群体文化和谐研究/李丽华著.—北京：中国社会科学出版社，2009.4
ISBN 978 - 7 - 5004 - 7714 - 3

Ⅰ.转… Ⅱ.李… Ⅲ.群体社会学：文化社会学—研究 Ⅳ.C912

中国版本图书馆 CIP 数据核字（2008）第 058188 号

策划编辑	卢小生（E-mail：georgelu@vip.sina.com）
责任编辑	卢小生
责任校对	郭　娟
封面设计	杨　蕾
技术编辑	李　建

出版发行	中国社会科学出版社		
社　　址	北京鼓楼西大街甲 158 号	邮　编	100720
电　　话	010 - 84029450（邮购）		
网　　址	http://www.csspw.cn		
经　　销	新华书店		
印　　刷	北京新魏印刷厂	装　订	丰华装订厂
版　　次	2009 年 4 月第 1 版	印　次	2009 年 4 月第 1 次印刷
开　　本	710×1000　1/16	插　页	2
印　　张	21.5	印　数	1—6000 册
字　　数	355 千字		
定　　价	40.00 元		

凡购买中国社会科学出版社图书，如有质量问题请与本社发行部联系调换
版权所有　侵权必究

序

概阅近些年有关构建社会主义和谐社会的理论文章和学术论文，我注意到大多数学者几乎都把研究兴趣集中在和谐社会的特质及和谐社会内部运行机制的探究方面，而对和谐社会的诸种和谐元素及其不同社会群体间何以维护甚或创建和谐等问题的关注似乎不甚倾注。尤其对于不同社会群体间如何达至文化内质层面的和谐探究，还关涉未深。不同群体之间如何在文化内质方面实现相互包容、协调运作、消解冲突、动态平衡，形成有益于和谐社会良性运行的长效机制，这既是一个亟待在理论上予以澄清的问题，也是一个亟待在实践上辅以指导的问题。

时下，我国正处在全面建设小康社会的关键时期，经济体制正经历着深刻变革，社会利益格局因之而发生深刻调整，人们的思想观念也因之而发生复杂的变化。如是说，处于转型时期的中国社会，正进入了一个社会结构变化、社会问题增多、社会矛盾复杂、社会风险犹存的特殊时期。此时此期，如何实现社会顺利地转型？怎样促进现代化的可持续发展？如何正确处理人民内部矛盾？现代化过程中怎样发挥文化的作用等诸多问题是我国目前面临的紧迫问题。我国学界各路学者虽曾从不同的视阈对前述问题有过论及或探究，但从文化尤其是群体文化的角度切入人民内部矛盾问题的研究却不多见。李丽华博士敏锐地捕捉到这一瞬间即逝的理论直觉，将其作为博士学位论文的立论主旨，希冀从理论与现实的角度为当前新形势下正确处理人民内部矛盾提供建设性意见。这一选题具有重要的理论价值和实践价值。

毫不夸张地讲，当下学界探究群体文化和谐的著述尚显零散，标志性的成果甚微。形成这一局面的原因主要有二：一是群体文化现象尚未呈现时尚或流行文化态势，它还只是处在客观事实或客观实在的本体状态，人们能真切地感觉到它的存在和影响，但人们尚未能直接体验它的影响的深刻性和置变性，这一现象尚且还只是定格在少数学者的文化思维中。二是学界关于群体文化和谐事实的价值断定还存在标准认同和逻辑定格的纷争中，人们对这一事实的上位概念与下位概念间的逻辑关联的认识还有待达成共识。究竟应该在何种语境里寻求探究路径，以致实现解决现实矛盾的理论诉求，这不仅构成了本书的研究旨趣，而且构成了本书独辟新径的学术境界。

作为一部旨在攀越高层面学术境界的探索性研究论著，该书意欲在群体文化和谐视阈里对人民内部矛盾的缘起、群体文化失衡、群体文化和谐的功能以及实现转型时期群体文化和谐的途径等理论和实践问题进行学理性梳理，力图给出令人信服的理论诠释和路径引导。在作者看来，转型时期新产生的社会矛盾带有新时期的独特背景，并具有新的特点，不能用传统的眼光来对待，也不能以旧式方法进行处理。因此，分析当前的社会矛盾和冲突不能仅仅停留在矛盾的表面，应该透过矛盾的单一表象看到矛盾的复杂内在。当前我国新型人民内部矛盾的产生不仅有表层的客观物质原因，而且还隐含内在的文化原因。文化因素，主要是群体文化之间的差异、分歧、摩擦和矛盾成为引发群体间矛盾和冲突中的一个重要影响因素，它容易引发冲突意识、激化冲突行为。从文化和谐角度关注群体文化关系，继而推动各群体关系的和谐发展，一定意义上为各群体间人民内部矛盾的缓和、解决提供可行与可能的参考。归纳起来，该书具有如下特点：（1）研究视角独到。作者把文化视域取向引入转型期人民内部矛盾问题的研究，用文化的眼光审视新时期社会矛盾的缘起与置变，在标志群体文化和谐的路径时，没有拘泥于学界已有的现成结论，而是尽可能完整地表明自己的认识思路，从理论与现实有机结合的价值维度，比较全面而系统地阐述了群体文化和谐的功能以及通过群体文化和谐达致正确处理人民内部矛盾的各种有效路径，为人们基于文化和谐情境下的社会和谐研究指明了宽阔的认识路线。（2）论点富有新意。该书通篇闪现着许多学术新观点，对于人们深化关于思想政治教育的认识和研究具有重要的导向意义。作者在书中提出的从群体文化和谐角度促进人民内部矛盾的解决、通过深刻解析群体文化失衡的原因以其寻求实现群体文化和谐的最佳路径的求证，充分体现了作者敢于创新的思维能力和理论勇气。（3）实践价值鲜明。总览全文，作者在检视群体文化和谐传统话语的同时，力图勾勒出具有浓郁时代气息和鲜明实践价值的思想政治教育学语境。这不仅增强了思想政治教育学研究的学理旨趣，而且对于我国转型时期群体文化和谐建设具有重要的政策咨询价值。

从文化视阈的角度考量或探讨思想政治教育领域的问题，渐成学界学术新风尚。盛兮福兮，自有时日定论。但我相信，李丽华博士的《转型时期群体文化和谐研究》一书的出版，会引发越来越多研究者对思想政治教育文化理论更丰富的学智思考，也必将会获得更引人注目的研究成果。

是为序。

秦在东
2008 年 11 月

目　录

第一章　导论 / 1
一、问题缘起与研究意义 / 1
　（一）问题缘起 / 1
　（二）研究意义 / 7
二、相关研究的检视与分析 / 8
　（一）关于群体文化和谐、文化和谐、和谐文化的研究 / 8
　（二）关于群体文化的研究 / 14
三、转型时期群体文化和谐研究的概念界定 / 17
　（一）文化与群体文化 / 17
　（二）和谐与群体文化和谐 / 24
　（三）社会转型与转型时期群体文化和谐 / 28
四、研究路径、框架与研究方法 / 29
　（一）研究路径 / 29
　（二）论文框架 / 30
　（三）研究方法 / 31

第二章　群体文化和谐思想的历史梳理 / 33
一、中国群体文化和谐思想考察 / 33
　（一）中国古代群体文化和谐思想 / 33
　（二）中国近现代群体文化和谐思想 / 57
二、西方群体文化和谐思想探析 / 61
　（一）古希腊群体文化和谐思想 / 61
　（二）西方近现代群体文化和谐思想 / 67
　（三）空想社会主义的群体文化和谐思想 / 72
三、马克思主义群体文化和谐思想考察 / 75

（一）马克思、恩格斯的群体文化和谐思想 / 75
　　（二）列宁的群体文化和谐思想 / 80
　　（三）毛泽东的群体文化和谐思想 / 83
　　（四）邓小平的群体文化和谐思想 / 87
　　（五）江泽民的群体文化和谐思想 / 89
　　（六）胡锦涛的群体文化和谐思想 / 92

第三章　转型时期群体文化关系的现实观照 / 95
　一、选取几种群体文化关系研究的说明 / 95
　　（一）群体关系与群体文化关系 / 95
　　（二）转型时期几种突出的群体关系与群体文化关系 / 98
　二、几种群体文化关系的现实观照 / 103
　　（一）农民群体文化与市民群体文化关系的现实分析 / 103
　　（二）先富群体文化与贫困群体文化关系的现实分析 / 130
　　（三）干部群体文化与群众群体文化的现实分析 / 154

第四章　转型时期群体文化失衡的思索 / 167
　一、转型时期群体文化失衡的现实背景 / 167
　　（一）中国现代化的客观进程 / 167
　　（二）中国社会发展的深刻变化 / 172
　　（三）中国文化转变的宏观景象 / 177
　二、转型时期群体文化失衡的原因分析 / 181
　　（一）文化变革中相关因素的不协调 / 181
　　（二）文化转变与社会发展的不同步 / 185
　　（三）权利诉求与权力保护的张力 / 189
　　（四）自由扩展与现实发展的差距 / 196

第五章　转型时期群体文化和谐的理念探讨 / 202
　一、转型时期群体文化和谐的理念 / 202
　　（一）平等互信理念 / 202
　　（二）公平正义理念 / 210
　　（三）和而不同理念 / 216

目　录

　　（四）中和适度理念 / 218
　　（五）沟通平衡理念 / 221
　　（六）协调共促理念 / 224
　　（七）亲和宽容理念 / 227
　　（八）团结友爱理念 / 230
　二、转型时期群体文化和谐理念的简评 / 235

第六章　转型时期群体文化和谐的功能及其特点 / 237
　一、转型时期群体文化和谐的功能 / 237
　　（一）推进社会积极发展，有益于群体稳步前进 / 238
　　（二）保证人的顺利发展，有助于群体文化进步 / 245
　　（三）促进文化良性发展，有利于和谐文化建设 / 252
　　（四）保障经济良好发展，有利于社会主义和谐社会构建 / 259
　二、转型时期群体文化和谐功能的特点 / 265
　　（一）复合性与多向性 / 265
　　（二）间接性与直接性 / 266
　　（三）特殊性与一般性 / 267
　　（四）重要性与有限性 / 268

第七章　转型时期群体文化和谐的实现 / 270
　一、观念转变：转型时期群体文化和谐实现的前提 / 270
　　（一）从片面的发展观念转变为协调的发展观念 / 271
　　（二）从自我发展的观念转变为共同发展的观念 / 272
　　（三）从孤立发展的观念转变为和谐发展的观念 / 273
　二、客观保障：转型时期群体文化和谐实现的条件 / 275
　　（一）物质基础丰富发展 / 275
　　（二）制度安排合理有效 / 282
　三、群体发展：转型时期群体文化和谐实现的基础 / 289
　　（一）促进合理的群体结构形成 / 289
　　（二）引导群体文化的良性发展 / 296
　四、价值引领：转型时期群体文化和谐实现的关键 / 306
　　（一）以公民精神为基础，促进转型时期群体文化和谐的实现 / 306

(二)以社会主义核心价值体系为指导,促进转型时期群体文化和谐的实现 / 311

(三)以和谐理念为取向,促进转型时期群体文化和谐的实现 / 315

参考文献 / 319

后记 / 336

第一章 导论

一、问题缘起与研究意义

(一) 问题缘起

研究转型时期群体文化和谐问题主要基于以下几个方面的考虑:

1. 现实缘起

(1) 探求解决当前中国社会人民内部矛盾的现实需要

当前中国社会人民内部矛盾比较突出。改革开放以来,现代化的发展引起了人和社会存在方式的深刻变革;社会流动空前加快,原有群体开始松动、分化,新的群体开始产生、形成,社会结构也发生了变化;利益调整、地位变化引起群体分化和观念重构的过程,也是出现差异、分歧、摩擦、矛盾甚至冲突的过程,个体之间、群体之间、个体与群体之间的矛盾不断出现。据2002年学者对城市居民的调查,城市居民对现在各个阶层之间存在利益冲突程度的判断中,只有4.7%的人认为各个阶层之间"没有冲突",而95.3%的人认为各个阶层之间不同程度地存在着冲突。认为冲突程度较为严重的(认为"有较多冲突"和"有严重冲突"的人)已经高达32.5%。[1] 人民内部矛盾还显示出新的特点,具有明显的群体性。调查显示,贫富之间的矛盾冲突排名第二,干群之间的矛盾排名第三,农民和市民之间的矛盾排名第七。[2] 由此可见,出现在先富群体和其他群体(尤其是贫困群体)之间、干部群体和群众群体之间、农民群体和市民群体之间的矛盾日益突出,成为现代化发展应着力关注并努力解决的问题。

---

[1] 李培林、张翼、赵延东、梁栋:《社会冲突与阶级意识——当代中国社会矛盾问题研究》,社会科学文献出版社2005年版,第91页。

[2] 同上。

新产生的社会矛盾带有新时期的独特背景，并具有新的特点，不能用传统的眼光予以视立，当然也不能以旧式方法进行处理。因此，分析当前的社会矛盾和冲突不能仅仅停留在矛盾的表面，而应该透过矛盾的单一表象看到矛盾的复杂内在。人民内部矛盾表现的群体性特征，更促使我开始思考矛盾的深层原因。沿此思路分析，可以发现当前我国新型人民内部矛盾的产生不仅存在表层的客观物质原因，而且还隐含内在的文化原因。2002年学者对城市市民的调查也显示，当前在小康生活状态下价值观的因素是影响社会矛盾与冲突的重要因素。在物质利益不同的前提下，由于价值观因素的渗入形成了不同的群体认同，而群体认同对人们的社会冲突意识和行为取向产生重要影响。"人们一般倾向于认为，每个人的经济收入和社会地位，决定了其阶层认同和阶级意识，而后者则进一步决定其社会行动，这是根据'穷人闹革命'的社会行动逻辑进行的推论。但是，我们的调查和研究结果，并不完全支持这样一种推论。""阶层认同决定人们社会冲突意识和行为取向的发现说明，在中国目前新的发展阶段，发生社会冲突的诱因以及对社会稳定的威胁，可能并不来源于客观阶级所划定的社会底层，而是来源于与参照群体比较中认同阶层比较低的人群。""当基本温饱问题得到解决之后，人们普遍处于小康生活状态时，认同阶层就成为一个更加重要的解释人们态度和行为的指标。人们在现实生活中，受社会价值观的影响，认同于哪个社会阶层，其就会从哪个社会阶层的立场出发来思考整个社会阶级阶层之间的关系。"[1] 这一调查结果也证实了以前的研究结果。"关于剥夺与不稳定的关系，以往的研究证明，不稳定发生于经济发展、民权意识提高和社会地位上升时期。"[2] 托克维尔对法国大革命的研究最早提示了这一点，即革命的发生恰恰在物质生活条件刚有所改善的时候。[3] 权利意识的提高与社会价值观的变化是同步的，社会的价值观影响人们，逐渐得到人们的认同。由于价值观念的变化，以往认为合理的事物现在则变得无法忍受，差异、分歧、矛盾

---

[1] 李培林、张翼、赵延东、梁栋：《社会冲突与阶级意识——当代中国社会矛盾问题研究》，社会科学文献出版社2005年版，第263—264页。

[2] 李强：《农民工与中国社会分层》，社会科学文献出版社2004年版，第268页。剥夺，李强在该书中认为是指农民工在经济收入、福利保障方面所受到的不公正待遇，即他们本应得到的一部分经济待遇等被别的人或群体拿走了。（第241页）

[3] 转引自李强《农民工与中国社会分层》，社会科学文献出版社2004年版，第268页。

第一章 导论

和冲突随之产生，不稳定也相伴而来。涂尔干也阐述了类似的观点。①

文化因素主要是群体文化之间的差异、分歧、摩擦和矛盾成为引发群体间矛盾和冲突中的一个重要影响因素，它容易引发冲突意识、激化冲突行为。因此，从分析社会矛盾和解决群体冲突的角度出发，我设想从群体文化和谐的角度尝试探讨这一问题。其目的是从文化视角切入群体间的关系，从文化和谐角度关注群体文化关系，继而推动各群体关系的和谐发展，一定意义上为各群体间人民内部矛盾的缓和、解决提供可行与可能的参考。这是确定本研究的一个现实原因。

(2) 建设和谐文化、构建中国社会主义和谐社会的现实愿望

群体文化和谐对建设和谐文化、构建中国社会主义和谐社会具有重要作用。在中国共产党的十六届四中全会上，中共中央做出了《关于加强党的执政能力建设的决定》，指出中国共产党要"不断提高构建社会主义和谐社会的能力"。中国共产党第十六届六中全会通过的《中共中央关于构建社会主义和谐社会若干重大问题的决定》，对构建社会主义和谐社会做出了战略部署。中国共产党的十七大报告再次提出"积极构建和谐社会"、"建设和谐文化"。构建社会主义和谐社会是中国共产党在国际国内新的形势下提出的重要战略举措。它充分显示中国共产党对当前社会现实的清醒认识，对党和国家执政理念的透彻把握，对现代化建设方向的明确指向，对中国特色社会主义建设规律的深度了解；也展示了中国共产党对国际复杂形势的准确判断，对未来中国长远发展的前景展望；同时反映出中国共产党对人民福祉的深度关切，对人的发展和社会发展辩证关系的正确研判。

构建社会主义和谐社会的内涵十分丰富，它包括人与自然的和谐、人与社会的和谐、人与人的和谐，以及经济建设、政治建设、文化建设、社会建设自身及相互间的协调发展等内涵，而和谐文化建设是其中的重要内容。群体文化和谐是和谐文化的重要组成部分，选取转型时期群体文化和谐进行研究，正是立足于群体文化和谐对和谐文化建设的重要意义、对构建社会主义和谐社会所起的重要作用，希望通过研究对建设和谐文化与构建社会主义和谐社会提供可能的建议。

---

① [法] 埃米尔·涂尔干著，渠东译：《社会分工论》，生活·读书·新知三联书店2000年版，第191、204、206页。

(3) 回应现代化进程中文化现代化发展的现实诉求

文化现代化是现代化的重要组成部分，现代化的构成要素中包括文化要素，"现代化的过程伴随着人们的心理的和价值观的变化。一些理论家认为这些变化并不仅仅是伴随现代化而产生的，实际上它们是发展现代化的前提条件，换句话说，现代化只可能发生在价值观和心理特质能与之相适应的环境中（哈曼，1988；麦克莱兰，1967；哈根，1962）。这些变化包括：对接受新事物以及新发明的开明态度；民主导向的政治思想；坚信个人以及人类的尊严和对科学技术的信赖（英克尔斯，1974；英克尔斯和史密斯，1974）"[1]。现代化发展，无论是它的发展环境、发展动因、发展进程和发展趋势，文化支撑都必不可少。中国现代化进程走到现在，国人也认识到了这一观点。"现代化的实践越来越有赖于除物质和技术资本以外的文化资本的投入，有赖于社会文化价值的精神支援和伦理秩序的维系。"[2] 实质上，文化现代化本身就是现代化的题中之义，某种意义上说它还催生了现代化。

文化对于现代化的意义也是理论工作者研究文化的现实意义，目前文化研究已成为跨学科研究的对象。我将研究视角定位于文化和谐，主要也是从文化发展是现代化发展的当然内容以及文化对于现代化建设的支撑作用来考虑的。文化包含多种因素和多种组成部分。现代化发展需要文化的作用主要是指文化合力的正向作用而不是文化分力的负向作用。而群体文化和谐所起的作用正是文化合力的正向作用，这也是笔者确定本研究的一个原因。

(4) 适应转型时期理论需要的现实要求

中国的现代化建设已进入到十分关键的发展时期。具体而言，中国目前正处于人均GDP从1000—3000美元的过渡时期。按照国际上现代化发展的实践和理论，这一时期是机遇与风险并存、发展与滞后共在的时期；这一时期是产业结构快速调整、社会利益格局急剧变化、社会成员流动分化加快、人们价值观念迅速转变的时期。从其他国家现代化发展经验教训上看，东亚等国家顺利度过这一时期，而拉美有些国家则在这一过渡时期徘徊不前。究其原因，主要是没有处理好现代化起飞阶段的一系列问题。

更具体说，中国现在正处于社会转型的关键临界点上，经济社会结构将

---

[1] ［美］戴维·波普诺著，李强等译：《社会学》第十版，中国人民大学出版社1999年版，第636页。

[2] 万俊人：《思想前沿与文化后方》，东方出版社2002年版，第33页。

发生深刻变化，即进入"社会结构错动、社会问题增多、社会秩序失范、社会风险易发的时期"。① 现代化理论说明，"整个现代化的进程是一个充满矛盾的不平衡的发展过程"，"现代性带来的危机将随着现代化进程而增长，但现代化是人类通向一个生产力高度发展与人的全面发展的更高社会所必经的一个大过渡阶段。"② 因此，这一时期的平稳过渡将直接关系到我国现代化起飞的成功与否、关系到人民群众的福祉。如何走好这一步，需要理论回应实践的需要，帮助解答实践中的困惑。

现在许多学科尤其是社会科学比较关注这一重大现实问题，一定意义上讲社会转型已渐成为一些社会科学发展的创新源泉。思想政治教育以促进人的发展和社会发展为己任，思想政治教育学是把人们思想品德形成发展的规律和对人们进行思想政治教育的规律作为自己研究对象的学科，③ 当然也不例外。因此，笔者也将研究放在转型时期这一特定的背景之下，以群体及群体文化的视角关注转型时期的人与社会发展，努力研究通过群体文化间的和谐关系推动人与社会的发展，为转型时期人与社会的发展提供可能的参考。

2. 理论缘起

（1）思想政治教育学科发展使然——学科交叉发展的趋势

现代学科的发展存在两种基本的趋向：一是综合，即学科发展向抽象化、一般化发展；二是分化，即学科发展向具体化、交叉化发展。思想政治教育学是学科发展分化和综合的结果。思想政治教育学综合应用了多学科知识。④ 思想政治教育学的发展也应遵循科学发展分化和综合的规律，尤应注重交叉研究。交叉研究能吸取其他学科的理论和方法，为思想政治教育研究提供新视角、新范式、新方法，形成思想政治教育发展新的研究空间；经过吸收和转换能拓宽思想政治教育特有的概念范畴，丰富思想政治教育学科体系内容，促进思想政治教育学科体系的发展。从交叉研究方面看，思想政治教育与其他学科的交叉研究还存在较大的发展余地。

首先，从思想政治教育与文化学的交叉方面着手。从文化角度讲，教育

---

① 红旗大参考编写组：《构建社会主义和谐社会大参考》，红旗出版社2005年版，第87页。

② 罗荣渠：《现代化新论——世界与中国的现代化进程》（增订版），商务印书馆2004年版，第430页。

③ 张耀灿、郑永廷、吴潜涛、骆郁廷等：《现代思想政治教育学》，人民出版社2006年版，第7页。

④ 同上书，第46—47页。

是文化存在的方式之一，是文化的组成部分。"正如一些人类学家所指出的，所有主要的人类文化系统都必然包括教育的成分在内。"[1] "教育在文化的三个层面中，是精神文化迈向物质文化的一个桥梁，是联结两者的纽带。"[2] 思想政治教育作为教育的一个重要组成部分，其作为一种文化的存在当然是毫无疑问的。作为文化存在方式之一的思想政治教育，其重要的功能之一就是"教化"，即培养人们认同社会的主流意识形态、认同社会的主流文化。"思想政治教育为文化发展服务"[3] 的功能体现了思想政治教育的阶级性本质。[4] 当然，这种认同并不是要达到单质性的程度要求，这在现实中绝无必要也根本不可能。群体文化和谐以文化和谐的方式切入探讨如何有利于群体矛盾冲突的缓解与解决，并形成合力促进各群体文化的共同发展及和谐文化的建设。从文化角度阐释思想政治教育在社会主义文化建设中的重要作用，在理论上也属于一种尝试。

作为学科来讲，文化学研究对思想政治教育研究也有诸多启迪作用。文化学在一百多年的发展中，形成了学科独有的概念范畴和分析方法，学科的解释力越来越强大。近几十年，文化学的研究向各学科渗透，以致有学者认为"文化研究是目前国际学术界最有活力，最富有创造性的学术思潮之一"。[5] 为了促进思想政治教育学研究，我们认为，思想政治教育研究中可以尝试借鉴文化学研究的成果，其中的一些概念、方法可以在思想政治教育学研究中找到相应的结合点，予以改造，为思想政治教育学所用。

其次，从思想政治教育学与社会学的交叉方面着手。思想政治教育学研究一定阶级、政党、社会群体如何对其成员施加更有效的影响，这种影响来自于符合本阶级、政党和社会群体的思想观念，或道德规范或政治观点。简言之，对个体是提高思想道德水平、促进全面发展；对社会是促进政治、经济、文化等方面的共同进步，即通过促进人的发展进而促进社会的进步。人和社会密不可分，人是社会的人，社会是由人所组成。社会学是对人类社会

---

[1] 转引自郑金州《教育文化学》，人民教育出版社2000年版，第11页。
[2] 郑金州：《教育文化学》，人民教育出版社2000年版，第13页。
[3] 张耀灿、郑永廷、吴潜涛、骆郁廷等：《现代思想政治教育学》，人民出版社2006年版，第130页。
[4] 同上书，第117—119页。
[5] 罗钢、刘象愚主编：《文化研究读本》，中国社会科学出版社2000年版，前言第1页。

和社会互动进行系统、客观研究的一门学科。① 因此，它的研究领域、对象广泛，研究方法独特，具有很强的解释力。因此，社会学研究对思想政治教育研究具有重要启示。

（2）思想政治教育研究对象扩展的要求所致

思想政治教育实践，有两种方法，即对个体和对群体的思想政治教育，两者密切联系。对个体进行教育我们有一系列比较成熟的方法。对群体进行教育我们过去也有一些行之有效的方法。但是比较而言，群体教育的方法和手段相对较少，而且一定意义主要还是延续过去的传统做法，与对群体进行思想政治教育的现实要求有较大的距离。努力拓展思想政治教育研究的对象，在继续注重个体教育的研究同时，加大对群体教育的研究，应成为思想政治教育研究的一个可能的发展方向。现在，社会学、历史学、教育学、心理学等学科对群体的研究已积累了一些的成果。本研究将确定为群体文化的和谐研究，其中涉及的研究对象的转换也正有此考虑。

（二）研究意义

1. 理论意义

本书的理论意义有：一是从文化视角切入思想政治教育的研究，有助于进一步拓展思想政治教育的学科视域。二是尝试从文化和谐角度切入进行研究，对于阐释并推动思想政治教育在新时期"促进文化发展"的功能发展研究具有一定的意义。三是选取群体文化角度进行文化和谐研究，对于思想政治教育研究对象扩展，关涉群体教育有一定的推动。

2. 现实意义

本书的现实意义有：一是选择转型时期群体文化和谐问题进行研究，可为解决我国当前社会存在的群体间矛盾和冲突提供可能的现实思路参考，进而提高思想政治教育的有效性。二是探讨群体文化和谐问题对于当前我国建设和谐文化、构建社会主义和谐社会具有一定的现实启示。三是从群体文化和谐角度进行研究，一定程度上讲是用文化和谐来促进人和社会的发展，研究将提供一个可能的空间，对人和社会的持续健康发展具有一定的现实价值，这将有助于提升思想政治教育的现实作用。

---

① ［美］戴维·波普诺著，李强等译：《社会学》第十版，中国人民大学出版社1999年版，第3页。

二、相关研究的检视与分析

学术的发展是累积性的。对既有研究的回溯与梳理，有助于问题的明确与研究视角的选定。关于转型时期群体文化和谐研究，从目前检索来看，直接的研究很少。下面对与本研究内容相关、有代表性的成果进行分析，以便进一步理清思路，找出研究的可能路径。

（一）关于群体文化和谐、文化和谐、和谐文化的研究

1. 关于群体文化和谐的研究

群体文化和谐的研究基本属于空白。目前搜索到的只有3篇对群体文化和谐思想进行历史梳理的文章。[①] 文章主要对韦伯与亚里士多德的群体文化和谐思想进行了历史的梳理；同时对群体文化和谐从运行层面上进行了界定，认为群体文化和谐是文化和谐的重要内容，也是构建社会主义和谐文化的有机组成部分。另外，还有个别文章谈及群体文化之间的关系，蔡章伟的《城市化进程中的文化冲突与文化和谐》一文，论述新市民和农民工（蔡认为两者很难区分）发生的文化冲突、新市民和原市民之间发生文化冲突及其引发社会冲突，文章还提出了相应的对策。[②] 吴理财的《文化的和谐发展是新农村和谐文化建设的前提和基础》在谈到农村文化的结构性问题时涉及农村文化与都市文化的冲突问题，"农村文化与都市文化是两种不同形态的文化，前者以农业文明为支柱，后者以工业文明为主导，二者之间的冲突主要表现为流动农民（农民工）的文化适应问题。如何解决二者之间的文化冲突，也是新农村文化建设和城乡统筹发展的一个不可回避的内容"。[③] 另外，对于群体文化和谐的相应思想火花在一些学者的研究成果中可以零星见到。比如，司马云杰在《文化社会学》第十章"文化·群体·社会"中指出："因为文化有此复杂性，我们在研究一个群体的文化意识时，必须具

---

① 李丽华：《试析韦伯的群体文化和谐思想》，《华中师范大学研究生学报》2006年第4期；《亚里士多德的群体文化和谐思想探讨》，《经济与社会发展》2007年第4期；《儒家和谐思想与群体文化差异的整合》，《求是学刊》2008年第2期。

② 蔡章伟：《城市化进程中的文化冲突与文化和谐》，《中共成都市委党校学报》2007年第3期。

③ 吴理财：《文化的和谐发展是新农村和谐文化建设的前提和基础》，《理论月刊》2007年第2期。

体地分析其社会环境,小心地评价各种角色的思想、性格和行为,尽量化消极因素为积极因素。"[1] 田丰在《文化进步论——对全球化进程中的文化的哲学思考》中论及文化共性与个性的辩证关系中指出:"在当代传统社会向现代社会的转型中……产生出游移不定的形形色色的阶层和群体,这些不同阶层不同群体有不同的心理结构和文化价值。群体文化相对民族文化来说,具有更多的变动性,在现代化进程中表现为各种价值观念的冲突,占优势的群体文化的发展方向深刻地影响着民族文化的发展方向。"[2] 李拓在《和谐与冲突——新时期中国阶级阶层结构问题研究》中谈到潜在的社会矛盾和冲突时指出:"人们在物质生活条件等方面的差异,必然反映到人们的意识中来,从而造成不同的阶级阶层在观念、情感、价值取向和意识形态等方面的不同,进而形成某种'隔阂'。这就给新时期的精神文明提出了新问题。能否根据情况的变化,适时调整社会生活秩序和管理的思路与方法,妥善协调处理好各阶级阶层之间的关系,领导和团结广大人民群众,维护全社会的凝聚力和政治稳定,这是中国共产党执政50多年来的最大、最尖锐的政治挑战。"[3] 李拓所说的实质是指不同阶级阶层群体的文化差异而导致的矛盾,并强调解决群体文化矛盾的紧迫性。

2. 关于文化和谐的研究

群体文化和谐是文化和谐的一个重要内容,因此有必要对文化和谐方面的相关研究进行回顾分析。总体上,中外涉及文化和谐的思想有一些研究成果,但对文化和谐的直接研究成果总体上较少,尤其是在著作方面极少。随着中国共产党提出构建社会主义和谐社会以来,相关的研究已开始出现,也主要是在期刊论文方面。著作方面:陈序经在20世纪40年代出版的四卷本《文化学概观》中提出了文化的一致与和谐的思想。"但是所谓整个的表示,并非一种纯粹的单独的表示,而乃一致或是和谐的结果。"陈序经在书中阐述了文化一致与和谐的空间和时间的原因。提出文化的物质方面、精神方面相同与差异同样必要,在时间上文化的一致与和谐两相并立。"所以文化上的和谐,实为现代文化上一个很重要的问题。"他还论及文化和谐与文化失

---

[1] 司马云杰:《文化社会学》,中国社会科学出版社2001年版,第237页。
[2] 田丰:《文化进步论——对全球化进程中的文化的哲学思考》,广东高等教育出版社2002年版,第31页。
[3] 李拓:《和谐与冲突——新时期中国阶级阶层结构问题研究》,中国财政经济出版社2002年版,第128页。

调的关系、文化和谐是动态的和谐，是不断追求的目标等观点。[①] 期刊方面：关于文化和谐的研究基本上是近两年才开始出现。查中国期刊网，以"文化和谐"篇名精确检索全部期刊，检索到52篇文章；如果检索核心期刊，则检索到17篇文章（截至2008年4月）。整体上，关于文化和谐方面的研究成果很少。纵观文化和谐的期刊论文，大体上，研究者主要论述了以下几个问题：

第一，关于文化和谐的概念。研究者大都指出，文化和谐是文化各要素之间的和谐。只是侧重点有所不同。雷莹等人强调社会主义先进文化的指引作用。[②] 李德顺认为文化和谐主要有两个层面，文化和谐的特殊具体的文化层面即精神文化系统的和谐问题，以及普遍深刻的文化层面，即渗透于社会各个领域的共同思想、组织和行为方式的和谐问题，突出文化和谐在实践中的意蕴；对实现文化和谐的途径也予以说明。[③] 王桂兰指出，文化和谐包括文化内部和谐，即不同文化层次、文化形态、文化群体间的和谐；文化外部和谐，即文化与政治、经济的关系和谐。[④] 朱根甲、王忠良也持类似观点。[⑤]

第二，关于文化和谐的作用。研究者大都将文化和谐放入构建社会主义和谐社会的视域中予以考察，强调文化和谐对和谐社会的重要作用。[⑥] 还有研究者特别论述了文化和谐对经济和谐的作用。[⑦] 也有学者将文化和谐放入中国文化发展的世界背景中论述。[⑧]

第三，关于文化和谐的具体内容。蔡宇宏认为，文化和谐包括三个方面的内容，即建立在社会主义价值观基础上的三种认同，自我认同、相互认

---

① 陈序经：《文化学概论》，中国人民大学出版社2005年版，第319—331页。
② 雷莹、白显良：《先进文化·和谐文化·文化和谐》，《光明日报》2006年5月16日。
③ 李德顺：《用改革和发展打造"和谐文化"》，《思想政治工作研究》2005年第9期；《社会和谐与文化和谐》，《人民日报》2005年11月17日；《社会和谐与文化和谐——访中国社会科学院文化研究中心主任李德顺教授》，《理论参考》2007年第2期。
④ 王桂兰：《文化和谐与当代知识分子的文化使命》，《科学社会主义》2006年第6期。
⑤ 朱根甲、王忠良：《和谐社会呼唤文化和谐》，《行政与法》2006年第8期。
⑥ 许士密：《文化和谐与和谐社会》，《云南行政学院学报》2007年第5期；李郁香：《文化和谐是构建和谐社会的基石》，《哈尔滨市委党校学报》2007年第6期；朱根甲、王忠良：《和谐社会呼唤文化和谐》，《行政与法》2006年第8期；胡玉兰：《和谐社会：文化和谐的社会——从社会学视角考察》，《经济与社会发展》2006年第8期。
⑦ 朱其训：《论经济和谐与文化和谐》，《徐州教育学院学报》2007年第2期。
⑧ 周有光：《文化冲突与文化和谐》，《群言》2006年第7期；刘从德、梁红泉：《和谐世界视域中的文化和谐与文化安全》，《中南民族大学学报》（人文社会科学版）2007年第4期。

第四,关于文化和谐的建设问题。有学者认为应从文化政策、文化事业、文化产业等文化建设方面着力。② 有学者强调在创新中实现文化和谐。③ 有学者强调知识分子在文化和谐建设中的作用与途径。④ 还有学者阐述维护政治文化和谐,并强调以科学发展观为指引建设社会主义意识形态。⑤

3. 关于和谐文化的研究

论及文化和谐必然要涉及和谐文化,学术界对这一问题也有研究。著作方面主要有:张小平主编的《和谐文化的理论与实践》,严昭柱主编、马磊等编著的《中国和谐文化建设》,邓伟志、胡申生主编的《和谐文化导论》,光明日报编辑部编的《和谐文化专家谈》,本书编写组编的《建设和谐文化与构建和谐社会》,这些著作主要探讨和谐文化建设基本理论、主要内容及基本规律方面的问题;⑥ 周攀编著的《和谐文化与中华文化认同》,黎玉琴的《秩序与和谐的文化追求:超越个体理性与集体理性》,则从文化认同与秩序视角切入对和谐文化进行研究;⑦ 彭立勋主编的《城市文化创新与和谐文化建设:2007 深圳文化蓝皮书》,章剑华主编、江苏省文化厅著的《和谐文化与文化江苏》,则主要从地域视角切入,分析在具体地域如何建设和谐文化、和谐文化与地方建设互促的问题;⑧ 叶文龙主编的《和谐文化与统一战线》,郑晓幸主编的《和谐文化建设与宣传工作创新》则研究统一战线、

---

① 蔡宇宏:《统一战线与社会主义文化和谐》,《毛泽东思想研究》2006 年第 4 期。
② 姜晓梅:《文化和谐与文化建设》,《道德与文明》2005 年第 6 期;朱根甲、王忠良:《和谐社会呼唤文化和谐》,《行政与法》2006 年第 8 期;袁懋栓:《文化管理方式与文化和谐发展》,《投资北京》2007 年第 6 期。
③ 张继良:《文化和谐与和谐社会建设》,《大连民族学院学报》2006 年第 6 期。
④ 王桂兰:《文化和谐与当代知识分子的文化使命》,《科学社会主义》2006 年第 6 期。
⑤ 林光汉:《维护政治文化的和谐 建设社会主义意识形态》,《黄冈师范学院学报》2005 年第 5 期。
⑥ 张小平主编:《和谐文化的理论与实践》,人民出版社 2007 年版;严昭柱主编、马磊等编著:《中国和谐文化建设》,人民日报出版社 2007 年版;邓伟志、胡申生主编:《和谐文化导论》,上海大学出版社 2007 年版;光明日报编辑部编:《和谐文化专家谈》,光明日报出版社 2006 年版;本书编写组:《建设和谐文化与构建和谐社会》,学习出版社 2006 年版。
⑦ 周攀编著:《和谐文化与中华文化认同》,中国工商出版社 2007 年版;黎玉琴:《秩序与和谐的文化追求:超越个体理性与集体理性》,贵州人民出版社 2006 年版。
⑧ 彭立勋主编:《城市文化创新与和谐文化建设:2007 深圳文化蓝皮书》,中国社会科学出版社 2007 年版;章剑华主编,江苏省文化厅著:《和谐文化与文化江苏》,南京出版社 2007 年版。

宣传工作创新与和谐文化的关系问题。① 期刊方面：关于和谐文化的研究，学术界也基本上是近两年才开始关注这一问题。查中国期刊网，以"和谐文化"篇名精确检索全部期刊，检索到 1159 篇文章；如果以此检索核心期刊，则检索到 187 篇文章，其中 2007 年为 150 篇（截至 2008 年 4 月）。整体上，关于和谐文化方面的研究目前已成为一个热点。在论文方面，学术界对和谐文化的研究主要集中在以下几个方面：

第一，关于和谐文化的内涵。学者们对此界定较多，但基本上都强调和谐文化是以和谐为重要价值指向的文化。② 有学者还阐述和谐文化是各文化要素、文化形式之间的协调互动与有机统一为根本特征，③ 并指出社会主义和谐文化是以社会主义意识形态为核心，以社会主义核心价值体系为根本。④

第二，关于和谐文化与社会主义核心价值体系的关系。学者均强调社会主义核心价值体系是社会主义和谐文化建设的根本，并强调应在其指导下建设社会主义和谐文化。⑤ 有学者还特别指出要区分和谐文化与先进文化的关系，指出先进文化是和谐文化的主流文化。⑥

第三，关于和谐文化的功能。学者均认为和谐文化对构建社会主义和谐社会具有重要作用。有学者认为和谐文化具有价值导向、实践规范、精神整

---

① 叶文龙主编：《和谐文化与统一战线》，华文出版社 2007 年版；郑晓幸主编：《和谐文化建设与宣传工作创新》，四川人民出版社 2007 年版。

② 李忠杰：《论建设和谐文化》，《光明日报》2006 年 10 月 9 日；国防大学邓小平理论和"三个代表"重要思想研究中心：《建设和谐文化是构建社会主义和谐社会的重要任务》，《求是》2007 年第 4 期。

③ 寇东亮：《"和谐文化的"三重意蕴》，《郑州大学学报》（哲学社会科学版）2007 年第 2 期。

④ 郭宇光：《论社会主义和谐文化的科学内涵和基本特征》，《高校理论战线》2007 年第 9 期。

⑤ 教育部邓小平理论和"三个代表"重要思想研究中心：《社会主义核心价值体系是建设和谐文化的根本》，《求是》2007 年第 17 期；王伟、张晖：《和谐文化与社会主义核心价值体系建设》，《道德与文明》2007 年第 1 期；湖南省社科院邓小平理论和"三个代表"重要思想研究中心：《社会主义核心价值体系是建设和谐文化的根本》，《求索》2007 年第 1 期；殷安阳：《紧紧围绕社会主义核心价值体系建设社会主义和谐文化》，《科学社会主义》2007 年第 2 期；何颖：《以社会主义核心价值体系指导和谐文化建设》，《学术交流》2007 年第 7 期；宋容德：《论马克思主义在社会主义和谐文化建设中的功能》，《南京政治学院学报》2007 年第 5 期；宋三平：《树立社会主义荣辱观与培植和谐文化的实践途径》，《南昌大学学报》（人文社会科学版）2006 年第 6 期。

⑥ 黄楠森：《论社会主义和谐文化的建设》，《人文杂志》2007 年第 4 期。

合、环境协调、智力支持、思维方法等社会功能,[①] 有学者也持类似看法。[②] 还有学者专文论述和谐文化的整合功能。[③]

第四，关于和谐文化的特征。有学者提出和谐文化具有尊重差异、倡导包容、强调和谐、主张平衡和一主多元等特征。[④] 还有学者认为和谐文化具有科学精神与人文精神的统一等四个特征。[⑤]

第五，关于和谐文化建设。关于建设和谐文化学者们论述较多，大多数主张清醒认识和谐文化建设的时代背景；坚持马克思主义的指导、处理好一与多的关系；发展文化事业与文化产业、促进文化生产与文化消费并处理好相互间关系；充分利用传统文化的和谐精神并赋予时代内涵；汲取西方优秀文化成果；遵循社会主义经济与文化的统一关系；立足社会主义初级阶段建设的实践建设和谐文化。[⑥] 有学者具体指出加强民族地区和谐文化建设。[⑦] 也有学者强调建设和谐文化应树立全新的和谐理念及文化工作者的使命。[⑧] 还有学者指出应实现教育公平发展、加强和改进思想政治工作、树立正确舆论导向等措施。[⑨]

第六，关于建设和谐文化应利用传统文化中和谐的思想资源问题，学者关注较多。学者主张应批判地借鉴中国传统文化中和谐的思想资源，建设和谐文化。[⑩] 张耀灿的《中国传统和谐文化的当代价值》阐明和谐是中国传统

---

① 韩美群：《论和谐文化的社会功能》，《武汉大学学报》（人文科学版）2007年第5期。
② 杨怀中、梅珍生：《论和谐文化的特征及其功能》，《江汉论坛》2007年第8期。
③ 陈家付：《论和谐文化的整合功能》，《云南社会科学》2007年第4期。
④ 刘耀霞：《论和谐文化的基本特征》，《求实》2007年第5期。
⑤ 杨怀中、梅珍生：《论和谐文化的特征及其功能》，《江汉论坛》2007年第8期。
⑥ 夏建国、韩美群：《论当代和谐文化的建构》，《中南民族大学学报》（人文社会科学版）2007年第3期；刘先春、叶茂泉：《建设和谐文化要处理好"六个关系"》，《理论探索》2007年第1期，邓福庆：《论和谐文化建设的基本取向》，《理论探索》2007年第4期；沈壮海：《社会主义和谐文化建设的若干思考》，《马克思主义研究》2007年第8期。
⑦ 宁夏邓小平理论和"三个代表"重要思想研究中心：《以和谐文化建设促进民族地区社会和谐》，《求是》2007年第3期。
⑧ 章剑华：《和谐文化论》，《艺术百家》2007年第3期。
⑨ 刘玉堂、李乐刚、刘保昌：《论社会主义和谐文化的现状及构建途径》，《社会主义研究》2006年第5期。
⑩ 吴光：《中华和谐文化的思想资源及其现代意义——兼论当代文化发展战略》，《哲学研究》2007年第5期；李方祥：《社会主义和谐文化与中国传统文化中的和谐思想》，《高校理论战线》2007年第8期；王宇：《发掘传统和谐智慧建设当代和谐文化——"中国传统哲学与和谐社会"研讨会综述》，《浙江社会科学》2007年第3期。

文化的基本价值，并从全面建设小康社会、建立和谐世界、建设美好家园、提高文明修身促进身心健康几个方面论述了中国传统和谐文化的当代价值。① 有学者认为有地域特色的优秀传统文化是建设和谐文化的重要资源。② 还有学者指出辩证法也是和谐文化的思想资源。③

第七，关于对和谐文化研究方面的看法。方克立针对和谐文化的研究提出了自己的看法，强调在阶级对抗人际关系中不可能实现真正的社会和谐，不赞成马克思主义是斗争哲学的观点等。④

（二）关于群体文化的研究

文化学意义上的群体文化可以大致分为宏观层面、中观层面和微观层面三个层面。宏观层面的群体文化是大群体文化，如儒家文化、西方文化、美国文化。中观层面的群体文化是亚群体文化，如商人文化、农民文化，共产党人文化。微观层面的群体文化主要是指小群体文化，如企业文化、校园文化。本书所指的群体文化是指亚群体文化（以下直接用群体文化指称，不再另外说明）。

宽泛意义的群体文化研究在马克思、韦伯、涂尔干等思想大师处都有体现。马克思主要通过生产资料的占有方式来界定阶级，他对阶级群体和阶级意识等进行研究时涉及阶级群体文化及相关问题，其研究深刻广泛。韦伯的社会分层理论用财富和收入（经济地位）、权力（政治地位）和声望（社会地位）三个维度确定社会分层，其中也涉文化在分层群体中的作用问题。涂尔干"在他关于劳动力与宗教划分的研究中提出了经典陈述：群体有其独特的文化分野"。⑤

在文化人类学的基础理论中，也有学者进行群体文化研究。例如，马文·哈里斯在其《文化人类学》书中就有专门的一章阐述"分层的群体"；⑥ G. 恩伯和 M. 恩伯著的《文化的变异》一书中分两章具体论述"社

---

① 张耀灿：《中国传统和谐文化的当代价值》，《中国教育报》2005 年 12 月 20 日。
② 王远明：《地域特色文化：和谐社会建设中的文化资源》，《求是》2007 年第 1 期。
③ 孙玉杰：《中国和谐文化的思想资源、重要地位和正确导向》，《科学社会主义》2006 年第 5 期。
④ 方克立：《关于和谐文化研究的几点看法》，《高校理论战线》2007 年第 5 期。
⑤ [美] 约翰·R. 霍尔、玛丽·乔·尼兹著，周晓红、于彬译：《文化：社会学的视野》，商务印书馆 2002 年版，第 180 页。
⑥ [美] 马文·哈里斯著，李培茉、高地译，陈观胜校：《文化人类学》，东方出版社 1988 年版，第 261—298 页。

第一章 导论

会分层"与"社团与利益集团";① 罗伯特·F. 墨菲的《文化与社会人类学引论》也专门分析了社会阶级。②

自文化研究从文化人类学的学科视域中跨越出来后,研究方向开始从哲学向社会学取向转变。其中代表性的研究有:E.P. 汤普森(有的译为汤普逊)的《英国工人阶级的形成》是研究工人阶级群体文化的一个里程碑成果。汤普森论证了工业革命初期工人阶级意识和文化的形成,并阐述了自己的观点,即阶级既形成在经济中也形成在文化中,强调文化对阶级意识形成的重要性和独立性。"工人阶级并不像太阳那样在预定的时间升起,它出现在它自身的形成中。"③ 布尔迪厄的《区隔》指出,阶级确实继续作为一个有连贯边界的群体在运作,但是这一边界在一定程度上是由文化定义的,而不是单纯基于集体的职业利益,将文化因素引入到传统的社会分层理论中。他认为文化资本对于阶级群体维持自己的边界发挥了重要作用。阶级区隔通过文化资本转变为地位区隔。文化资本主要的来源是家庭背景和学校教育。布尔迪厄的理论使群体文化研究引入了新的理论话语,在学术界影响很大;但也有学者批评他用经济学方法对待文化。④ 甘斯用独特的品位文化和品位公众概念传达文化与社会分层的关系。⑤ 通过描述以阶级为分层的品位文化,甘斯表明文化分层不是某个人的怪念头,社会中确实存在以品位文化划分的基本界限。同时甘斯认为文化作为以阶层为基础的社会群体分层的限制性并不严格。其他有影响的研究成果还有:英国伯明翰中心集体撰写的《仪式抵抗》、威斯利的《学习劳动》、霍加特的《文化的用途》等。

国内文化的研究大致有两条路径:一是文化人类学的研究路径;二是文化研究的路径。研究取向上主要是以人类学和哲学的研究取向为主。从社会

---

① [美] G. 恩伯、M. 恩伯著,杜杉杉译,刘钦审校:《文化的变异》,辽宁人民出版社1988版。

② [美] 罗伯特·F. 墨菲著,王卓君、吕迺基译:《文化与社会人类学引论》,商务印书馆1991版,第206—210页。

③ [英] E.P. 汤普森著,钱乘旦等译:《英国工人阶级的形成》,凤凰出版传媒集团译林出版社2001年版,前言第1页。

④ 转引自 [美] 约翰·R. 霍尔、玛丽·乔·尼兹著,周晓红、徐彬译:《文化:社会学的视野》,商务印局馆2002年版,第168—197页。

⑤ [德] H.J. 甘斯:《通俗与上层文化比较》,韩玉兰、黄绢绢译,(台北)允晨文化实业公司1984年版。

学取向上进行群体文化的研究目前就笔者检索研究成果总体不多。主要是关于青年文化研究、女性文化的研究等。与本书相关的研究成果大致主要有：姜治莹的《转型期中国社会各阶层文化价值研究》，主要是依据马克思主义哲学关于人的发展三种形态理论，考察分析当代中国社会阶层变迁的现实和与其相关联的文化价值观念的状态、变化及趋势。该文的理论梳理和阶层变迁论述较多，但对阶层文化价值则着墨偏少。[①] 仲红卫的《当代中国的市民文化——当代中国的社会发展与文化变迁》通过市民社会概念的切入研究改革开放以来中国社会的变动及其人们文化的反映，研究视角新颖。由于文艺学专业缘故，作者大都是以文学及相关现象作为分析对象。[②] 钟牧原的《我国先富群体的价值观探析》阐述了先富群体的政治、法律、道德和婚姻家庭价值观及其信仰，并对其特征做了说明。[③] 何兰萍的《社会转型期的大众文化与现代性体验》在都市大众文化与现代性体验一章中，专门对社会阶层分化后的中间阶层和青年的大众文化现象做出点评。[④] 在社会分层的研究成果中大多涉及不同群体的文化价值问题，如刘捷的《改革开放以来我国先富群体问题研究》涉及先富群体的政治文化方面的内容。[⑤] 俞虹的《当代社会阶层变迁与电视传播的价值取向》牵涉转型期社会群体价值取向嬗变的研究。[⑥] 社会分层的其他研究成果也都多多少少论及群体文化的问题，这里不多加引证。期刊上与本书有关的群体文化研究概括起来：对农民文化、市民文化的研究相对较多，主要集中在农民工和农民市民化方面；在先富群体的研究中涉及该群体的文化价值问题；对弱势群体问题的研究成果较多，其中也提及文化的问题。在此不予多谈。

综观上述相关研究，可以发现以下几个特点：

第一，群体文化和谐的研究基本没有研究者涉及，因此本研究存在很大的研究空间。学术界对于文化和谐的研究虽已开展，但总体成果较少，有较大的研究空间。和谐文化近两年已成为学术界关注的热点，但研究范围与内

---

① 姜治莹：《转型期中国社会各阶层文化价值研究》，博士论文，吉林大学2002年。
② 仲红卫：《当代中国的市民文化——当代中国的社会发展与文化变迁》，博士论文，复旦大学2001年。
③ 钟牧原：《我国先富群体的价值观探析》，硕士论文，中国人民大学2003年。
④ 何兰萍：《社会转型期的大众文化与现代性体验》，博士论文，南京大学2003年。
⑤ 刘捷：《改革开放以来我国先富群体问题研究》，博士论文，北京大学2001年。
⑥ 俞虹：《当代社会阶层变迁与电视传播的价值取向》，博士论文，北京师范大学2004年。

容有待进一步扩展与深入。

第二，以文化视角，尤其是群体文化的视角切入人民内部矛盾的研究，探讨以群体文化和谐的方式提出可行的解决路径目前国内还未见到，因此，这方面具有相当大的研究空间。

总之，转型时期群体文化和谐研究有很大的研究空间。

三、转型时期群体文化和谐研究的概念界定

任何研究均须在一定的逻辑范式前提下进行，概念、范畴、原理等是奠定问题研究的理论前提。本书研究转型时期群体文化和谐问题，"群体文化和谐"概念构成研究的逻辑起点和理论基础。以下试对本书涉及的相关概念予以界定和阐释。

（一）文化与群体文化

1. 文化

（1）难以界定的文化

有学者认为，文化概念是英文中两三个比较复杂的词之一。① "文化是一个重要但又含糊甚至混乱的概念。"② 现代意义的文化研究大致从近代开始，然而，学者们百多年来却难以提出一个令人完全信服的文化概念。

文化概念的难以清晰界定并形成普遍共识，仔细研析，大体存在以下原因：

第一，文化的复杂性。文化即人化，是人类超越自身不确定性所形成的"第二自然"。因此，文化的复杂性导致了文化界定的繁难。

第二，文化词义演变的复杂性。文化的词义存在长期"文化"着的历程。义化语义十分复杂，由此使用普遍性界定文化存在着障碍。

第二，文化的流变性。文化产生于实践。实践不断发展，文化也不断推进，文化因而从一般意义上富含极具动态的特性，其内涵、意义等不断流变，界定的难度由此而生。

---

① [英]雷蒙·威廉斯著，刘建基译：《关键词——文化与社会的词汇》，生活·读书·新知三联书店 2005 年版，第 101 页。

② [英]马克·J. 史密斯著，张美川译：《文化——再造社会科学》，吉林人民出版社 2005 年版，第 1 页。

第四，研究主体与文化的交融性。人和文化互动与互构，相互交融，这种交融性造成了主体与对象的非距离性，并进而影响主体对对象的理性反思。因此文化的界定实难统一。

第五，主体认识水平的发展性。文化研究不断发展，成为跨学科研究的对象，多学科文化的界定也层出不穷，难以形成具有普遍共识的文化定义，以致有学者呼吁人类学放弃使用文化概念。[1] 当然，文化的相对共识定义界定的难度，并不意味对文化和文化相关问题研究的价值降低，反而越显其研究的价值。

（2）文化定义的主要进路

总体而言，对文化定义大体主要有以下两种：

第一，广义的文化定义。此种定义最为有名的当属"人类学之父"泰勒的文化定义。他指出："文化，或文明，就其广泛的民族学意义来说，是包括全部的知识、信仰、艺术、道德、法律、风俗以及作为社会成员的人所掌握和接受的任何其他的才能和习惯的复合体。"[2] 其他人类学家，如马凌诺斯基等的定义也属此类。[3] 社会学者在论及文化时大多指的是文化的广义定义，强调文化是人们代代相传的整体的生活方式，但他们着墨更多的均是文化共享的价值观和规范系统。[4] 中国许多学者论及文化也常涉及广义的文化概念。如陈序经等人。[5] 广义的文化定义从文化的"人化"、"非自然"性的本质方面界定文化，因此文化也涵盖了人类社会的所有内容，不足之处

---

[1] 转引自[英]奈杰尔·拉波特、乔安娜·奥弗林著，鲍雯妍、张亚辉等译：《社会文化人类学的关键概念》，华夏出版社2005年版，第84页。

[2] [英]爱德华·泰勒著，连树声译：《原始文化：神话、哲学、宗教、语言、艺术和习俗发展之研究》，广西师范大学出版社2005年版，第1页。

[3] [英]马凌诺斯基著，费孝通译：《文化论》，华夏出版社2002年版，第4—9页；[美]克拉克·威斯勒著，钱岗南、傅志强译：《人与文化》，商务印书馆2004年版，第5页；[美]G.恩伯、M.恩伯著，杜彬彬译，刘钦审校：《文化的变异》，辽宁人民出版社1988年版，第29页；[美]马文·哈里斯著，李培荣、高地译，陈观胜校：《文化人类学》，东方出版社1988年版，第6—7页。

[4] [美]戴维·波普诺著，李强等译：《社会学》第十，中国人民大学出版社1999年版，第62—91页；[英]安东尼·吉登斯著，赵旭东、齐心、马戎、阎书昌等译，刘琛、张建忠校译：《社会学》第四版，北京大学出版社2003年版，第28—59页。

[5] 陈序经：《文化学概论》，中国人民大学出版社2005年版，第24页；张岱年、方克立主编：《中国文化概论》，北京师范大学出版社2004年版，第3—5页；衣俊卿：《文化哲学十五讲》，北京大学出版社2004年版，第13—19、51—60页；童恩正：《人类与文化》，重庆出版社1998年版，第8页。

第一章 导论

是易使研究难以深入。

第二，狭义的文化定义。狭义的文化定义是将文化从广义的文化定义中剥离出来。采取的方法总体上是将可观察的文化现象，无论是人类的行为自身还是行为的结果，物质产品、制度等，与非可视的价值观、意义、思维方式等区分开来。整体上狭义文化定义注重精神层面的文化。大致说来，中国学者一般在承认广义文化的前提下，相对普遍地用精神文化界定狭义的文化。[1] 国外学者对文化的狭义定义，在人类学、社会学和哲学等学科均有许多论及，而且随着文化研究的发展此种定义的趋势近成显势。如哈维兰、卡西尔、帕森斯等。[2] 文化的狭义定义主要强调精神层面的文化，如价值观、信念和规范等。不同的学科和研究者的定义由于侧重不一，呈现不同特点。

(3) 文化定义的共识之处

综观广义和狭义的文化定义，研究者在界定文化概念时，虽多存不一，但也存有共识之处。主要体现为：文化是习得的，文化是变动的，文化是共享的，承认精神性文化等。

(4) 本文的文化定义

由于文化在本书中的重要性，在此尝试给文化下一定义。我认为，文化有广义和狭义之分。广义的文化是指形成于实践的人类所特有的生存方式，包括物质、制度、行为和精神四个层面的文化。狭义的文化是指精神层面的文化，是指在实践中生成的、以符号为基础并以价值观为核心的意义体系，主要表现为人们共享的价值观、态度、信念、准则、思维方式以及人们普遍持有的见解，价值观是其核心，文化内在于人的生存方式，存在于日常生活

---

[1] 陈序经：《文化学概论》，中国人民大学出版社2005年版，第24页；张岱年、方克立主编：《中国文化概论》，北京师范大学出版社2004年版，第3—5页；冯天瑜、杨华、任放编著：《中国文化史》，高等教育出版社2005年版，第13页；王铭铭：《西方人类学思潮十讲》，广西师范大学出版社2005年版，第90—92页。

[2] [美] 威廉·A. 哈维兰著，瞿铁鹏、张钰译：《文化人类学》第十版，上海社会科学院出版社2006年版，第36页。[美] 克利福德·格尔茨著，韩莉译：《文化的解释》，译林出版社1999年版，第109页。[法] 皮埃尔·布尔迪厄著，蒋梓骅译：《实践感》，译林出版社2004年版；另参见张怡《作为符号权力的文化——皮埃尔·布尔迪厄的文化社会学导论》，博士论文，北京师范大学2002年；萨林斯：Culture and Practical Reason，转引自王铭铭《西方人类学思潮十五讲》，广西师范大学出版社2005年版，第197—199页；[德] 恩斯特·卡西尔著，甘阳译：《人论》，上海译文出版社1985年版；[德] 阿尔弗雷德·许茨著，霍桂桓、索昕译：《社会实在问题》，华夏出版社2001年版；帕森斯：The Social System, London: Routledge & Kegan Paul, 1951, p.15，转引自萧俊明《文化转向的由来》，社会科学文献出版社2004年版，第91页。

世界中。这一定义主要基于以下考虑：

第一，采取广义文化与狭义文化相结合的概念界定方法，但主要以狭义文化为主。文化的广义和狭义的定义各有特点，将两者结合起来定义文化有助于较全面地认识文化。实际上，所谓广义文化与狭义文化主要是一种理论性的区分，现实中很难绝对地区分，例如任何物质产品均是人类精神的物化成果，把物质文化同精神文化绝对地隔离开来实不可行。"所谓'物质'和'精神'这样简单而又粗疏的二分法不足以相应地特指文化的内容。"① 当然，在研究中进行理论的分析性区分，是为了更好地认识文化。

第二，强调文化是以价值观为核心的意义体系。定义突出了以价值观为核心的意义体系来指涉精神层面的狭义文化。理论上对文化展开意义分析已有许久。正如斯图尔特·霍尔指出的："在社会和人文科学中，尤其在文化研究和文化社会学中，现在所谓的'文化转向'倾向于强调意义在给文化下定义时的重要性。"② 如格尔茨认为："所谓文化就是这样一些由人自己编织的意义之网。"③ 各种文化具体研究和文化学的教科书大多已展开对文化的意义的深入分析。④ 把文化界定为一种意义体系，我们以为可以解释诸多文化现象。例如，文化形成即意义产生并生成的过程，文化习得即学习某种意义的过程，文化失衡即以价值观为核心的意义的差异、矛盾、冲突等导致的不均衡。另外，作为广义文化的构成均可用意义予以说明，它们在意义的生产、形成、传播、流通、体现等某方面均能得到解释。"不仅如此，由于近年来理论家们开始主张所有社会实践都是有意义的实践，因而所有的社会实践在实质上都属于文化范畴，'文化'已经被提升到了一个更加重要的地位。"⑤ 当然，该定义也能较好地统观本书内容。同时需着重强调，我们所

---

① 殷海光：《中国文化的展望》，上海三联书店2002年版，第39页。
② [英]斯图尔特·霍尔编，徐亮、陆兴华译，《表征——文化表象与意指实践》，商务印书馆2003年版，导言第2页。
③ [美]克利福德·格尔茨著，韩莉译：《文化的解释》，译林出版社1999年版，第5页。
④ [英]阿雷恩·鲍尔德温、布莱恩·朗赫斯特、斯考特·麦克拉肯、迈尔斯·奥格伯恩、格瑞葛·斯密斯著，陶东风等译：《文化研究导论》，高等教育出版社2004年版，1.2.2"文化研究如何解释事物的意义"、1.3.2"意义的组织"等；[英]保罗·杜盖伊等著，霍炜译：《做文化研究——索尼随身听的故事》，商务印书馆2003年版，通过对"索尼随身听"的研究展示在现实存在和认识论方面当代向文化转变的情况，即产品的文化的意义是如何形成的，等等。
⑤ [英]保罗·杜盖伊等著，霍炜译：《做文化研究——索尼随身听的故事》，商务印书馆2003年版，导言第2页。

指文化是一种意义体系，主要是在马克思主义的指导下进行的分析研究，所指的文化的意义论是实践意义论，这在下文有专门说明。

第三，强调文化是以符号为基础。符号，是一种指代、一种象征。指出文化是以符号为基础是当今许多文化学定义的共同特点，本定义也不例外，只是予以着重强调，如墨菲等。[1] 符号人类学、结构人类学自然也十分注重文化中符号的作用。中国学者也对文化的符号性特征予以强调，如，王铭铭等。[2] 哲学和社会学对文化的符号学基础也进行了诸多的阐释，如罗兰·巴尔特等。[3] 社会学家强调文化构成中符号的地位，如波普诺等。[4] 本定义着眼于阐明文化是以符号为基础其实在于承认以语言为主要组成的符号在文化中的基础性地位而已，即没有符号就没有文化，符号在文化中占有极为重要的位置。

第四，强调文化在实践中生成。本定义特别强调文化是在实践中生成的。这主要是力图运用马克思主义思想指导本研究的尝试，也是着力克服某些文化定义的不足之处，力图说明文化的生成。文化是人的生存方式，关于文化的阐释必须面对文化的生成，即文化的来源问题。格尔茨认为，文化研究的目的主要是阐释，是"深描"，是探寻文化的意义。但对于如何阐释、以何种取向进行阐释，格尔茨并没有予以最终解答，所以有学者指出，他陷入了"阐释的阐释的怪圈"。马克思主义认为实践是主观见之于客观的活动，是人将其本质力量对象化的活动。实践从根本上体现了文化，文化从本质上无法脱离人的实践，作为以价值观为核心的意义体系的文化本身就是实践的组成部分。"全部社会生活在本质上是实践的。凡是把理论引向神秘主

---

[1] [美]罗伯特·F.墨菲著，王卓君、吕迺基译：《文化与社会人类学引论》，商务印书馆1991年版，第37—40页。[美]威廉·A.哈维兰著，瞿铁鹏，张钰译：《文化人类学》第十版，上海社会科学院出版社2006年版，第43页；[英]阿雷恩·鲍尔德温、布莱恩·朗赫斯特、斯考特·麦克拉肯、迈尔斯·奥格伯恩、格瑞葛·斯密斯著，陶东风等译：《文化研究导论》（修订版），高等教育出版社2004年版，第52—61页。

[2] 王铭铭：《西方人类学思潮十五讲》，广西师范大学出版社2005年版，第86页；萧俊明：《文化转向的由来》，社会科学文献出版社2004年版，第37—38页；苟志效、陈创生：《从符号的观点看——一种关于社会文化现象的符号学阐释》，广东人民出版社2003年版；周怡：《解读社会—文化与结构的路径》，社会科学文献出版社2004年版，第55、60页。

[3] [法]罗兰·巴尔特著，王东亮等译：《符号学原理》，生活·读书·新知三联书店1999年版，第13—25页。

[4] [美]戴维·波普诺著，李强等译：《社会学》第十版，中国人民大学出版社1999年版，第66—68页。

义的神秘东西,都能在人的实践中以及对这个实践的理解中得到合理的解决。"① 运用马克思主义实践论指导本文化研究,说明文化的实践性生成正是本定义的着力之处。

第五,强调文化存在于人的日常生活世界中。"'常识世界'、'日常生活世界'、'日常世界'都是对这个被人们所经验的主体间性世界的不同表述。"② 日常生活世界"它从一开始就是一个主体间际的文化世界"。③ 本定义强调文化存在于人的日常生活世界中是为着重强调文化的根基,指出作为意义体系的文化产生于日常生活世界中,并在此基础上得到提升、发展和变化。马克思的生活世界理论强调从人的感性世界出发研究现有的社会形态和生产方式、阐明人的存在方式、追寻人的自由而全面的发展,其生活世界理论建立在实践基础之上。本定义强调文化存在于人的日常生活世界中,一方面是肯定西方文化哲学研究中生活世界理论对研究的借鉴作用,另一方面也主要是力图运用马克思主义的生活世界理论为研究提供指导。

2. 群体文化

(1) 群体界说

群体是人的聚合体,相对于个体而言。可以从规模、地域、职业、收入、地位、文化、心理等不同视角对群体进行分类与划分。社会学、心理学、人类学、政治学等学科均有不同的划分方法。群体划分存在标准繁多、界限模糊、互有交叉的现象。不同的划分方法服从于研究需要与学科属性。随着社会的不断发展,人们的社会流动和社会互动日益频繁,群体变动速度加快,群体界限也出现了模糊,给群体划分带来了难度。

其实,综观各种群体划分和认定方法,大致有两种。一种是仅仅把具有某些共同社会特性的人归为群体类别,如上所指,可直接以规模、次序、地域、职业、收入、地位、声望、文化、心理等不同视角对群体进行划分,并不要求其他前提条件。这种群体划分方法主要应用于大群体研究中,尤其是在探讨群体间关系时多加使用,例如在以性别、民族、种族、宗教、职业等

---

① 马克思:《关于费尔巴哈的提纲》,《马克思恩格斯选集》第1卷,人民出版社1995年版,第56页。

② [德] 莫里斯·纳坦森:《序论》,参见[德] 阿尔弗雷德·许茨著,霍桂桓、索昕译《社会实在问题》,华夏出版社2001年版,第3页。

③ [德] 阿尔弗雷德·许茨著,霍桂桓、索昕译:《社会实在问题》,华夏出版社2001年版,第36页。

划分的大的群体及群体间关系研究上。另一种是指在上述群体划分的前提下,还要求群体成员间的一定互动、群体成员形成相对稳定的关系并具有一定的群体归属。此方法是社会学和心理学中常见的群体划分方法,即小群体研究所涉方法。"虽然社会群体一词可以应用到大到整个社会的各种单位,但它还是有更为具体的含义。这个词经常被社会学家与非社会学家用来表示小的、面对面的、成员彼此认识的群体。"[1] 可见,群体划分方法主要服从研究的需要。

还应指出,上述划分方法都是客观群体的划分方法。现实中还存在以下情形,即群体成员主观上对自己所属何种群体有自己的观点和认同,这被称为主观群体认同。一般情况下,客观群体划分和主观群体认同基本上是一致的,但在一定情形下也存在不相耦合与相对差异的情况。这种情况能反映和说明一定的现象和问题,为分析和解释提供另一视角。

群体具有一定的包容性和模糊性,其所具有的概念特性相对能恰当反映当前社会转型时期人们的所属状况。阶层也是群体,但严格意义上将群体以阶层视之,大体上不能完全或恰当反映当前人们分化而还没有完全定型的变化状况。当然,在宽松意义上,两者某种程度上是一致的,如农民阶层与农民群体。因此,在本研究中有时会有互用的现象,尤其是在引用文献时,此点需特别说明。当然,还存在有些群体较难界定为阶层的情况,如市民群体。另外,本研究注重文化关系的研究,强调以文化视角来审视人们的分类划分,而群体概念所具的属性能较好满足研究的需要。本研究主要采用群体的客观划分方法,而且主要运用大群体划分的方法。可以以规模范围将群体划分为宏观层面的群体(大群体)、中观层面的群体(亚群体)和微观层面的群体(小群体)。粗略而言,宏观层面和中观层面的群体均可称为大群体。本研究指的群体则是中观层面的群体,即亚群体。因此,我们偏重于采用社会共同特征认定方法。具体而言,市民群体与农民群体主要采用地域和职业等综合标准予以划分,先富群体与贫困群体主要运用收入标准进行划分,干部群体与群众群体则主要以职业和地位标准区别划分。

(2) 群体文化

文化是共享的,因此,对文化的研究说到底是对群体文化的研究。由于

---

[1] [美] 戴维·波普诺著,李强等译:《社会学》第十版,中国人民大学出版社1999年版,第173页。

群体可划分为大、中、小三种类型，文化学意义上的群体文化也可大致分为三个层面，即宏观层面、中观层面和微观层面。宏观层面的群体文化即大群体文化，以社会的整体文化为对象，相当于通常所言的大文化类型的研究，又可分为两类：第一，纯粹以文化类型划分的大群体文化，如西方文化、中华文化、伊斯兰文化、印度文化、拉美文化等，这类群体文化大多是超越国家地理界限的群体文化。塞缪尔·亨廷顿在其著名的《文明的冲突与世界秩序的重建》中论及的文化多为此类文化。第二，以国家社会所属的大群体文化，如英国文化、中国文化、美国文化、埃及文化、墨西哥文化等。学界人士注重研究的中国传统文化的现代化、文化的本土化和世界化等问题大多是以此层面的群体文化为对象进行的研究。当然，上述大群体文化的两层面划分只是学理层面的、并不严格，实际情形可能多有交叉。

中观层面的群体文化即亚群体文化。如商人文化、军人文化，工人文化、农民文化、知识分子文化，共产党人文化，土家族文化，先富群体文化，青年文化、老年文化等。当然这一区分并不是严格意义上的，因为许多群体文化有相互交叉的现象。本书论及的群体文化正是此层面的亚群体文化。归纳上述定义，笔者尝试给群体文化下一定义，群体文化是指社会中某个群体特有的文化，主要指该群体在实践中生成的、以符号为基础并以价值观为核心的意义体系，它既包括与社会其他群体共享的文化要素，又表现为该群体独特的价值观、意义和思想等。

微观层面的群体文化主要是指小群体文化。小群体文化相当于具体群体的文化。在这方面社会学涉及较多，如对家庭文化进行的研究等。

分析以上群体文化我们可以看出，不同层面的群体文化皆属群体文化范围。但同时我们也应了解，通常一般人们不会把宏观层面的群体文化称为群体文化，在学理和实践层面论及群体文化更多意义上指涉的是亚群体文化和小群体文化。本研究论及的群体文化是指亚群体文化。不论是农民群体文化和市民群体文化、先富群体文化和贫困群体文化，还是干部群体文化和群众群体文化，我们认为皆属亚群体文化。

（二）和谐与群体文化和谐

1. 和谐

"和谐"一词由"和"与"谐"组成。《尔雅》将"和"与"谐"互解。可见，"和"与"谐"含义大体相同，可以互换和互用。因此，解"和"即可解"谐"，而且"和谐"一词，总体上由于"和"的使用频率更高，因此解"和"可能相对而言更为现实。有学者考证，上古典籍中未见有"和"、"谐"两字连用者，"和"与"谐"两字同时出现仅在《尚书·舜典》中。而且，"和"与"谐"的本义都是指声音相应，和谐地跟着唱或伴奏。[1] 可见，"和"、"谐"本义相同，均来自于音乐，主要是指当时的礼乐，并由此进一步演化为"和"的诸多引申含义。按照中国的传统文化和现代的语义使用，"和"的含义十分丰富，包罗了自然、社会和人等不同方面。有学者粗略归纳、总结了"和"的含义，总计十九项之多。[2] 而且，随着社会的发展，其语义内涵还在不断丰富。大体总结，"和"的诸多含义，我们以为主要体现在以下两个方面：一是"和"是生成、结合、协调、统一，主要体现动态性。大体包括多样性的生成、相反相成的结合、矛盾差别的协调、杂多众相的统一，充分体现出"和"的生命力和创造性特性。二是适中、平衡、融洽、自然，主要体现为一种状态。指涉的是事物，包括自然、人、社会等发展呈现出的一种最佳状态。大体包括自然的协调、人与自然的合一、人与人关系的融洽、人与社会关系的适中以及人的身心内外的平衡，也包括人的情感的自然显现。它们全面表现"和"的本质内涵，是"和"的一种相对的静态，总体上也属一种恰当、适宜、舒缓、朴韵与和谐美。

实质而言，"和"的此两种内涵皆源自其自身的本体性质，对有学者提出的"和"的本体论意义的观点，我们持赞同态度。施忠连明确指出，"就是说和不只是客观世界或人类文化某个或某些领域的范畴，它是本体存在的基本状态，是体现为用的主要方式，是世界的本质特征，因此它具有普遍的意义，涵盖自然界、社会和人类各个方面"。主要是从"和实生物"的本体状态和奉和为"大道"两方面予以体现。[3] 还有学者指出，和谐思维是其他和谐的基础，而"和谐思维是以'和'为核心的世界观、方法论"。而其总结的和谐思维的第一体现则为"'和'是万事万物存在的基础和发展的规

---

[1] 马德邻：《先秦儒学语境中的"和谐"范畴》，载朱贻庭主编《儒家文化与和谐社会》，学林出版社2005年版，第53—54页。

[2] 施忠连：《"和"乃天地之道》，载朱贻庭主编《儒家文化与和谐社会》，学林出版社2005年版，第18—23页。

[3] 同上书，第24—26页。

律"。① 一般意义上,上升到世界观、方法论的层面基本上应归之于本体层面了。张岱年也指出了,"'和实生物',和是新事物生成的规律"。"《中庸》云:'和也者,天下之达道也'。肯定和是最高准则。"② 关于"和"是生成规律和最高准则的看法,我们分析其实也指出了"和"的本体论意义的内涵。确实"'和'是宇宙和社会存在发展的根本状态"。③ 我们以为,也正因"和"具有本体论意义,所以才能生成、演绎出诸多丰富的其他含义。

总之,我认为,和或和谐是指事物(包括自然、人和社会)生成与发展的一般规律、事物存在与运行的最佳状态、人们行为处世的普遍价值尺度、中华民族的深层思维方式以及仁人志士追求的理想境地。由此定义分析,关于和谐我们以为对下列观点也应予以重视:即和谐不仅是准则,更是规律;不但表现状态,而且体现过程;不单呈现静态,更为突出动态;既是表达理想,又是落于现实;既外显为价值尺度,又内在为思维方式;不只成为道德要求,也是制度安排。由于和谐语义丰富,内涵众多,因此,人们对其存有诸多不同的观点,实属正常。一些人甚或对其存有偏颇的看法,也不足怪。究其原因,大多也是因不同原因对和谐了解不全所致。

2. 群体文化和谐

在阐释群体文化和谐概念之前,有必要论及文化和谐的问题。和谐内涵之一是生成、结合、协调和统一。此动态性含义的前提是"多",即因存在着"多"而不是"一",所以才存在生成、结合、协调和统一的必要,进而引致和谐。因此,文化和谐的前提是文化存在的"多"。文化的"多"可作两方面解释,一指不同文化间的和谐,包括不同层面的文化间的和谐;一指文化自身各要素间的和谐。本书的研究指向群体文化间的和谐,主要着力于不同群体文化间关系问题。它主要指群体文化之间的和谐,当然也会涉及具体群体文化自身各因素的和谐。

在文化与文化和谐的定义基础上,我尝试对群体文化和谐予以界定。群

---

① 夏乃儒:《儒家和谐思想的现代阐释》,载朱贻庭主编《儒家文化与和谐社会》,学林出版社2005年版,第43—46页。

② 张岱年:《漫谈和合》,载国际儒学联合会学术委员会编《儒学与世界和平及社会和谐》,首都师范大学出版社1999年版,第228—229页。

③ 楚庄:《弘扬中华"和合"文化刍议》,载国际儒学联合会学术委员会编《儒学与世界和平及社会和谐》,首都师范大学出版社1999年版,第186页。

体文化和谐指不同群体文化之间的关系和谐,即指不同文化的群体在共同认同社会主义主导文化的前提下,在普遍认同平等互信、公平正义、和而不同、协调共促、友爱团结等理念基础上,在尊重差异、协调发展的实践过程中,不同的群体文化之间,相互包容、协调运作、动态平衡、具有生机与有机统一,从而促进各群体文化的共同发展、推进和谐文化的积极建设、推动社会主义和谐社会的构建。

对此概念,有如下说明:第一,群体文化和谐不仅体现为群体文化间关系的良好状态,而且表现为群体文化间良好关系的过程。前者是相对静态的描述,后者是一种比较动态的说明。两者相互结合,才能较全面揭示群体文化和谐的内涵。第二,群体文化和谐生成于不同文化的群体的实践交往关系之中,良好的实践交往关系是群体文化和谐生成的基础。反之,群体的实践交往关系也受到群体文化和谐这一积极文化因素的影响。第三,普遍而广泛的认同是促使群体文化和谐生成的重要因素。因此,对社会主义主导文化的共同认同、对公平正义等理念的普遍认同在群体文化关系的发展中具有重要意义。第四,群体文化和谐的价值追求是促进各群体文化的共同发展、推进和谐文化的积极建设、促进社会主义和谐社会的构建。它也体现出群体文化和谐的功能指向。当然,群体文化和谐实际也是和谐文化的表现之一,因为只有各文化要素之间关系和谐,整体文化才会呈现和谐状态,而这正是和谐文化的一个特性。第五,群体文化和谐总是相对的,没有绝对的和谐。和谐总是相对意义上的,即如果从量化上论,只是和谐的程度更高而已。绝对的、无任何不和谐因素的群体文化关系只存在于理想之中。

论及文化和谐,也会涉及和谐文化。笔者认为,和谐文化既是以和谐为重要价值指向的文化类别,又是指文化内部各要素相互间形成和谐的文化状态。和谐文化总是具体的。在此我们论及的和谐文化指社会主义和谐文化,即以社会主义核心价值体系为根本,以追求和谐为价值取向,各文化要素间关系和谐的文化。大体上,社会主义和谐文化反映了人们对于构建社会主义和谐社会的总体追求,体现了人们对社会主义和谐社会发展的制度安排,显示了社会主义文化的发展路径,生成于人们的经济、政治、文化、社会的实践活动中。就文化而言,文化内部各要素之间的和谐是促进文化达到和谐文化的重要方面,即文化和谐促进和谐文化。如文化的各层面,如物质、制度、行为和精神各文化的和谐;主导文化对其他文化因素的引导而致和谐等。群体文化和谐也是和谐文化的一个重要方面。

(三) 社会转型与转型时期群体文化和谐

转型,意指改变类型。社会转型,字面意思是指社会改变类型。有学者认为社会转型范畴来自西方社会学的现代化理论,是对生物学"Transformation"概念的转用。在生物学中"转型"是指生物物种间的变异。西方社会学家借用这个概念来描述社会结构具有进化意义的转换和性变,说明传统社会向现代社会的转换。[①]

关于社会可以区分为哪些类型、社会为何会改变类型、社会怎样从一类型转变为另一类型、社会转型的判断标准是什么等诸如此类的问题,学者们意见并不一致,大体上焦点主要还是指向了社会转型的概念。郑杭生提出:"所谓'社会转型',是一个有特定含义的社会学术语,意指社会从传统型向现代型的转变,或者说由传统型向现代型社会转型的过程,说详细一点,就是从农业的、乡村的、封闭的半封闭的传统型社会,向工业的、城镇的、开放的现代型社会的转型。""当我们说'社会转型'时,着重强调的是社会结构的转型。在这个意义上,'社会转型'和'社会现代化'是重合的,几乎是同义的。"[②] 国内现代化的定义相对得到较多认可的是罗荣渠所界定的,即"广义的现代化主要是指自工业革命以来现代生产力导致社会生产方式的大变革,引起世界经济加速发展和社会适应性变化的大趋势,具体地说,就是以现代工业、科学和技术革命为推动力,实现传统的农业社会向现代工业社会的大转变,使工业主义渗透到经济、政治、文化、思想各个领域并引起社会组织与社会行为深刻变革的过程"[③]。据此分析,我们基本赞同郑杭生的定义,但由于他是从社会学的视角界定社会转型,因此,其"社会转型"和"社会现代化"是重合的,说法需要进一步精确。社会转型与现代化几乎同义和重合,但不仅限于狭义的"社会"概念的现代化,而是广义的"社会"概念的现代化。它应包括经济层面、社会(狭义)层面、政治层面、文化层面、观念层面、组织层面的现代化,同时还应包括必不可

---

① 范燕宁:《当前中国社会转型问题研究综述》,《哲学动态》1997年第1期。
② 郑杭生:《导读:对社会转型论探索的梳理和回顾》,载《中国特色社会学理论的探索:社会运行论、社会转型论、学科本土论、社会互构论》,中国人民大学出版社2005年版,第202—203页。
③ 罗荣渠:《现代化新论——世界与中国的现代化进程》,商务印书馆2004年版,序言第5页。

少和非常重要的人的现代化或转型,即社会转型具有整体性和全方位性。[1]当然,我国社会转型是社会主义社会的自我完善与发展,是社会主义现代化建设的推进与发展。

总之,社会转型是建立在把社会划分为传统型社会和现代型社会的基础之上,强调的是社会从传统型社会向现代型社会的过渡过程。社会转型是社会全方位、整体性的转变;社会转型是两种社会类型的过渡和转折;此过渡和转折时期即转型时期;处于这一转型时期的社会即转型社会。转型时期是传统因素和现代因素此消彼长的时期。同时,也应看到即使是社会转型完成,传统和现代因素也无法截然分开,因为传统孕育着现代,现代生长于传统;而且传统和现代具有流动性和相对性,只是由何种因素占主导和优势地位,并不存在绝对的单一因素的社会。

转型时期群体文化和谐是指在社会从传统型向现代型的过渡时期,不同群体文化之间的关系实现和谐的问题。由于转型时期的特殊性,因此,群体文化关系在过渡与转折时期更为复杂,凸显了与平常时期大不相同的特点。

四、研究路径、框架与研究方法

(一) 研究路径

综上所述,虽然相关研究各有特色,但对群体文化和谐的研究目前基本没有研究者涉及,存在很多值得探讨的问题。本研究选题旨在相关研究的基础上,尝试吸取有关成果,提出并关注转型时期群体文化关系的问题,并对转型时期群体文化和谐的相关问题进行理论探讨。具体来讲,本书将采取以下研究路径:

第一,从社会转型的视阈观照群体文化之间的关系问题。关注社会转型这一具有重大的现实意义和理念意义的问题。对社会转型时期的文化问题进行特别的关注,从群体的角度进行切入,研究不同的群体文化之间的关系问题。力图将对文化问题的关注落于现实的视野,不同于以文化论文化的纯理论研究路径。

第二,对群体文化和谐的思想进行仔细的梳理。社会转型是现代化国家的共同经历,对于社会转型自身具有或所引发的文化问题包括群体文化关系

---

[1] 刘祖云主编:《社会转型解读》,武汉大学出版社2005年版,第12—17页。

问题的关注与思考积淀于人类的精神宝库之中。对人类思想长河中的群体文化和谐的思想进行仔细的梳理，有助于开阔视野、理清思路，为以后的研究奠定相应的基础。

第三，选取几种较典型的群体文化关系进行分析。着力于从现实问题出发进行分析探讨，进而予以理论层面的提升。转型时期群体文化关系在不同的层面有不同的视角。鉴于群体文化关系的多维性和复杂性，因此选取几对较典型的群体文化关系进行分析，尤其对文化失衡现象予以把握，其目的是通过对较为典型的群体文化关系的分析，探究我国转型时期存在的群体文化失衡的内在根源，为群体文化和谐的实现提供现实的基点。所选的群体文化，包括农民群体文化与市民群体文化、贫困群体文化与先富群体文化、干部群体文化与群众群体文化，它们皆以群体文化关系的现实状况为依据。

第四，对转型时期群体文化和谐的问题进行理论挖掘与研究。对转型时期群体文化和谐的主要理念、功能及特点进行探析，以期在理论上做到抛砖引玉。

第五，提出促进转型时期群体文化和谐实现的现实措施。以理论联系实际为旨意，期望将对转型时期群体文化关系的理论关注点落在社会实处，对促进目前中国社会转型时期的群体文化关系的和谐发展有所裨益。

(二) 研究框架

第一章，导论。主要说明本研究的问题缘起与研究意义，并对国内外与群体文化和谐相关的研究成果予以综述及评价，同时对转型时期群体文化和谐研究的相关概念予以界定，并确定本书的思路、框架与研究方法。

第二章，群体文化和谐思想的历史梳理。对中国古代与近现代群体文化和谐思想、西方群体文化和谐思想、马克思主义群体文化和谐思想予以考察，对群体文化和谐思想的历史积淀进行梳理。

第三章，转型时期群体文化关系的现实观照。以群体文化关系的现状及重要性为依据，选取农民群体文化与市民群体文化、贫困群体文化与先富群体文化、干部群体文化与群众群体文化几种关系进行分析，在对具体群体文化的特性进行分析的前提下，着重分析这几种群体文化关系的失衡现象。

第四章，转型时期群体文化失衡的思索。在概述转型时期群体文化失衡的现实背景的前提下，着重从文化变革中相关因素的不协调、文化转变与社会发展的不同步、权利诉求与权力保护的张力、自由扩展与现实发展的差距几个方面对转型时期群体文化的失衡现象的原因进行较为深入的分析。

第五章，转型时期群体文化和谐的理念探讨。对转型时期群体文化关系和谐的平等互信理念、公平正义理念、和而不同理念、中和适度理念、沟通平衡理念、协调共促理念、亲和宽容理念、团结友爱理念予以着重探讨。从而有利于全面把握转型时期群体文化的关系问题，并促进其走向和谐。

第六章，转型时期群体文化和谐的功能及其特点。着重从推进社会积极发展，有益于群体稳步前进；保证人的顺利发展，有助于群体文化进步；促进文化良性发展，有利于和谐文化建设；保障经济良好发展，有利于社会主义和谐社会构建等方面，对转型时期群体文化和谐的功能进行阐述，并在此基础上对其功能的特点进行分析，从而更为客观清醒地把握转型时期群体文化关系和谐的功能。

第七章，转型时期群体文化和谐的实现。探讨转型时期群体文化和谐实现的前提，即观念转变；对转型时期群体文化和谐实现的条件，即客观保障，从物质基础丰富发展、制度安排合理有效两个方面进行了分析；还对转型时期群体文化和谐实现的基础，即群体发展进行讨论；最后对群体文化和谐实现的关键，即价值引领，从以公民精神为基础、以社会主义核心价值体系为指导、以和谐的价值为取向三个方面进行探讨。

（三）研究方法

研究方法的确立受制于研究对象问题的性质。转型时期群体文化和谐研究立足于从文化角度关注群体关系，以期在社会、文化和人等多维镜像中构建群体文化和谐的图景，并最终趋向社会主义和谐文化的前景。在此研究范围内，本研究在马克思主义辩证唯物主义指导下，坚持理论与实际相结合的方法、采用历史与逻辑相统一的方法进行研究，尤其注重以下方法：

1. 比较研究方法

比较研究方法是在一定的理论指导下，对两个以上的事物进行对照、分析，找出它们的相同点与不同点，从而准确把握事物之间关系、事物发展的规律的研究方法。由于群体文化关系涉及不同的群体文化，因此运用比较研究方法能较好地分析具体的群体文化，并在此基础上讨论不同的群体文化的异同，从而把握群体文化关系的现状，探讨群体文化关系的失衡问题；同时，还能很好地探讨群体文化和谐的理念、功能等问题，因为这些理论探讨均是在比较不同群体文化的基础上进行分析提升而来。

2. 系统研究方法

系统研究方法是将研究对象置入系统之中进行审视，以期多角度和立体化地观照对象问题。转型时期群体文化和谐研究的对象指向是亚群体文化，即中观层面的群体文化，其自身的独特系统以及与宏观层面及微观层面的群体文化系统的关系是研究的观察基点。本研究将把群体文化作为宏现层面的文化系统中的子系统进行研究，力图揭示宏观层面文化对群体文化关系的客观影响以及群体文化关系对宏观层面文化的互动效应。

3. 辩证分析方法

辩证分析方法强调对任何事物的探讨都应一分为二，进行辩证的分析，不执著一端、偏向于一域。对待转型时期群体文化关系，既要看到文化变迁造成的文化失衡现象，也要着眼文化转型内在的文化和谐因素。如果全然无视群体文化失衡现象则使研究视域短见，消极看待群体文化和谐因素定会自缚眼界。同时，只有运用辩证分析方法才能准确客观地把握群体文化失衡的现象，全面深入探讨群体文化和谐的理念、功能、实现措施等问题。

第二章 群体文化和谐思想的历史梳理

现代意义的文化概念出现较晚，相应的群体文化和谐思想，无论在中国及世界其他各国均未有直接的论及与阐释。虽则如此，钩沉荜镂，有关群体文化和谐的思想仍贯穿于人类思想历史发展的长河，蕴藏在众多思想家们丰富深刻的思想观点之中。这些思想为我们研究群体文化和谐问题提供了相应的理论基石，奠定了相关的逻辑起点。本章主要从中国、西方及马克思主义三个方面，选取相关思想家，梳理其思想中蕴涵的群体文化和谐思想。当然，由于历史时代、社会条件、社会制度等不同，许多思想带有历史与阶级局限性，这是我们应予注意的，正确的态度还是批判地吸收。

一、中国群体文化和谐思想考察

中国文化中蕴藏着极为丰富的和谐思想，一定程度而论，中国文化是和谐特征较为突出的文化。丰富多彩的和谐思想中包括群体文化和谐思想。

（一）中国古代群体文化和谐思想

中国古代的群体文化和谐思想主要蕴涵及受影响于儒家、道家和佛家三大中华民族主要思想源流，并呈现各自不同的色彩。其中，尤以儒家的思想影响更为深远。

1. 中国儒家群体文化和谐思想

儒家自先秦发展，汉以来成为统治思想，宋程朱理学将儒家推向新的阶段。儒家思想因其内容博大、视野广泛，在中国影响甚大。虽后期消极因素日显突出，然其诸多合理思想至今仍不同程度影响着人们，和谐思想即是其中之一。而群体文化和谐思想是和谐思想的一方面。儒家的群体文化和谐思想主要以儒家和谐思想为基点、以人与人和谐思想为基础、以具体的群体和谐思想为表征。

(1) 群体文化和谐思想的本体基点

儒家群体文化和谐思想的脉络蕴藏在儒家和谐思想中，可以说，儒家和谐思想是儒家群体文化和谐思想的本体基点。儒家和谐思想内涵丰富，在此从以下几个方面予以说明。

首先，关于和谐的内涵。最为有名的关于和的论述莫过于上古时期史伯的论述。西周末年（约公元前八世纪）周太史史伯同郑桓公论及周朝，指出周王"去和而取同，"并阐明道："夫和实生物，同则不继。以他平他谓之和，故能丰长而物归之。若以同裨同，尽乃弃矣。"① 史伯明确区分并深刻辨析了和与同，其"和实生物"、"以他平他谓之和"思想包含了事物生成与发展的规律、涵盖了事物多样性的统一等内涵。春秋时期晏婴与齐景公也论及和与同，并指出和有如以多种食物和味道进行的烹调，并阐明："君臣亦然。君所谓可而有否焉，臣献其否以成其可。君所谓否而有可焉，臣献其可以去其否。"② 晏子此说的和也是指多种事物的相成，并特别强调对立面相成的含义。

孔子继承并发挥了先哲的思想，肯定和的内涵，并强调其在人伦中的应用，和最终发展成为儒家思想的核心范畴之一。纵观儒家的和谐思想，其基本含义大致可归纳为以下几个方面：

第一，和谐是异质的综合、统一。指和的动态性意义，体现的是和的生命力和创造性特性。《周易·干·象》指出："……干道变化，各正性命，保合大和，乃利贞。"可见，和不是同质的统一，而是万物"各正性命"前提下的和谐，即"大和"，为异质的综合，为动态多样的统一。《中庸》也说："和也者，天下之达道也。致中和，天地位焉，万物育焉。"③ 达到了"中和"则天地各得其所，万物生长繁育，此是从形而上的层面论和。《荀子》也认为，"天地合而万物生，阴阳接而变化起"。④ 正是由于和具有多样性的前提、差别性的存在，即具有异质，所以综合产生新质，生成新生事物，由此和显示出生命力和创造性特性。"在中国古典哲学中，'和'与'同'不一样。'同'不能容'异'，'和'不但能容'异'，而且必须有

---

① 《国语·郑语》，(吴) 韦昭《国语》，北京图书馆出版社 2006 年版。
② 《左传·昭公二十年》，(战国) 左丘明、刘利、纪凌云译注：《左传》，中华书局 2007 年版。
③ 《中庸·天命章》。
④ 《荀子·礼论》。

'异',才能称其为'和'。"① 和成为万物生长、发展和变化的规律。

第二,和谐是事物发展的最佳状态。指和的相对静态性意义,体现的是和的外在表现。和的生命力和创造性体现的动态性的外在表现即为和的状态,是事物发展的最佳状态,属相对意义静态的和。孔子指出:"宽以济猛,猛以济宽,政是以和。"②《中庸》开章言:"喜怒哀乐之未发,谓之中。发而皆中节,谓之和。"③ 可见,和是指一种状态,即由动态性意义的、生命力、创造性所显示的一种外在状态。王船山言:"阴与阳和,神与气和,是谓太和。"此言前两处的和为动态的和,而后一处的和则为动态的和所显示出的状态,是和的外在表现。

值得注意的是,理解儒家思想的和谐必须将两者结合起来,和谐是动态性意义与静态性意义的统一,我们认为此为和谐的核心含义。

其次,关于和谐的内容。和谐的上述两种基本含义,使和谐具有了形而上的含义,并成为儒家思想展开的重要范畴。其内容涵盖诸多方面,涉及天、地、人等各个方面,以及政治、经济、文化等不同领域。包括自然界的和谐、人与自然的和谐、人与人的和谐、人与社会的和谐、人身心内外的和谐;关及思维方式、与自然相处、理想追求、国家治理、人伦道德、家庭建设、身心修养、各国关系等方面的和谐。当然,和谐的内容虽然众多,但均不出天道与人道两方面。

复次,关于和谐的本体论特性。由于和谐所具有的独特性,因此,它具有本体论性质,所以成为儒家的核心范畴之一。和谐的本体论性质前述已有论涉,此处归纳予以说明。和谐的本体论特性,主要表现在以下几个方面:第一,和是万物产生的根源。第二,和是大地事物发展的规律。第三,和涵盖自然、社会和人自身等多种领域。荀子认为:"万物各得其和以生。"④《中庸》将其定为天道:"中也者,天下之大本也;和也者,天下之达道也。致中和,天地位焉,万物育焉。"⑤ 明确指出和是天下的最高准则,也是万

---

① 冯友兰:《中国哲学的底蕴精神》,载国际儒学联合会学术委员会编《儒学与世界和平及社会和谐》,首都师范大学出版社 1999 年版,第 173 页。
② 《左传·昭公二十年》,(战国)左丘明、刘利、纪凌云译注:《左传》,中华书局 2007 年版。
③ 《中庸·天命章》。
④ 《荀子·天论》。
⑤ 《中庸·天命章》。

物产生发育的本源。董仲舒言："和者，天地之正也。"① 张载指出："太和所谓道，中涵浮沉、升降、动静、相感之性，是生絪缊、相荡、胜负、屈伸之始终。"② 他们均明确指出和为道，是天地的正道，是一种规律。所谓的政通人和、和而不同等儒家和的思想几乎包括了自然和人类的各个领域。正是由于和谐所具有的形而上的本体论特性，所以其能上为抽象，下呈具象，成为语义众多的词汇。

再次，关于对和谐的认识。和谐思想作为儒家思想的核心范畴之一，又具有本体论特性。世人对其认识不同，在此有必要对其进行深入的剖析，使和谐思想的内涵进一步厘清，有助于我们全面认识和谐思想。

第一，和谐的动态性特性，体现和谐的生命力与创造性。前述已有论及，此处强调认识时应力戒将和谐等同为绝对静止不变的状态。和谐为多样性的统一，异质生成新质。所言尊重、认可、涵盖、容纳、包容均指和谐的不同异质纷呈的多样性前提；所谓协调、整合、统一、生成、创造等皆言和谐的旺盛生命力和创造力的统一性结果。此两者均体现和谐的动态性。没有和谐的生命力和创造性所体现的动态性含义，和谐只能流于空泛，失去灵魂，最终只能成为空壳，徒有外在而无内涵。日常世界中对和谐的误认许多部分源起于此。

第二，和谐的原则性特点，展现和谐的价值导向。孔门弟子有子说："知和而和，不以礼节之，亦不可行也。"③《中庸》讲："故君子和而不流，强哉矫！"④ 即如果和没有依据、没有原则，那么即变为和而流了，不是真正的和。所以和应以礼节之，应有价值性的导向，否则就变成所谓的"乡愿"。⑤ 荀子的"义分则和"更具原则性。原则性是价值性的体现，无原则性的和是假和，是为和而和，根本行不通。其实质是无视和的生命力和创造性，完全拘泥于一时、一域的表面，追求无变化的绝对静态。日常世界所谓的"和事老"皆出于此因。

第三，和谐的制度性特性，凸显和谐的运行机理。儒家思想长期以入世、救民的特性而著称。儒家近两千年来作为封建社会的官方意识形态，其

---

① （汉）董仲舒：《春秋繁露》，中华书局1991年版。
② （宋）张载：《正蒙·太和》，《张载集》，中华书局1978年版。
③ 《论语·学而（十二）》。
④ 《中庸·十问强章》。
⑤ 《孟子·尽心下》。

思想也大都有落实于实际运用的极大可能。因此，和谐作为儒家思想的核心范畴之一，并不仅囿于学理，儒家是将其作为变革社会、改善民生的重要思想予以看待。因此，和谐就不仅仅是一种理想状态、人伦道德、家庭模式，同时还是制度运行。孔子所言"礼之用，和为贵"，明确将和与礼联结起来，以制度加以规范。大体上，儒家中以荀子论和的制度性最为突出。和的实现，是以社会中不同的人按等级制度规范各得其所、各安其命而达到的。当然，其制度性带有强烈的阶级属性。

最后，关于和谐含义的歧义与误解。现今许多人对和谐存有这样或那样的看法。例如，和谐是和事老、无原则；和谐是一成不变、不发展；和谐从属传统社会，不适应现代社会。诸多对和谐的观念中隐含着对和谐认识产生的歧义与误解，产生的原因如下：

第一，和谐，既论涉本原含义，也关及应用意义。儒家和谐思想丰富，其作为本体论性质的思想，引申出众多的内涵，这些众多内涵均取和谐的某方面意义，加之社会生活丰富多彩，所以一般许多人只知道和谐的部分内涵，有人以偏概全，有人强调一点，引致对和谐的误解。

第二，和谐思想已深入理想、教育、心理、思维、行为方式等各方面，融入人们的日常生活世界，成为民族无意识的心理图式和积淀。日常生活中许多人对和谐的反应更多地包含无意识的习惯，这种习惯所反映的和谐的内容可能并不全面。

第三，和谐是儒家的核心范畴，儒家思想发展经历不同的阶段，随着社会的前行，每一阶段思想的着重点不太一致，强调的和谐内涵也不一样。因此，以某一时期的重点强调的和谐思想概括全部的和谐内容，也易招致不同的认识，如走入极端则更易产生误解。

第四，和谐因内涵丰富，相对而言，长期发展进程中大致总会有一些人对和谐存有误解和偏见。而这些不正确的看法传入社会，以讹传讹，导致更多的人对和谐含义认识不全面。

对和谐含义的认识还有许多内容，至少我们以为还应包括和与中的关系；和与礼的关系等，在此不详述。

（2）群体文化和谐思想的理论基础

中国古代的和谐思想大致可分为天道与人道两方面。儒家关于人道方面的和谐思想，尤其是关于人与人的和谐思想，皆可视为对群体文化和谐的观照，因为人与人的和谐包括个人与个人的和谐、个人与群体的和谐以及群体与群体间的和谐;广义上还包括人与社会的和谐。

第一,尊礼亲仁,人与人和谐的基础。孔子创立儒家,其对周礼的注重直接引致儒家思想中以礼为中心的社会格局设想以及儒家治世与安人措施的提出。礼并不简单是现代人所理解的礼节,而是隐含于礼之中的人们的位序安排,人与人的关系、人与物的关系,涵盖了社会生活的方方面面。孔子曾说:"如有用我者,吾其为东周乎?"① 当然孔子所言的礼也并不是完全照搬周礼,他也讲到,因时代不同礼也有或也应有所"损益"。② 由于对礼的推崇,因此,儒家思想倡导的社会是因礼的规定而各群体和各个体安于不同位序的社会,现实位序的安排又相当程度地影响人们的观念,因此对礼的尊重形成稳固的观念,反过来又深深地影响人与人关系,成为人与人和谐的基础。

仁是儒家思想的中心范畴。儒家思想以道德教化为其重要特征,与其对仁的看重具有很大关系。子曰:"人而不仁,如礼何?人而不仁,如乐何?"③ "苟志于仁者,无恶也。"④ 仁的含义广泛,最本质的内涵即为爱人。仁是儒家思想的道德标准,来自天地之仁进而演化为人之仁。"泛爱众"的思想,君子信仁、修仁;治国讲仁,推仁;仁不远君,仁不离国等思想深深地影响了社会各群体与个体,成为民众和统治者共同的观念。因此,亲仁成为人与人和谐的基础。

第二,和而不同,人与人和谐的原则。和自身就是多样性的统一,是以异质存在的前提。孔子继承史伯、晏婴论和实生物与和是异质的统一的思想,将和应用于人伦,指出:"君子和而不同,小人同而不和。"⑤ 君子用自己正确意见来纠正别人的错误意见,使一切都做到恰到好处,却不肯盲从附和;小人只是盲从附和,却不肯表示自己的不同意见。和而不同,一为承认彼此差异,成为人与人和谐相处的前提;二是在差异的前提下,谋求共同之处,做到求同存异。孔子的和而不同思想影响极远,甚至超越及至处理国家事务及一切人伦事项,当然其中最主要还是关涉人与人的关系。任何社会人与人均存在着思想观念、地位利益等多种差异,但如何面对差异以及由此引起的矛盾甚或冲突,和而不同理念是处理人与人关系的原则理念。

---

① 《论语·阳货(五)》。
② 《论语·为政(二十三)》。
③ 《论语·八佾(三)》。
④ 《论语·里仁(四)》。
⑤ 《论语·子路(二十三)》。

第二章 群体文化和谐思想的历史梳理

第三,中节平适,人与人和谐的度量。和,上通天道,下达人道。何谓和,儒家思想认为和即为中节,"喜怒哀乐之未发,谓之中,发而皆中节,谓之和。"① 从字面上理解,和即为人的情感适度。当然,我们也可理解中庸在此即是一种比喻,用人的外在情感状态来比喻说明和,因为中庸又进一步说:"中也者,天下之大本也。和也者,天下之达道也。致中和,天地位焉,万物育焉。"② 这其实是将和提升至形而上的层面。也显示和为中节的思想确是儒家一贯的思想。孔子说,"允执其中"③,人的情感层面是如此,人与人的关系也是如此,也应有一定的度量,达到中节即恰到好处,即为和。孔子言:"中庸其为德也,其至矣乎!民鲜久矣。"④ 中庸即为中节平适,后世儒家专作《中庸》,宋儒将其编入四书之中。中节平适理念已成为中国民众的文化无意识心理,成为人与人的和谐的重要理念。

(3) 群体文化和谐思想的具体表征

儒家思想博大精深,关于群体文化和谐的思想的具体内容也有论涉,主要体现在以下几个方面。

首先,等级贵贱、长幼有差,群体文化和谐的格局理念。儒家认为,社会中的关系无非是君臣、父子、夫妇、兄弟、朋友的关系,因君臣关系一定意义上是父子关系的延伸,所以这些关系可概括为广义的因血缘而形成的群体关系;另外社会上还存在因职业分工而形成的群体。儒家认为如果处理好这些群体间的关系,尤其是因血缘而形成的群体关系,那么群体关系就能和谐,社会即可安宁。如何处理这些关系,儒家主张等级贵贱、长幼有差,即以此安排群体各成员的社会位置,各群体的社会位序。论语谈道:"齐景公问政于孔子。孔子对曰:'君君,臣臣,父父,子子。'"⑤ 此位序强调的是国家中的君臣群体、家庭中的父子群体的各自责任,此言可见孔子是以等级的位序为其中心思想。孔子特别注重正名,也具有同样意涵。论语中还以子路之言指出:"不仕无义。长幼之节,不可废也;君臣之义,如之何其废之?欲洁其身,而乱大伦。"⑥ 孟子也说:"教以人伦,——父子有亲,君臣

---

① 《中庸·天命章》。
② 同上。
③ 《论语·尧曰(一)》。
④ 《论语·雍也(二十九)》。
⑤ 《论语·颜渊(十一)》。
⑥ 《论语·微子(七)》。

有义，夫妇有别，长幼有序，朋友有信。"① 这是儒家推崇的五常之道。孟子同样主张等级贵贱、长幼有差的差序格局；孟子还具体指出了他所谓的仁政的景象，社会的爵位、领土和俸禄均是按严格的等级高低而来，而这些所谓执掌政权的"精英们"的生活则是建立在农夫的劳动之上。② 荀子阐明要使天下步调一致，必须有等级差别，所谓"维齐非齐"；③ 他更明言："礼者，贵贱有等，长幼有差，贫富轻重皆有称者也。"④ 且荀子还认为处理因分工而产生的社会诸群体的关系，也应如对待因血缘产生的群体关系一样，均要符合礼义，即贵贱有等，长幼有差，他谓："贵贱、杀生、与夺，一也。君君、臣臣、父父、子子、兄兄、弟弟，一也。农农、士士、工工、商商，一也。"⑤ 一为统括一切之道，此处指礼义。朱子曰："古人必由亲亲推之，然后及于仁民。又推其余，然后及于物。皆由近以及远。"⑥ 指出儒家的等级贵贱长幼之差皆因血缘的近远而来。由此可以看出，儒家注重维齐非齐，以等级、贵贱、贫富、长幼等不平等来达到平等，从而维护各群体和社会的和谐。这些群体不仅涉及血缘群体，还关联职业群体。儒家的等级贵贱、长幼有差的思想，具有明显维护封建等级制度的特性，它是与儒家思想根植于当时相对传统的生产方式和社会分工方式及传统的群体划分的现实分不开的。整体上，儒家思想虽有保守性的方面，但也存在合理性的内容，所以能得到各群体的认同，成为长期以来我国社会处理各群体关系的原则，也在一定意义上成为促进群体文化和谐的理念。

其次，各得其宜、各安其分，群体文化和谐的运行理念。儒家的等级贵贱和长幼有差的理念，落实在现实之中就反映在儒家认为各群体在社会中应谨守自己的位置，恪守自己的职责，即各得其宜、各安其分，只有这样，各群体才能处理好相互关系，群体、社会才能处于和谐状态。孔子指出："事父母，能尽其力；事君，能尽其身。"⑦ "君使臣以礼，臣事君以忠。"⑧ 孔

---

① 《孟子·滕文公上》。
② 同上。
③ 《荀子·富国》。
④ 同上。
⑤ 《荀子·王制》。
⑥ (宋)朱熹：《孟子集注·梁惠王上》，朱熹撰《四书章句集注》，北京图书馆出版社2006年版。
⑦ 《论语·学而（七）》。
⑧ 《论语·八佾（十九）》。

子少有论及职业群体的言论，不过他也顺致指出："百工居肆以成其事。"①孟子承认分工不同，职业各异，"且一人之身，而百工之所为备，如必自为而后用之，是率天下而路也"。② 实际上孟子的言论隐含着社会各群体应相互协调、互相配合之意。而明确指出各群体各得其宜、各安其分理念的当属荀子。荀子明言："兼足天下之道在明分。掩地表亩，刺中殖谷，多粪肥田，是农夫众庶之事也。守时力民，进事长功，和齐百姓，使人不偷是将率之事也。高者不旱，下者不水，寒暑和节，而五谷以时孰，是天下之事也。"③ 可见，荀子主张治理天下的道理在于不同的群体各司其职、各安其分，甚至自然也有其本分，当然天下之道包含和谐之道；荀子还说："故先王案为之制礼仪以分之，使有贵贱之等，长幼之差，知贤愚能不能之分，皆使人载其事而各得其宜，然后使悫禄厚薄之称，是夫群居和一之道也。"④ 因为分，所以社会各群体恪守职责、各得其宜，安于已有的身份等级，满足于自身的地位权利，享受自己的所得利益，乐于现有的亲疏关系，即可使社会群体关系和谐、社会运转正常。朱子则更是一语破的，深刻说道："君尊于上，臣恭于下，尊卑大小，截然不可犯，似若不和之甚。然能使之各得其宜，则其和也孰大于是！"⑤ 正如朱子明言，儒家等级贵贱、长幼有差格局使人各得其所，各得其宜，所以至于和谐，其中当然含有群体与群体文化的和谐。可见，儒家的等级贵贱、长幼有差的理念与各司其职、各得其宜的理念是相辅相成的统一体，两者互相促进。应看到，各得其宜和各安其分的理念既建立于传统社会分工合作的基础上，又是儒家着力宣扬的处理群体关系的思想。总之，正是由于各群体安其分、得其宜，所以较难产生矛盾与冲突，也不易有理念的显著差异，其结果是各群体文化和谐自然生成。由此，各得其宜各安其分的和的理念也成为促进各群体文化和谐的理念之一。

再次，明分使群、义分则和，群体文化和谐的原则理念。儒家思想的各得其宜、各安其分所构建的群体文化和谐是有现实前提的：即人们是如何得"宜"、获"分"，人们何以能各得其宜、各安其分，其中的内在机理是何内容。儒家为了回答和解决此问题，提出并倡导明分使群、义分则和，即以公

---

① 《论语·子张（七）》。
② 《孟子·滕文公上》。
③ 《荀子·富国》。
④ 《荀子·荣辱》。
⑤ （宋）朱熹：《朱子语类》卷六十八，中华书局1986年版，第1708页。

平、正义来处理群体间的矛盾、以制度规范来化解群体间的冲突思想。荀子指出:"而能不能兼技,人不能兼官,离居不相待则穷,群而无分则争。穷者,患也;争者,祸也。救患除祸,则莫若明分使群矣。"① 明分,简意指明确、清楚、明智地区分各人的等级、地位、权利和利益。如何明分,荀子认为明分是以礼义为前提、内容、标准和核心。"故人生不能无群,群而无分则争,争则乱,乱则离,离则弱,弱则不能胜物,故宫室不可得而居也——不可少顷舍礼义之谓也。"② 荀子在此基础上鲜明直接地提出义分则和的思想,指出公正公平的理念和制度规范的约束是和谐的手段。荀子阐述:"人有气,有生,有知,亦且有义,故最为天下贵也。力不若牛,走不若马,而牛马为用,何也?曰:人能群,彼不能群也。人何以能群?曰:分。分何以能行?曰:义。故义以分则和,和则一,一则多力,多力则疆,疆则胜物,故宫室可得而居也。故序四时,裁万物,兼利天下,无它故焉,得之分义也。"③ 荀子的这一思想具有深刻内涵,至今仍值得我们借鉴。荀子指出,人是社会性的生物,不能离开社会而独自生存;但在社会中必须处理好不同人、不同群体的相互关系,才能避免人与人之间的纷争与灾祸;而解决此问题的方法只有依靠正义、公平的理念和制度分配社会资源;如果做到此点,那么则天下大顺,群体、社会和谐,并有利于人们的生存和发展。荀子强调的公平正义的理念思想和制度规范的制约机制确实使儒家的群体文化和谐思想极大地向前推进。荀子还不止于此,他直接将提倡公平正义和制度建设的任务落实到统治者的身上。指出:"先王恶其乱也,故制礼义以分之,使有贫、富、贵、贱之等,足以相兼临者,是养天下之本也。"④ "人之生,不能无群,群而无分则争,争则乱,乱则穷矣。故无分者,人之大害也;有分者,天下之本利也;而人君者,所以管分之枢要也。"⑤ 而统治者分所依的礼义的核心也是公平,"请问为人君:曰:以礼分施,均遍而不偏。"⑥ 荀子还进一步发展其思想,指出处理群体事务、社会治理应着力于经济等实际要务,提出了将义分则和的思想落于现实的具体措施。"道者,

---

① 《荀子·富国》。
② 《荀子·王制》。
③ 同上。
④ 同上。
⑤ 《荀子·富国》。
⑥ 《周易·咸·象传》,(宋)王应麟撰:《周易郑康成注》,北京图书馆出版社2006年版。

何也？曰：君之所道也。君者，何也？曰：能群也。能群也者，何也？曰：善生养人者也，善班治人者也，善显设人者也，善藩饰人者也。"① 可见，以荀子为代表的儒家思想在论证阐述群体、社会如何才能达到和谐的问题上提出了非常有益和宝贵的思想。虽然此思想有着阶级性的一面，同时也不容否认，明分使群、义分则和的思想也因符合不同群体的利益和愿望，其所体现的公平正义的思想、制度规范的规定容易得到各群体的认同和赞成，其理念也易内化为各群体自身的观念，并成为促进群体文化和谐的重要原则思想。

最后，亲民爱民、惠民教民思想，群体文化和谐的基本理念。儒家思想认为明分使群、义分则和可使群体和社会处于和谐，然而进一步追问，为何要采取此类理念和行为。对此儒家着力回答了产生这些理念和实施这些措施的依据思想，即亲民爱民、惠民教民思想。正是由于对民众的深切的亲近、爱护，也正是因对百姓生活的关心，才从本源上促发对群体关系处理的关注，并由此构成了群体文化和谐的基本理念。《周易》讲："圣人感人心，而天下和平。"这是从根本上指明爱民的基础，即人同此心，心同此理，由于对人的心理情感、愿望要求的感知领悟，所以圣人能采取有效措施实施，由此社会则走向融洽与和谐。孔子言："弟子入则孝，出则弟，谨而信，泛爱众而亲仁。"② 爱众亲仁确实是儒家思想的核心之一，也是其爱民惠民的基础；孔子所说的："君子笃于亲，则民兴于仁。"③ 也具有类似含义。及至孟子，他提出的亲民爱民思想更为具体明确，所谓"乐民之乐者，民亦乐其乐；忧民之忧者，民亦忧其忧。乐以天下，忧以天下，然而不王者，未之有也。"④ "保民而王，莫之能御也。"⑤ "老吾老以及人之老，幼吾幼以及人之幼。"⑥ 孟子甚至提出了著名的"民为贵，社稷轻之，君为轻"⑦ 的思想，将儒家亲民爱民思想进一步发展。荀子著名的"君者舟也，庶人者水也，

---

① 《荀子·君道篇》。
② 《论语·学而（六）》。
③ 《论语·泰伯（二）》。
④ 《孟子·梁惠王下》。
⑤ 《孟子·梁惠王上》。
⑥ 同上。
⑦ 《孟子·尽心下》。

水能载舟,亦能覆舟"①的思想与孟子的民贵君轻思想的侧重强调之处颇具一致。张载则说:"民吾同胞,物吾与也。"②儒家的亲民爱民思想并不仅仅流于空泛,儒家还提出了惠民的思想。孔子夸赞子产,其中重要的一个理由即"养民以惠"③;孔子还鲜明地指出:"百姓足,君孰与不足?百姓不足,君孰与足?"④而对于能"博施于民而能济众"则说:"何事于仁!必也圣乎!尧舜其犹病诸!"⑤可见,孔子极力称道能普遍广泛地给人民以好处,又能帮助大家生活得很好的人,简直是超越了仁,已具圣德了,甚至连尧舜都没有做到,其惠民的思想可见一斑;孔子提出的"足食,足兵,民信之矣"⑥的施政措施同样也是将国家具有充足的粮食置于首位,其内涵的惠民的意义也相同。孟子说:"老者衣帛食肉,黎民不饥不寒,然而不王者,未之有也。"⑦孟子具体提出了制民以产的主张:"今也制民之产,仰不足以事父母,俯不足以畜妻子;乐岁终身苦,凶年不免死亡。此唯求死而恐不赡,奚暇治礼义哉?"⑧荀子则详细地阐述了惠民的思想,他提出了节用裕民的主张:"足国之道:节用裕民,而善臧其余。"⑨他还指出:"王者之[法],等赋,政事,财万物,所以养万民也。"⑩荀子更具体言道:"百姓之力,待之而后功;百姓之群,待之而后和;百姓之财,待之而后聚;百姓之势,待之而后安;百姓之寿,待之而后长。"⑪只有正确地对待民众、治理百姓,才能使百姓在方方面面均得益处,国家也能得到好回报,这也是荀子所主张的社会和谐之道。儒家不仅仅主张亲民爱民与惠民,而且还提出教民的思想:"子适卫,冉有仆。子曰:'庶矣哉!'冉有曰:'既庶矣,又何加焉?'曰:'富之。'曰:'既富矣,又何加焉?'曰:'教之。'"⑫当时人口众多是

---

① 《荀子·王制》。
② (宋)张载:《西铭》,《张载集》,中华书局1978年版。
③ 《论语·公冶长(十六)》。
④ 《论语·颜渊(九)》。
⑤ 《论语·雍也(三十)》。
⑥ 《论语·颜渊(七)》。
⑦ 《孟子·梁惠王下》。
⑧ 《孟子·梁惠王上》。
⑨ 《荀子·富国》。
⑩ 《荀子·王制》。
⑪ 《荀子·富国》。
⑫ 《论语·子路(九)》。

国家强盛的标志,孔子则认为在国家人口已众多的情况下,应富之,后教之;孔子明言:"道之以政,齐之以刑,民免而无耻;道之以德,齐之以礼,有耻且格。"① 儒家的以德教化思想极为丰富,其中当然也包括教民思想。当然,儒家的亲民爱民教民思想是在封建等级制度下,对封建统治者提出的要求,是在人民缺乏民主与独立人格的基础上推行的,有着鲜明的阶级性与一定的局限性。但不可否认其在相当长时期内发挥的重要影响。

总之,儒家的群体文化和谐思想十分丰富,在此我们只从本体基点、理论基础和具体表征的视角进行切入和阐述,大体上也只能做到挂一漏万。一定意义而论,儒家群体文化和谐思想构成中国传统的群体文化和谐思想的重要内涵。但是总结儒家群体文化和谐思想,下面几点我们应予以说明,第一,由于古代与现代生产方式、社会结构相差很远,古代对群体的划分较之现代有较大的区别。因此,对待古代思想家关于群体关系间的和谐思想,不能以现代的划分标准进行硬性切割对应,然后予以评判分析。只要涉及有关群体关系的和谐思想,我们以为皆应在清除其阶级性、落后性后加以批判地借鉴。第二,我们在文章中分析的儒家群体文化和谐思想,主要是从文本的角度进行阐释,且以先秦儒家学说为主。实际上,考察一种思想观点,不仅要看其文本,而且还应考究影响。文本内涵与实际效用有时存在不一,这在历史上并不鲜见。儒家思想在中国占据统治地位约两千年,进行此项考察,不在本书范围内,同时限于我们研究的对象及研究的学科,也实难做到。第三,由于先秦处于奴隶社会向封建社会过渡时期,无论是孔子、孟子还是荀子等,其思想虽有先进与进步的一面,但也存在着落后与保守之处,具有明显的阶级特性。此点在研究中我们应予以特别注意,正确的态度还是批判地吸收。

2. 中国道家群体文化和谐思想

中国道家思想作为中华民族传统文化的重要组成部分,对中华民族的影响源远流长。

整体上讲,我们以为道家是从根本精神、思维方式、价值导向和行为准则几个方面体现了其独有的群体文化和谐思想。

第一,"道"论——"大道与人道合一"的根本思想奠定群体文化和谐的基石。

---

① 《论语·为政(二)》。

民族思想的精华尤其体现在哲学中,而道家思想尤其是老庄思想在中国哲学史上占据十分重要的地位。老子哲学从本体论出发进而落实到人生和社会政治层面。老子哲学的本体论,在于其继承华夏民族已有的思想,加以总结发挥,形成"道"论。老子认为:"有物混成,先天地生。寂兮寥兮,独立而不改,周行而不殆,可以为天地母。吾不知其名,强字之曰道,强为之名曰大。"① 说明老子认为道是天地的起源。"大道泛兮,其可左右。万物恃之以生而不辞,功成而不有。"② 老子认为道是产生万物的根源,属哲学本体论。道:"是谓无状之状,无物之象,是谓恍惚。迎之不见其首,随之不见其后。"这种描述只能抽象思维的意会,并无具体意象可视。因此,道为哲学抽象,是具有本体论特征的概念。老子以后的道家也继承了老子的思想,庄子云,"道通为一"。③《淮南子》中专写有《原道训》,后有王弼论道等。当然,老子后学论道时皆有自身特点,但道的本体论性质并无改变。

道家在道论的基础上,形成了天道与人道之分,并由此产生天道与人道合一,人道应合于天道的思想。由于道产生了万物,道存在于万物又外于万物。因此,天地与人皆存在与道的关系问题,天道与人道也因之与道的关系而彼此相通。"人法地,地法天,天法道,道法自然。"④ "道常无为而无不为。侯王若能守之,万物将自化。"⑤ 老子还十分明确具体地提出天道与人道的两个概念。"天之道,损有余而补不足。人之道,则不然,损不足以奉有余。孰能有余以奉天下? 唯有道者。是以圣人为而不恃,功成而不处,其不欲见贤。"⑥ 老子在批评当时社会存在的贫富不均、以贫济富的所谓"人之道"现象同时,明确指出真正的人道,应"有余以奉天下",这样做才是"有道者",才能达到圣人的境地。老子五千言中还有多处论及天道与人道,人道应合于天道,天道人道合一。如"天之道,利而不害;圣人之道,为而不争"。⑦

---

① 《老子·二十五章》。
② 《老子·三十四章》。
③ 《庄子·齐物论》。
④ 《老子·二十五章》。
⑤ 《老子·三十七章》。
⑥ 《老子·七十七章》。
⑦ 《老子·八十一章》。

第二章 群体文化和谐思想的历史梳理

庄子继承了老子道的思想，指出"故通于天者，道也"[1]，说明天具有道。提出："渺乎小哉，所以属于人也！謷乎大哉，独成其天！"[2] 庄子认为，人由于吝于智能、仁义、利益等，吝于自身的情感偏见，而不顺应自然，所以为小；而圣人则不思虑、不求利益、顺应自然，所以与天相通，合于天，则为大。庄子还认为，"知天之所为，知人之所为者，至矣"。[3] 既认识天的作为又知晓人的作为是最高的智能。庄子还说道："故此皆多骈旁枝之道，非天下之至正也。"[4] 庄子将人道分为正道与旁道，他批评当时其他各学派以其思想学说惑乱天下，为旁门左道。而天下之正道即为真正的人道，主张遵从自然。当然其中也反映了其保命养身的思想。

道在儒道墨等家中皆有阐释，但老子予以了系统的论述。"中国古典哲学的最高范畴是'道'，而'道'的观念是老子首先提出的。"[5] 一般认为其他各家相应受到老子为代表的道家的道论思想的影响，可以说道的思想已融入中国文化的血脉。至于天道与人道合一即天人合一思想对中国文化的深刻影响，则更进一步。道，由于其抽象性，其影响中国文化的层面相对而言似是更多形而上的意味。而道论中的具体内容，天道与人道相应、天人合一思想则在文化层面上由于多了些许人伦的成分，其影响不仅存于形而上，而且扩及形而下。大体上社会各个领域均受其制约，社会各阶层群体均受其影响，一般民众皆能言及二三。

可见，天道与人道合一的思想、人道合于天道等思想影响了中华民族并形成了和谐的文化特质。中华民族在此思想的影响下，将宇宙、自然界与人看做是不可分割的整体，处于和谐状态。由此天人合一的和谐观进一步演化为人伦和谐、人与社会和谐、人身心内外的和谐。当然也包括各群体文化的和谐。由于各群体文化也属人道，所以均应符合于天道，与天合一。而各群体文化均合于天道了，则和谐也就成其自然。道论在群体文化和谐的基石作用得以体现。

第二，相反相成的思维方式成为群体文化和谐的前提。

---

[1] 《庄子·天地》。
[2] 《庄子·德充符》。
[3] 《庄子·大宗师》。
[4] 《庄子·骈拇》。
[5] 张岱年：《论老子在哲学史上的地位》，载香港道教学院主办，陈鼓应主编《道家文化研究》第一辑，上海古籍出版社1992年版，第79页。

任何文化与其文化相比较既有一定的差异也具有某种共性。其表现有外显为表层的，也有隐藏于深层的。而思维方式正是隐藏于深层、形成文化异同的重要因素。道家在长期的发展中形成了独特的思维方式，并渗入中华民族的集体无意识，对个体或群体的思想观念、情感模式、行为样态等方面均产生广泛深刻的影响，对社会人伦和国家世事也起着不可估量的作用。

道家的思维方式由老子奠定基础。老子言："万物负阴而抱阳，冲气以为和。"① 万物由阴阳所组成，阴阳相互激荡而和谐，在此老子明确地提出了阴阳和谐的思想。老子指出："天下皆知美之为美，斯恶已；皆知善之为善，斯不善已。故有无相生，难易相成，长短相形，高下相倾，音声相和，前后相随。恒也。"② 正是因有恶的存在所以人们知道美，正是因有善的存在因此人们知道不善。老子指出了事物总是相反相成，相应而生，还明确说明音色相和。它实与和实生物有异曲同工之妙。和实生物强调多样性的统一，而相反相成则是多样性统一的一种，即相对立的事物相互对应、相互转化。两者均体现了辩证法的思想。老子在多处论及这一思想，如："曲则全，枉则直，洼则盈，敝则新，少则得，多则惑。"③ 老子还指出："天下万物生于有，有生于无。"④ 这里有无的概念是抽象的，老子将相反相成的概念从具象引申至抽象，表现其哲思的理念，体现的仍是相反相成。老子指出："将欲歙之，必固张之；将欲弱之，必固强之；将欲废之，必固兴之；将欲夺之，必固与之。是谓微明。"⑤ 深刻地阐明事物发展的规律，指出事物在发展到高峰时，有一个由强势到弱势的衰落过程，其察析事物的变化与常人相异，思常人之未思，体现的思维方式是相反相成的统一。庄子继承了老子的思想，指出："古之人其备乎！配神明，醇天地，育万物，和天下，泽及百姓，明于本数，系于末度，六通四辟，小大精粗，其运无乎不在。"⑥ 庄子还说："知与恬交相养，而和理出其性。"这里的和为和谐的一义，指出了和谐的一个来源。当然，庄子更多地将相反相成的思维方式运用于论述精神自由的追求。

---

① 《老子·四十二章》。
② 《老子·二章》。
③ 《老子·二十二章》。
④ 《老子·四十章》。
⑤ 《老子·三十六章》。
⑥ 《庄子·天下》。

相反相成为和的思想，对于中华民族的思维方式具有重要的影响。它使人认识到任何事物不是孤立的，都与其他事物有着密切的关系，即使是看似对立的事物也处于统一之中。相对而言，相反相成作为和的思想是对和实生物的深化。正因为具备此思维方式，所以中国人在思想、情感和行动中极少走极端，因为任何事物均能相反相成，在事物发展强势时就要提防事物的弱势出现；在事物处于弱小时则满怀希望努力促进事物向良好方向发展。因此，在群体文化的生成上，各群体需顾念其他群体的相关利益，形成与其他群体不相矛盾的文化理念。同时，在群体文化出现矛盾和冲突时，各群体易采用此思维对矛盾和冲突进行自发的调整，从而促进群体文化的和谐。至于归属各群体中的个体，因为具有此思维方式，也易与他人协调，从而在个体层面上促进群体文化的和谐。

第三，崇尚自然、追求自由的价值导向指引群体文化和谐的方向。

过去俗语称，在朝谈儒、在野论道。确实，道家思想为许多人提供了安身立命的价值导向。长期以来，道家影响潜移默化、根深蒂固。究其原因，崇尚自然、追求自由的价值导向是其主要因素。老子的道属本体论概念，但其价值指向则为自然。老子指出："道生之，德畜之，物形之，势成之。是以万物莫不尊道而贵德。道之尊，德之贵，夫莫之命（爵）而常自然。故道生之畜之，长之育之，亭之毒之，养之覆之，生而不有，为而不恃，长而不宰，是谓玄德。"① 老子此言强调道形成万物，自然而然形成崇高地位；同时道也不以造物主姿态自居，持有一种自然的态度，着重强调道的自然取向特性。对于自然、道、人之间的关系，老子还论及："故道大，天大，地大，人亦大。域中有四大，而人居其一焉。人法地，地法天，天法道，道法自然。"② 由此可见，自然与其他四者相比位序最高，是道也应遵守的准则，自然在此具有了明显价值指向意韵。老子的自然的价值指向在社会政治领域也体现出来。其社会理想，是自足自乐的社会，民"甘其食，美其服，安其居，乐其俗。邻国相望，鸡犬之声相闻，民至老死不相往来"。③ 在社会治理方面是顺应自然的圣人之治，"太上，下知有之；其次，亲而誉之；其次，畏之；其下（次），侮之。信不足焉，有不信焉。悠兮其贵言。功成身

---

① 《老子·五十一章》。
② 《老子·二十五章》。
③ 《老子·八十章》。

遂，以百姓皆谓我自然"。① 此处老子认为最好的治理应是顺应自然，而百姓并不感其存在。人的生存方式也最好是复归于婴儿的自然状态。老子还明确指出在对物与为学方面也应取法自然。"是以圣人欲不欲，不贵难得之货，学不学，复众人之所过，以辅万物之自然而不敢为。"②

自然，按现代汉语语典的解释，有宇宙万物、非人为、不勉强、不经人力干预而自由发展、当然等多重意义。而老子所言自然我们以为其含义较多强调不经人力干预而自由发展之意即原本如此。因此，自然在老子学说里就具有了行为举事均应符合原本如此状态的价值导向，违背自然则不符合道，因为道都取法自然。由于道、天、地、人等均应以自然为法则，所以，社会不同的个人、各个相异的群体的人伦事项应以自然为价值指向，概莫能外。由此，作为一种最高的价值指向，自然容易成为各群体的共同追求和一致认同的文化观念，因而也就具备使群体文化和谐的功用。

庄子继承了老子追求自然的价值取向，指出："古之人，在混芒之中，与一世而得澹漠焉。……当是时也，莫之为而常自然。"③ 认为古时候人的生活样式是无为而顺乎自然。同时，庄子又进一步发展老子思想，如果说老子顺乎自然的价值大多落实到社会政治人伦方面，而庄子则将其更多地指向于人的内心精神世界中，形成了庄学鲜明的价值取向，"追求自由"，即"追求精神的自由"。庄子的逍遥游最能体现其追求精神自由的思想。"泰氏，其卧徐徐，其觉于于；一以己为马，一以己为牛；其知情信，其德甚真，而未始入于非人。"④ 泰氏由于未受外物所累，因此，无论别人称其为马或牛都不在意，知识、性情信实，德行真实。这才是真正的心灵自由，当然也是庄子心所属之的。庄子认为要做到精神的自由必须不受外物所累，即超越外在客观条件的限制；同时更为重要的是还要超越内心的桎梏，对知、情、义等也要尽其自然；最为重要的还应从根本上超越自身形体的限制，真正做到"坐忘"，从而与天合一。

庄子的精神自由是向内的追求，是庄子对现实的一种既无奈又明智的选择。其对精神自由的观念和追求精神自由的方法影响了无数人。虽是乱世提

---

① 《老子·十七章》。
② 《老子·六十四章》。
③ 《庄子·缮性》。
④ 《庄子·应帝王》。

出的哲思，但在太平世也对人具有重要影响，它促使人超越现实樊篱、摆脱人伦限制、顺应自然个性、提高精神境界。在乱世或个体处于不利境遇时，能保全人的自尊、维护人的尊严，并提供安身立命的精神家园。由于它为不同群体的人提供了心灵的慰藉和自由的向往，所以得到各群体的认同，从而成为群体文化和谐的价值导向。同时，值得注意的是，庄子提出的精神自由是针对社会现实强加于人精神上的不自由的状况而论的，洋溢着强烈的现实批判精神，为各群体文化矛盾和冲突提供了一个现实性的批判武器，一定意义上也为矛盾和冲突找到了一个现实性的解决探讨路径。如果说庄子追求的精神自由偏于虚，那么其提供的批判武器则重于实，具有鲜明的现实性。在社会群体文化发生矛盾和冲突时，这种批判性武器有助于人们认清现实，从而为最终解决群体文化矛盾并走向群体文化和谐奠定基础。

第四，无为贵柔的行为理念影响群体文化和谐的生成。

道家学说中最让人诟病的是其无为的理念。一些人将无为理解为"何事不做的消极避世"思想的表现。其实此看法是对道家无为思想的误解。老子以道论为基础，以自然为价值取向，将其落实于人伦事项和社会政治层面就是无为。其真实含义是"无为而无不为"，即一方面顺应宇宙天地的自然发展，按原本如此的状态行事，力戒不遵守自然规律的主观妄为；另一方面如果顺应自然之道，遵守自然规律，则人的任何作为没有不成功的。所以无为而无不为包含了独特的入世精神，换言之，是以超脱的方法入世，而最终达到入世所追求的目的，是更高层面上的入世精神的体现。老子的无为思想既是重要原则又是行动准则。老子指出："道常无为而无不为。侯王若能守之，万物将自化。"① 无为是从道而引出的行为准则。"为无为，事无事，味无味。"② 老子进一步将道的无为特性应用于社会政治领域，又指出："故圣人云：'我无为，而民自化；我好静，而民自正；我无事，而民自富；我无欲，而民自朴。'"③ 圣人治理国家顺从自然，不妄为，人民则自己发展。如果做到此即是上德。但是老子也指出，做到无为很难，"不言之教，无为之益，天下希及之"。④

---

① 《老子·三十七章》。
② 《老子·六十三章》。
③ 《老子·五十七章》。
④ 《老子·四十三章》。

庄子继承老子的无为思想，指出"无为为之之谓天"①，说明做到无为就与天合，强调人道与天道的合一。在政治领域也与老子持相同看法，主张无为而治，而无为就是顺乎自然。做到无为，万事万物就会自己演化发展："故曰古之畜天下者，无欲而天下足，无为而万物化，渊静而百姓定。"② 庄子还进一步将老子提出的无为思想运用于精神自由之中。庄子指出："故曰，夫虚静恬惔寂寞无为，此天地之本而道德之质也。故圣人休焉，休则平易矣，平易则恬惔，则忧患不能入，邪气不能袭，故其德全而神不亏。"可见，庄子所论的无为的落脚点还是在其追求的精神自由的境界之上。

道家的无为思想既是天地属性、道德本原的抽象原则，又是人们日常行事、修养身心应遵循的具体准则。所以，无为思想影响深远。任何事情均应遵循自然规律，不要妄为，否则不会取得成功。它使得各群体在考虑自身利益时，不能一味地采取独占社会资源和利益的行为，也不可随意地以本群体的文化理念强加于他者，否则就是有所为，而为者败之。从而起到了促进各群体文化和谐的作用。

道家思想中还有一个十分宝贵的精神财富，即贵柔思想。老子指出，"弱者道之用。"③ 将柔弱提升到道的水平，成为了规律性层面。老子所视柔弱并不是我们现在理解的软弱，而是将其理解为具有长久和旺盛生命力的柔韧，④ 如婴儿和水，均具有无限的生命创造力和变化力。"天下莫柔弱于水，而攻坚强莫之能胜。"⑤ 所谓上善若水。老子认为无论是人或事均要适应于贵柔要求。庄子继承老子的贵柔思想，并将其应用于身心修养、精神自由之上，强调要顺应自然，虚无平静。

贵柔思想，是老子相反相成思维方式的应用。老子比常人高明的地方是能体察常人所未能体察的事物。常人识强，他察柔；常人喜外，他研内；常人看近，他眺远。他看到事物的发展，也观察到事物的复杂，还认识到事物的内在，然后加以总结，形成了独特的贵柔思想。这一思想，对于社会各群体影响深远。在群体处于强势时，贵柔思想使人认识到，应保持群体行为的

---

① 《庄子·天地》。
② 同上。
③ 《老子·四十章》。
④ 牟钟鉴：《道家学说与流派述要》，载香港道教学院主办，陈鼓应主编《道家文化研究》第一辑，上海古籍出版社1992年版，第15页。
⑤ 《老子·七十八章》。

清正，群体文化的不争、无恃，才能让强势持续下去；在群体处于弱势时，也不应悲观失望，应保持旺盛的生命力，以最终发展。因此，贵柔思想对群体文化和谐起到了促进作用。

总之，道家以其超凡脱俗的思想内涵、独特新颖的思维方式长期以来深深地影响了社会各群体和个体，使各群体文化在道家思想的浸润下，呈现和谐气象。当然，道家思想包括群体文化和谐思想也有消极落后的方面，我们应予注意，并批判地借鉴。

3. 中国佛家的群体文化和谐思想

佛家包括佛教和佛学，早已成为中华民族文化不可分割的部分，在此主要以佛教为主进行论述。佛教的许多观念成为民族大众的集体无意识、处理人伦事项的思维方式和日常生活的行为图式，其对中华各民族深层和广泛的影响，至今仍随处可见。佛教源远流长、义理幽玄、博大精深，但主要还是以认识人生悲苦、解脱人生苦难为根本宗旨。以文化的视角审视，佛教是以其独特的方式解读群体文化关系、维护群体文化和谐。这主要可从以下几个方面得以体现：

（1）以去恶从善的理念求群体文化和谐

佛教的宗旨是令众生脱离苦海，而众生欲脱离苦海需要去恶从善，普度众生，进行修行，并最终达到利人利己、度人度己和觉人觉己的个人与众生共同的解脱。"诸恶莫做，诸善奉行，自净其意，是诸佛教"[①] 代表了佛教戒律的根本精神，被称为"通戒"。可见，佛教的善恶是以教义为判定标准。中国佛教的善恶理念与佛教的因果业报的观念有密切的关系。佛教的理论基础即缘起说，其中重要的、在广大民众中影响极深的内容之一则属因果报应说，即人有三业、业有三报、生有三世，特别强调"善有善报，恶有恶报，不是不报，时候未到"的业报论，主张通过修持，造善业，求得去极乐世界。"怀善者应之以祚，挟恶者报之以殃，未有种稻而得麦，作祸而获福也。"[②] 佛教为教人修善行，规定了一系列的佛法。

佛教的善恶理念在民众中影响深远，融入人们的日常言行和思维方式，为各行各业、不同群体认同并践行。正因其在广大民众中的巨大影响力，超

---

① 陈燕珠编述：《法句经要义》，宗教文化出版社2003年版。
② 牟融：《牟子理惑论》，见王宗昱、李四龙、杨立华、周学农编著《中国宗教名著导读·佛道教卷》，北京大学出版社2004年版，第9页。

越各群体利益与文化的极高认同性,因此成为群体文化和谐的重要理念。其作用途径主要是通过善恶的道德导向,引导人们去恶行善,从而推动社会上所有群体的道德水平,提升不同的群体文化内涵,发挥维护群体文化和谐的作用。同时,由于善恶理念,强调因果报应,主张三世之说,把今生的希望寄存托于来世,因此佛家对社会现实较为容忍,从而从消极意义上起到了保持群体文化现状和维持群体文化关系的作用,对群体关系的稳定有一定作用。

(2) 以慈悲理念求群体文化和谐

观世音在中国佛教中影响力极大,民众普遍对其深怀敬意。观世音表大悲,其作为一种文化符号代表了我国佛教的一种重要乃至根本的精神,即慈悲精神。慈悲是"与乐拔苦",慈人之喜乐,悲人之忧苦。通行说法,是慈爱众生并予其快乐,悲悯众生并除其痛苦。慈即爱也,悲即怜悯。慈悲就是由爱而演化的对众生感同自身的关怀。中国佛教是以慈悲为本,教义以"大悲为根本","一切诸法中慈悲为大。"[①]

由慈悲演化为对众生的深深关怀,主要体现在佛徒的利他善行。正因为以慈悲为怀,所以《华严经》说,菩萨以"一切众生而为树根,诸佛菩萨而为花果,以大悲水饶益众生,则能成就诸菩萨智能花果"。[②] 正因具有慈悲心所以发大誓愿,作大善业,修大功德,普度众生。慈悲表现在日常生活中则为尊重生命,布施钱财。慈悲是佛法中的根本原则,持行善业、利人觉人、众生平等等各理念均可从慈悲中推衍出来。喜乐与忧苦为人之共有,帝王将相与平民百姓无有差别;而设身处地、感念他身也是人之为人的共同体察。佛教的慈悲理念顺应了人的生存需要和人的本性发展。所以,慈悲理念在不同群体中得到一致认同,产生广泛的共鸣,并融入不同群体的文化,成为各群体共同的文化精神,为群体文化和谐奠定了共同的基础。

(3) 以利他自利理念求群体文化和谐

中国佛教同印度佛教存在较大区别。小乘佛教在中国影响甚小,原因在于其教义多求个人的自我解脱。大乘佛教则重利他,追求利人利己、度人度己,主张发慈悲心,因此在中国得到很大发展。中国影响最大的三大佛教派别,即天台宗、华严宗和禅宗均属大乘佛教。在中国佛教中,至今仍深具影

---

① 《大智度论》,《大正藏》第25卷,第256页。
② (唐)实叉难陀译,林世田等点校:《华严经》,宗教文化出版社2001年版。

响并得到各方普遍认同的当属大乘菩萨行。主张普度众生,往去净土世界。"我当为十万人作桥,令悉蹈我上度去",① 其根本要义是要求发慈悲心,"一切众生是我父母"、"视众生如一子"(独子),② "是故菩萨提属于众生,若无众生一切菩萨终不能成无上正觉"。③ 可见该教义着重在于通过他人和谐而求自身和谐与群体和谐。利他而后利己、度人然后度己。六度中的第二度即持戒,以饶益有情戒为根本,是三戒之首。四摄中的利行摄即为大众服务,显现利他本色。菩萨为利行同事,还必须广学博闻,"学处广大、悲心恳切"④ 是菩萨的条件。在中国现世中影响极为深远,为大乘经典特别称道的是四大菩萨,即文殊、普贤、观音和地藏,他们均是利他的榜样。

仔细研析,可以看出佛教正是以利他理念为基础,从而求得各群体文化和谐。佛教的利他利己、度人度己、觉人觉己观念深深地影响了社会各群体的文化,成为中华民族各社会阶层和群体的共同文化财富和观念。由此,佛教的利他自利理念也为群体文化和谐打下了深深的佛家烙印。

(4) 以众生平等理念求群体文化和谐

中国佛教,无论是各乘、各宗或各派均将众生平等视为教义的一个基本和重要的立论依据。"众生皆有佛性",大乘佛教主张一切众生都能成佛。《大般泥槃经》首先提出"一切众生皆有佛性",此佛性论的观点给当时佛教僧侣以极大的精神振动。⑤ 及至《大般涅槃经》指出了佛性木有,人人具有成佛的潜能,因被遮蔽,常人未能得见而已。一切众生皆具佛性观点,指出了不同的人群、不同善恶的人悉能成佛。此观点满足了社会各群体的心理需要和宗教愿望,也从义理上成为协调各群体的利益、弥合各群体的文化关系、促进群体的文化和谐的重要思想要素。

需要指出的是,佛教的平等原则是无前提条件的平等,相对于儒家的"贵贱有等、长幼有差"的差序格局下的平等具有重大的进步意义,一定程度上比较彻底地超越各群体利益和群体文化的平等理念。也正因此,在广大民众中具有深远影响,成为各群体的共同文化理念。

---

① 《通行般若经·贡高品》。
② 转引自赵朴初《佛教常识答问》,北京出版社2003年版,第40页。
③ (唐)实叉难陀译,林世田等点校:《华严经》,宗教文化出版社2001年版。
④ 转引自赵朴初《佛教常识答问》,北京出版社2003年版,第41页。
⑤ 杜继文:《中国佛教与中国文化》,宗教文化出版社2003年版,第201—202页。

(5) 以爱国理念求群体文化和谐

佛教创立时，释祖对社会持容忍态度，其教义主要主张佛徒通过自我内心了却烦恼，以脱离苦海。然而，作为超越各群体利益和群体文化的佛教在融入中国社会的过程中，情形则有所不同。相对而言，中国社会向来具有注重家国的传统，把国家和社稷事务置于较高位序。因此，中国佛教在发展过程中形成了在具体事项上仍继承佛教已有的超越性传统，不牵入各派利益，不涉足世间俗事；但在国家存亡和众生性命的大是大非上则勇力介入、奋起保护。例如，影响很大的东晋慧远把全部中国佛教分为"处俗"和"出家"二科，无论何科在国家和民众根本利益上均相一致，这样慧远从理论上阐明佛教也应效力国家和力庇众生，佛教的传统义理已发生了相应的改变和侧重，具有了中国佛教的独有特性。到宋代，佛教的爱国爱民精神已落于行动。建炎三年（1129），金兵陷杭、越、明诸州，众僧遍颂"保国安民"，振发"忧时保国"的士气，并积极采取抗争行动。[①]

大体上，中国佛教把在具体事项上的超越和在大是大非上的爱国两相融为一体。此种教义及其传统对于弥合各群体文化关系具有重要作用。尤其是爱国的文化理念，无论是从理论还是实践中体现出来，均是弥合各群体利益、黏合各群体文化的重要而有效的观念。

总之，中国佛教通过上述种种方式求取群体和谐与群体文化的和谐。其追求群体文化和谐的方式具有极其鲜明的独特性，独特性主要体现在其超越性上。佛教通过超越各群体的利益和群体文化从而实现切实的群体文化和谐。具体而言佛教是运用共同的义理或文化观念求得各群体的一致认同，并进而融入并演化成为各群体文化的重要组成部分，从而最终达到群体和谐与群体文化的和谐。佛教的这种超越性是由其出世主义特征所决定，也由其教义内容所规定。其力避俗世、淡然政治、超出恩怨、追求解脱的特性使其超越性在某种程度上能得以切实实现。佛教正因其相对的超越反而更能融洽与和谐各群体文化。

在实现途径上，佛教求得群体文化和谐主要有以下方法：第一，以心求和谐。即通过内心的解脱从而求得在俗世的解脱。"一切众生起柔软心"，这是处理一切群体关系的基本态度和原则。正因以心求和谐、求解脱，所以它对现实的群体文化关系很少有直接的触动，它是通过其特别的佛教义理，

---

① 杜继文：《中国佛教与中国文化》，宗教文化出版社2003年版，第17—18页。

吸引众生广信，从而在更高的层面上超越群体文化关系，促进群体文化和谐。第二，以个体求和谐。在协调群体关系、融合群体文化关系方面，佛教具有鲜明的自身色彩，它通过绕开各群体的直接利益，不直接论涉群体利益和群体文化，而以生活在任一群体的每一个体为对象进行点化。我们以为此举是在更高层次上解决群体文化关系，求得群体文化和谐和群体和谐。

当然，需要特别指出，佛家思想尤其是佛教中存在许多落后与糟粕，需要批判地吸收。

（二）中国近现代群体文化和谐思想

鸦片战争以来，中国苦难空前深重，有识之士积极谋求救国良策。在此选取康有为、梁启超、孙中山的思想进行研析，梳理其中蕴藏的群体文化和谐思想。

1. 康有为的群体文化和谐思想

康有为是我国近代维新变法思想和运动的领袖，所著《新学伪经考》、《孔子改制考》和《大同书》为其思想的代表。观其思想，其中蕴涵的群体文化和谐思想大致如下：

第一，以变法图强奠定群体文化和谐的基础。变法图强是康有为奋斗的目标。康有为在"公车上书"中提出拒和、迁都、练兵和变法等主张；提出了富强之法、养民之法、教民之举等一系列变法举措。他指出："行此六者，国不患贫矣；然百姓匮乏，国无以为富也。"[1] 康有为富国、养民、教民的主张实为群体生存及群体文化生存提供最基本的保障，奠定了群体文化和谐的基础。

第二，以博爱求群体文化和谐。康有为思想以博爱哲学为其特点。[2] 他将孔子的仁进行发挥，演化为自己的博爱学说。康有为作《不忍篇》;[3] 在《大同书》中以"不忍之心"标题列世上38种苦;[4] 创办《不忍》杂志。康有为的不忍之心体现博爱之学，同时他将仁爱推及制度，即"不忍人之政，仁政也"。[5] 与变法思想贯通。他的博爱思想是将仁爱从自爱到爱同类

---

[1] 汤志钧编：《康有为政论集》上册，中华书局1981年版，第130页。
[2] 参见李泽厚《中国近代思想史论》，人民出版社1979年版，第108页。
[3] 汤志钧编：《康有为政论集》上册，中华书局1981年版，第14页。
[4] 康有为：《大同书》，古籍出版社1956年版，第3页。
[5] 康有为：《孟子微·礼运注·中庸注》，中华书局1987年版，第10页。

及至爱众生的普爱,"仁为爱同类,去类界直至爱众生"① 的思想虽具有唯心色彩,但是他救国富民、维新变法的重要思想基础。博爱因不区分群体之爱,能为各群体所接受;又因博爱产生爱力,所以各群体互相团结、爱护,从而促进群体文化和谐。

第三,以平等求群体文化和谐。有学者指出,乐而无苦的"享乐主义"、"人道主义"、"平等主义",似构成康氏社会思想的主要支柱。② 康有为追求平等的社会制度,他在《大同书》中明确指出:"夫人类之生,皆本于天,同为兄弟,实为平等,岂可妄分流品,而有所轻重,有所摈斥哉?"可以说,康有为在《大同书》中所言的"大同之世,天下为公,无有阶级,一切平等"的天下为公思想构成其平等思想的基础。其平等思想受到西方天赋人权思想的影响。康有为的平等思想从现实的不平等现象出发,力图通过实际的行动追求平等,并为人们勾勒出大同社会中的平等美景。因此,其平等思想对民众具有更大吸引力,能超越各群体自身的利益与文化界限,从而促进群体文化和谐。

第四,以独立(个人)求群体文化和谐。康有为对个人及个性解放十分重视。他认为个人独立是实现现实目标、追求大同世界的重要一环,他在《大同书》中明言:"故全世界人,欲去家界之累乎,在明男女平等,各有独立之权始矣,此天予人之权也。"同样,去私产、去国之争、去种界,至大同之世等也均在于个人具有独立之权。康有为实际提出:"以个人为社会构成单位和基础的资产阶级理论来代替以家族为基础和单位的封建主义。"③ 康有为个人独立思想因其超越家庭、群体、等级等,易成为各群体共同认同的思想、普通个人追求的目标,由此也具有促进群体文化和谐的意义。

2. 梁启超的群体文化和谐思想

梁启超是资本主义维新运动的政治家、启蒙宣传家和杰出的学者。审视梁启超的思想,其中也蕴藏着群体文化和谐的观点,主要体现在以下几个方面:第一,以合群利群理念求群体文化和谐。梁启超清醒看到中国人整体的一盘散沙的弊病,因此主张群治思想,又特别倡导合群利群理念。他专作

---

① 马洪林:《康有为评传》,南京大学出版社1998年版,第227页。
② 萧公权著,汪荣祖译:《康有为思想研究》,新星出版社2005年版,第300—301页。
③ 李泽厚:《中国近代思想史论》,人民出版社1979年版,第108页。

《说群》,言:"天下之有列国也,己群与他群所由分也。"① 针对中国无合群之德,他指出:"合群之德者,以一身对于一群,常肯绌身而就群;以小群对于大群,常肯绌小群而就大群。夫然后能合内部固有之群,以敌外部来侵之群。"② 他强调合群与独立是相辅相成。他还倡导利群:"公德之大目的,既在利群,而万千理即由是生焉。"③ 梁启超的合群与利群思想针对中国现状,具有强烈现实性。其宗旨是通过倡导合群利群理念,使中国各小群合为一国的大群,能对付外群的威胁,并最终保全己群。因此,合群利群理念超越各小群体的文化理念,从而能为各群体共同认同,成为国家之群的文化理念,由此也含有群体文化和谐思想的意蕴。

第二,以新民之道求群体文化和谐。梁启超主张在民智、民力与民德上对国民进行启蒙,提高国民素质,从而实现民强及国富,他专作《新民说》。梁启超认为,新民应在继承中国优秀传统、借鉴西方先进文化基础上形成独特的国民气质。"淬厉其所本有而新之,采补其所本无而新之。"④ 新民应是公德私德兼备,尤应具备公德。"我国民所最缺者,公德其一端也。"⑤ 新民应具备进取冒险精神。"天下无中立之事,不猛进斯倒退矣;人生与忧患俱来,苟畏难斯落险矣。"⑥ 新民应具备自由思想,自由分团体自由与个人自由,个人自由中以精神自由为大。新民应具备权利和义务观念、尚武精神、合群思想、自治自尊等观念和品质。可见梁启超论述的新民之道,是从全方位、根本上改变国民素质,实质是以民强图国强。由于民之思想新,则民新,民新则社会文化观念也随之新,各群体因不同文化而产生的矛盾和冲突也可化解。由此新民之道也就具有了群体文化和谐意义。

第三,以个性解放理念求群体文化和谐。梁启超认为旧的社会制度束缚人,主张人的个性解放,他在《欧游心影录》中指出:"国民树立的根本义在发展个性。"他在《思想解放》一文中还指出:"要个性解放,必须从思想解放入手。"梁启超主张思想解放就是思想自由。因为个性解放,思想自由,人们思想不致僵化,是非易清,易认同新的文化理念,因此各群体产生

---

① 葛懋春、蒋俊编选:《梁启超哲学思想论文选》,北京大学出版社1984年版,第12页。
② 夏晓虹编:《梁启超文选》,中国广播电视出版社1992年版,第93页。
③ 李华兴、吴嘉勋编:《梁启超选集》,上海人民出版社1984年版,第217页。
④ 同上书,第211页。
⑤ 同上书,第213、249页。
⑥ 夏晓虹编:《梁启超文选》,中国广播电视出版社1992年版,第115页。

于原有文化观念上的矛盾可因个性解放而致的文化观念更新而得以缓解与化解。由此，个性解放理念也就具有了鲜明的群体文化和谐意蕴。

3. 孙中山的群体文化和谐思想

孙中山是伟大的民主主义革命的先行者、政治家和思想家。纵览孙中山的思想，群体文化和谐思想也蕴涵其中，其大略体现如下：

第一，以民族精神奠定群体文化和谐的基础。孙中山认识到民族精神对现代国家十分重要。他指出中华民族处于生死存亡时刻，[①] 然而长期以来中国人对于国家则少有精神，主张用民族精神来教育民众，挽救中国危亡。"我们要挽救这种危亡，便要提倡民族主义，用民族精神来救国。"[②] 孙中山明确指出："何为民族主义？即民族之正义之精神也。"[③] 他还具体说明了恢复民族精神的条件，"能知与合群，便是恢复民族主义的方法"。[④] 孙中山指出合群与民族精神互相促进。可见，孙中山极力向国人呼吁的民族精神，是使国人团结起来、恢复我国的民族地位，不至于被外国灭亡的精神。民族精神确为不同群体共同认同的精神，能成为各群体文化所共同的价值指向，由此奠定了不同群体文化和谐的基础。

第二，以自由平等构筑群体文化和谐理念。孙中山的三民主义中民权主义尤为突出。孙中山认为只有实行民权才能保证平等自由的实现。"夫世界古今何为而有革命？乃所以破除人类之不平等也……而人民欲图平等自由，不得不实行民权主义者也。"[⑤] 他阐述了"国民平等之制"的含义，"则以四万万人一切平等，国民之权利义务，无有贵贱之差，贫富之别，轻重厚薄，无有不均"。[⑥] 孙中山还区分了真平等与假平等、天生的平等与人为的平等。孙中山把争取自由作为自己奋斗的目标，认为应限制无边界的自由、滥用自由。孙中山的平等自由思想唤起人们对专制统治下人民遭受不平等和不自由的认识，成为革命党号召民众的思想，也容易为各群体认同、追求，从而促进了群体文化和谐。

第三，关注民生的精神构建群体文化和谐理念。孙中山的民生主义是三

---

① 刘波编：《孙中山箴言录》，中国文联出版社1998年版，第61页。
② 同上。
③ 同上书，第65页。
④ 同上书，第61页。
⑤ 《孙中山全集》第5卷，中华书局1985年版，第185—186页。
⑥ 转引自张磊《孙中山思想研究》，中华书局1981年版，第85页。

民主义中最具时代和阶级特色的经济纲领，体现了孙中山关注民生的精神。其表现为，首先，对民生的重视上，"民生就是人民的生活——社会的生存、国民的生计、群众的生命便是"。[①] 孙中山还将民生问题提到了社会发展的重心，形成"民史观"。其次，在民生的目的上。孙中山指出："民生主义能够实行，社会问题才可以解决；社会问题能够解决，人类才可以享很大的幸福。"[②] 反映其民生主义是为养民、为人类幸福的思想。再次，在孙中山民生主义的二大纲领中，即平均地权和节制资本。[③] 平均地权表明其对弱势的农民群体民生的关注；节制资本至少表明其对强势群体的限制，促进其更好发展，反映了孙中山对各群体民生的关心。关注民生的精神，影响了孙中山的革命生涯及其理论的创立和发展。由于民生问题超越了不同群体的具体利益，因此关注民生精神成为一种进步理念，很容易为各群体共同认同，从而推动了群体文化和谐的发展。

二、西方群体文化和谐思想探析

西方思想十分丰富。群体文化和谐思想在绝大多数西方思想家中并不存有明确的表达，但他们的思想中闪耀着群体文化和谐思想的光芒。在此选取相关思想家的思想进行探讨。

（一）古希腊群体文化和谐思想

古希腊文明是人类文明的重要组成部分，是西方文明的重要渊源。在一定意义上，古希腊思想家们既奠定了群体文化和谐思想的基础，又提出了群体文化和谐方面相关的思想。

1. 前苏格拉底时期的群体文化和谐思想

（1）毕达哥拉斯的群体文化和谐思想

毕达哥拉斯及其学派在古希腊哲学发展中具有重要地位，对苏格拉底和柏拉图等影响很大。毕达哥拉斯以抽象的数解释世界，认为数是万物的本原，开启了哲学抽象思辨的大门，并用数说明人类社会，形成了以数为基础的世界观。"这些哲学家显然是把数看作本原，把它既看作事物的质料因，

---

① 刘波编：《孙中山箴言录》，中国文联出版社1998年版，第104页。
② 同上书，第105页。
③ 同上书，第114页。

又看作形成事物的样式和持存状态的本原。"① 正是从数的思想出发,毕达哥拉斯发现了数中的十种对立统一关系,即数的和谐。宇宙和社会秩序等也必须符合对立面的和谐才是完满的,"整个天是一个和谐,一个数目"。② 当然数的比例关系产生的秩序也体现出数的和谐。关于对立面的和谐思想成为毕达哥拉斯哲学的最为重视的思想。同时,毕达哥拉斯还主张美德即是和谐思想。"美德乃是一种和谐,正如健康、全善和神一样。所以,一切都是和谐的。友谊就是一种和谐的平等。"③ 毕达格拉斯主要从数学,还有音乐、天文中研究和谐,其目的是要获得一种好的生活方式。他还主张社会应是和谐的思想。总之,毕达哥拉斯的和谐思想蕴涵着较为丰富的群体文化和谐思想。他所主张的对立面的和谐思想可成为群体文化和谐思想的哲理基础;关于美德即是和谐的思想,可成为制约社会上各群体中的某些过度的行为的思想依据,提供了各群体可共同认同的和谐德性;关于社会中对立面的和谐思想直接成为群体文化和谐的重要理念;应以和谐理念化解社会的冲突和矛盾的观念,易为各群体所接受。

(2) 赫拉克利特的群体文化和谐思想

赫拉克利特是古希腊重要的哲学家,其原始的唯物思想,特别是其素朴、深刻的辩证法思想具有极高价值,是"辩证法的奠基人之一"。④ 赫拉克利特认为火是世界的始基,⑤ 并因主张一切皆流,即人不能两次踏入同一条河的思想而闻名。其群体文化和谐思想主要体现于其另一重要思想,即对立统一规律,包括对立造成和谐与相反相成的和谐。他指出:"自然也追求对立的东西,它是用对立的东西制造出和谐,而不是用相同的东西,例如将雌雄相配,而不是将雌配雌、将雄配雄;联合相反的东西而造成协调,而不

---

① 北京大学哲学系外国哲学史教研室编译:《西方哲学原著选读》上卷,商务印书馆1981年版,第19页。
② 同上。
③ 北京大学哲学系外国哲学史教研室编译:《古希腊罗马哲学》,商务印书馆1962年版,第36页。
④ 列宁:《拉萨尔"爱非斯的晦涩哲人赫拉克利特的哲学"一书摘要》;《列宁全集》第38卷,人民出版社1959年版,第390页。
⑤ 北京大学哲学系外国哲学史教研室编译:《西方哲学原著选读》上卷,商务印书馆1981年版,第21页。

第二章 群体文化和谐思想的历史梳理

是联合一致的东西。"① 他还阐明相反造成的和谐,"相反的东西结合在一起,不同的音调造成最美的和谐,一切都是通过斗争而产生的"。② 一般认为赫拉克利特对立的和谐思想高于毕达哥拉斯的地方在于,对立的和谐是事物自身内部的对立的和谐,而不限于静止的数。"隐藏的和谐,比明显的和谐更好"。③这样对立统一因其是事物自身内部的发展引起而具有普遍的规律性。赫拉克利特将其称为"逻各斯"。我们以为赫拉克利特的对立造成的和谐思想,指明了事物发展自身的规律,也说明了不同事物发展的规律。可以认为,这一思想为处理各群体文化间的关系尤其是处理对立与冲突提供了哲学理论的基础。其次,赫拉克利特强调正义和斗争的理念,一定意义上构成了群体文化和谐的理念。"应该知道,战争是普遍的,正义就是斗争,一切事物都是由斗争产生的。"④ 和谐本身具有原则性。正义的斗争的思想可说体现了原则性,不失为处理群体文化关系的一种理念。

2. 苏格拉底等的群体文化和谐思想

(1) 苏格拉底的群体文化和谐思想

苏格拉底将研究对象转向人自身。一般认为,苏格拉底见证了雅典从全盛到衰落的时期,他针对当时雅典的矛盾激化、道德败坏的情形,试图建立新的价值体系,创立挽救雅典的学说。因此,其学说蕴涵有群体文化和谐的思想当属自然。首先,苏格拉底认为善是人生的最高目的。他认为,当时的问题和矛盾主要是人们对自己认识不清,不知道应该以何标准行事,相对主义和享乐主义等思想无法解决这些问题。因此,他主张:"善是我们一切行为的目的,其他一切事情都是为善而进行的,并不是为了其他目的而行善。"⑤ 他要求个人的利益符合城邦的社会的利益,将个人的善与社会的善联系起来。我们认为苏格拉底力图通过个人善的品行为社会的和谐奠定基础。善的观念,如果能为个体所认同,那么群体文化的和谐也就有了相应的

---

① 北京大学哲学系外国哲学史教研室编译:《西方哲学原著选读》上卷,商务印书馆1981年版,第23页。

② 同上。

③ 转引自扬适《哲学的童年——西方哲学发展线索研究》,中国社会科学出版社1987年版,第189页。

④ 北京大学哲学系外国哲学史教研室编译:《西方哲学原著选读》上卷,商务印书馆1981年版,第27页。

⑤ 北京大学哲学系外国哲学史教研室编译:《古希腊罗马哲学》,商务印书馆1981年版。

基础。同时,他认为特殊的、相对的、主观的善并不是真善,而普遍的、绝对的和客观的善才是真善。可见,理论上苏格拉底的善应是超越了各具体群体的利益而具有普适性,也具有相对抽象性,也许正是因为其超越具体,所以能得到各群体的认同,从而为群体文化和谐奠定基础。其次,苏格拉底主张美德是知识。"其次让我们考察一下灵魂的那些善:它们是节制、正义、勇敢、敏悟、记忆、一种好的生活方式,如此等等?……这样我们就达到了结论:美德既是整个地又部分地是智能?"① 苏格拉底的美德是知识的观念,将理性予以提升,并与德性联系起来。由此,美德是知识的观念,能相对容易为人们所认同,成为道德上共同认可的一个标准。道德是文化的重要组成部分,所以此命题也就具有了群体文化和谐的意蕴。

(2) 柏拉图的群体文化和谐思想

柏拉图是古希腊著名的唯心主义哲学家,对后世影响极大。群体文化和谐思想主要体现在他的政治和伦理学说中,大体包括如下几个方面:

第一,以正义为理念求群体文化和谐。柏拉图将苏格拉底的"小写符号"的人的研究扩展到了"大写符号"的人的研究,即将作为个体的人放入到社会中去认识。② 在柏拉图设立的理想国中,他将城邦的公民分为三个等级。各群体各司其职、各遵自己的美德;在这些美德之上还存在一种美德,柏拉图认为是正义。"我认为,在我们考察过了节制、勇敢和智能之后,在我们城邦里剩下的就是正义这个品质了,就是这个能够使节制、勇敢、智能在这个城邦产生,并在它们产生之后一直保护着它们的这个品质了。"③ 柏拉图主张的正义,即是"每个人在国家内做他自己分内的事"。"正义就是有自己的东西干自己的事情。"④ 由此可见,柏拉图认为以各司其职与各安其分为内涵的正义理念统摄着城邦的其他理念,是一个总的理念,能让城邦的其他品德长久保持;能使各群体和谐相处,促进城邦的和谐发展。由此,柏拉图的正义理念也成为了各群体共同认同的文化和谐的理念。

第二,以法治思想求群体文化和谐。柏拉图致力于将其理想落实于现实,但以失望终结。他晚期主张通过法治思想实现理想国。他认为统治者能

---

① 北京大学哲学系外国哲学史教研室编译:《古希腊罗马哲学》,商务印书馆1981年版,第160页。
② [德]卡西尔著,范进、杨君游译:《国家的神话》,华夏出版社1990年版,第71页。
③ [希腊]柏拉图著,郭斌和、张竹明译:《理想国》,商务印书馆1986年版,第174页。
④ 同上书,第175页。

不能服从法律乃是决定国家成败的关键问题。法律的力量必须高于统治者。法律涉及平等、财产、官吏的选拔、婚姻、奴隶等问题。在柏拉图的法治理念总管的制度下,各群体和睦相处,幸福生活。因此,其法治的理念也蕴藏了群体文化和谐的思想。

(3) 亚里士多德的群体文化和谐思想

亚里士多德将古希腊哲学推向更高的阶段,恩格斯曾称他为古希腊哲学家中最博学的人物。① 其思想蕴涵的群体文化和谐思想,可归纳为以下几个方面:

第一,中庸理念奠定群体文化和谐的基石。亚里士多德十分重视中庸并将中庸思想贯彻于其思想,成为核心理念之一。他主张,首先在人们的德性方面大力倡导中庸之德。"(一)真正的幸福生活是免于烦累的善德善行,而(二)善德就在行于中庸,行于每个人都能达到的中庸。"② 可见亚里士多德是将中庸定为善德、美德的重要内容和原则。其次亚里士多德的法治观、财产观、疆域观等观念均以中庸思想为指导。③ 特别应指出他关于群体分类及群体关系的中庸理念,这一理念主要涉及他的城邦治理的思想。"跟城邦[公民团体中第一公民的]生活方式相同的善恶标准也适用于政体;政体原来就是公民[团体和个人]生活的规范。"④ 此言反映亚里士多德认为城邦的治理思想实质是个人规范的扩大化,也是中庸。他认为中产阶级具有中庸品行,主张由中产阶级治理城邦。总之,亚里士多德以中庸理念规范个人和群体的行为,处理群体关系及其文化关系。由于中庸理念易为不同的个体和群体所接受,因此蕴涵了群体文化和谐思想。

第二,平等、自由和法治的理念包含群体文化和谐思想。对群体关系包括群体文化关系如何处理,亚里士多德采取了鲜明的态度。他是"第一个从哲学和社会思想的角度探讨了平等自由的思想,一定意义上这些思想奠定了西方民主思想的基础"。⑤ 他认为,平等是正义,"按照一般的认识,正义是某些事物的'平等'(均等)观念"。⑥ 亚里士多德所言的平等等同于正

---

① 恩格斯:《反杜林论》,《马克思恩格斯选集》第3卷,人民出版社1995年版,第358页。
② [希腊]亚里士多德著,吴寿彭译:《政治学》,商务印书馆1965年版,第204页。
③ 同上书,第168—169、203、303页等。
④ 同上书,第205页。
⑤ 张传有:《西方社会思想的历史进程》,武汉大学出版社2005年版,第53页。
⑥ [希腊]亚里士多德,吴寿彭译《政治学》,商务印书馆1965年版,第148页。

义,包括一般意义上的均等和相对的均等。他对自由也持肯定的态度,在论及立法并评论斯巴达政体时提出:"自由人政体实际上比任何专制统治为较多善德,也就是较为优良的政体。"①"自由的要领之一[体现于政治生活]为人人轮番当统治者和被统治者。""另外一个要领[体现于个人生活]为'人生应任情而行,各如所愿。'"② 亚里士多德论及的自由包括政治生活中的自由和个人生活中的自由,以及前一种自由对第二种自由的关系。③ 对于法治,亚里士多德认为:"最后的裁决权力应该寄托于正式订定的法律。"④ 亚里士多德总体上是主张法治而不是人治,只有在法治不足的地方才用人治的方式予以补充。他还指出:"相应于城邦政体的好坏,法律也有好坏,或者是合乎正义或者是不合乎正义。"⑤ 显现亚里士多德已具有明确的法治思想。同时,亚里士多德还认为实行何种类型的法制,应与城邦的公民素质相符合。综上所述,虽然亚里士多德的平等、自由和法治的观念具有阶级性,但其平等、自由和法治思想,某种程度超越了各群体的具体利益和文化理念,易为各群体接受,对于不同群体的文化认同起到相当大的作用。因此,平等、自由和法治思想具有了群体文化和谐的意蕴。

第三,合群思想建构群体文化和谐。对于人类为什么会有城邦等团体、能过群居生活,亚里士多德认为:"人类生来就有合群的性情",⑥ 同时他还认为:"人类所不同于其它动物的特性就在他对善恶和是否合乎正义以及其它类似观念的辨认[这些都由言语为之互相传达],而家庭和城邦的结合正是这类义理的结合。"⑦ 亚里士多德认为,相互保全的需要促使人类合群。我们以为亚里士多德在此实际上涉及了人类群体、社会或国家的起源。人类由于合群,不能离开群体单独生存,也正由于善恶观念人类的群体才能长存并结合成更大的群体。因此,合群思想道出了群体存在与群体间关系的现状与缘由,也是各群体文化共同存在和认同的缘由,所以合群思想也具有群体文化和谐的意蕴。

---

① [希腊]亚里士多德,吴寿彭译《政治学》,商务印书馆1965年版,第391页。
② 同上书,第311—312页。
③ 同上书,第312页。
④ 同上书,第147页。
⑤ 同上书,第148页。
⑥ 同上书,第9页。
⑦ 同上书,第8页。

(二) 西方近现代群体文化和谐思想

西方近现代思想包罗众多，在众多思想中蕴涵着群体文化和谐的思想。在此，我们选取相关思想家进行探析。

1. 洛克的群体文化和谐思想

约翰·洛克以阐述主权在民、社会契约及政治分权等思想而著名，对法国、美国革命产生重要影响。马克思曾说，洛克是"一切形式的新兴资产阶级的代表"。① 纵观洛克的思想，其思想中蕴藏的群体文化和谐思想主要体现在以下几个方面：

第一，人民主权和为人民的思想反映了群体文化和谐思想。洛克提出了人民主权和为人民的思想。"人的自然自由，就是不受人间任何上级权力的约束，不处在人们的意志或立法权之下，只以自然法作为他的准绳。处在社会中的人的自由，就是除经人们同意在国家内所建立的立法权以外，不受其他任何立法权的支配；除了立法机关根据对它的委托所制定的法律以外，不受任何意志的统辖或任何法律的约束。"② 洛克还指出了人的主权不可转让的思想。他还强调在政治社会中国家权力的目的是为了人民，"政府的目的是为人民谋福利"。③ 如果掌权者滥用权力，那么人民有权收回自己的权利。总之，洛克的主权在民和为人民的思想，较易得到不同群体的认同，成为各群体共有的文化观念，对群体文化和谐起到一定作用。

第二，平等思想体现了群体文化和谐的思想。洛克主张人生而平等的思想，即每一个人对其天然的自由所享有的平等权利，不受制于其他任何人的意志或权威。④ 洛克主张的分权思想，其实质在于使人民的权力不集中于社会中的一部分人，是平等的真正体现和保障。洛克在谈到对立法机关的权力的限制时，首先指出："它们应该以正式公布的既定的法律来进行统治，这些法律不论贫富、不论权贵和庄稼人都一视同仁，并不因特殊情况而有出入。"⑤ 不论贫富、权贵和庄稼人一视同仁的思想已包含了明确的群体平等的文化思想。他还特别指出不同群体的不平等是对政府的最大危害。因此，主张人民拥有最高的权力，以监督权力包括立法者的权力行使。洛克不仅在

---

① 《马克思恩格斯全集》第13卷，人民出版社1962年版，第68页。
② [英]洛克著，叶启芳、瞿菊农译：《政府论》下篇，商务印书馆1964年版，第15页。
③ 同上书，第144页。
④ 同上书，第34页。
⑤ 同上书，第89页。

思想上主张平等而且在制度上力争使平等得以保障,其倡导的平等思想具有现实性,容易得到各群体的认同,从而蕴涵群体文化和谐的思想。

2. 卢梭的群体文化和谐思想

让·雅克·卢梭是18世纪法国杰出的资产阶级启蒙思想家。他猛烈地抨击当时的社会不平等的现实,主张人民主权说和社会契约说,大力倡导自由、平等、博爱等思想,对法国、美国资产阶级革命产生重要影响。卢梭的思想也闪耀着群体文化和谐的光芒,大体可概括如下:

第一,公意理论奠定群体文化和谐的基础。卢梭认为公意是全体公民的共同意志,代表着全体人民的共同利益,这一意志决定着所有公民的幸福。"以上所确立的原则之首先的而又最重要的结果,便是唯有公意才能够按照国家创制的目的,即公共幸福,来指导国家的各种力量。"① 如何判断公意,卢梭认为应考察其目的和本质的全体性,"这就证明了公意必须从全体出发,才能对全体都适用"。② 卢梭反复强调公意的全体性,即公意绝不能被分割,不能是个别人的或部分人的意志,既不是个人也不是某一团体或群体的意志。"因为意志要么是公意,要么不是;它要么是人民共同体的意志,要么就只是一部分人的。"③ 卢梭更明确指出,特定情形下即使某一群体的意志凌驾于全体公民的意志之上,仍不是公意。④ 对于实现公意,卢梭希望用法律来代表并实现。因此他的《社会契约论》许多篇幅用于论述法律与政府。卢梭所论的公意,大致是建立在公民共同利益之上的共同愿望和要求,虽然具有唯心的成分,但它超越各群体即不同集团或不同派别的意志,超越不同个别的意志,能为不同群体共同认同,因此公意也为各群体和谐包括文化和谐奠定了相关基础。

第二,自由、平等展现群体文化和谐的思想。卢梭指出:"人类由于社会契约而丧失的,乃是他的天然的自由以及对于他所企图的和所能得到的一切东西的那种无限的权利;而他所获得的,乃是社会的自由以及对于他所享有的一切东西的所有权。"⑤ 他认为在天然自由和社会自由之外还有道德的自由。同时,卢梭也阐述了人人平等的思想:"从而,人们尽可以在力量上

---

① [法]卢梭著,何兆武译:《社会契约论》,商务印书馆2003年版,第31页。
② 同上书,第39页。
③ 同上书,第33页。
④ 同上书,第36页。
⑤ 同上书,第26页。

和才智上不平等，但是由于约定并且根据权利，他们却是人人平等的。"①卢梭认为，应通过法律保障人们的自由平等。同时，他敏锐地看到了平等对不同等级，即不同群体的关系所起的缓和作用。他还阐明从根本上保障人民的自由与平等权利的人民主权是最高权力的思想。总之，卢梭的自由平等的思想涵盖所有公民，所以容易得到全体公民和所有群体的认同；由于他已实际触及不同群体之间的关系问题，并指出应运用平等思想予以协调。因此，自由平等思想实际蕴涵了群体文化关系和谐的思想。

3. 韦伯群体文化和谐思想

马克斯·韦伯是对人类思想发展产生重要影响的思想家，其思想博大精深，经久不衰。仔细研析，我们以为其思想中蕴涵的群体文化和谐思想主要体现在以下几个方面：

第一，建立群体划分理论，研析群体文化关系现实状态，铺设群体文化和谐的理论前提。韦伯的社会分层学说或群体划分理论是其社会学研究的重要内容。有学者明确指出，群体是韦伯特别着力的对象，"所以他认为，群体（广义上的）作为持续不断的社会关系（不具有或具有团体的性质），是一切社会学分析理论的基点和首要的经验对象"。② 韦伯奠定了社会学以财富和收入（经济地位）、权力（政治地位）和声望（社会地位）三个维度来进行群体划分。韦伯是以阶级、等级和政党三个维度来表达的。③ 韦伯群体划分理论的提出，标志着韦伯对社会不同群体关系包括文化关系现状和态势的概括，也反映韦伯对群体关系包括群体文化关系的矛盾和冲突的分析，且其解释和理解相当独到。立于此基础，人们较易寻解决群体关系包括群体文化关系的对策，从而为群体文化和谐的实现提供理论的支持。

第二，开展文化现象研究，观照群体文化的研究视域，突出群体文化和谐的理论把握。韦伯重视文化对社会发展的重要作用。他对资本主义精神促进资本主义发展的论述十分著名。韦伯研究得出："在构成近代资本主义精神乃至整个近代文化精神的诸基本要素之中，以职业概念为基础的理性行为这一要素，正是从基督教禁欲主义中产生出来的，——这就是本文力图论证

---

① [法]卢梭著，何兆武译：《社会契约论》，商务印书馆2003年版，第30页。
② [德]马克斯·韦伯著，约翰内斯·温克尔曼整理，林荣远译：《经济与社会》上卷，商务印书馆1997年版，第9页。
③ [德]马克斯·韦伯著，约翰内斯·温克尔曼整理，林荣远译：《经济与社会》下卷，商务印书馆1997年版，第246—262页。

的观点。"① 韦伯还运用文化来说明群体形成和群体差别,由于新教徒与其他教徒的文化不同而影响职业的区分,在宗教成分混杂的国家,工商界领导人、资本占有者、近代企业中的高级技术工人,尤其受过高等技术培训和商业培训的管理人员,绝大多数都是新教徒。② 总之,韦伯从群体差异和群体文化差异着手,对文化的研究、论证,对文化于群体的影响的概括、阐述,均可视为对群体文化领域研究的观照。这种观照对我们进行群体文化关系的把握,对群体文化和谐的研析起到指导作用。

第三,展望现代性发展,预测群体文化的未来态势,显示群体文化和谐的逻辑趋势。韦伯较早关注现代性。他的理性化、科层化等是理解现代性的重要概念。韦伯着力论证理性主义是如何产生并对近代资本主义发展的促进作用。但是,韦伯所处时代已不同以往。韦伯对资本主义的继续发展做出预测,整体上较为悲观。他指出:"自从禁欲主义着手重新塑造尘世并树立起它在尘世的理想,物质产品对人类的生存就开始获得了一种前所未有的控制力量,这力量不断增长,且不屈不挠。"③ 韦伯用"牢笼说"形象地说明了物质性东西对人的统治。他还对理性化的发展提出悲观的看法,认为现代的职业和秩序限制了个人自由。"清教徒想在一项职业中工作;而我们的工作则是出于被迫。"④ 韦伯预测,资本主义文化的发展,可能会形成无法言说的无价值的结局。总之,韦伯对现代性的预言令人警醒,使人更理性地看待现代性并在现代性下总观文化包括群体文化的发展。现代性的发展使人们容易受制于外物,不同群体客观的生存空间狭小,主观的精神发展空间易迷失,因此群体间的冲突和矛盾容易出现并突出,且引起群体文化的失衡。因此,可以认为韦伯预言昭示了群体文化和谐的必要性和紧迫性。

4. 涂尔干的群体文化和谐思想

埃米尔·涂尔干的理论涉及诸多领域。他关注当时西方社会转型的深刻变化,并提出思想促进社会发展。涂尔干思想中蕴藏的群体文化和谐思想主要体现如下:

第一,以集体意识为特征的社会奠定群体文化和谐基础。社会和社会事

---

① [德]马克斯·韦伯著,于晓、陈维纲等译:《新教伦理与资本主义精神》,生活·读书·新知三联书店1987年版,第143页。
② 同上书,第23页。
③ 同上书,第142页。
④ 同上书,第142页。

实在社会学研究中有重要地位。涂尔干认为，首先，社会是群体生存的所在。他指出群体与个体互为前提，个体与社会不可分。同时，涂尔干明确认为社会是由不同群体所组成的，"只有当构成社会的个体和事物都被划分成某些明确的群体，也就是说被分类以后，只有当这些群体按照其相互关系被分类以后，社会才有可能形成"。"为了避免发生冲突，社会必须为每个特定群体指定一部分空间，换句话说，就是对一般空间进行划分、区别和安排，而这些划分和安排必须让每个人知道。"① 涂尔干实际上较明确地论及各群体关系。因为社会是群体生存与发展的基础，也是不同群体关系产生和发展的前提，因此它也奠定了群体文化和谐的基石。其次，集体意识是处理不同群体间关系包括文化关系的基础。涂尔干认为，社会不是无逻辑、混乱的、虚幻的存在，具有自己的特性，而这种特性可以从集体意识找寻。涂尔干明确指出，"社会成员平均具有的信仰和感情的总和，构成了他们自身明确的生活体系，我们可以称之为集体意识或共同意识"。② 同时，涂尔干认为集体意识影响社会，并形成为界限分明的实在，而且不受时空的影响，具有长期性和继承性。总之，涂尔干是从个人意识中观涉、研究集体意识，找寻独特的社会作用机理。集体意识因为高于个人、群体意识并存在于个人、群体意识中。所以，各群体的意识因为均反映集体意识或共同意识，从而各群体包括群体文化具有和谐的共同基点。由此，集体意识为群体文化和谐奠定了基础。

第二，以分工为基础的有机团结思想促进群体文化和谐。涂尔干认为当时社会处于失范状态。这种失范状态表现在道德和法律领域，也表现为人与人之间的关系失衡、群体与群体的关系不和。涂尔干主张治愈社会失范必须建立以分工为基础的有机团结，使社会在共同意识基础上凝聚，从而提升道德。他指出有机团结是建立在个人的相互差别的基础上。"总而言之，分工不仅变成了社会团结的主要源泉，同时也变成了道德秩序的基础。"③ 因为分工越发展，规范就越多，有机团结才越能坚固。建立在分工基础上形成的有机团结能吸纳不同个体、不同群体融入社会生活，由此，社会的共同意识

---

① [法]埃米尔·涂尔干著，渠东、汲喆译：《宗教生活的基本形式》，上海人民出版社1999年版，第580页。
② [法]埃米尔·涂尔干著，渠东译：《社会分工论》，生活·读书·新知三联书店2000年版，第42页。
③ 同上书，第359页。

加强，社会凝聚力增大，进而个体间、群体间的关系得到改善。当然在此进程中群体文化关系也得以改善，由此，有机团结思想蕴藏着群体文化和谐思想。

第三，公正思想引领群体文化和谐方向。公正思想贯穿于涂尔干的有机团结思想。涂尔干指出："就像古代民族没有共同信仰就无法生存一样，我们现在所需要的就是公正。"① 为何需要公正，涂尔干指出，因为社会存在着不公平，因为公平是人们的所愿。涂尔干指出，要保证有机团结的实现必须保证公正性。"因此，我们应该预料到，在组织社会不断发展的同时，必须保证这项事业更加具有绝对意义上的公正性。"② 同样，涂尔干相信有机团结能使社会进入到公正的境地。由于公正思想超越各群体的差异，能为各群体接受，易为各群体认同，因此也引领着群体文化和谐的方向。

（三）空想社会主义的群体文化和谐思想

本书所指空想社会主义特指作为马克思主义思想来源的19世纪的三大空想社会主义。空想社会主义是无产阶级不成熟的表现，"不成熟的理论，是和不成熟的资本主义生产状况、不成熟的阶级状况相适应的"。③ 虽然如此，在空想社会主义天才的思想内容中，也闪耀着有关群体文化和谐的思想火花。

1. 圣西门的群体文化和谐思想

圣西门出身贵族，却同情下层人民的遭遇。他的空想社会主义思想对科学社会主义思想的形成起到推动作用。圣西门思想闪烁的群体文化和谐的思想，大致可归纳如下：

第一，实业制度展现了群体文化和谐的图景。实业制度是圣西门构筑的一个理想社会的蓝图。"……把整个国家机构看成是一个大实业企业，而这个企业的目的，是使每个社会成员按其贡献的大小，各自得到最大的富裕和福利"。④ 实业制度的基本特征是：它将建立在完全平等的原则之上，不承认任何特权；它将使一切人得到最大限度的自由；它将按最有利于生产的方式组织起来；它将消灭一切寄生现象，"一切人都应当劳动"，而且从事最

---

① [法]埃米尔·涂尔干著，渠东译：《社会分工论》，生活·读书·新知三联书店2000年版，第346页。
② 同上书，第339页。
③ 恩格斯：《反杜林论》，《马克思恩格斯选集》第3卷，人民出版社1995年版，第608页。
④ 《圣西门选集》上卷，商务印书馆1962年版，第223页。

有益劳动的阶级将最受尊重；它的经济文化将高速发展，社会将促进各种个人幸福和公共福利；它将尽善尽美地运用科学、艺术和工业所取得的知识来满足人们的需要，等等。① 可见，实业制度确实描绘了未来的理想社会模式，它实质是设想了群体文化和谐基础上的理想社会图景。

第二，新基督教蕴涵群体文化和谐的理念。圣西门相信需要一种思想体系作为实业制度存在的基础。他创立了"新基督教"，以此作为实业制度的精神支撑，并用来联系富人和穷人、有产者和无产者。"……这个次要部分的主要目的，是把一切信徒阶层的注意力集中到道德上面。"② 圣西门力图用一种共同认同的文化来调和不同群体的利益和观念的做法，其蕴涵的促进不同群体文化和谐的思想值得我们借鉴。

2. 傅立叶的群体文化和谐思想

傅立叶的思想是法国资产阶级革命的产物。傅立叶的思想中闪烁着群体文化和谐的思想，大体主要体现为：

第一，以和谐制度（和谐社会）奠定群体文化和谐的基础。傅立叶创造出和谐制度来代替罪恶的资本主义文明制度。和谐制度是新世界的蓝图，具体是以自愿参加为原则的组合或协作社的总和。在和谐制度下，人们的生产生活在基层组织"法郎吉"的组织下统一进行，劳动与享受具有同一性，人们的分配实行按比例分配；消费则是"以生产者的福利为基础"的；教育方面，开展协作教育促进人们体力和智力的全面发展。③ 科学和艺术工作者"将被列入最高等级"；婚姻自由，家务劳动社会化，男女平等……④他设想的完美社会的和谐制度为群体关系包括群体文化关系的处理提供了一个乌托邦式的全面图景，可以为群体文化和谐奠定基础。

第二，以协作思想处理群体文化关系。傅立叶并不主张消除阶级，而只是在现有阶级条件下进行改良。他非常明确地指出："阶级融合是协作结构的基础之一。"⑤ 在和谐制度下，富人和穷人和谐相处。可见，傅立叶是以协作思想来处理群体文化和谐关系，以达到他所认为的阶级融合。这当然具有空想性。

---

① 《圣西门选集》第2卷，商务印书馆1983年版，第251—266页。
② 《圣西门选集》第3卷，商务印书馆1985年版，第185页。
③ 《傅立叶选集》第2卷，商务印书馆1979年版，第2页。
④ 《傅立叶选集》第1卷，商务印书馆1979年版，第71页。
⑤ 《傅立叶选集》第2卷，商务印书馆1979年版，第52页。

3. 欧文的群体文化和谐思想

欧文的空想社会主义思想来源于英国产业革命的背景，"始终都保持着这种面向实际的性质"。[①] 他提出的空想社会主义思想较之圣西门和傅立叶相对有更多的彻底性的内容，例如欧文明确提出财产公有的原则等思想。[②] 欧文的思想中也有群体文化和谐的思想闪现，大体主要体现如下：

第一，劳动公社制度奠定群体文化和谐的基础。欧文构想了未来社会理想的蓝图，即劳动公社，并竭尽自己的所能进行试验。劳动公社的目的"即一切有理性的人的共同目的，是谋求幸福"。[③] 公社的原则有"所有的成年人，不分性别和地位，权利一律平等；随着体力和智力的适应程度而变化的义务一律平等"。[④] 公社成员是一个大家庭，没有高低之分；在食物、衣服和教育与住宅方面享受同等待遇。欧文构想了一个理想的未来社会图景，也是不同群体和谐相处包括文化和谐的社会。

第二，平等理念蕴涵群体文化和谐的理念。欧文思想中很重要的思想即是社会划分的思想。他在《新道德世界书》中有专门的章节讲述关于社会划分的思想。[⑤] 欧文抨击当时的阶级和社会地位的不公，指出，"阶级和社会地位的差别是人为地造成的"。[⑥] 因此，他认为在他构想的新社会要重新进行社会划分。"……经验将会证明，为了使人人受益和幸福，应当对社会进行这种划分。应该作为一项基本的正义原则这样规定：'任何一个人不曾为别人服务，也就没有权利要求别人为他服务，'换句话说，就是'一切人生下来就有平等的权利'。"[⑦] 在欧文创立的劳动公社的组织法中，平等理念也得到强调。由此可以看出，欧文希望以平等理念来处理群体与群体的关系，平等理念也因易广受各群体的认同，从而成为蕴涵群体文化和谐的理念。

[①] 《马克思恩格斯选集》第3卷，人民出版社1995年版，第613页。
[②] 《欧文选集》第2卷，商务印书馆1981年版，第189页。
[③] 同上书，第187页。
[④] 同上书，第187—188页。
[⑤] 同上书，第33页。
[⑥] 同上。
[⑦] 同上。

三、马克思主义群体文化和谐思想考察

马克思主义是我们构建社会主义和谐社会、建设和谐文化的指导思想。马克思主义,包括中国化的马克思主义内容十分丰富,其中也蕴藏着丰富的群体文化和谐思想。

(一) 马克思、恩格斯的群体文化和谐思想

有学者统计,马克思、恩格斯在著作中明确使用文化概念非常少。[①] 但是这并不说明马克思、恩格斯对文化问题没有关注和重视;相反,马克思主义学说有很多有关文化的阐述,并形成马克思主义的文化观。对于文化,马克思、恩格斯主要是从广义的角度进行理解。"总之,马克思认为,文化是人改造自然的劳动对象化中产生的,是以人为基础,以人的本质或本质力量的对象化为实质的,它包括物质文化、精神文化、制度文化等因素,是一个广义的文化概念。"[②] 对于文化的本质、文化的价值导向等问题,马克思主义也有相关的阐述。对于群体文化和谐的问题,马克思、恩格斯并没有明确地论述,不过马克思主义思想中确实蕴涵着丰富的群体文化和谐思想。大体说来,主要表现在以下几个方面:

1. 从唯物史观的角度解读群体文化关系

关于唯物史观,马克思在《〈政治经济学批判〉序言》中指出:"人们在自己生活的社会生产中发生一定的、必然的、不以他们的意志为转移的关系,即同他们的物质生产力的一定发展阶段相适合的生产关系。这些生产关系的总和构成社会的经济结构,即有法律的和政治的上层建筑竖立其上并有一定的社会意识形式与之相适应的现实基础。物质生活的生产方式制约着整个社会生活、政治生活和精神生活的过程。不是人们的意识决定人们的存在,相反是人们的社会存在决定人们的意识。"[③] 简言之,马克思、恩格斯也是从此观点出发来阐述群体文化关系。

(1) 着重阐明无产阶级与资产阶级两大群体的文化关系

马克思、恩格斯所处的时代社会矛盾十分尖锐。马克思、恩格斯将视野

---

① 转引自黄力之《巴黎手稿与马克思主义文化哲学》,《学术研究》2005 年第 7 期。
② 王仲士:《马克思的文化概念》,《清华大学学报》(哲学社会科学版) 1997 年第 1 期。
③ 《马克思恩格斯选集》第 2 卷,人民出版社 1995 年版,第 32 页。

集中于社会矛盾的中心问题,即资产阶级与无产阶级两大主要群体的矛盾。他们对资产阶级、无产阶级及其各自的文化进行了深入的研究,对两大群体的关系包括其文化关系进行了阐述。首先,马克思、恩格斯认为资产阶级群体及其文化具有鲜明的特征。资产阶级文化建立在资本主义生产方式基础之上,既具有革命性、先进性的特点,又具有剥削性、金钱至上性的特性,同时还具有扩张性、世界性的个性,等等。① 资产阶级文化也具有落后性与保守性。② 其次,对于无产阶级及其文化,马克思、恩格斯也有深刻的论述。他们指出无产阶级的生存状态极端恶化,一无所有,革命性、组织性强。③ 再次,马克思、恩格斯对无产阶级群体与资产阶级群体的关系进行的阐述,对其文化矛盾也予以说明。他们指出无产阶级受到资产阶级的压榨,无产阶级与资产阶级的关系极度对立,其冲突具有阶级性质。"单个工人和单个资产者之间的冲突越来越具有两个阶级的冲突的性质"。④ 马克思、恩格斯还从狭义的文化意义上论述了无产阶级群体与资产阶级群体的矛盾与冲突。他们指出,对无产阶级而言,"法律、道德、宗教在他们看来全都是资产阶级偏见,隐藏在这些偏见后面的全都是资产阶级利益"。⑤ 马克思、恩格斯预言解决两大群体之间文化冲突与矛盾的方法是一种革命的手段。⑥

(2) 运用唯物史观理论客观审视群体文化关系

马克思、恩格斯论述无产阶级与资产阶级两大群体的关系,包括文化关系,总是将其放入到其创立的唯物史观的视域下审视,即将它们放入到资本主义生产方式下进行考察。马克思、恩格斯指出:"从封建社会的灭亡中产生出来的现代资产阶级社会并没有消灭阶级对立。它只是用新的阶级、新的压迫条件、新的斗争形式代替旧的。"⑦ 马克思曾谈到他对阶级问题的新的贡献。⑧ 从中我们可以看到马克思认为无产阶级与资产阶级的关系是资本主义社会中的群体间关系,而资本主义制度存在着自身难以克服的矛盾。因

---

① 《马克思恩格斯选集》第1卷,人民出版社1995年版,第274、275、277页。
② 同上书,第275页。
③ 同上书,第279、282、293页。
④ 同上书,第281页。
⑤ 同上书,第283页。
⑥ 同上。
⑦ 同上书,第273页。
⑧ 《马克思恩格斯选集》第4卷,人民出版社1995年版,第547页。

此，资产阶级的灭亡和无产阶级的胜利是不可避免的。两大群体的命运，实质上也包括其群体文化的命运。

(3) 分析物质生活条件深入把握群体文化关系

从马克思、恩格斯的论著可以看出，他们实际指出狭义上的文化作为社会意识的重要部分受制于社会存在，因此分析群体文化关系，找寻群体文化冲突的原因还是应从分析与考察社会存在入手，即群体所依赖的物质生活条件。因为"意识在任何时候都只能是被意识到了的存在，而人们的存在就是他们的现实生活过程"。① 在阶级社会里，人们组成不同的阶级，因此考察个人的意识、个人所具有的文化应从阶级群体入手；在阶级社会中，不同的阶级具有不同的文化，具有不同的地位。马克思、恩格斯明确指出："统治阶级的思想在每一时代都是占统治地位的思想。这就是说，一个阶级是社会上占统治地位的物质力量，同时也是社会上占统治地位的精神力量。"②而涉及物质力量，按照马克思、恩格斯的学说，从根本上主要是体现在生产力与生产关系上。一旦生产力与生产关系发生矛盾，那么在阶级社会就会产生阶级群体之间的冲突，包括文化冲突。"生产力和交往形式之间的这种矛盾……每一次都不免要爆发革命，同时也采取各种附带形式，如冲突的总和，不同阶级之间的冲突，意识的矛盾，思想斗争，政治斗争，等等。"③资产阶级文化与无产阶级文化的关系也应从其所处的物质生活条件中寻找根本原因。由于两者的矛盾不可避免，推翻资产阶级的统治成为由无产阶级的物质生活条件而产生出来的要求。两大群体的文化关系也处于比较大的对立状态。

2. 从人的本质异化剖析群体文化关系的不和谐

群体间关系包括群体间的文化关系，根本上是人与人的社会关系的体现，一定意义上也是人的本质的具体反映。马克思、恩格斯从人的本质异化来解析群体文化关系的不和谐，从而在理论上阐述群体文化关系。马克思从劳动出发论述了关于人的异化的思想。马克思认为在正常情况下，劳动对于劳动者而言应是体现人的自由本性，人的能动性的活动，使人的本质力量对象化、现实化，人正是在劳动中体现与确证自己的本质。马克思看到了在私

---

① 《马克思恩格斯选集》第1卷，人民出版社1995年版，第72页。
② 同上书，第98页。
③ 同上书，第115页。

有制社会中劳动对人而言已发生异化，成为外在于人、异于人的力量，成为统治人的力量，进而人与人的关系也发生异化，人产生了异化。异化表现为四种形式。① 因此无产阶级与资产阶级两大群体的关系，通过异化劳动被深刻地揭示出来了。马克思通过异化劳动深刻地剖析了无产阶级与资产阶级两大群体文化关系不和谐的根本原因，同时他还进一步通过对异化劳动的分析预言了两大群体文化发展的方向，即"从异化劳动对私有财产的关系可以进一步得出这样的结论：社会从私有财产等等解放出来、从奴役制解放出来，是通过工人解放这种政治形式来表现的"。②

3. 以唯物辩证法认识群体文化和谐的内在特性

唯物辩证法成为马克思主义认识群体文化和谐的内在特性的重要思想工具。首先，唯物辩证法的重要内容对立统一规律，即矛盾规律，阐述了矛盾的同一性与斗争性的问题，揭示了事物各要素之间及事物之间既对立又同一的关系。而对立面的同一与斗争所潜藏的内涵正是认识和谐，包括群体文化和谐的重要方法。和谐是事物存在与发展的最佳状态，可认为它是事物矛盾双方同一性的最佳表现。恩格斯曾指出："宇宙中的一切吸引运动和一切排斥运动，一定是互相平衡的。"③ 其次，唯物辩证法的否定之否定规律对认识群体文化和谐具有重要的作用。否定之否定规律认为事物是肯定与否定的对立统一的辩证关系。事物的转化是否定之否定，是扬弃。扬弃即是在原有事物的基础上产生新的事物。而和谐的一个重要含义是指事物生成与发展的一般规律。"许多人协作，许多力量融合为一个总的力量，用马克思的话来说，就造成'新的力量'，这种力量和它的一个个力量的总和有本质的差别。"④ 这种"新的力量"，即是马克思所讲的合题，它与和实生物具有同样的意义。

4. 以共产主义文化指示群体文化和谐的最高目标

马克思、恩格斯实际上指出了群体文化和谐的最高目标，即共产主义文化。因为：第一，共产主义文化是不存在群体之分的文化。"在共产主义社会里，任何人都没有特殊的活动范围。"⑤ 共产主义社会生产力高度发达，

---

① 马克思：《1844年经济学哲学手稿》，人民出版社2000年版，第50—64页。
② 同上书，第62页。
③ 《马克思恩格斯选集》第4卷，人民出版社1995年版，第348页。
④ 《马克思恩格斯选集》第3卷，人民出版社1995年版，第469页。
⑤ 《马克思恩格斯选集》第1卷，人民出版社1995年版，第85页。

财富不断涌流，因此不存在分工。① 当然也不存在群体及其文化。第二，共产主义文化是人的个性自由充分发展的文化。人的自由发展程度是衡量文化发展的重要尺度。在不同的社会中，人的发展从人的依赖性、物的依赖基础上的独立性、全面发展的自由个性。马克思、恩格斯在此实际是从文化角度对人的发展进行区分。共产主义社会由于经济、文化的高度发展，人的个性得以自由发展，当然也是群体文化和谐的最高目标。

5. 以实践彰显群体文化和谐的实现途径

实践在马克思主义理论中占有极为重要的地位。马克思指出了实践对人类社会生活的本质性意义，"全部社会生活在本质上是实践的"。② 社会生活包括物质生活与精神生活，均离不开实践的发展、实践水平的提高。同样，建立在群体差别的消失、阶级差别消失、人的解放、人的自由个性的发展等基础上的以共产主义文化为最高目标的群体文化和谐，同样是以实践的高度发展为基础的。首先，马克思、恩格斯具体地阐述了文化发展的实践基础。恩格斯曾指出，文明是实践的事情，是社会的素质。③ "理论的对立本身的解决，只有通过实践方式，只有借助于人的实践力量，才是可能的。"④ 同样，群体文化、群体文化和谐的发展同样应着力于实践，提高实践水平。其次，马克思、恩格斯指出实现共产主义文化需要实践水平的极大提高。"因此，建立共产主义实质上具有经济的性质，这就是为这种联合创造各种物质条件，把现存的条件变成联合的条件。"⑤ 而物质生活条件的改善是实践的结果。只有在物质条件大为改善的前提下，才能超越阶级群体的文化界限，促进群体文化和谐。他们指出："'解放'是一种历史活动，不是思想活动，'解放'是由历史的关系，是由工业状况、商业状况、农业状况、交往状况促成的。其次，还要根据它们的不同发展阶段，清除实体、主体、自我意识和纯批判等无稽之谈，正如同清除宗教的和神学的无稽之谈一样，而且在它们有了更充分的发展以后再次清除这些无稽之谈。"⑥

---

① 《马克思恩格斯选集》第 1 卷，人民出版社 1995 年版，第 330 页。
② 同上书，第 56 页。
③ 同上书，第 27 页。
④ 马克思：《1844 年经济学哲学手稿》，人民出版社 2000 年版，第 88 页。
⑤ 《马克思恩格斯选集》第 1 卷，人民出版社 1995 年版，第 122 页。
⑥ 同上书，第 74—75 页。

(二) 列宁的群体文化和谐思想

列宁的思想理论对世界影响巨大,他对文化问题也给予了极大的关注。我们以为,其思想中蕴藏着群体文化和谐的相关思想主要体现在以下几个方面:

1. 主要阐述无产阶级与农民阶级两大群体文化关系和谐问题

首先,列宁认为无产阶级与农民阶级两大群体关系,包括文化关系的和谐是关系到俄国与苏联的革命与建设十分重要的问题。列宁认为俄国十月革命的胜利,是国内工人运动与农民战争相结合的产物,是工人与农民两大阶级群体的关系和谐,包括文化和谐。因此,要着力维护两大阶级群体的关系。他指出,苏俄社会主义制度,"是以工人和农民这两个阶级的合作为基础的"。[①] 即使是在具体的经济政策方面,列宁也是从两大阶级群体的关系的高度上予以考虑。其次,列宁认为无产阶级与农民阶级的群体文化关系是无产阶级帮助与领导农民阶级的关系。这种帮助与领导的关系渗透于一切实际工作之中。"我们帮助农民,因为这是我们保住政权所绝对必须的。"[②]

2. 以新经济政策为主的政策指导的实践来提升群体文化和谐的物质基础

新经济政策主要通过粮食税、自由流转、发展私人资本主义和国家资本主义、发展商业等措施推动经济的发展。列宁清醒地认识到新经济政策,"首先而且主要是一个政治问题,因为这个问题的本质在于工人阶级如何对待农民"。[③] 列宁主要是通过以新经济政策为主导的政策指导的实践来提升工人阶级与农民阶级两大群体的经济生活状况,从而最终达到两大阶级群体关系包括文化关系和谐的目的。列宁对新经济政策的推行与注重正是列宁在实践上发展生产力,改善各群体的物质生活条件,促进群体关系包括文化关系和谐的思想的体现。列宁曾指出:"现在我们主要的政治应当是:从事国家的经济建设……"[④] 列宁将全国电气化计划称作"第二个党纲"。

3. 以马克思主义哲学思维奠定认识群体文化和谐的思维方式

列宁发展了马克思主义,"没有列宁的贡献就没有今天的辩证唯物主义"。[⑤] 列宁认为:"可以把辩证法简要地确定为关于对立面的统一的学说。

[①] 《列宁全集》第43卷,人民出版社1987年版,第377页。
[②] 《列宁全集》第42卷,人民出版社1987年版,第49页。
[③] 《列宁全集》第41卷,人民出版社1986年版,第50页。
[④] 《列宁全集》第39卷,人民出版社1986年版,第407页。
[⑤] 黄楠森:《马克思恩格斯与毛泽东邓小平之间的桥梁》,《高校理论战线》2000年第5期。

第二章　群体文化和谐思想的历史梳理　　　　　　　　　　　　　　　　·81·

这样就会抓住辩证法的核心，可是这需要说明和发挥。"① 对矛盾基础上的对立统一规律的深刻认识正是列宁分析革命和建设的形势、认识社会的矛盾现象、构建不同群体和谐关系包括文化和谐关系的重要思想武器。列宁着重强调马克思主义的实践观点，并将其运用于革命与建设的行动中。列宁指出："实践高于（理论的）认识，因为它不但有普遍性的品格，并且还有直接现实性的品格。"② 列宁深刻指出，应以实践推进马克思主义的发展，"就是马克思主义者必须考虑生动的实际生活，必须考虑现实的确切事实，而不应当抱住昨天的理论不放……"③ 列宁还曾深刻地指出了具体问题具体分析的思想。列宁明确指出："马克思主义的精髓，马克思主义的活的灵魂：对具体情况作具体分析。"④ 马克思主义的思维方式，奠定了列宁认识群体文化关系及群体文化和谐的思维方式基础。对立统一规律所强调的对立面的同一、斗争与和谐具有很多类似；强调实践及将理论运用于实践对于和谐的促进与发展起着重要的作用；具体问题具体分析充分展现了和谐的不同内涵。

4. 建设先进文化促进群体文化和谐

列宁建设先进文化促进群体文化和谐的思想主要表现在以下几个方面：

(1) 重视"文化革命"的思想

列宁在晚年尤为强调，为建成社会主义必须加强先进文化的建设。列宁将其称为"文化革命"。"现在，只要实现了这个文化革命，我们的国家就能成为完全社会主义的国家了，但这个文化革命在纯粹文化方面（因为我们是文盲）或物质方面（因为要成为有文化的人，就要有相当发达的物质生产资料的生产，要有相当的物质基础），对于我们来说，都是异常困难的。"⑤ 列宁对社会主义文化革命给予了极大的重视。列宁在《论合作社》一文中，鲜明指出他对社会主义的整个看法根本改变了，这种改变的表现就在于工作重心的转移，"如果把国际关系撇开不谈，只就国内经济关系来说，那么我们现在的工作重心的确在于文化主义"。⑥ 列宁还以文化来评判一种制度是否真正的建立，因为"我在这里提出的正是文化问题，因为在

---

① 列宁：《哲学笔记》，人民出版社1974年版，第240页。
② 同上书，第230页。
③ 《列宁选集》第3卷，人民出版社1995年版，第26页。
④ 《列宁选集》第4卷，人民出版社1995年版，第213页。
⑤ 同上书，第774页。
⑥ 同上书，第773页。

这种事情上，只有那些已经深入文化、深入日常生活和成为习惯的东西，才能算作已达到的成就"。① 列宁在此认为一种旧制度的真正的消亡，应是文化的最终消亡；而一种新的制度的建立也是只有在文化上建立才是最终建立。列宁用文化来检测革命的最终巩固。正因为文化对新制度真正建立的作用，因此，列宁提出著名的"消化"论。列宁所讲的消化，实际就是新文化的生成过程。

（2）建设新文化的思想

首先，列宁认为建设新文化应是建设无产阶级先进文化并以此文化来统领两大阶级群体文化的发展。列宁强调马克思主义思想是无产阶级新文化的主要核心，因为"只有马克思主义的世界观才正确地反映了革命无产阶级的利益、观点和文化"。② 列宁强调共产主义道德"把劳动者团结起来反对一切剥削，反对一切小私有制，因为小私有制把全社会的劳动所创造的成果交给了个人"。③ 列宁认为无产阶级文化"不是从天上掉下来的"，它是"人类全部发展过程中的创造的文化"，④ 建设它需要较长时间。列宁认为人民群众自身是新文化建设的主体。对于新文化内容，他指出苏维埃的任务，"就是帮助培养和教育劳动群众，使他们克服旧制度遗留下来的旧习惯、旧习气，那些在群众中根深蒂固的私有者的习惯和习气"。⑤

其次，列宁认为建设新文化应大力提高工人与农民两大阶级群体的文化水平，"文盲是处在政治之外的"。⑥ 列宁主张大力加强对农民的文化工作。

最后，列宁认为建设新文化的最终目的是造就全面发展的新人。列宁曾说："为新的社会制度创造的，同时又创造着这个制度的新人正在成长。"⑦

总之，从以上不太完全的概括中可以看出，列宁在苏联百废待兴时期对建设新文化有着自己独特的见解。他提出的文化革命等思想对于群体文化和谐起到重要的指导作用。建设以共产主义价值和道德为核心的社会主义先进文化，从文化上直接统领了两大群体的文化发展，从而实际上促进了两大群

---

① 《列宁选集》第4卷，人民出版社1995年版，第784—785页。
② 同上书，第299页。
③ 同上书，第291页。
④ 同上书，第285页。
⑤ 《列宁全集》第39卷，人民出版社1986年版，第401页。
⑥ 《列宁全集》第42卷，人民出版社1987年版，第200页。
⑦ ［德］蔡特金：《列宁和群众》，《回忆列宁》第5卷，人民出版社1957年版，第66页。

体的文化和谐。提高工人与农民群体的文化水平,主张工人帮助农民提高文化,则直接促进了两大群体的文化和谐。培养与造就全面发展的新人则直接着力于公民素质的改善与提高,它将从根本上超越群体文化的局限,从更高层次促进群体文化和谐。

(三) 毛泽东的群体文化和谐思想

毛泽东虽然没有明确提出和谐社会、群体文化和谐的概念,但他思想中蕴涵着关于社会主义和谐社会及群体文化和谐的思想。胡锦涛曾说:"毛泽东同志关于社会主义建设的正确思想,对我们构建社会主义和谐社会仍然具有重要的指导意义。"[①] 有学者指出,许多人"不知道在冲突论之外,毛泽东还有他的和谐观"。[②] 我们以为毛泽东的群体文化和谐思想主要体现在以下几个方面:

1. 为最大多数人谋利益、公平正义、团结联合等思想促进群体文化和谐

首先,为最大多数人谋利益的思想。毛泽东把争取人民的民主自由、建立独立自由民主富强的新中国作为奋斗目标。号召人民"为争取民族和人民的自由与平等而奋斗"。[③] 他阐述为人民服务是共产党的根本宗旨,主张群众路线。其根本目标是为最大多数人谋利益,"共产党人的一切言论行动,必须以合乎最广大人民群众的最大利益,为最广大人民群众所拥护为最高标准"。[④]

其次,公平正义思想。毛泽东对最广大人民群众利益的关注、从实践上争取穷苦的劳工大众命运的改变、提倡人民权利、主张国家集体和个人的多方兼顾、反对两极分化、反对官僚主义等思想均体现了其强烈的公平正义思想。毛泽东指出:"我们共产党人是永远站在争取自由与平等的人们一起的。"[⑤]

再次,团结与联合的思想。在革命时期毛泽东认为"中国新民主主义的革命要胜利,没有一个包括全民族绝大多数人口的最广泛的统一战线,是

---

① 胡锦涛:《在省部级主要领导干部提高构建社会主义和谐社会能力专题研讨班上的讲话》,《光明日报》2005年6月27日第2版。
② 王秀华、程瑞山:《冲突与和谐:毛泽东政治秩序理念及当代价值》,《中国人民大学学报》2006年第4期。
③ 《毛泽东文集》第2卷,人民出版社1993年版,第166页。
④ 《毛泽东选集》第3卷,人民出版社1991年版,第1096页。
⑤ 《毛泽东文集》第2卷,人民出版社1993年版,第170页。

不可能的。"① 他认为统一战线是新民主主义革命中我党的三大法宝之一，新中国成立后也予以强调。总之，毛泽东主张提倡为最广大人民群众的利益服务的思想和理念，能超越不同群体的利益差异和文化不同；公平正义思想能反映不同群体的共同心声和愿望；不同群体间的联合与团结的思想则使各群体在原则基础上求同存异。这些思想均能为不同群体接受，从而成为群体文化和谐的理念。

2. 建设新文化引领群体文化和谐的方向

毛泽东主张建设新文化，他所指的文化是观念形态的文化。"一定的文化（当作观念形态的文化）是一定社会的政治和经济的反映，又给予伟大影响和作用于一定社会的政治和经济"。② 毛泽东指出，新中国"不但有新政治、新经济，而且有新文化"。③ "所谓新民主主义的文化，一句话，就是无产阶级领导的人民大众的反帝反封建的文化。"④ 新中国成立后，毛泽东深刻地指出要建设社会主义的新文化，改变经济科学文化的落后面貌。无产阶级领导、以马克思列宁主义为指导，为人民大众的、民族的、科学的、为社会主义建设服务等是新文化的重要规定。毛泽东提出了"百花齐放、百家争鸣"的文化建设方针、主张大力开展教育等。总之，毛泽东用社会主义新文化统领全国人民的思想，促进文化发展。由于新文化反映全体人民的共同愿望，体现不同群体的共同利益，因此能引领群体文化和谐的方向。

3. 正确处理人民内部矛盾的思想是处理群体文化关系的重要指导思想

毛泽东指出社会主义社会存在矛盾，"许多人不敢公开承认我国人民内部还存在矛盾，正是这些矛盾推动着我们的社会向前发展"。⑤ 毛泽东认为，人民内部矛盾应与敌我矛盾严格区分，它属非对抗性质的矛盾，主要包括不同群体之间、同一群体内部、不同群体与政府之间的矛盾。对于人民内部矛盾，应采取"团结—批评—团结"的方法、运用"统筹兼顾、适当安排"的方针解决。在文化发展上，他指出了"百花齐放、百家争鸣"的方针，繁荣文化。毛泽东的目标是要建立社会主义新社会，"我们的目标，是想造成一个又有集中又有民主，又有纪律又有自由，又有统一意志，又有个人心

---

① 《毛泽东选集》第4卷，人民出版社1991年版，第1257页。
② 《毛泽东选集》第2卷，人民出版社1991年版，第664页。
③ 同上书，第663页。
④ 同上书，第698页。
⑤ 《毛泽东著作选读》下册，人民出版社1986年版，第766页。

情舒畅、生动活泼,那样一种政治局面"(毛泽东在《一九五七年夏季的形势》中提出)。要达到这一和谐的目标,他主张各方面要团结。总之,毛泽东关于正确处理人民内部矛盾的思想,因为正视了不同群体间的矛盾包括文化矛盾,所以对于客观认识这些矛盾起到了指导作用,为构建群体文化的和谐打下了基础。他关于用团结—批评—团结的方法处理人民内部矛盾的思想,我们认为它实际上是表达了应用民主的方式即非冲突的调解的方式处理不同群体的矛盾的思想,这对于处理群体文化关系具有重要的引领作用。毛泽东关于在文化问题上应采取百花齐放、百家争鸣的方针的思想,对于不同群体文化的和谐相处也具有重要的理论和实践的指导意义。因此,毛泽东关于正确处理人民内部矛盾的思想也就成为处理群体文化和谐的重要指导思想。

4. 建设社会主义的实践构建群体文化和谐的坚实物质基础

在实践中改变不同群体的物质生活条件和生存方式,某种意义上是根本性的改变群体文化及群体文化关系的方法。毛泽东致力于改善人民生活,虽然他在晚年犯了严重错误。"从1953—1980年的28年间,中国经济增长速度平均为6%—8%,远远超过解放以前的发展速度(有人估计1911—1949年间平均每年增长约为1%—2%),也超过西方国家工业化阶段的发展速度(据估计,按19世纪的平均年增长率计算:英国为2.5%,德国为3%,美国为3%—3.5%)"。① 总体上,我国在新中国成立后的三十年,建成了比较完整的工业体系,综合国力有了很大提高,教育、医疗等保障有很大进步,人民生活水平整体提高。这些成就与毛泽东的贡献分不开,毛泽东提出:"在社会主义社会中,基本的矛盾仍然是生产关系和生产力之间的矛盾,上层建筑和经济基础之间的矛盾。"② 他还提出了论十大关系。总之,毛泽东带领中国人民在建设社会主义实践中取得了重大的成就,为群体文化的发展及群体文化和谐打下了的坚实的基础。

5. 矛盾论的哲学思想成为认识群体文化关系的重要哲学武器

毛泽东运用马克思主义思想对待矛盾,《矛盾论》的哲学思想是毛泽东认识群体文化和谐的重要哲学武器。"以胡锦涛为总书记的党中央揭出的科

---

① 罗荣渠:《现代化新论——世界与中国的现代化进程》,商务印书馆2004年版,第520—521页。
② 《毛泽东著作选读》下册,人民出版社1986年版,第767页。

学发展观和社会主义和谐社会两大战略的哲学基础是什么？我以为，不是别的，仍然是毛泽东哲学思想。具体来说，主要是毛泽东的矛盾论。"① 毛泽东矛盾论的思想内容丰富。具体而言，主要包括关于矛盾的普遍性观点，使人们能正视社会矛盾包括群体文化矛盾问题；关于矛盾特殊性的观点，可以帮助人们认清不同群体文化矛盾的特性；关于主要的矛盾和矛盾的主要方面，有利于分析具体的群体文化矛盾；关于矛盾的同一性和斗争性的问题，有助于认清群体文化矛盾的现状，争取矛盾向同一性转化；关于非对抗性矛盾的思想，有利于正确认识群体文化矛盾的性质。总之，毛泽东的矛盾论的思想成为其认识处理群体文化关系、促进群体文化和谐的重要思想武器，即使在今天仍有很强的指导意义。

6. 建设社会主义的教训成为构建群体文化和谐的重要反思

不容否认，毛泽东在领导中国人民长期的革命和建设中虽取得了伟大的成就，但也存在着不容忽视的错误和严重的教训，这些教训成为构建群体文化和谐的重要反思。首先，没有紧紧扭住生产力发展不放，致使国家的建设较长时期处于徘徊，削弱了群体文化和文化的物质基础。新中国虽取得巨大成就，但是，"大陆是完全有条件取得更好的成就的，但由于大折腾式的发展，导致自 1957 年以后经济长期徘徊不前，几近 20 年。中国台湾、韩国抓住战后的罕见的发展良机，后来居上，而大陆却坐失良机"。② 因此，人民的生活条件改善整体较慢，而在相对贫穷的状况下无法言及群体关系包括群体文化关系的和谐。其次，社会主义阶级斗争的理论与实践，导致群体文化的不良发展。毛泽东违背了他自己的正确思想，将阶级斗争提到相当的高度并成为掌握全局的理论，并在"文化大革命"中推行，给党、国家和各族人民带来严重的灾难。社会文化、各群体的存在与发展均受制于强大的意识形态影响，人与人之间、群体与群体之间的信任、平等关系也受到严重的挑战，滋长了自保、无责任、无正义、投机等不良文化。群体文化发展不良，群体文化关系出现扭曲。最后，体制上的城乡二元分治形成群体文化发展的不和谐。20 世纪 50 年代后期推行城乡二元分立的治理体制，总体上，由于违背了经济发展的规律、人的发展的愿望，因此，一定程度上造成了我国群体文化关系较严重的不和谐。它极大地束缚了农民，导致群体间较严重的不

---

① 石仲泉：《毛泽东与科学发展观和社会主义和谐社会》，《湘潭大学学报》2006 年第 5 期。
② 罗荣渠：《现代化新论——世界与中国的现代化进程》，商务印书馆 2004 年版，第 521 页。

公正，消极影响至今。

（四）邓小平的群体文化和谐思想

邓小平是党和国家第二代领导的核心。邓小平理论内容丰富，他虽然没有明确提出过群体文化和谐的思想，仔细研析，其中内含有群体文化和谐思想。表现在以下几个方面：

1. 保持稳定、维护安定团结的政治局面奠定群体文化和谐的基础

邓小平着力强调保持稳定、维护安定团结的政治局面。他主张取消原宪法中有关"四大"的条文。他明确指出："但是要改革，就一定要有稳定的政治环境。"① 邓小平所提倡的安定团结的政治局面是一个全方位、多层次的安定、有序的和谐状态。清除大鸣大放是为了稳定；坚持改革开放促进了稳定；解放思想、实事求是，保持思想稳定；提出现代化的"三步走"战略，指引稳定的发展；界定社会主义本质，解决人们的困惑，奠定稳定基础，等等。由于稳定，维护了安定团结的政治局面，因此，社会的物质生产大幅度提高，群体、群体文化的发展得到了基本的保障，群体间的关系得到改善。

2. 实行改革开放，发展生产力，夯实群体文化和谐的物质基础

邓小平带领全党和全国人民进行改革与开放，促进了社会主义物质基础的加强和巩固。他在南方谈话中鲜明地指出："革命是解放生产力，改革也是解放生产力。"② 同时邓小平深刻地认识到，解放生产力的目的则是为了发展社会主义，为了满足人民的物质文化需要。他曾指出："社会主义阶段的最根本任务就是发展生产力，社会主义的优越性归根到底要体现在它的生产力比资本主义发展得更快一些、更高一些，并且在发展生产力的基础上不断改善人民的物质文化生活。"③ 他还提出："发展才是硬道理。"④ 正是以邓小平理论为指导、中央的正确决策，我国现代化建设发展良好。从1979—1994年的15年里经济速度年均达9.5%，1995年实现了国民生产总值比1980年翻两番的目标，人民生活整体有较大改善。较为雄厚的物质基础为群体文化和谐打下了坚实的基础。

---

① 《邓小平文选》第三卷，人民出版社1993年版，第284页。
② 同上书，第370页。
③ 同上书，第63页。
④ 同上书，第377页。

3. 建设社会主义精神文明，培育"四有"新人，以社会主义文化引领群体文化的发展

邓小平在注重建设物质文明的同时，十分注重强调社会主义精神文明的建设。他指出："我们要建设的社会主义国家，不但要有高度的物质文明，而且要有高度的精神文明。所谓精神文明，不但是指教育、科学、文化（这是完全必要的），而且是指共产主义的思想、理想、信念、道德、纪律，革命的立场和原则，人与人的同志式关系，等等。"① 邓小平还指出，精神文明建设的根本目标是培养"四有"新人。他提出了"两手抓、两手都要硬"的主张，以促进两个文明建设。邓小平强调培养"四有"新人，将社会主义精神文明建设的落脚点放在人的发展上；强调两个文明协调发展，主张精神文明建设的社会主义属性，这些都为中国文化建设指出了中国特色的社会主义方向，同时也引领了群体文化的和谐发展。尤其是其培养"四有"新人的思想，更易得到各群体的认同。

4. 民主法制理念、公正公平理念促进群体文化和谐的发展

邓小平大力提倡社会主义民主与法制，提出有法可依、有法必依、执法必严、违法必究。邓小平指出："为了保障人民民主，必须加强法制。必须使民主制度化、法律化，使这种制度和法律不因领导人的改变，不因领导人的看法和注意力的改变而改变。"② 邓小平指出，加强法制，首先应制定法律。他还十分重视民主建设。总之，对民主与法制的重视与强调是邓小平理论的重要内容，民主法制建设保障了各群体中公民的权利的实现，保证了以平和的、调解的方式处理人与人、群体与群体之间的矛盾的制度的实施，强化了以理性的方式促进群体文化和谐发展的良性趋势。由于民主法制理念符合各群体的实际利益，因此能够受到各群体的普遍认可，从而促进了群体文化和谐的发展。

邓小平很早就注重群体之间的和谐关系的建设，1979 年，他指出："为了整顿党风，搞好民风，先要从我们高级干部整起。"③ 反对特殊化，是他对群体间公正的强调。他关于一部分人先富起来后共同富裕的思想，实质体现了对各群体公正与公平实现的极大关注。1986 年，他讲道："我们的政策

---

① 《邓小平文选》第二卷，人民出版社 1994 年版，第 367 页。
② 同上书，第 146 页。
③ 同上书，第 219 页。

是让一部分人、一部分地区先富起来，以带动和帮助落后的地区，先进地区帮助落后地区是一个义务。"① 在改革开放过程中，邓小平敏锐地觉察了贫富不均的问题。1985年，他指出："社会主义的目的就是要全国人民共同富裕，不是两极分化。"② 邓小平还从社会主义本质的高度来看待这一问题。总之，邓小平以公正公平的理念思考社会主义建设的问题，以公正公平的理念构建中国特色的社会主义，公平公正理念因其可超越不同群体的利益差异和各种矛盾，可使各群体在此理念指导下和谐相处，从而促进了群体文化和谐的发展。

5. 实事求是等哲学思想构成群体文化和谐的思想基础

邓小平提倡实事求是，并将其上升为中国共产党的思想路线。他清除两个"凡是"的影响，积极支持开展"真理标准大讨论"。邓小平认为解放思想与实事求是互相促进。邓小平强调："实事求是，是无产阶级世界观的基础，是马克思主义的思想基础。过去我们搞革命所取得的一切胜利，是靠实事求是；现在我们要实现四个现代化，同样靠实事求是。"③ 邓小平认为："实事求是，一切从实际出发，理论联系实际，坚持实践是检验真理的标准，这就是我们党的思想路线。"④ 正因为坚持实事求是，以邓小平为核心的中央确立了中国处于社会主义初级阶段的研判，制定了"三步走"的发展战略，并将其落实于实践。因此，中国的建设与发展始终立于现实根基，虽出现不少困难，但人民的物质文化生活总体不断改善，群体与群体的矛盾与冲突也较易化解。实事求是影响了国人的思维方式，人们开始务实与清醒地看待问题，文化包括群体文化的发展较为健康。在一定意义上，实事求是构成了群体文化和谐的思想基础。

(五) 江泽民的群体文化和谐思想

江泽民作为党和国家的第三代领导集体的核心成员，带领党和人民推动现代化不断发展。江泽民有关群体文化和谐方面的思想体现在如下方面：

1. 三个文明协调发展的思想指出群体文化和谐的方向

一般认为文明是文化中有益和积极的内容，体现人类的发展水平，推动

---

① 《邓小平文选》第三卷，人民出版社1993年版，第155页。
② 《邓小平文选》第二卷，人民出版社1994年版，第110—111页。
③ 同上书，第143页。
④ 同上书，第278页。

文明的进步是每个国家和社会的共同意愿。中国共产党十四届六中全会制定了《关于加强社会主义精神文明建设若干重要问题的决议》，在会议上，江泽民阐述了关于两个文明的建设绝不动摇的思想。① 他对物质文明与精神文明的关系作了论述："实践证明，两个文明紧密联系而又各自的发展规律，它们互为条件、互为目的。物质文明为精神文明的发展提供物质条件和实践经验，精神文明又为物质文明的发展提供精神动力和智力支持。"② 在中国共产党十六次代表大会上，江泽民阐述了三个文明协调发展的思想，"不断促进社会主义物质文明、政治文明和精神文明的协调发展，推进中华民族的伟大复兴"。③ 江泽民明确提出三大文明协调发展的思想，对我国文化的发展起着方向性的作用，也自然成为群体文化和群体文化关系发展的指引。

2. 法治与道德的理念促进群体文化和谐的发展

江泽民重视法治与道德，他提出依法治国与以德治国。他在十五大报告中指出："依法治国，是党领导人民治理国家的基本方略，是发展社会主义市场经济的客观需要，是社会文明进步的重要标志，是国家长治久安的重要保障。"④ 江泽民在中国共产党的十六大报告中指出："依法治国和以德治国相辅相成。"⑤ 法治由于其内含的公平、正义、有序、民主、自由、权利、效益等理念，深得人民的信任，是各群体解决矛盾的坚强的防线。法治理念具有促进群体文化和谐的重要意义。社会主义道德由于反映各群体共同的利益要求，它也具有协调各群体文化关系的作用。

3. 有中国特色的社会主义文化引领群体文化和谐的发展

江泽民对有中国特色社会主义的文化进行了界定："建设有中国特色社会主义文化，就是以马克思主义为指导，以培育有理想、有道德、有文化、有纪律的公民为目标，发展面向现代化、面向世界、面向未来的，民族的科学的大众的社会主义文化。"⑥ 江泽民认为中国共产党应牢牢把握先进文化的前进方向，立足于中国特色社会主义的实践。江泽民还认为："有中国特

---

① 《江泽民文选》第一卷，人民出版社 2006 年版，第 575—576 页。
② 同上书，第 575 页。
③ 《江泽民文选》第三卷，人民出版社 2006 年版，第 574 页。
④ 《江泽民文选》第二卷，人民出版社 2006 年版，第 28—29 页。
⑤ 《江泽民文选》第三卷，人民出版社 2006 年版，第 560 页。
⑥ 《江泽民文选》第二卷，人民出版社 2006 年版，第 17—18 页。

色社会主义的文化,是凝聚和激励全国各族人民的重要力量,是综合国力的重要标志。"① 由于有中国特色的社会主义文化,是立足于全面、正确地理解和把握建设有中国特色社会主义的经济、政治和文化三者之间的关系上的文化,是以马克思主义为指导、培养四有新人为根本目标、体现三个面向的时代精神、突出民族的科学的大众的本质特征、继承和创新相结合的文化,是建立在中国特色社会主义实践基础上的文化,因此,它反映各群体的共同利益和愿望,能得到共同认同,成为引领各群体文化发展的文化。

4. 促进群体共同发展、认识新的社会阶层加快了群体文化和谐的发展

江泽民带领全党和全国人民建设社会主义,促进了各群体的发展。他关注农民群体、贫困群体等群体发展,如我国减贫成就巨大。江泽民还阐述应使人民共享经济繁荣成果,促进国民经济持续健康发展和社会长治久安。② 这些都说明他主张和强调各群体共同发展的理念。对社会上新出现的群体的态度更涉及各群体的关切与发展。江泽民对新的阶层的变化作出了判断:"改革开放以来,我国的社会阶层构成发生了新的变化。……这种变化还会继续下去。"③ 在此基础上,他明确指出在诚实劳动和工作、合法经营的前提下,"他们与工人、农民、知识分子、干部和解放军指战员团结在一起,他们也是有中国特色社会主义事业的建设者"④。不仅如此,江泽民还代表党中央提出应吸收新的社会阶层的优秀分子加入中国共产党,并指出了判断人们政治上先进与落后的标准。⑤ 江泽民提出的诚实劳动、合法经营的标准,对我们认识新的社会阶层群体有重大的意义;"新的社会阶层的广大人员是社会主义事业的建设者"的研判、吸收新的社会阶层的优秀分子入党的决定,对于我们国家和中国共产党的发展具有重要的意义。这一思想,由于澄清了模糊认识,解决了实践中提出的问题,因此,团结了新群体的成员,从而促进了各群体的协调相处,进而也促进了各群体文化的和谐发展。

5. 中国共产党是建设群体文化和谐的领导

江泽民提出了"三个代表"的思想。江泽民指出:"我们党所以赢得人

---

① 《江泽民文选》第二卷,人民出版社 2006 年版,第 33 页。
② 中共中央文献研究室编:《江泽民论有中国特色社会主义》(专题摘编),中央文献出版社 2002 年版,第 59 页。
③ 《江泽民文选》第三卷,人民出版社 2006 年版,第 286 页。
④ 同上。
⑤ 同上书,第 287 页。

民的拥护,是因为我们党在革命、建设、改革的各个历史时期,总是代表着中国先进生产力的发展要求,代表着中国先进文化的前进方向,代表着中国最广大人民的根本利益,并通过制定正确的路线方针政策,为实现国家和人民的根本利益而不懈奋斗。"① 江泽民强调:"贯彻'三个代表'要求,关键在坚持与时俱进,核心在保持党的先进性,本质在坚持执政为民。"还指出"贯彻'三个代表'思想必须最广泛最充分地调动一切积极因素,不断为中华民族的伟大复兴增添新力量。"② 总之,江泽民阐述"三个代表"的重要思想体现了中国共产党的人民性、先进性。这些思想和理念促使中国共产党在领导全党和全国人民在建设社会主义现代化中不断促进各群体的团结与和谐发展,包括群体文化和谐的发展。

(六) 胡锦涛的群体文化和谐思想

以胡锦涛为总书记的党中央在带领全党和全国人民建设社会主义现代化的进程中,明确提出了建设社会主义和谐社会的一系列思想和观点,其中也包括群体文化和谐的思想。

1. 构建社会主义和谐社会理论的提出为群体文化和谐的发展指出了方向

胡锦涛代表党中央提出了构建社会主义和谐社会的理论。2006年召开的十六届六中全会作出了《中共中央关于构建社会主义和谐社会若干重大问题的决定》,2007年党的十七大报告再次强调构建社会主义和谐社会,建设和谐文化。以胡锦涛为总书记的党中央还强调科学发展观是构建和谐社会的重要指导理论。构建社会主义和谐社会是对社会发展中的矛盾包括各群体之间的人民内部矛盾进行清醒认识的前提下提出来的;它既是对社会主义本质的进一步认识,当然也包括对群体间的关系良性发展的进一步认识;也是对社会和谐发展途径的深入研判,也内含对群体关系包括群体文化关系发展途径的明确;同时还是对社会主义和谐社会总目标的有力构建,也内含着对群体关系包括群体文化关系的指引。总之,以胡锦涛为总书记的党中央提出的构建社会主义和谐社会理论为我国社会主义现代化建设的各方面指引了方向,当然也为群体文化和谐的建设指引了方向。

2. 对群体矛盾问题的高度重视和着力解决,奠定群体文化和谐发展的基础

---

① 《江泽民文选》第三卷,人民出版社2006年版,第2页。
② 同上书,第539页。

实现构建社会主义和谐社会的历史任务，要求我们处理好社会中的各类矛盾。《中共中央关于构建社会主义和谐社会若干重大问题的决定》中充分体现了对社会矛盾包括人民内部矛盾的高度重视和着力解决的希冀与安排。"构建和谐社会是一个不断化解社会矛盾的持续过程"，要"更加积极主动地正视矛盾、化解矛盾，最大限度地减少不和谐因素，不断促进社会和谐"。① 要"统筹协调各方面利益关系，妥善处理社会矛盾。"其中应做到："统筹兼顾各方面群众的关切"。② 统筹兼顾各方面群众的关切，这各方面的群众，当然包括不同群体的群众。我们以为这实际是在对不同群体的合理利益要求和愿望进行最大限度的满足，也是着力解决不同群体的矛盾的方向指导。总之，以胡锦涛为总书记的党中央对群体矛盾包括群体文化矛盾的认识和重视，奠定了群体关系和谐发展包括群体文化和谐发展的基础。

3. 坚持以人为本的理念构筑群体文化和谐的基础

胡锦涛大力提倡以人为本。"必须坚持以人为本，始终把最广大人民的根本利益作为党和国家工作的根本出发点和落脚点，在经济发展的基础上不断满足人民群众日益增长的物质文化需要，促进人的全面发展。"③《中共中央关于构建社会主义和谐社会若干重大问题的决定》将"必须坚持以人为本"作为构建社会主义和谐社会要遵循的六项原则的首项。在社会主义条件下，以人为本的理念，由于超越了不同群体的具体和特殊的利益关系，反映不同群体的共同愿望，因而能够得到不同群体的共同认同，成为不同群体文化的共同指向，构筑了群体文化和谐发展的基础。

4. 注重社会公平正义的理念促进群体文化和谐的发展

胡锦涛强调通过倡导和注重社会公平和正义来促进社会主义和谐关系的形成，促进群体文化的和谐发展。胡锦涛指出："公平正义，就是社会各方面的利益关系得到妥善协调，人民内部矛盾和其他社会矛盾得到正确处理，社会公平和正义得到切实维护和实现。"④《中共中央关于构建社会主义和谐

---

① 《中共中央关于构建社会主义和谐社会若干重大问题的决定》（2006年10月，中国共产党十六届六中全会通过），新华网2006年10月18日。

② 同上。

③ 胡锦涛：《在省部级主要领导干部提高构建社会主义和谐社会能力专题研讨班开班式上的讲话》，《人民日报》2005年2月20日。

④ 胡锦涛：《在省部级主要领导干部提高构建社会主义和谐社会能力专题研讨班开班式上的讲话》，《人民日报》2005年2月20日。

社会若干重大问题的决定》指出，公平正义是构建社会主义和谐社会的总要求之一，要"加强制度建设，保障社会公平正义"。并鲜明地提出："社会公平正义是社会和谐的基本条件。"[①] 在转型时期，公平正义的理念对于化解矛盾、促进人民共同发展、加快社会进步起到重要作用，由于公平正义理念能兼顾不同群体的利益，因此，成为不同群体共同追求的理念，促进了群体文化和谐的发展。

5. 建设和谐文化促进群体文化和谐的发展

以胡锦涛为总书记的党中央十分重视和谐文化的建设。《中共中央关于构建社会主义和谐社会若干重大问题的决定》明确指出："建设和谐文化，是构建社会主义和谐社会的重要任务。""社会主义核心价值体系是建设和谐文化的根本。"党的十七大再次重申并强调建设和谐文化。社会主义核心价值体系的提出，说明我党对社会主义先进文化的认识进一步加深。明确提出建设和谐文化，不仅是社会主义精神文明建设的重大举措，也是中国共产党治国理念进一步成熟的表现。建设中国特色的社会主义的实践，既是一种物质文化实践活动，又深刻地反映了中国特色社会主义文化的内涵。建设和谐文化的提出标志着以胡锦涛为总书记的党和国家对社会主义文化的认识更进一步，以和谐理念与和谐精神指引广大人民群众包括不同群体的人的共同的行为，将对群体的发展、群体关系的进展起到重要的引领作用，和谐文化将直接促进群体文化和谐的发展。

---

① 《中共中央关于构建社会主义和谐社会若干重大问题的决定》（2006年10月，中国共产党十六届六中全会通过），新华网，2006年10月18日。

第三章 转型时期群体文化关系的现实观照

随着现代化发展和社会转型，转型时期群体关系及群体文化关系呈现比较复杂的状况，既存在协调、融洽，又具有差异、矛盾。本章主要探讨转型时期群体文化关系的现实状况。我们从群体关系与群体文化关系的角度，选取三种群体文化关系进行分析，它们是农民群体文化与市民群体文化的关系、先富群体文化与贫困群体文化的关系、干部群体文化与群众群体文化的关系。本章分别对各群体文化进行了具体分析，并在此基础上着重对几种群体文化的失衡现象进行研究。需要说明的是，由于研究对象的关系，重点关注转型时期群体文化关系的失衡现象，这当然不表示我们忽视群体文化关系存在的协调方面。

一、选取几种群体文化关系研究的说明

转型时期群体文化关系各不相同，我们选取几种较为典型的群体文化关系进行探讨，下面就选择的原因予以说明。

(一) 群体关系与群体文化关系

1. 群体关系

亚里士多德曾说，离开社会的人不是动物就是神。人具有合群性，人们为了生存和发展结成社会，社会性是人类不断超越自然性的结果。群体是社会结构的核心组成。对于群体的划分我们采用较为常见的研究较大群体关系的划分方法，即偏重于社会共同特征认定方法，把具有某些共同社会特性的人归为群体类别。其共同性一般来自规模、次序、地域、职业、收入、地位、声望、文化等不同视角。群体的共同性实际反映的是群体占有社会资源方面的相似性，社会资源以经济、政治或文化等形式体现。可见，一定意义上群体划分就是社会资源的划分。在生产力还不能达到各尽所能、按需分配

的前提下，不同群体占有不同类型、不同份额的资源。群体关系实质上是社会资源占有关系的反映，因此，群体关系也蕴涵了平等与不平等的意味。当群体之间的关系得以相对固化，社会也就形成不同的阶层或阶级。

马克思主义认为，不同社会的群体划分不同，根本取决于社会的生产方式。原始社会、奴隶社会、封建社会、资本主义社会、社会主义社会的群体划分都不相同。社会主义社会虽然有利于总体上消灭具有敌我矛盾性质的群体对立，但由于社会资源的有限性，因此，群体之间仍然存在着不同程度的差异。

一般而言，在社会稳定时期群体划分相对固定，而在社会发生急剧变化的时期，由于社会资源重组，人们的群体归属相应发生变化，群体变动也随之增大，群体关系呈现比较复杂的情况。人类从农业文明向工业文明转变的现代化进程是历史上剧烈变化的一个时期。撇开社会性质不论，在西欧各国现代化的进程中，也出现过群体关系十分紧张、社会严重失范的现象；东亚各国现代化进程中群体关系的变动也比较激烈；拉美个别国家则长期陷入群体贫富差距较大、群体关系紧张的局面。反过来，从群体的变动和群体关系的变化也可研判社会变化的征兆。这可从群体间的人员流动、群体归属意愿变动、群体评价变迁、群体声望改变予以判断。一定程度而言，群体变动导致的群体关系的变化可视为衡量社会现状与社会发展的一个指示器。

因此，历来许多政治家、思想家和研究者都十分重视对群体变动及群体关系进行准确、深入的把握与研究。现代社会对"民情"的了解、"公众意愿"的调查等也属此类。不仅于此，思想家还力图通过改变群体状况来改革社会现状、转变群体关系以达到整合社会的目标，他们大都秉承以救民入手而达天下的宏大目标。前述蕴藏于人类思想宝库中的群体文化和谐的思想或多或少、直接或间接地均具有此类价值指向的意蕴，正如马克思主义所言：批判的武器要变为武器的批判。当然，思想对群体产生影响、对群体关系引致变化、对社会发生作用必须尊重社会发展包括思想发展的规律，必须符合社会物质生活条件、契合人们的愿望。至于各国历史上主动的改革，则是以思想改变社会的有意识的文化变迁。

一般认为，人类文明现已进入有史以来剧烈变动的一个时期。现代社会生产力的极大提高，信息资讯便捷快速，价值观念纷繁复杂，人们的生存方式改变很大，群体和群体关系也不断变化。现代化进程，一方面使文明之花福泽人类，另一方面有可能使人类迷失自我。如何引导群体变动、协调群体关系、保持人与社会的健康发展是许多国家都需要面对的问题。这一问题在中国现代化的关键时期与社会的转型时期尤为突出。

2. 群体文化关系

人是文化的存在，群体关系体现在文化上就表现为群体文化关系。一般而言，文化的功能是使人们能更好地理解、解释世界，赋予实践以意义，促进人和社会更好地发展。要发挥作用，文化大体上应是整合的，即文化各要素、各部分协调一致或和谐相处，否则人们就会无所适从。"我们说文化是整合的，构成文化的诸要素或特质不仅仅是习俗的随机拼凑，而是在大多数情况下相互适应或和谐一致的。"[1] 群体文化是文化的一个重要组成，不同的群体文化之间的关系是群体文化关系。群体文化关系一般情况下也是协调一致的。最佳状态的群体文化关系是群体文化关系和谐，体现了群体文化之间很好的整合程度。

虽然文化一般情况下是整合的，但它并不代表文化在任何时候都不存在差异和矛盾。实际上，文化存在差异与矛盾并不少见，只是这种差异与矛盾在一般情况下程度有限，不会造成文化意义体系的断裂，日常人们感知不强。文化的矛盾产生于不同文化要素之间的不一致。例如，精英文化与大众文化的矛盾、理想文化与现实文化的矛盾等。群体文化之间也会产生矛盾，如存在于农民群体文化与市民群体文化之间的矛盾等。至于具体文化观念之间的矛盾则更为常见，如消费上的节俭与奢侈两种文化观念的对立。对于文化的矛盾，许多研究者已有涉及。

文化的整合程度不能完全代表文化的生命力水平，文化绝对的整合并不利于文化的发展。相反，人类历史表明具有强大生命力的文化大都是既有协调整合，同时又保有创新变迁的可能，即具有较大程度的弹性。换言之，文化不但具有较高的稳定性，同时又具有较强的应变性。因此，文化的生命力主要体现在能否较好地把握稳定性与应变性之间的平衡。文化较强的应变能力一定程度来自文化内在要素的丰富性，文化存在一定的矛盾从侧面昭示着文化的丰富性。因为，文化矛盾总是以文化差异为前提。社会的变革对文化差异的产生往往起到推波助澜的作用。社会变革时期通常是群体关系发生激烈变动的时期，也是群体文化关系容易出现差异、矛盾与冲突的时期。如果

---

[1] [美] G. 恩伯、M. 恩伯著，杜杉杉译，刘钦审校：《文化的变异——现代文化人类学通论》，辽宁人民出版社1988年版，第47页。

对矛盾和冲突处理不好,较容易对整个社会变革产生消极的影响,甚至会导致有意识的变革即改革的失败。

无论是群体文化和谐还是群体文化矛盾,群体文化关系的表现形式均与文化的形式密不可分。狭义的文化指精神层面的文化,是指在实践中生成的、以符号为基础并以价值观为核心的意义体系。因此,群体文化关系实质是不同群体建立在实践基础上的意义体系之间的关系。不同的意义体系或是协调统一,或是矛盾冲突。他们主要表现在不同群体的价值观、态度、信念、准则、思维方式以及群体普遍持有的见解上面的协调统一或矛盾冲突。群体文化以价值观为核心,内在于群体的生存方式,存在于群体日常生活世界中。因此,判断群体文化关系的现状,也应从实践入手,对群体的生存方式和日常生活世界进行研析,并对群体的非日常生活世界予以关注。换言之,研究群体文化及群体文化关系不应仅仅停留于群体自身纯表象性的外在观念,而应深入群体的实践,在其生存方式的每一个环节和日常生活世界的每一领域中探寻、解释。

群体关系的实质是社会资源的占有关系,群体文化关系的基础根本上也建立在此基础上。按照马克思主义的观点,上层建筑决定于经济基础。因此,判断群体文化关系的现状和发展趋势也应充分考虑不同群体之间的社会资源占有关系,考虑经济、政治、社会等因素对各群体文化产生的不同的影响。中国正处于现代化进程的起飞阶段,在此关键、复杂的时期,研究群体文化关系,促进群体文化和谐具有重大的现实意义。

(二) 转型时期几种突出的群体关系与群体文化关系

中国目前正处于现代化发展的关键时期,即人均 GDP 从 1000—3000 美元的时期,这一时期也是社会转型的关键时期。社会转型是社会全方位、整体性的转变,涉及社会的政治、经济、文化、结构、人的变化。转型时期也是群体利益不断调整的时期,是群体出现分化、群体矛盾极易产生、群体关系容易失衡的时期。这种失衡体现在文化上则表现为群体文化关系的矛盾与冲突。

为了研究转型时期群体文化关系,促进群体文化关系和谐,我们拟选取三对群体文化进行研究,即农民群体文化与市民群体文化、先富群体文化与贫困群体文化、干部群体文化与群众群体文化,并尝试分析这几种群体文化关系的现状,以期最终促进群体文化关系和谐。概括而言,选取上述几种群体文化关系进行研究,主要考虑以下两方面的原因:

1. 群体关系的重要性判定

群体文化关系是群体关系在文化上的体现，群体关系的重要性直接影响群体文化关系的重要性。因此，我们以群体关系的重要性为判断前提来说明为何选取这几种群体文化关系进行研究。

（1）以群体关系现状为依据

选取这几种群体关系进行研究的原因主要是，首先，这三种群体关系在社会上得到很大认同。有学者调查表明，城市居民中最为清晰的阶层认同是"干部—群众"认同，其次是"城里人—乡下人"认同，再次是"有产—无产"认同。这样一种阶层意识状况与中国社会结构的特征是相符合的。[①] 由此可见，调查结果反映出干部群体与群众群体、农民群体与市民群体、先富群体与贫困群体三种群体关系在社会结构中的重要地位。其次，这三种群体关系在现实中已出现失衡的状况。研究群体文化关系和谐的问题，隐含的或预设的前提是群体文化关系出现失衡。而群体文化关系的失衡是群体关系失衡的反映。目前这几种群体关系已出现失衡现象，并在一定意义上演化为较为突出的人民内部矛盾问题。有学者调查显示，城市居民对社会主要问题的判断中，贫富之间的冲突位列社会冲突第二，干群之间的冲突位列第三，而农民与市民的冲突位列第七。[②] 考虑到该调查对象限于城市居民，因此农民与市民的冲突排序可能不能排除被调查者的主观性，因为对于农民与市民的冲突，农民的感受可能更加深刻。根据1994—1996年在北京、上海、武汉的调查，有63%的外来人员感受到城里人的歧视，但是同一调查中只有16.5%的市民有看不起农民工的感觉。[③] 调查说明当前人民内部矛盾问题以群体的形式出现，进入新世纪以来我国社会"人民内部矛盾运动主要以'阶层竞争'的形式表现出来"。[④] 而且，这三种群体关系在现实生活中确实存在相对突出的矛盾与冲突。有学者在研究新时期各阶级阶层之间的矛盾时，将城市工人阶级包括干部阶层与农民阶层之间的矛盾、领导干部阶层与其他阶级阶层的矛盾放在前两位进行剖析，并设了专章对中国先富阶层进行

[①] 郑杭生、李路路主编，洪大用副主编：《中国人民大学中国社会发展研究报告2005·走向更加和谐的社会》，中国人民大学出版社2005年版，第130页。

[②] 李培林、张翼、赵延东、梁栋：《社会冲突与阶级意识——当代中国社会矛盾问题研究》，社会科学文献出版社2005年版，第206页。

[③] 李强：《农民工与中国社会分层》，社会科学文献出版社2004年版，第227页。

[④] 宋善文：《新时期人民内部矛盾研究》，华中师范大学博士论文2006年，第68页。

理性分析。① 此研究选取的对象与本书的选取对象具有相似之处。

(2) 以现代化内容为依据

从传统型社会向现代型社会过渡，人和社会均会发生很大的变化，这些变化体现在社会的政治、经济、文化思想等各个领域。我们选取的三种群体关系均与现代化的内容紧密相关。现代化涉及转移农村人口的问题，而农民群体与市民群体的关系问题直接与工业化、城市化问题密切相关；现代化涉及良好社会环境、较强发展后劲、福泽全社会成员的问题，而先富群体与贫困群体的关系问题直接与社会的稳定、推动现代化持续发展、控制社会贫富差距问题高度相关；现代化涉及组织实施、制度建设问题，而干部群体与群众群体的关系问题直接与民主化、科层化问题紧密相关。可见，此三种群体关系涉及现代化建设的重要方面，研究它们的和谐问题包括群体文化和谐具有重要意义。

(3) 以人的发展为依据

人的发展是社会发展的根本目的。我们选取的三种群体关系均与人的发展息息相关。首先，这三种群体关系涉及的群体几乎交叉涵盖了全国所有公民。处理好这三种群体关系涉及社会所有人的发展。其次，选取的三种群体关系涉及人的发展的重要方面。群体关系实质是社会资源占有关系的表现，其形式以经济、政治和文化三种形式为主。而所选取的三种群体关系与上述形式均有密切关系，同时又各有特点。例如，先富群体与贫困群体的关系更多地与经济资源的占有关系相关，干部群体与群众群体的关系则与权力资源的享有具有紧密关系，农民群体与市民群体的关系则与三种资源的占有关系皆有联系。最后，这三种群体关系的选取还涉及人的平等发展问题。群体划分体现了社会资源占有关系的不均，隐含了社会群体的相对的不平等。选取此三种群体关系进行观照，内在的意蕴是希望以平等的态度对待社会不同群体，并力图营造不同群体的共享的平等发展的社会环境。

2. 群体文化关系的判定

我们选取上述三种群体文化关系进行研究的原因，还在于对这三种群体文化关系的直接判定，在于从文化角度思考群体关系。其理由主要如下：

---

① 李拓：《和谐与冲突——新时期中国阶级阶层结构问题研究》，中国财政经济出版社2002年版，第191—195、214—261页。

(1) 群体文化关系的现状判定

群体文化关系是群体关系在文化上的反映。群体关系的矛盾与冲突会反映在群体文化关系上。反之，群体文化关系也蕴涵着群体关系的作用与影响。抛开文化因素就群体关系而论群体关系，理论上行不通，更与现实情况不符。基于上述三种群体关系的现状，我们进一步研析群体文化关系的现状与趋势，期望通过群体文化关系的视角来解读群体关系，其旨意在以群体文化和谐促进群体关系的和谐。

(2) 促进文化现代化的价值指向

中国社会要实现从传统型社会向现代型社会的转型，文化现代化是题中之义。没有以价值观为中心的文化的转变，现代化只能是空穴来风。各国现代化的时代、条件、环境不一，文化、传统、习惯不同，但文化变革对现代化的促进作用却是共同的，文化变革与现代化建设互相促进。我们选取的几种群体文化关系均涉及现代化进程中文化观念的转变。处理好这几种群体文化关系，会促进现代的文化观念在上述群体的传播、享有与认同，从而促进文化现代化。例如，有学者调查显示，中国城市居民最为清晰的三种意识依次是权力意识、城乡意识和财产意识。[①] 这些意识所反映与表现的文化观念在我们所选取的几种群体文化关系中均占有重要的地位。因此，要促进文化观念的转变，研究群体文化及群体文化关系十分必要。具体而言：

首先，农民群体文化与市民群体文化的关系涉及在农民市民化过程中对待农民的文化观念的转变问题，即城乡观念的转变。城乡观念的转变不仅关系农民群体的发展还涉及市民群体的发展。客观而言，中国历史上高高在上地对待农民的文化观念在相当长的时期与相当广的地域存在。新中国成立后，由于种种原因形成的二元社会结构强化了这样的文化观念。"农民"在某种意义上与落后、保守、安于现状、不思进取等观念具有类似意蕴。随着中国实行改革开放，现代化发展加速，产业结构调整，农业从业人员减少，农民市民化的问题被提上日程。较为普遍的看法是，与世界各国现代化发展的同类水平相比中国城市化水平落后于现代化发展的水平。造成这种现象的原因既有长期以来形成的制度因素、社会环境因素的影响，也有现实的经济因素、政治因素的影响，当然也存在着文化因素的作用。某种程度而言农民

---

① 郑杭生、李路路主编，洪大用副主编：《中国人民大学中国社会发展研究报告2005：走向更加和谐的社会》，中国人民大学出版社2005年版，第130页。

在许多方面受到社会一定的排斥，包括文化排斥。例如，总体上，进入城市的"农民工"的工资待遇、子女教育、医疗保健、社会保障等均无法同城市居民相比。由于巨大的生存压力与文化方面的差异，农民群体与市民群体比较容易产生冲突，包括文化冲突。因此，在城市化过程中如何从文化上接纳农民，如何促进农民市民化，如何处理农民群体文化与市民群体文化的关系是一个重大而现实的问题，自然解决这个问题涉及文化观念的转变。反之，处理好两者的文化关系也会促进文化现代化，并最终促进我国城市化及现代化的发展。

其次，先富群体文化与贫困群体文化的关系涉及现代化过程中人们贫富观念的转变问题。一般认为，中国长期以来并不是一个财富均等分配的社会，但是富者与贫者如何共同相处，如何对待富与贫，儒家有一套适应当时社会的文化观念。新中国成立后，由于实行计划经济，采取平均分配方式，人们的分配差异很小；而且由于国家的经济发展状况，整体上社会成员的收入较少，收入渠道单一，社会基本上不存在富人与穷人的区分。改革开放后，实行市场经济，社会上贫富差距开始出现并有不断加大的趋势。一定意义上，贫富差距问题已演变为较为突出的社会问题并导致人们对社会公正的怀疑，存在引发社会冲突、阻碍现代化发展的可能与风险。解决贫富差距问题根本上还是应依靠制度建设，从源头上缩小贫富差距，体现制度正义。同时，文化观念的转变也十分重要。先富者是否都是为富不仁？贫困者是否全是好逸恶劳？在社会转型过程中如何看待、对待富裕和先富者，如何看待、对待贫困和贫困者，如何实现贫者与富者的和谐相处，如何最终实现全体成员共同富裕，诸如此类的问题考验着每一位国人。可以说，对待贫富的文化观念体现了社会的发展水平，展示了人的文明程度，从根本上反映出人能否或在多大程度上超越物的制约，实现身心的自由。总之，选取先富群体文化与贫困群体文化进行研究，目的在于通过协调两者的群体文化关系从而有助于贫富观念的转变与更新，并最终促进文化现代化。

最后，干部群体文化与群众群体文化的关系涉及现代化进程中权力与权利观念的转变问题。中国经历了两千年的封建专制制度，封建思想影响较深，形成了独特的权力文化，权力在社会生活中影响很大。虽然权力观念经历近代社会进步思想的涤荡，经过新中国社会主义思想的消解，但权力并没有消除神秘性，人们对权力既敬畏又崇拜的心态和观念改变不大。有学者20世纪90年代后期的调查显示，人们对阶级地位的判定中权力重要性仅次于经济因素。① 近年来由于种种原因,腐败在社会滋生,引发了人们的强烈不满。对权力的来源、权力的使用、权力的制约等问题引起人们的普遍关注。一般而言,权力观念的现代化转换伴随现代化的进程。与权力密切相关的概念还有权利。普遍认为中国社会历来有偏重于强调义务的传统,对权利重视不够。总体上,权利意识的明确、强调与市场经济的影响密切相关。随着中国现代化的发展,研究者越来越强调,依法限制公共权力的范围,保护个人合法权利的实现。权利意识的觉醒与追求是中国社会发展与进步的表现。在现代化进程中尤其在当前社会转型过程中如何处理好权力与权利的问题是必须面对的一个问题,其中当然涉及文化观念的转变。选取干部群体文化与群众群体文化的关系进行研究,其目的是力图通过协调好两者的群体文化关系,对权力与权利的观念在现代化进程中的转变上有所帮助,对促进文化现代化有所裨益。

二、几种群体文化关系的现实观照

我们主要从两方面探讨三种群体文化关系的现实状况,一是具体分析六大群体及群体文化的现实状况,二是重点探讨三种群体文化关系的失衡现象。

(一) 农民群体文化与市民群体文化关系的现实分析

1. 农民群体与农民群体文化

(1) 农民群体

对农民的界定各国均不相同。自改革开放以来,中国农村发生了极大的变化。现阶段界定农民应主要在从事职业、社会身份、居住地域、社会交往、文化观念几个方面进行综合考虑并予以认定。以此观点出发,整体上,狭义的农民群体是指主要从事农林牧渔和农村手工劳动的职业、具有农村户口、长期居住在农村、以农民为主要交往对象、承载较多传统文化影响的群体。广义的农民群体,在我国除包括农业劳动者外,还包括农村受雇劳动者、乡镇企业职工、农民知识分子、个体劳动者和个体工商户、农村私营企业主、农村管理者、"农民工"等。2007年《中国统计年鉴》的数据表明,

---

① 刘欣:《转型期中国城市居民的阶层意识》,见李培林、李强、孙立平等《中国社会分层》,社会科学文献出版社2004年版,第221页。

2005年农村从业人员总计有50387.3万人，其中，农林牧渔业从业人数为29975.5万人，即近3亿人，这些人员组成了农民群体中的农业劳动者阶层。其他的从业行业人数则包括：工业，6011.5万人；建筑业，3653.2万人；交通运输业、仓储及邮电，1567.3万人；批发零售贸易、餐饮业，2937.7万人；其他非农行业，6242.0万人。这些人员包括了农民群体的其他组成，总计也有2亿多人。[①] 根据中共中央政策研究室和农业部1999年对农村固定观察点的专题调查推断，在全国农村劳动力中，农民的职业构成比例大约为：农业劳动者占62.04%，农民工占13.03%，乡村集体企业管理者占0.61%，个体或合伙工商劳动者、经营者占7.69%，私营企业劳动者占1.92%，受雇劳动者占6.87%，乡村干部占0.86%，教育、科技、医疗卫生和文化艺术工作者占1.08%，股份制和股份合作制企业经营者占0.43%，其他劳动者占3.93%。[②]

农民群体构成复杂，改革开放后，农村发生了极大变化，有的农村如福建的林村，已从一个相对平静的农业村落发展成热闹的乡镇和工业区。[③] 有的农村如四川双村，除许多人外出务工外，仍以务农为主。[④] 但是相对而言，农民群体的组成基本不出上述的分类。仔细审视可以看出，农民群体除具有数量较大、文化水平偏低、社会地位较低等特点外，随着社会的发展，还呈现出以下特点：第一，职业分化明显。农民除从事农业劳动外，仅就国家统计局统计的农民群体的行业划分就有工业、建筑业、交通运输业、仓储、邮电业、贸易、餐饮业及其他非农行业等。一定意义讲，除少数行业外，农民从事着社会上绝大多数行业。职业分化的程度不仅说明农村与农民的变化，而且"在一定程度上，可以说农业劳动者阶层的比重已经成为衡量国家或地区经济发展程度的一个重要标志"。[⑤] 第二，社会分化显著。由于农民职业分化的缘故，因此，农民群体出现了内部分化，从收入上看有富裕与贫困之分；从文化上看有教育水平高低之分等。第三，流动性较大。随

---

① 数据来源《中国统计年鉴》（2007）。
② 数据来源《全国农村经济典型调查数据汇编（1986—1999）》。
③ 黄树民著，素兰、纳日碧力戈译：《林村的故事：一九四九年后的中国农村变革》，生活·读书·新知三联书店2002年版，第25页。
④ 吴毅：《村治变迁中的权威与秩序：20世纪川东双村的表达》，中国社会科学出版社2002年版，第49—52页。
⑤ 陆学艺：《当代中国社会阶层研究报告》，社会科学文献出版社2002年版，第180页。

着改革开放的发展，出现了农民向城市流动或移民的情况，具体是指"农民工"群体。"农民工"群体几乎遍布全国各个城市。它是我国现代化和城市化发展的结果，也是中国农民向市民转化过程中出现的独特现象。第二次全国农业普查显示，2006年年末农村住户户籍劳动力中离开本乡镇外出务工人员有1.3亿人，在本县以外务工的占80.8%。[①] 第四，价值观念出现变化。三十年来的改革开放和社会各方面的发展，农村变化很快，对农民影响很大，农民价值观也发生了相应的变化。由此，农民群体文化也发生了相应的变化。

(2) 农民群体文化

农民群体文化实际就是农民文化。农民群体文化是农民所承载的文化，是指农民形成于实践的特有的生存方式，主要是指农民在实践中生成的、以符号为基础并以价值观为核心的意义体系，它内在于农民的生存方式，存在于农民日常生活世界中。

由于发达的精耕细作的自给自足式经济形式、长期的封建社会和宗法血缘关系的影响，因此，传统农民群体文化呈现独特性。新中国成立以后，特别是改革开放以来中国的现代化加快发展，农业、农村和农民均发生了相当大的变化，农民群体文化也随之变化。总体上，下述概括基本上可以反映当今农民群体文化的特点：

第一，以血缘家族为本的文化影响减弱，但仍较深地影响着农民，以业缘为纽带的文化对农民的影响增大。主要表现是：首先，在经济上，一方面血缘家族继续对农民发生重要的影响，另一方面农民又从不同的方面冲破血缘家族的影响。家庭联产承包责任制使家庭的经济功能恢复，客观上促进了血缘家族关系的增强。但随着农业劳动力出现剩余，主要是在乡镇企业务工的农民、大量"农民工"的出现、农民在农村从事的非传统性的生产经营等活动，农民不断突破家族血缘关系的影响，业缘关系对农民的影响开始增强。2005年从事工业等非农行业的农民，总计达到20411.8万人，占整个农民群体的40.51%。[②] 其次，在农村公共生活中，血缘家族的影响开始减退，但仍具较大的影响。有学者在调查华北一乡村后发现，在规则认同方

---

① 国家统计局综合司：《第二次全国农业普查圆满结束主要数据开始陆续发布》，国家统计局网站，http://www.chinanews.com.cn/cj/hgjj/news/2008/02-21/1169467.shtml。

② 数据来源《中国统计年鉴》(2007)。

面,村民将公共关系规则和私人关系规则混合使用,同时重要的是"家族亲属作用的弱化显示,派系连接、利益共享和互惠交换并不以亲缘关系为当然条件。"① 但是也有调查表明,在公共政治生活领域男尊女卑的文化影响仍很大。② 再次,以血缘家族为纽带的家庭生活已发生了相当大的变化,这些变化冲击着血缘家族为本的文化影响。由于经济的发展,已经大大动摇了传统上父辈在家庭中的主导地位。2006年农村居民家庭平均每人纯收入达3587.04元,其中工资性收入为1374.80元,占农民家庭人均收入的38.33%。③ 家庭获取非农收入的主体是家庭中的中青年一辈,这种经济上的格局直接导致家庭中老年人的地位下降。同时,农村家庭形式中,核心家庭占据了主导地位,主干家庭地位归为次属,夫妻关系重要性上升。④ 有调查还显示,"从父居",形式性的意义大于实质的内涵。⑤ 独生子女分家在农村也不鲜见。⑥ 然而我们观察并发现,作为血缘家族影响的另一项婚姻生活习俗,"从夫居"在农村仍然十分普遍,且它还关联一系列资源分配等制度性安排。如"南街村的女子结婚后户口即刻迁走"。⑦ 有调查发现,外嫁女们,不能享有村民的权利。⑧ "从夫居"习俗表明,男尊女卑这一血缘家族为本的文化在现实中仍有相当程度的影响。在家庭财产继承方面,传男不传女的习俗也在很多地域的农村存在着。⑨ 最后,农民的观念发生了一些变化,这些变化从侧面反映了以血缘家族为本的文化的一些变化。比如,"随

---

① 张静:《私人与公共:两种关系的混合变形》,《华中师范大学学报》(人文社会科学版)2005年第3期。

② 许敏敏:《走出私人领域——从农村妇女在家庭工厂中的作用看妇女地位》,《社会学研究》2002年第1期。

③ 数据来源《中国统计年鉴》(2007)。

④ 张文宏、阮丹青、潘允康:《天津农村居民的社会网》,《社会学研究》1999年第2期。

⑤ 阎云翔:《家庭政治中的金钱与道义:北方农村分家模式的人类学分析》,《社会学研究》1998年第6期。

⑥ 刘增玉:《农村家庭财产的分割继承——河北省辛集市新垒头村调查》,《社会学研究》1997年第5期。

⑦ 刘倩:《市场因素下的"共产主义小社区"——对中国中部一个村庄社会结构变革的实证研究》,《社会学研究》1997年第5期。

⑧ 张静:《公民与村民:身份定义的双重结构》,载张静主编《身份认同研究》,上海人民出版社2005年版,第161—196页。

⑨ 刘增玉:《农村家庭财产的分割继承——河北省辛集市新垒头村调查》,《社会学研究》1997年第5期。

着市场经济和村民自治的进入以及农民的自由流动,唤起农民个体的权利意识,并冲击着传统的亲缘集体主义纽带。个人本位的个体主义开始萌发"[1]。再如"从父居"习俗的变化也导致了人们个体财产观念的相应变化或是两者的互促,"有些父母已经开始主动选择核心家庭的模式,导致'空巢式'家庭的出现"[2]。类似的观念变化不一而足,广泛地存在于文化的方方面面。总之,血缘家族为本的文化对农民的影响已经减弱。重群体轻个人、重义务轻权利的文化影响逐渐减弱,对个人的相对重视、对个性的相对张扬的文化理念出现,体现在经济、政治、日常生活等方方面面。

第二,以乡土情结为内涵的文化影响减弱,但仍对农民有一定的影响。聚村而居的现象遍布中国农村,并形成了独具特色的村落文化。费孝通、张岱年与方克立都曾谈到村落在农村及传统宗法制度中的重要作用。[3] 村落文化大体上都具有乡土情结的内涵。乡土情结,简而言之,即农民对于土地、对于生养他的家乡的一种深深的依赖与依恋的情感。大体说来,乡土情结主要表现为熟人社会、安土重迁、人情世界。

聚居在村落的农民,血缘相互联结,又紧邻居住在同一社区,因此,生活在熟人社会中。农民生存所依赖的制度、进行的社会交往、形成的社会关系也均具有相熟的温情的一面。有学者调查天津农民,"就农民讨论网的地缘特征来说,其成员基本上没有超出本村的。平均84.1%的讨论对象居住在本村"。[4] 熟人社会也是一个人情的世界,人情包含许多内容,"不讲人情"容易在村落中受到孤立。在熟人社会中,农民生活的确定性、延续性较强,而变异性和流动性较弱。社会的发展对村落也产生了冲击。一些经济发达的村落已出现熟人社会与陌生人社会相混合的情形。如河南省南街村,1995年时有村民3130人,12000多名外村籍职工。[5] 那些以农业收入为主的村落,许多农民外出打工,以至于村落的熟人社会出现了一定程度的凋敝。

---

[1] 徐勇:《序——村治变迁中的权威与秩序:20世纪川东双村的表达》,载吴毅《村治变迁中的权威与秩序:20世纪川东双村的表达》,中国社会科学出版社2002年版,第5页。

[2] 阎云翔:《家庭政治中的金钱与道义:北方农村分家模式的人类学分析》,《社会学研究》1998年第6期。

[3] 费孝通:《乡土中国 生育制度》,北京大学出版社1998年版,第9页;张岱年、方克立主编:《中国文化概论》,北京师范大学出版社1994年版,第273页。

[4] 张文宏、阮丹青、潘允康:《天津农村居民的社会网》,《社会学研究》1999年第2期。

[5] 刘倩:《市场因素下的"共产主义小社区"——对中国中部一个村庄社会结构变革的实证研究》,《社会学研究》1997年第5期。

由于依赖土地生存的关系,农民形成了安土重迁的习俗。随着现代化的发展,农民安土重迁的观念发生了重大变化。普查显示,2006年年末,农村住户户籍劳动力中离开本乡镇外出务工人员有1.3亿人,在本县以外务工的占80.8%。① 考虑到外出务工人员的家庭,数量更为巨大。农业人口多数是长距离流动。② 从流动人员的总数、流动的距离和流动的范围考察,农民安土重迁的观念已产生了颠覆性的变化。另外,传统上农民的乡土情结还具有宗教意义,如对土地神的崇拜习俗。然而,2005年学者调查北京山区农民显示,注重社会保障功能的土地价值观是农村主流的土地价值观念。③

第三,以等级观念为内涵的文化影响减弱,但对农民的影响仍具有普遍性。等级观念是传统农民群体文化的重要内容。新中国成立后,由于城乡二元分治的影响,农民被束缚在土地上,流动机会很少。生为农村人不是城里人,这一先赋性的社会地位差异强化了农民的等级观念。随着中国现代化的发展,农民群体的等级观念受到了挑战,以辈分、年龄、男女为主的等级关系已开始松动,等级观念也已出现弱化。另外,农民经济上的主体地位,促进了平等意识的形成。乡镇企业务工、外出打工、现有务农方式变化等因素引起了农民平等、自主、独立的观念的形成。政治上,村民自治的选举对农民群体平等意识具有一定的促进作用。"转型期中国农民的选举参与、依法抗争等政治参与活动,正把老实巴交的'顺民'、爱顶撞权威的'刁民'塑造成民主社会所需要的公民。"④ 有学者2002年调查显示:"在当代中国农民政治参与动机中,经济利益不再是惟一的因素,政治权利及公共意识正处于觉醒之中。"⑤

当然,也应注意在原有等级观念有所弱化的情况下,新的等级观念又有所强化。其产生主要是由于经济的影响、农民群体的分化所致。同时,仍在发挥作用的二元社会结构和治理方式也是影响因素之一。

---

① 国家统计局综合司:《第二次全国农业普查圆满结束主要数据开始陆续发布》,国家统计局网站,http://www.chinanews.com.cn/cj/hgjj/news/2008/02-21/1169467.shtml。
② 转引自李强《农民工与中国社会分层》,社会科学文献出版社2004年版,第16—28页。
③ 朱启臻、朱琳、张凤荣:《北京山区农民土地价值观念变化分析》,《绿色中国》2005年第4期。
④ 转引自郭正林《当代中国农民政治参与的程度、动机及社会效应》,《社会学研究》2003年第3期。
⑤ 郭正林:《当代中国农民政治参与的程度、动机及社会效应》,《社会学研究》2003年第3期。

第四，安分守己、逆来顺受的文化观念影响减弱，但仍在许多农民身上有所体现。传统的循环的思想、① 延续的观念②对农民有较大影响，农民行为中的稳定守常，思想上的安分守己均是其体现。随着社会的发展，对农民而言，安分守己与逆来顺受的文化影响已减弱。农民通过主动的努力争取好的生活。目前我国现有"农民工"1.3亿人，他们占农村从业人员的1/4多。③ 20世纪90年代以后，大约半数（51.9%）的农业劳动者流向了其他阶层。④ 在维权方面，有学者指出，农民的多数反抗1992年以前可大体归结为"日常抵抗"形式；而自1992—1998年，可归结为"依法抗争"或"合法的反抗"形式；1998年以后，则已进入到了"有组织抗争"或"以法抗争"阶段。⑤ 农民维权方式的变化和发展，是农民权利意识提高的表现，它与农民安分守己与逆来顺受的文化观念的转变有关。当然，由于农业经济的相对落后，文化的滞后性等因素的原因，安分守己与逆来顺受的文化观念的影响仍在许多农民身上有所反映。农民文化观念演变呈现复杂性。

第五，刚健坚忍的品格、功利的进取心态和务实的经世观念仍是中国农民的重要品德。

刚健有为、坚韧不拔的品格是农民文化的重要内涵。改革开放后，农民的成就取向不断地被激发，功利的进取心态在大部分农民身上得到体现。辛勤劳动、合法致富的观念成为农民主流的价值观念。但是无论是刚健有为、坚韧不拔的品格，还是功利的进取心态均建立在农民务实的经世观念之上。农耕经济的特点，在于重实际而轻玄想。⑥ 农民务实根本上源于其生存理性。因为对维持生存的考量，农民不盲目冒险；因为担心生存，农民在困境中会反抗。是以务农为主，还是以非农业为主；是在乡劳作，还是出外打工等生计大事除受不同农民教育水平与见识观念的影响外，务实的经世观念是农民做出决定的重要影响因素。是否参与改革对农民来说，也要经过其务实的经世观念的滤筛。所谓小农对革新与发展的冷漠态度，或者是其因循守旧

---

① 张岱年、方克立主编：《中国文化概论》，北京师范大学出版社1994年版，第273页。
② 许倬云：《中国古代文化的特质》，新星出版社2006年版，第51页。
③ 国家统计局综合司：《第二次全国农业普查圆满结束主要数据开始陆续发布》，国家统计局网站，http://www.chinanews.com.cn/cj/hgjj/news/2008/02-21/1169467.shtml。
④ 陆学艺主编：《当代中国社会流动》，社会科学文献出版社2004年版，第301页。
⑤ 于建嵘：《当前农民维权活动的一个解释框架》，《社会学研究》2004年第2期。
⑥ 张岱年、方克立主编：《中国文化概论》，北京师范大学出版社1994年版，第272页。

生产模式的习惯,主要源于低下生产力基础所产生的经济实存关系。① 刚健有为、坚韧不拔、务实的经世观念主要体现在农民群体顽强的生存与发展能力上。如江村农民的不断发展;② 农民在城市顽强打工、移民的过程。

总之,农民群体文化正在发生着重大的变化。引起这种变化的一个重要因素是社会主义文化。社会主义文化以一定的方式进入并融入农民群体的文化之中。因此,农民群体文化实质上主要是农民传统文化与社会主义文化在现代中国共同演绎出的文化样态。当然西方文化观念也有一定的影响。自然,其中国家起到了重要的作用,正如福建的林村一样。③

2. 市民群体与市民群体文化

(1) 市民群体

市民群体是随着工业化、城市化而兴起的。当今中国的市民群体主要分布在大中城市、小城市和城镇里。在我国,市民相对于农民,它不仅仅是一种地域群体的划分,还包含有社会身份的含义。市民大体上包括在城市中的户籍、相应的工作职业单位、社会教育权利、社会福利取得资格等。因此,本书所指的市民群体,是指生活在城市之中、拥有城市户口、具有城市生存样式主要包括生活方式、行为方式和思维习惯和价值观念的群体。按照《中国统计年鉴》的数据,2007 年我国城市人口大约为 57706 万人,占全国人口的 43.90%。④ 需要说明的是,本书定义的市民群体与有关学者所进行的市民社会研究的市民定义不同。

(2) 市民群体文化

由于中国城市化进程加快,市民规模不断扩大,因此,市民群体文化内涵不断丰富。大体上,我们以为当前市民群体文化具有以下特点:

第一,科技性统领,与经验性相携。当前市民群体文化的重要特点是科技渗透到市民生活中的方方面面。例如,生产活动在科技化和组织化的方式下进行,教育领域施行的是现代教育机制,在生活领域科技主导着衣食住行,人际交往领域现代科学理念也占有重要地位。不仅如此,科技还成为市

---

① 陈庆德:《农业社会和农民经济的人类学分析》,《社会学研究》2001 年第 1 期。
② 王淮冰:《江村报告——一个了解中国农村的窗口》,人民出版社 2004 年版,第 27、181 页。
③ 黄树民著,素兰、纳日碧力戈译:《林村的故事:一九四九年后的中国农村变革》,生活·读书·新知三联书店 2002 年版,第 260 页。
④ 数据来源《中国统计年鉴》(2007)。

民解释自己存在与发展的重要阐释图式。"技术的本质肯定不是技术性的。它并不存在于机器、事物中。它存在于现代人的思考方式中。"① 科技思维、科技理念融入相当数量市民的思想。许多市民将科技视为先进、文明价值的体现。同时,由于科技存在一定的局限,因此经验在很多方面仍影响着市民的生活,经验性也是市民文化的一个组成部分。经验性的思维方式、生存理念、处世方式、日常习俗等仍在市民生活中占有一席之地。例如,传统血缘影响在市民生活中仍发挥作用;传统的宗教观念在市民中仍存在影响;传统的生存智慧仍指引着市民的生活。

第二,个体地位突出,与个体趋同相伴。市民群体文化的一个重要特征是个体地位的突出。首先,它表现为血缘家族关系退居到次属的地位。市民个人从对家庭的依赖关系,变为与家庭平等和独立的关系。城市中核心家庭已占绝大多数。同时,许多原属于家庭内部的问题已转变为社会的公共问题,如妇女在家庭中的地位、适龄子女的教育、家庭中老人的赡养等。它说明家庭已不能承担传统意义上的全方位的功能,也表明个体已在相当程度上从家庭血缘中独立出来。工业无产者的祖母与小农的祖母,两者在家庭中的实际地位是不一样的。② 更为重要的是,现代的家庭已不能给家庭成员提供终极意义上的精神上的依托,即生活意义的指引。其次,市民的经济交往也反映了这一变化。市民作为平等的具有独立人格的主体开展交往。如大量的自由职业者出现;一部分市民突破单位制约束;个体与单位的关系发展为现代意义的契约型关系等。再次,体现在政治生活中的个人地位突出,表现为市民以独立的人格参与社会政治活动。例如,城市市民对城市重大事务予以关注,城市自治性的社会团体出现等现象。然而问题总是两方面的,随着市场经济进一步发展,人们对物的依赖性增强,有些人开始失去自己的独立性,成为看似独立却趋同的个体原子。这一现象在少数经济发达城市已初现端倪。总之,个体地位突出与个体趋同相伴成为市民群体文化的重要特点。

第三,世俗性主流,与庸俗性相随。世俗化是现代化的特点和结果。市民群体文化的一个重要特点是世俗精神的确立、俗世幸福的追求。如对血缘身份、权力权威、宗教信仰的质疑与淡化,对物质利益、现实情感、尘世追求等的肯定与张扬。世俗的追求无可非议,具有肯定的价值。然而,事物一

---

① [匈] 阿格尼丝·赫勒著,李瑞华译:《现代性理论》,商务印书馆2005年版,第102页。
② 转引自陈功《家庭革命》,中国社会科学出版社2000年版,第4页。

旦越出了自身的逻辑界限，就可能朝着相反的方向发展。现代人生活在物的时代，一些市民在追求世俗的过程中，将感官的快乐当作生活的追求，将物欲的满足视为人生的目标，突出个体的物欲与享乐的消费主义、物质主义、享乐主义也在一定范围与一定程度得以滋生与蔓延，世俗性走向了庸俗性。

第四，功利特性显著，与利他品性相依。所谓功利特性，即对待事物或行为时，以是否对自己有利、能否满足自身的需要为判断的标准，一句话，利益成为衡量人和事的价值标准。很显然，相对于农民群体文化，市民群体文化中功利特性比较显著。例如，在家庭关系方面，渗入了利益的因素，大城市婚前家庭公证的出现与增多至少说明财产性因素在家庭生活中的重要性增强。在社会交往方面，功利性的因素成为影响人们交往的重要因素。在经济交往中，职场生活的市民更多地将个人利益的获得作为职业成功与否的标准。在观念上，人们从过去的羞于谈利到公开言利，继而将获利作为个人隐私。同时，市民群体文化也具利他品性，利他的品性在一些市民身上显现。例如，感动中国人物、见义勇为者、志愿者、慈善行为者等人物中相当大的比例是市民。

第五，平等个性主引，与互相依赖相存。市民群体文化的一个重要特征是文化中充满了平等的精神。平等体现在市民生活的方方面面，平等的家庭关系、平等的经济行为主体、平等参与政治社会事务、平等的人际交往等。随着社会的经济、政治和文化的发展，市民群体的平等意识越来越强，例如，在教育领域，由于互联网、电子传媒的影响，子女对父母反哺的现代教育现象越来越普遍，它超越了传统的上下尊卑关系。市民群体文化的另一特征是个性的突出。它与市场经济发展所要求的独特性、个性化相一致；并与对人的素质的个性化品质要求相符。市场经济的力量一方面造就了人们的同一性，另一方面又促进了人的个性化。追求个性、体现独有品质还体现在市民价值理解、价值追求的个性化上。经济行为、社会管理、环境保护、教育实践等诸多实践领域都成为市民个性化追求的重要领域。同时，经济社会的深入发展，社会分工程度越来越高，市民互相依赖性也不断加深，并演变为群体文化的重要特征。"的确，如果都市生活的特性只能以一条来定义，哪怕是在最独立和安全的城市里，它的特性还是依赖，不仅居民是相互依存的，城市也是。"① 马克思早就指出："由此可见，正是自然的必然性、人的

---

① 孙逊主编：《都市文化研究》第一辑，上海三联书店2005年版，第64页。

特性（不管它们表现为怎样的异化形式），利益把市民社会的成员彼此联结起来。"①

3. 农民群体文化与市民群体文化的失衡

（1）问题的现实性及其引起的关注

文化间的关系异常复杂，文化的失衡是指不同的文化，由于接触而产生的不平衡现象，具体表现为陌生、隔膜、差异、敌视、摩擦、矛盾与冲突等。在人类社会发展过程中，文化失衡经常出现。一方面，它反映了社会的差异与纷争；另一方面，它也是文化趋向平衡的必然经过。文化是人化，因此，文化的失衡也发生、体现并建构于人的社会实践活动中。

农民群体文化与市民群体文化是社会中影响最为广泛的群体文化之一。理论上，学者大多将农民群体文化归于传统的、经验型的文化，而将市民群体文化归为现代的、科学型的文化之列。此种归类可以探讨，但至少它从一个侧面反映了农民群体文化与市民群体文化的差异。虽然历史上中国城市发展相当长的时期处于世界前列，但城乡间具有天然的联系，因此有学者指出"在中国的经济体系中，城乡对立的问题从未出现"。② 新中国成立后至改革开放以前，农民群体文化与市民群体文化虽有一定接触，但基本上处于不同的影响领域，整体上两者并没有出现因接触而产生的失衡现象，虽然它们实际存在较大的差异。改革开放以后，尤其是20世纪90年代以来，随着大量的乡村人员进入城市寻找职业、落户定居，农民群体文化与市民群体文化有了广泛的接触，并开始出现失衡现象。可见，这一问题是随着乡城迁移人员，③ 主体是"农民工"的出现而产生的。因此本书所指的农民群体文化与市民群体文化的失衡，特指改革开放后随着农村居民大量在城市工作或迁移城市而引起的两种群体文化之间的不平衡现象。

参照陆学艺关于"农民工"的定义，④ 我们认为乡城迁移人员（"农民工"为主体）主要是指城市中拥有农业户口、被他人雇用从事非农活动、

---

① 《马克思恩格斯全集》第二卷，人民出版社1957年版，第154页。
② 许悼云：《中国古代文化的特质》，新星出版社2006年版，第50页。
③ 目前，理论研究一般将农民进城寻找工作并定居，称为"农民工"。有学者认为此称呼本身就内涵着歧视，笔者也有同感。因此受有关学者的启示，本书认同并照用"乡城迁移人员"的称呼，同时考虑到"农民工"用语的广泛性，在其上特注以引号，以示区别，引文则尊重原文。参见陈映芳《农民工的制度安排与身份认同》，《社会学研究》2005年第3期。
④ 陆学艺主编：《当代中国社会流动》，社会科学文献出版社2004年版，第307页。

自主经营或自雇者的农村人口，其中以受雇用者为主体，即日常所称的"农民工"。本书的研究也是基于这一主体展开的，毕竟，自主经营成功的乡城迁移人员很少。根据2000年第五次全国人口普查的数据，"农民工"占全国工人总数的50%以上，在产业工人中占57.5%，在第三产业从业人员中占37%，可见"农民工"已成为产业工人阶层的主要组成部分。[①] 城市有17.66%，镇有13.38%的人员属外来迁移人员，这其中近80%为农村人口，即乡城迁移人员。[②] 可见城市中有将近1/5的人为迁移人员，其中绝大部分为乡城迁移人员。2006年年末，农村住户户籍劳动力中离开本乡镇外出务工人员有1.3亿人。[③] 乡城迁移人员占全国总人口约1/10。

由于现代化发展及中国具体国情，估计大规模的乡城迁移还将持续几十年的时间。不同文化的两大群体共同生活在同一城市社区，两大群体的协调相处，是一个值得重点关注的问题。目前城市中两大群体间的隔膜与矛盾已经出现。自从"民工潮"出现以来，关于农民群体文化与市民群体文化的不平衡现象也已引起社会公众及不同研究者的注意，如有学者指出："外来人口通过为当地提供服务（或产品）来获取收益，在经济上获得在城市生活下去的资格，所以他们与城市社会不可能是完全脱离的。但他们与市民的互动可能仅发生在经济领域的较低层面，在社会的其他层面，尤其是文化层面，双方之间则存在明显的隔阂。"[④] "对于流入城市农民与城市居民之间的矛盾与冲突问题，我们必须予以高度重视。"[⑤] 有学者在论及"农民工"群体的半城市化现象时认为，城市系统间存在着不整合现象，即城市各个系统之间相互不衔接和不整合。在中国主要表现为市场系统与社会、体制和文化之间的不整合；社会不融合，表现为不同城市人群在生活、行动等实践层面之间相互不融洽、隔绝和排斥等；心理上的排斥、歧视和不认同。这在很大层面上即指市民群体与农民工群体的不融洽、隔绝和排斥、歧视和互不认

---

① 陆学艺主编：《当代中国社会流动》，社会科学文献出版社2004年版，第308、307页。
② 李强：《农民工与中国社会分层》，社会科学文献出版社2004年版，第18页。
③ 国家统计局综合司：《第二次全国农业普查圆满结束主要数据开始陆续发布》，国家统计局网站，http://www.chinanews.com.cn/cj/hgjj/news/2008/02-21/1169467.shtml。
④ 周拥平等编著：《看看他们：北京100个外来贫困农民家庭》，中国青年出版社2004年版，第355页。
⑤ 李强：《农民工与中国社会分层》，社会科学文献出版社2004年版，第239页。

同。① 在此我们尝试从文化关系失衡的角度解读这一现象。

（2）农民群体文化对市民群体文化的不适

中国现代化起步于鸦片战争后，全面发展于新中国成立后，快速发展于改革开放以后。现代文明不断辐射全国城乡。但相对城市而言，在广大的农村，自给自足的小生产方式并未从根本上改变，在此基础上形成的文化仍具有相当大的影响。在这个大背景下，一方面广大农民主要由于经济的原因，背负农民群体文化的烙印从乡村来到城市，自然要经过市民群体文化上的洗礼，客观上农民身受两种文化的影响并且面临抉择问题；另一方面农民从乡村来到城市，已经远离农民群体文化的基础与环境，处于市民群体文化的包围之中，不论其主观喜好如何，市民群体文化的影响都不可避免。而且无论是现实境况还是发展趋向，市民群体文化具有更强的影响力。因此，农民群体文化与市民群体文化的失衡首要且主要表现为，浸润着农民群体文化以"农民工"为主体的乡城迁移人员对城市市民群体文化的适应问题。而正是在这个方面明显地表现出两大群体文化的失衡。大体上失衡主要表现在以下几个方面：

首先，血缘家族文化观念与业缘世俗文化的差异。乡城迁移人员所接受的文化影响主要来自农民群体文化，即使是从学校毕业后直接到城市打工的人员，其所受文化的影响更大程度仍来自农民群体文化。② 虽然学校教育提供了现代化的知识，他们也没有农业生产的初级职业经历，但其生活的场景处于农民群体文化的包围之中。以血缘家族文化为重要内涵的农民群体文化对乡城迁移人员的影响表现为，一方面对乡城迁移人员适应城市生活、融入市民群体文化提供了前置式的文化背景；另一方面也因此使他们的融入过程凸显障碍性因素。有研究表明，亲缘和地缘关系在农民迁移中起着较大作用。农民往往结伴到同一地打工，"在某一城市、某一社区、某一工厂企业、某一建筑工地或某一行业中，往往集中了农村某一地区的某几个村庄的人群"。③ 然而，毕竟市民群体文化主要属于业缘世俗文化，"农民工"所面对的更多的还是受市场因素影响的业缘人际关系，某种意义上血缘家族文化

---

① 王春光：《农村流动人口的"半城市化"问题研究》，《社会学研究》2006年第5期。
② 在此排除了直接在城市出生与成长的所谓"第二代农民工"。按照生存状态，他们应属城市移民。
③ 翟学伟：《社会流动与关系信任——也谈关系强度与农民工的求职策略》，《社会学研究》2003年第1期。

的影响程度不同地会阻碍乡城迁移人员进一步与市民的交往与融合，存在不利于乡城迁移人员适应市民群体文化的一面。"再建构的社会网给农民工提供了更多的资源获取渠道和机会，从而使社会网中的资源更多地流向网络中心的农民工；而没有再建构社会网的农民工则处在原有初级关系网络的包围中，即使长时间地待在城市里，也难以整合到城市中去，依然是都市里的'村民'。"① "城市与乡村的不同，对每一个从乡村进入城市的人来说会构成一种全新的社会化力量。城市会对生存于其间的人产生无所不在的影响，城市中的庞大的科层组织、工作机构、社会位置、制度规范和各类角色会对在其间工作与生活的人提出严格的要求，要求他们适应城市里的一切，要求他们同城市里生活着的庞大的人群打交道，并相互适应。"② 乡城迁移人员在农村主要是受小生产方式、血缘家庭组织方式的影响；而到城市中则处于现代化的场景，遭遇科层化、分工协作式的组织方式。因此，他们中的许多人表现出不适应。有学者通过对农民工的调查发现，进城工作的农民工普遍反映存在着剥夺感和受控感，认为少了一些自由。而这一点与厂方所反映的认为农民工纪律性差、生活散漫、难以管理的看法相吻合，这表明农民工还不能完全适应工厂的生活。③ 乡城迁移人员更大的不适应可能还来自农村血缘性的互动交往关系与城市世俗性的个体独立的互动交往关系的差异。一定意义上，在乡村，个人的事再小也是大家的事，因为个体一定程度是以血缘家族的一分子而存在；而在城市中个人的事再大也仅仅是个人的事，因为个体更大程度是以个体自身而存在。因此，乡城迁移人员在体会城市生活的自由与自在的同时，也吞咽着城市生活的寂寞与孤独，需要自我独自面对人生的一切遭遇，至少是在更大程度上。面对矛盾与冲突，有学者调查显示："农民工一般宁愿采取个人报复、私了（私下解决）的方式，而不愿采取诉诸法律的方式。这与农民工长期脱离主体社会，形成了特殊的亚文化有关。"④ 即使考虑到制度性等障碍因素，这一现象至少也说明乡城迁移人员对城市生活

---

① 曹子玮：《农民工的再建构社会网与网内资源流向》，《社会学研究》2003年第3期。

② 转引自周晓虹《流动与城市体验对中国农民现代性的影响——北京"浙江村"与温州一个农村社区的考察》，《社会学研究》1998年第5期。

③ 田凯：《关于农民工的基本现状和城市社会适应性分析》，《社会学导报》1995年第10期，转引自张汝立《农转工——失地农民的劳动与生活》，社会科学文献出版社2006年版，第209—210页。

④ 李强、唐仕：《城市农民工与城市中的非正规就业》，《社会学研究》2002年第6期。

中的陌生与不适应、对市民群体文化的不适。

其次，乡土情结的文化影响与功利型的文化影响的不同。几乎所有的乡城迁移人员原有的生活世界是具有乡土情结内涵的文化世界，他们基本上身处熟人社会，安土重迁，为人情世界所包裹。在这样的世界，相对而言生活节奏较慢，身边的人均为自己的亲族、乡邻，人们彼此相熟，语言相同，对家乡怀有浓厚的感情，轻易不迁移，人际交往渗透、浸润着更多的情感因素。然而，乡城迁移人员进入城市却处于截然不同的世界，城市生活节奏较快，是陌生人社会，流动频繁，市场规则是重要影响因素，人际交往具有更多功利性考量。因此，许多乡城迁移人员到城市后，满眼所见皆为陌生人，陡然进入快节奏的城市生活，不太适应市民群体文化。其中有些人除了工作或生活的狭小的地域外，基本上不敢走出去。有学者调查的北京"农民工"说："都是在这附近活动比较多，外面太复杂了，也不想出去和外面的人打交道，这些孩子也不想让他们出去，外面社会的人很复杂。"① 语言也是一个较大的问题，整体上由于乡城迁移人员乡音较重，普通话较好的人偏少，因此语言也制约了相当部分的乡城迁移人员对市民群体文化的适应，因为相同的语言可以加强人们之间的联系、促进人们的共同的认同。在陌生人社会、流动频繁、功利性较强的城市世界中，个体必须建构自己的社会网才能适应与应对生存中的许多问题。然而，有学者调查显示："流动农民这些具体支持类型的网络规模不仅小于农村居民，也小于城市居民。"而且，"流动农民的社会支持网中，同样是居住在城市的持有农村户口的流动农民超过60%"。调查还显示，"农民工"中，"17%的没有人可给予精神安慰，10.4%的没有人可参与讨论，22.3%的没有可借到钱的人，38.3%的没有人可提供就业支持，54%的没有人可出面解决麻烦，也就是说，与工具性支持相比，流动农民的精神支持方面的网络成员比较多。或者说在笔者所调查的流动农民中，仍然缺乏能提供工具性支持的网络成员。"②

再次，等级观念与平等观念的差异。整体而言，农民群体文化的等级观念对乡城迁移人员具有影响。乡城迁移者的等级观念首要且深刻的表现在他们对自我身份的认同上。"自我认同被视为个人对外在环境和自身状况的综

---

① 周拥平等编著：《看看他们：北京 100 个外来贫困农民家庭》，中国青年出版社 2004 年版，第 158 页。
② 王毅杰、童星：《流动农民社会支持网探析》，《社会学研究》2004 年第 2 期。

合反映,'回答这个问题就是理解什么对我们具有关键的重要性。知道我是谁,就知道我站在何处。我的认同是由提供框架或视界的承诺和身份规定的……换句话说,这是我能够在其中采取一种立场的视界'。"① 有学者调查,"我们注意到,乡城迁移者的生活目标设定(价值获得方式)以及在城市的生活原则、生活方式,基本上是以农村、农民为参照的。他们往往将拥有城市户口的人称为'他们城里人',而称自己为'我们外地农民'——对自身作为城市'局外我'的身份,他们有较普遍的认同。据此,他们程度不同地接受他们在城市所处的现实的权利状况和生活状况"。② 同样,有学者调查研究北京的"河南村"显示,流动农民无论是货场主还是"蹬车的"、收破烂的均对自己的农民身份表示了无奈的认同。"'蹬车的'X对我们说:'他们(指货场主们)有钱咋了,还不是农民,没啥太大的混头。'L(货场主——引者注)也曾无可奈何地说过:'我们怎么干成了,也抵不上你们。你们看我们就是个臭农民,收破烂的!'"③ 乡城迁移人员的这种非市民(农民)的局外人的身份认同,潜藏着对身份不平等的认同。无论是积极的认同还是被动的认同,实质都是等级观念的反映,蕴涵着对平等理念的疏离,而平等理念正是市民群体文化的重要内涵。也因为这样的认同,使得乡城迁移人员与城市市民群体在心理上、交往上、生活上、行为举止上存在某种隔膜;而且这种隔膜成为乡城迁移人员最终融入市民群体与城市生活的一个较大的障碍。

  再次,经验型文化理念与科技型文化理念的差别。乡城迁移人员迁移之前主要受农民群体文化的影响,而一般认为农民群体文化本质上属经验型的文化,其生存理念、处世哲学等皆属于经验型。虽然近现代以来科技已进入了农村,然而整体上并没有达到撼动经验型文化理念的根基的程度,部分农民一定程度上仍凭祖辈相传、自我总结的经验生活、劳作。城市的市民群体文化则是另一番景象,科技几乎占据了人们生活的全部,人们的职业经历、日常生活、人生大事等均受科技的主导。从文化学角度而言,两种文化理念很难比较高下。然而,从社会的发展进程、现代化的前行趋势、城市化的快

---

① 转引自张海波、童星《被动城市化群体城市适应性与现代性获得中的自我认同——基于南京市561位失地农民的实证研究》,《社会学研究》2006年第2期。
② 陈映芳:《农民工的制度安排与身份认同》,《社会学研究》2005年第3期。
③ 唐灿、冯小双:《"河南村"流动农民的分化》,《社会学研究》2000年第4期。

步推进而论，经验型的文化影响力逐渐减弱，科技光芒的辐射范围越来越广。乡城迁移人员来到城市，面对的正是科技充斥个人生存与发展全过程的情境。许多乡城迁移人员，由于自身知识的缺乏，只能从事低文化要求的工种。调查表明，外来人员主要集中在制造业、批发和零售贸易、餐饮业，合计占 66.26%，其次在服务业为 8.72%，建筑业为 9.66%，在卫生、体育、教育、科研、文化艺术党政机关等对人的学历要求比较高、技术要求比较高的行业，外来人口的从业比例就相对比较低。[①] 同时，由于乡城迁移人员大多从事的是原始的工业劳动，面临生存压力，更主要的是由于欠缺科技知识、不懂安全常识等因素影响，习惯了经验型生存方式的他们，表现出了太多的无知与不适，承受了过多的教训与代价。例如，部分乡城迁移人员从事着有毒有害和危险性较强的工种，并频频出现各种工伤事故，劳动权益受到严重侵犯。1998年仅深圳市发生农民工工伤事故就有12189件，其中90%以上是断指、断掌或断臂。[②] 最为令人痛心的是"本来就没有劳动保护意识的外来工，常常在不知不觉中身体受损乃至中毒，有的人甚至中毒身亡还不知道是怎么回事，有的人竟然把中毒当做感冒、头痛、贫血等病来治疗。前不久，中山市小榄镇骏利喷漆厂五名打工妹相继苯中毒，被误诊为贫血后遭工厂解雇，最后，经过多方医治无效的两名打工妹被送到广州医治后才确诊为苯中毒"。[③] 在生活方面，习惯于通过大自然的节律来安排自己的生活的乡城迁移人员不得不学会运用科学知识来指导自己的生活事务，从衣食住行、生儿育女、消费休闲等均离不开科学。城市市民依赖科学的生活模式现在轮到乡城迁移人员来克隆了，否则无法适应城市生活，难以适应城市市民群体文化。一些乡城迁移人员由于科学知识的缺乏，常常无法跟上城市新生事物的发展，因此愈发感到城市的陌生。另外，以科技型文化主导的城市市民大多对传统的节日习俗较为看淡，城市里的节日往往不似农村节庆习俗那样显得热烈与隆重，更多地表现出商业性与功利性的一面，这也是引起乡城迁移人员对市民群体文化产生隔膜的一个因素。

最后，刚健自强与安逸自在的人生态度的区别。乡城迁移人员从农村来到城市，为改变生存状况，梦想美好生活，在现实中通过勤勤恳恳的劳动去

---

① 李强：《农民工与中国社会分层》，社会科学文献出版社2004年版，第22页。
② 孙覆海：《深圳部分外来劳务工劳动安全状况堪忧》，《工人日报》1999年3月31日。
③ 转引自李强《农民工与中国社会分层》，社会科学文献出版社2004年版，第256—257页。

实现梦想,他们身上表现出了中华民族传统的美德——刚健自强,顽强韧性。"与中国农民有过尝试接触的人应该都能发现他们的顽强的生存毅力。他们面对恶劣自然条件和艰难生活磨炼时的勇气以及他们在困难中对生活的信心。我们在访谈中也时时能感受到在城市中辛勤谋生的他们仍具有这种品质。"① 这种品质尤其体现在乡城迁移人员的职业历程中。有学者在南京的调查显示:"与城市居民、农村居民相比,流动农民职业流动、地域流动较为频繁,他们平均去过2.13个地市级以上城市,有44.9%的人还在南京以外的城市工作过,并且有40%的人在南京换过工作。"② 然而,乡城迁移人员如此频繁地转换职业,并没有改变他们的地位。有学者研究表明,73%的城市农民工初次职业流动后地位都是上升的。大约半数的城市农民工发生了再次职业流动,换言之,民工的职业变换十分频繁,其中72.3%的农民工,地位变化值为0,即再次职业流动地位变化微小。③ 从上述数据可以看出,如果不是为了地位的变动而频繁转换职业,那么只能说明职业竞争的严酷性,可见乡城迁移人员为了在城市生存下去必须付出相当大的艰辛,这也体现了他们刚健自强的品格。同时,即使在如此严酷的生存情形下,乡城迁移人员还将自己部分的收入汇往家乡。研究表明,中国农民工汇款比例一直高于世界其他各国,1999年和2000年的调查表明,0.3%和75.3%的农民工都给家里汇款。分析还表明,打工的农民与家乡的资金流通渠道可以长期保持高流量。④ 由于农民工要将自己的部分收入汇往家庭,因此,92.6%的城市农民工在消费上主张"生活上越俭越好,能省就省,多存少花。"⑤ 许多乡城迁移人员除看电视以外没有其他娱乐方式。与此相较,整体上城市市民工作和生活相对而言压力较小。比如,企业中与乡城迁移人员工作接触较多的城市市民是企业的正式工人,在不少企业,"农民工"成为一线工人,而正式工则成为"监工",工作轻闲得多。在此背景下,乡城迁移人员如何保持刚健自强的品格确实值得思考。因为,现实中有一些乡城迁移人员,经受不住城市纷繁多彩生活的诱惑,失去了奋斗的勇气和毅力,最终被社会所淘

---

① 周拥平等编著:《看看他们:北京100个外来贫困农民家庭》,中国青年出版社2004年版,第357页。
② 王毅杰、童星:《流动农民社会支持网探析》,《社会学研究》2004年第2期。
③ 李强:《中国大陆城市农民工的职业流动》,《社会学研究》1999年第3期。
④ 李强:《中国外出农民工及其汇款之研究》,《社会学研究》2001年第4期。
⑤ 同上。

汰，有的甚至走上了违法犯罪的道路。

（3）市民群体文化对农民群体文化的排斥

农民群体文化与市民群体文化的失衡，实质是城市新移民即乡城迁移人员与城市原有市民的文化失衡。失衡具有两方面，在乡城迁移人员背负着农民群体文化的烙印不适应城市市民群体文化时，某种程度上，城市市民群体文化对农民群体文化也采取了一定的排斥态度。它主要通过对乡城迁移人员的歧视而表现出来，体现在社会的不同方面。

首先，制度安排中的所体现的文化歧视。中国二元分治的社会治理方式所体现的不平等，在一定意义可以说是最严重的文化失衡现象之一，对此观点，赞成的也许比反对的人多。确实，城乡二元分治的社会治理，某种程度上是以牺牲农民的利益为代价的。当然，不能否认"在低度工业化向高度工业化迈进的过程中，以户籍制度、有计划的招工用工制度等为核心的一系列制度安排，为一定时期内推动中国现代化进程的快速发展发挥了极为重要的作用"。[1] 不容否认，在改革开放不断深入、工业化快速发展、城市化不断推进的过程中，农民，尤其是向城市迁移的农民，仍然承受着这种代价。一定意义上，某些制度安排仍显示出了两大群体文化的失衡。有学者指出："城市政府成功地将城乡二元的社会结构移植、复原于城市内部。凭借既有的户籍制度，城市行政管理系统和劳动部门、社会保障、公共教育等各个系统将乡城迁移人员排除在'城市居民'之外，使乡城迁移人员成为事实上的'城市里的非城市人'——制度规定的'非市民'。"[2] 大体而言，制度安排所隐含的歧视主要体现在以下几个方面：

其一，农民身份不可改变性的制度安排，即户籍制度的刚性。一般认为，将中国公民人为划分为城市人和农村人的"身份制"制度设立在新中国成立初期。在相当长的时间里，除考学、参军、极少量的计划招工等出路外，农民改变自己的身份、进入城市市民行列的机会很少。目前户籍制度虽有较大的松动，但农民改变农民身份的机会并未从根本上得到大的改观。如个别乡城迁移人员因工作优秀，被所在城市授予"十佳外来打工青年"等荣誉从而真正成为该市的市民，可是这样的事例并不具有普遍性意义。一定意义上，户籍制度体现了对农民身份的先天歧视，也成为现代化发展必须面

---

[1] 李路路：《当代中国社会分层的制度化结构》，《教学与研究》1996年第3期。
[2] 陈映芳：《农民工的制度安排与身份认同》，《社会学研究》2005年第3期。

对的重大问题之一。"这种刚性化的社会设置,尤其是在1958年基本定型的'身份制',无疑为城乡之间的阶层分野设置了最为坚固的壁垒,塑造了中国社会整体性分层结构的基本构架。这种二元的社会阶层结构,决定了中国农民之社会地位的特殊性及其改变自身阶层属性之方式的特殊性。"① 目前中国城市虽已容纳1亿多的乡城迁移人员,但是,他们在城市里仍是以农民的身份出现,即"农民工"身份,生活在城市的边缘,因此,"城乡身份体制的变化仍处在自下到上的侵蚀阶段"。②

其二,行政管理方面的制度安排。"身份制"的制度安排并不只是简单地在户籍上有所体现,它更主要地体现在一系列以市民为对象的社会福利待遇上。因为只有具有市民身份才能享有相应的福利待遇。许多城市在统计市民人口时不把定居、长期居住、暂住的乡城迁移者计算入内,仅将其归为外来人口。由于这样的一种划分和统计方法,因此,相当大比例的乡城迁移人员被排除在针对市民的社会保障、劳动保护、公共教育等保障系统之外。更有甚者,城市行政管理部门对乡城迁移人员动辄驱赶,剥夺他们迁徙的权利,例如,"北京市在1988—1990年,1995年11月至1996年1月和1999年9月,曾对流动人口进行了几次大规模清理、整顿。具体来说,就是根据五证是否齐全,采取驱逐的对策"。③

其三,劳动保护方面的制度安排。劳动就业是乡城迁移人员在城市能够生存下来的主要谋生手段。劳动保护对于劳动者的意义十分重大。然而,由于绝大多数乡城迁移人员处于就业非正规化的处境,因此,被剥夺了最基本的七种社会保障即劳动力市场保障、就业保障、工作保障、生产保障、技能更新保障、收入保障和代表性保障。不是乡城迁移人员不愿获得这些保障,而是获得这些保障存在相当大的难度,尽管现在情形有所好转。"2002年的数据证明,93%的人生病后单位分文未付,只有7%的人得到过单位支付的药费。"④ 有研究者在分析揭示伤残"农民工"成为了无法被赋权的群体时指出:"地方权力和资本一方面积极地在文本或话语层面赋予外来劳工权益,从而在一定程度上维持当地社会的稳定,另一方面则以制度联结的形式

---

① 刘精明:《向非农职业流动:农民生活史的一项研究》,《社会学研究》2001年第6期。
② 转引自唐灿、冯小双《"河南村"流动农民的分化》,《社会学研究》2000年第4期。
③ 李强、唐仕:《城市农民工与城市中的非正规就业》,《社会学研究》2002年第6期。
④ 同上。

在实践过程中对工人的权益进行'合法'地剥夺,因为这是降低劳动力成本,抑制工人维权意识的最有效手段。"①

其四,教育方面的制度安排。教育的平等机会对人的发展能力具有举足轻重的地位,对于人的命运改变发挥至关重要的作用。中国有重视教育的传统,普通公民对此也有切身的体认。然而,经过多年的努力,在教育领域仍然存在一定程度的不平等,在乡城迁移人员与城市市民之间体现尤为明显。乡城迁移人员的子女在城市里难以享受市民子女的教育待遇,子女就学存在困难,即使入学也需交纳较高数额的费用,其数额令普通的乡城迁移人员难以承受。在此背景下,涌现出了大量的打工子弟学校,并成为乡城迁移人员的子女在城市接受教育的首选,自然其教育质量整体上难以保证。"有统计说,北京各类打工子弟学校有300余所。"② 2002年北京虽然猛降小学和初中外来学生的借读费,却同时引发了学校接收外来农民子弟就学积极性的降低,因为降低借读费后引起的教育成本的差额缺口,由于外来流动人口没有纳入财政,市、区和镇均不拨经费,只能由学校自己想办法。③ 当然,近几年情形有所好转。

其次,恶劣的职业生存方式所蕴涵的文化歧视。乡城迁移人员在城市得以生存下来的就业条件和环境十分恶劣,即他们的职业生存方式含有明显的歧视性,这种歧视性体现出一定的文化差异与矛盾。绝大多数的乡城迁移人员从事着非正规就业。"就业非正规化是指所从事的劳动'得不到公共当局的承认、记载、保护或管理',因此经常被剥夺了七种基本保障:劳动力市场保障、就业保障、工作保障、生产保障、技能更新保障、收入保障和代表性保障。"④ 乡城迁移人员在城市就业表现为工作报酬低、工作时间长、工作强度大、工作环境恶劣、工作稳定性差、工作晋升机会极少、工作法律保护极少、工作限制性多(经常受到清理与追赶)。有学者指出,中国"农民工"非正规就业的特点,"由于没有城市户口,农民工不能够进入到城市的正式就业体系中来,所以非正规就业主要体现了劳动力市场的分割性。……主要表现为作为临时工的农民工,与单位正式职工处于两种完全不同的就业

---

① 郑广怀:《伤残农民工:无法被赋权的群体》,《社会学研究》2005年第3期。
② 周拥平等编著:《看看他们:北京100个外来贫困农民家庭》,中国青年出版社2004年版,第365页。
③ 同上书,第379—380页。
④ 转引自王春光《农村流动人口的"半城市化"问题研究》,《社会学研究》2006年第5期。

和工资体系。……第二，除了工资以外，农民工不享受任何福利保障。第三，农民工与雇主之间的劳动契约十分松散，因此，常常发生雇用纠纷，雇主拒付工资的现象频繁发生，同时，经济收入也往往是脱离税务管理的。第四，就业十分不稳定，农民工是城市里更换工作最频繁的群体，比城市居民更换工作频繁得多"。[①] 还有学者指出："跟城镇正式工人相比，他们获得的是'同工不同酬'、'同工不同时'、'同工不同权'的'三同三不同'地位。"[②] 这种现象并不仅限于建筑等某一行业，而是一种普遍现象，广泛存在于我们的身边，即使是党政部门雇用的"农民工"，同样处于"三同三不同"的处境。可见，恶劣的职业生存方式已不能完全用市场尺度、用经济方法来解释，或者说它们的解释存在着相当大的局限性。对乡城迁移人员普遍恶劣的职业生存方式，我们认为其中隐含着广泛的文化歧视，一定意义上，只要是"农民工"，就可以堂而皇之、公开确定地使他们处于"三同三不同"境地而不会受到来自社会的任何指责，包括制度惩戒或舆论批评。更为恶劣的还是拖欠工资的问题，有学者的调查显示："大约每四个农民工中就有一个拿不到工资，或者被拖欠，问题确实异常严重。"[③] 陷乡城迁移人员于绝境的还有失业问题，相对于城市市民的下岗失业问题，"其实在城市中处于社会底层的农民工，失业的问题更为严峻"。"城市农民工是城市中失业比率最高的阶层。""在外来失业民工中，2000年和2002年分别有52.3%和45.5%的人遇到了不到3个月和3个月以上的失业，有32.9%和36.3%的农民工出现过身上一文不名的现象。这样的比例是惊人的。"[④] 在这样的职业状况所造成的生存状态下，会给当事人一种如何沮丧、糟糕的主观体认我们完全可以猜想得到，潜藏的差异与隔阂会以如何的方式表现出来也是可以想见出来，它最终只会令文化的失衡表露无遗并呈现严重状态。令人宽慰的是，随着《劳动合同法》的实施，情形有所好转，但是要根本解决上述问题还需很长的时间。

再次，恶劣的生活环境所隐含的文化拒斥。绝大部分乡城迁移人员由于收入普遍较低在城市无力购买住房；由于是非市民，也无法享受制度所赋予

---

① 李强、唐仕：《城市农民工与城市中的非正规就业》，《社会学研究》2002年第6期。
② 陆学艺主编：《当代中国社会流动》，社会科学文献出版社2005年版，第316页。
③ 李强、唐仕：《城市农民工与城市中的非正规就业》，《社会学研究》2002年第6期。
④ 同上。

市民住房政策上的优惠待遇。因此，他们大多数租住在城市边缘的城乡结合部的相对便宜的房屋。"据深圳市有关部门估计，深圳当前950万外来人口，大约有700万人居住在城中村。一个只有400户、2000多原村民的城中村，吸纳了8万多外来人口，是原村民的40倍之多。深圳布吉镇本地人口只有7.5万人，外来人口多达100万人，后者是前者的13.3倍，其中大多居住在城中村。"① 如此多的乡城迁移人员拥挤在这样狭小的空间里，布局混乱、卫生设施不全、居住条件恶劣，甚至远不如普通的农村居住环境。一项中国流动儿童状况抽样调查表明，在抽取的流动儿童家庭中，生活问题首推住房，90%在城市的住房是租用的，79%的流动人口家庭中的儿童没有自己独立的房间，45%的家庭没有厕所，36%的家庭没有厨房。② 还有部分乡城迁移人员居住在单位提供的厂房或工棚中，条件更差，"许多农民工居住在最脏的、最简易的房子或工棚里，没有干净用水，也没有卫生设施，除了工作还是工作。他们不但工作很辛苦，而且工作之余还可能没有人身自由，过着现代'包身工'的生活"。③ 然而，即使是这样的生活环境，也缺乏稳定性。由于城市的快速发展，城乡结合部经常被开发转变为城区的范围，每一次的开发，对于租住在此的乡城迁移人员而言都是旧"家"的失去，新"家"的找寻过程，连带着就业都会受到影响。例如，有学者20世纪末研究的北京"浙江村"，其实在1996年的治理整顿中已不复存在了，④ 村中的乡城迁移人员也都各奔东西了。乡城迁移人员，由于居住地的隔离，其生活状况表现为"非正常化、隔离化和村落化"三个方面。⑤ 居住的隔离化，在两大群体中形成了一种现实的阻隔，客观上阻碍着乡城迁移人员与城市市民的交往与整合，主观上也在两大群体中垒砌了一道文化、心理的屏障；而长期的非正常化的生活状况只会加深乡城迁移人员对城市的隔膜与对立；"村落化"的生活状况则会强化其原有的农民群体文化观念与行为方式，延缓乡城迁移人员融入市民群体文化的步伐，甚至会使其形成区别于原有农民群体文化与市民群体文化的特有的文化要素。总之，无论在

---

① 王春光：《农村流动人口的"半城市化"问题研究》，《社会学研究》2006年第5期。
② 转引自黄怡《城市社会分层与居住隔离》，同济大学出版社2006年版，第93页。
③ 陆学艺主编：《当代中国社会流动》，社会科学文献出版社2005年版，第317页。
④ 周晓虹：《流动与城市体验对中国农民现代性的影响——北京"浙江村"与温州一个农村社区的考察》，《社会学研究》1998年第5期。
⑤ 王春光：《农村流动人口的"半城市化"问题研究》，《社会学研究》2006年第5期。

何方面，结果均会导致并体现为乡城迁移人员与城市市民融合的困难，蕴涵着市民群体文化对农民群体文化的距离与拒斥，表达出两者不和谐与失衡的意味。

最后，社会交往方面承受的文化鄙视。乡城迁移人员从农村到城市，脱离了原有的生活空间与交往空间，处于全新的生活场景之中，因此重建新的社会交往对他们的生存与发展并较快融入城市具有重要意义。"社会网络对移民的重要性无论怎么估计都不过分。"[1] 有学者研究表明："当市场失灵、组织低效时，社会网就成为农民工获取城市资源的主要路径。""在农民工通过社会网进行资源获取时，当原有的、在乡土社会就已存在的初级关系网络无法提供农民工预期的资源时，再建构城市的社会网就成为必然。"[2] 换言之，在社会转型、市场秩序不完善时，乡城迁移人员自身的社会网对其生存与发展显得异常重要。此时，如果城市市民群体文化与农民群体文化出现失衡，则乡城迁移人员再建构社会网极易遇到困难，其处境会变得十分艰难。不幸的是，目前许多乡城迁移人员正在经历这样的状况。首先乡城迁移者的社会地位变迁落后于经济地位的变迁，其地位还是与农业劳动者一样，甚至不少"农民工"的社会地位还不如在家务农的农民高，缺乏基本的生活尊严和体面。[3] "北京人对于外来农民工的评价低，认为他们造成了城市交通紧张、导致犯罪率上升并抢走了城里人的饭碗；相反对种田农民打分较高。"[4] 在此背景下，在社会交往方面乡城迁移人员群体受到城市市民群体的歧视，许多市民自认地位高等，视乡城迁移人员低人一等，轻视、鄙视他们。有乡城迁移人员说，"不满意的事多了，不过最不满意的是现在社会上对我们民工瞧不起，可以说上至领导下至街头扫地的都对我们看不起，这最令人恼火"。[5] 有调查显示，外来务工经商人员中有63%感觉到当地市民的歧视。2/3的外来务工经商人员表示，他们不敢也不愿意与城里人交朋友。然而，耐人寻味的是83.5%的市民都认为自己并没有看不起农民工，换言之，只有16.5%的市民有看不起农民工的感觉。[6] 这一事实说明，乡城迁移

---

[1] 转引自王毅杰、童星《流动农民社会支持网探析》，《社会学研究》2004年第2期。
[2] 曹子玮：《农民工的再建构社会网与网内资源流向》，《社会学研究》2003年第3期。
[3] 陆学艺主编：《当代中国社会流动》，社会科学文献出版社2005年版，第335页。
[4] 载李培林、李强、孙立平等《中国社会分层》，社会科学文献出版社2004年版，第109页。
[5] 李强：《农民工与中国社会分层》，社会科学文献出版社2004年版，第226页。
[6] 《中国青年报》1997年1月18日。

人员绝大多数感受到了来自市民的歧视，而市民中只有极少数人认为自己有歧视乡城迁移人员的感觉。据此，有学者分析，在同一调查中之所以出现这样互相矛盾的结果，"这是因为两个人、两个群体的不同文化、社会背景造成的"。[①] 可见，群体间的交往的隔阂与对立，潜在地昭示了市民群体文化对农民群体文化的优越性及排斥性，是两个群体文化的失衡的表现。这种失衡来自市民群体对农民群体的社会排斥，群体文化的失衡反过来又对乡城迁移人员与城市市民的交往存在不利的影响。

另外，称呼和污名化所反映的文化排斥。乡城迁移人员现在比较普遍的被称为"民工"、"农民工"、"流动人员"、"外来人口"等称呼。其实从实质而言，他们是移民。按照社会学的定义，"移民就是以定居为目的的从一个地区或社会到另一个地区或社会的人口的移动。全球移民是指人口跨国界的移动"。[②] 据此，他们是国内从乡村迁入城市的移民，即国内移民的一种，国际上通行的也是用移民称呼他们。国内移民的称呼能比较客观地反映出他们的迁移的目的和生存现状，也便于城市政府部门为之提供各方面的服务，使之最终能融入城市社会中来，并进而促进城市的发展。然而乡城迁移人员的移民身份、移民目的即定居城市的愿望，受到了很大程度的忽视。这一忽视通过称呼得以反映并固化。"20多年来，'流动人口'、'外来人口'等人口学的学科概念，扩展、普及成了乡城迁移群体的总称（一些城市政府因此将相应的管理机构命名为'外来人口管理办公室'），这种倾向表现了人们对迁移人员作为'民'的社会属性的某种轻视。同时也表现出政府和相关学者对乡城迁移群体中普遍存在的定居事实和定居倾向的有意无意地忽视和否定。"[③] 这一称呼的背后反映出一般城市市民对乡城迁移者市民权的排斥与剥夺的缊意。"'农民工'身份的成立和普及，固然只是乡城迁移人员所受的与户籍身份相关的制度限制的客观反映，但另一方面，它也是一般社会对乡城迁移人员作为城市中'非市民'身份的无批判的确认。"[④] "农民工本身就是一个制度产物，农民当了工人，还不能与城市工人相提并论，只

---

① 李强：《农民工与中国社会分层》，社会科学文献出版社2004年版，第228页。
② [英]安东尼·吉登斯著，赵旭东、齐心、王兵、马戎、阎书昌等译，刘琛、张建忠校译：《社会学》，北京大学出版社2003年版，第354页。
③ 陈映芳：《农民工的制度安排与身份认同》，《社会学研究》2005年第3期。
④ 同上。

能称为'农民工',这纯粹是现行制度安排和政策规定造成的。"① 即使是工作十分优秀的乡城迁移者,被评上的也许是"十佳打工青年"、"优秀外来务工人员"等光荣称号。政府和社会在认可他们的辛勤劳动的时候,并没有赋予他们平等的市民权。更为严重的是,"农民工"、"民工"等称呼还出现了身份世袭的效应,如出现了"农民工子女"、"民工子弟"、"第二代农民工"等称呼。对乡城迁移人员各式各样的称呼的背后体现出城市市民包括城市政府和社会各方面对他们迁移城市的外在或内在的排斥,包括文化上的排斥,这种排斥也许连称呼者自己都未有明确的意识;更为严重的是,歧视性的称呼最后也被乡城迁移人员自身所认同,成为其保护自己的应对方式之一。可见,称呼中的文化排斥已不单是文化的适应问题,它已经成为两大群体文化间的失衡表现,由此也反映出问题的严重程度。

不仅于此,市民群体对农民群体的排斥还较典型地体现在污名化的过程中。著名德国社会学家诺贝特·埃利亚斯(Norbert Elias)发现了污名化(stigmatization)的过程,即一个群体将人性的低劣强加在另一个群体之上并加以维持的过程。② 在我国城市对乡城迁移人员的污名化现象十分普遍,蓬头垢面、衣着不整;随地吐痰、肮脏不洁;不文明、不礼貌;小里小气、爱占便宜;呆头呆脑、笨拙不灵;小偷小摸,品行不良等似乎天然、无疑义地与乡城迁移人员联系在一起。有乡城迁移人员讲,"哪儿丢了东西,第一个被怀疑的就是我们民工"。③ 这种污名化还体现在对乡城迁移者的侮辱性的称呼上。上述"民工"、"农民工"、"流动人员"、"外来人口"等称呼如果还只是体现了文化的歧视,那么以"盲流"来指称他们则是一种严重的污名化。它体现在政府人员的讲话中、在媒体的文章中、在人们的日常用语中等。"把流入城市的农民这个独特的群体称为'盲流',可以看出那些出语者的惯性思维,他们的公式大致是这样的:流动的农民=盲流动=流浪=流窜=犯罪嫌疑人=⋯⋯""让我们记住著名经济学家、天则经济研究所所长盛洪在一篇文章中的议论,我一直认为'盲流'是一个侮辱性的字眼。从字面上,它来源于'盲目流动',泛指那个从农村走向城市寻找自己的未来的人群;从发音上,倒过来就是'流氓',使人联想起人格低下、道德败坏

---

① 陆学艺主编:《当代中国社会流动》,社会科学文献出版社2004年版,第331页。
② 转引自杨善华《当代西方社会学理论》,北京大学出版社1999年版。
③ 李强:《农民工与中国社会分层》,社会科学文献出版社2004年版,第228页。

的一群。这个词包含了一些城里人不那么健康的心理,仿佛从这个词中他们能够发现自己可怜的优越感。"① 污名化对乡城迁移人员具有较大的影响,使他们习惯于将自己与城市市民区分开来,从而进一步加大了两大群体的隔阂与对立,最终不利于两大群体的整合。总之,对乡城迁移人员的称呼与污名化中明显地反映出了两大群体文化的排斥、对立,是文化失衡的现实表现。

最后,法律执行偏差中所体现的文化冲突。2003年6月20日,国务院宣布废止《城市生活无着的流浪乞讨人员收容遣送办法》,从8月1日起实施《城市生活无着的流浪乞讨人员救助管理办法实施细则》。收容遣送制度在正式实施21年后终于退出历史舞台。有学者针对许多舆论称《城市生活无着的流浪乞讨人员收容遣送办法》是恶法的观点谈道:"至少这个法规不是针对大量的流动农民,因为在1982年的时候,民工潮还没有出现。""总之,当'收容''遣送'成为历史的时候,把矛头指向《城市生活无着的流浪乞讨人员收容遣送办法》,我认为偏了,应该把反思的焦点集中在为什么这个'办法'在执行过程中偏离了其'预定轨道'那么远?执法部门不懂法或者执法犯法,是问题的关键所在。"② 指出问题关键是不懂法或执法犯法,这当然是正确的。问题是我们还需要进一步追问,为什么这样的现象在全国如此普遍,在首都北京也甚为常见,"恣意违反法规,随意谩骂、殴打、侮辱被收容者,侵犯其公民人身权利"仅仅是不懂法或执法犯法那么简单吗?我们以为它背后潜藏的歧视农民、排斥农民、农民低人一等、农民的生命低贱等文化观念才是根本的原因。尤为可怕的是,这种观念在执法部门和执法人员的言行中以不同的形式,或隐或现地在一定范围内存在。虽然这类市民群体文化与农民群体文化所表现出来的冲突比较罕见,但是它确实在我们的社会真实地存在着。

在法律法规的执行过程中,对乡城迁移人员的偏差不仅于此。以北京——全国的首善之区为例,有乡城迁移者言道:"像我们外地人,最让我们烦心的就是联防。刚来北京的时候,有一次在八里庄看到有联防,我就骑车回家,结果人家追了上来,打了我两棍子,才向我要证件。你现在就是有

---

① 转引自周拥平等编著《看看他们:北京100个外来贫困农民家庭》,中国青年出版社2004年版,第361—362页。

② 同上书,第360—361页。

证件又怎么样？人家给你撕了，把你还打得不得了。我当时气得三天没做生意……还有一次我蹬三轮车，而且我还办了证，人家又把我扣了一宿，第二天找关系才出来的，中间把人打得不得了，我出来的时候身上脸上都是血。"① 有学者调查显示："被调查者中，有大约1/4—1/3的人被北京的工商、税务、治安管理人员查抄过，很多农民工受到过罚款的处罚。"② 我们不禁要问：为什么一些乡城迁移者正常的公民权利经常被侵犯，是谁赋予那些侵犯者这样的权力？如果没有被赋予这样的权力，为什么这样的现象相当程度地存在于我们的城市中？为什么这些侵犯者受不到法律的处理？如果既没有被赋予这样的权力又没有被处理，那么是谁在默认这一违法现象？法律制度上也许存在疏漏之处，但是法律制度毕竟只是纸上的条文，因此根本而言，我们以为对农民的歧视、对农民生命的漠视的文化观念才是最终原因，直而言之，对农民群体和农民群体文化的排斥才是根本原因，它反映出两大群体文化的矛盾与冲突。有学者选取了珠江三角洲的伤残农民工及其维权过程作为研究对象，发现针对农民工的完备的劳动法律保护和政策体系与农民工维权实际遭遇着巨大的断裂，农民工的权益遭到了"合法"的剥夺。③ 造成这一法律执行偏差的现象除了深刻的经济因素外，应该还潜藏着深刻的文化因素。而文化因素大体也可从两个群体文化的失衡现象中予以分析。

（二）先富群体文化与贫困群体文化关系的现实分析

1. 先富群体与先富群体文化

（1）先富群体

主要以经济收入的标准对群体进行划分可以将社会群体划分为富裕的群体和未富裕的群体。先富群体，简单而言，是指率先富裕起来的群体的总称。何谓先富，涉及人们对于富裕的理解。富裕是一个动态的概念，涉及不同时代、地区的不同标准。我们认为富裕有相对标准与绝对标准之分。从相对标准而言，先富群体是动态的概念，是指在实现社会主义现代化三阶段中，即在实现温饱、小康和相对富裕阶段率先富裕起来的群体；从绝对标准

---

① 周拥平等编著：《看看他们：北京100个外来贫困农民家庭》，中国青年出版社2004年版，第332页。
② 李强、唐仕：《城市农民工与城市中的非正规就业》，《社会学研究》2002年第6期。
③ 郑广怀：《伤残农民工：无法被赋权的群体》，《社会学研究》2005年第3期。

而言，则是指一定的时间里，个人财产主要包括个人年收入、家庭资产，达到一定的数额的群体。先富群体的消费水平明显高于社会上绝大多数人。关于富裕的标准无论是相对的还是绝对的，学者们意见均不太一致。主要是通过恩格尔系数、收入与资产进行判定。[①] 研究者关于富人的标准也各不相同。因此，综合考虑各方面情况，本书认为，整体上在全国范围而言先富群体的个人收入高出人均水平5倍以上，拥有商品房或私人汽车的人，在城镇先富群体大体上个人年收入约10万元以上，在农村则为3万元以上。这一数据也大体基本符合2006年的国家统计年鉴相关的数据。当然，由于我国各地区发展程度不一，在发达地区可能这一标准并不能体现出富裕程度，这只是在全国范围内总体的一个标准。2006年中全国共有人口131448万人，[②] 按4%的先富群体计算，先富群体人数约为5257.92万人。自然，依此标准，不同地区的先富群体比例不大相同。同时，应清醒认识到，整体上中国先富群体的富裕程度和生活水准较国际上的富裕群体的水平相比还有一定的差距，这主要是与中国现代化的整体水平和国民收入的水平有关。

我国先富群体集中在高收入阶层，主要包括部分私营企业主和个体工商户，就职于"三资"企业和外国驻华机构的中方高级雇员，部分国有企业的负责人，高收入行业如电力、房地产等行业的职员，相当部分的社会热门人才如律师、会计师、美容师、高级厨师等，部分专业技术人才和知识分子，知名度较高的歌星舞星和球星以及部分党政机关的负责人。[③]

新中国成立后的较长时间，富人产生的环境发生了变化，原有的富人也大都成为自食其力的劳动者。因此，当今的先富者产生的历程，大体上伴随着改革开放的进程。大略言，第一批先富者产生于流通领域的市场化，主要是一些待业青年、"两劳"释放人员，把握住商机，首先富裕，他们可被称为"商本家"。第二批先富者产生于生产资料领域的市场化，主要是一些拥有生产资料审批权及相关人员等，利用"双轨制"，大赚价格差，走上富

---

① 参考以下文章：李学增、程学斌：《中国城市各阶层的利益差距》，《中国社会科学》1997年第6期；唐任伍、章文光：《论"中国富人"》，《改革》2003年第6期；毛三元：《直面富人群体》，《中南财经大学学报》1999年第3期；宋晓梧、高书生：《对当前城镇居民贫富状况的思考》，《经济学家》2002年第3期；胡秀红：《城市富裕阶层研究——以北京市为例》，1998年中国科学院地理研究所硕士论文，第27页。

② 数据来源《中国统计年鉴》（2007）。

③ 参见李学增、程学斌《中国城市各阶层的利益差距》，《中国社会科学》1997年第6期。

裕,称其为"制本家"较合适。第三批先富者诞生于金融领域的市场化,主要是一些与证券行业有关的人员,利用上市公司出现等机会,投资金融而致富,可被称为"资本家"。第四批先富者产生于知识与技术市场化,主要是一些相关领域的专业技术人员,尤其是高科技人员利用掌握的才能,抓住机遇富裕起来,"知本家"与其身份较符。[①] 整体而言,非公有制经济是中国先富者产生的重要土壤。

(2) 先富群体文化

中国当今的先富群体产生的时间较短,虽积淀的文化较薄弱,但也有自身的特点,我们以为先富群体文化主要有以下特点:

第一,独特的财富观念与价值观念相映。有学者认为对经济长期繁荣具有重大影响的五种文化观念中首要的观念即为财富观念。[②] 一般而言,先富群体独特的财富观念和价值观念是他们在财富积累上与其他群体的区分的重要影响因素。可以说先富群体对财富有着超乎常人的追求激情,他们大都以富为美,以富为荣。例如,温州有739万人,其中注册资本超过110万元的私营企业就有2.7万家,有4万以上财富超300万元的富者。他们大都以"财富论英雄"。[③] 不止如此,先富群体将以富为荣的财富观念上升到一种人生价值理念,以对财富的成功追求来确证自己的人生价值。

第二,勤劳刚强品性与较强功利特点共存。先富群体将财富的观念落实于现实行动之中,采取切实行动获取财富。勤劳刚强是他们共同的品性。有学者调查:"一部分富裕阶层,整天忙于事业,疲于应付竞争对手,根本没有心思也没有时间去度假。"[④] 除勤劳外,先富群体文化还有一个重要的特点,即刚强。私营企业主是先富群体的重要组成,据统计,1993—1999年,退出(包括注销与歇业)的私营企业户数逐年增长,1999年的退出户是1993年的17.8倍,退出率则从1993年的5.1%上升为1999年的8.3%。退出的原因多种多样,但多数退出的企业是倒闭了。[⑤] 因此,在激烈市场竞争中生存下来的私营企业主群体在实践中诠释着刚强的文化品性。很多先富者

[①] 参见唐任伍、章文光《论"中国富人"》,《改革》2003年第6期。
[②] 袁山林、吴丽民、陈世斌:《经济繁荣背后的文化》,《经济论坛》2003年第6期。
[③] 唐任伍、章文光:《论"中国富人"》,《改革》2003年第6期。
[④] 胡秀红:《城市富裕阶层研究——以北京市为例》,1998年中国科学院地理研究所硕士论文,第29页。
[⑤] 陆学艺主编:《当代中国社会流动》,社会科学文献出版社2005年版,第246页。

经历过成功、失败的反复。另外,先富群体还具有较强功利特点,遇事习惯于以是否有利来判断和对待事情,甚至在政治生活中也不例外。从中央统战部经济局的调查可以看出,非公有制经济代表人士参政议政的心态六条中有五条均着眼于自身或自己的企业,① 具有较强的功利特点。

第三,血缘家族文化与现代科技文化影响并有。中国先富群体,既受到传统的血缘家族文化的影响,又身受现代科技文化的影响。1998年有研究者调查发现:"在我们的调查中,明显能感觉到一部分被调查者过低地填写自己的个人收入和家庭财产。"② 这其实是藏富不露富的传统文化观念影响的反映。中国社会科学院的一项关于家庭贫富分化调查中,显示富人喜欢说自己是中层。③ 先富者较为集中的私营企业,普遍采用家庭、家族拥有与管理的形式。④ 同时,先富者又是接受现代科技知识较快的群体,创新、开拓、进取是绝大多数先富者的共同特点。他们对科学技术非常敏锐,并能迅速将其转化为现实的生产力。许多以家族方式管理的私营企业科技含量很高。

第四,义利互促与见利忘义并存。大体上,先富群体对待财富呈现出了两种不同的文化样态。一方面,部分先富者富不忘义,在实践中诠释了义利互促的文化理念。从客观上而言,以先富者较为集中的私营企业主为例,义利互促的文化理念表现为私营企业主通过运营自己的企业对社会发展所作出的贡献。有调查显示,私营企业主实际掌握的经济资本规模近些年有了显著增长。私营企业投资者平均实有资本(所有者权益)额2001年比1992年增长7.4倍。⑤ 可见,我国私营企业主将绝大部分利润投入到扩大再生产,而不是用于纯粹的消费,他们对社会贡献也越来越大。私营企业吸纳就业人数从1992年的232万人增至3409万人,增幅达13.7倍,年均增长32.2%。⑥ 从主观上而言,有一部分先富者富不忘穷人、富不忘社会和国家,以不同的方式回报社会。据统计,在2001年,为推动社会公益事业发展,富人为扶

---

① 转引自戴建中《现阶段中国私营企业主研究》,《社会学研究》2001年第5期。
② 胡秀红:《城市富裕阶层研究——以北京市为例》,1998年中国科学院地理研究所硕士论文,第22页。
③ 转引自姚建平《消费认同》,社会科学文献出版社2006年版,第257页。
④ 戴建中:《现阶段中国私营企业主研究》,《社会学研究》2001年第5期。
⑤ 陆学艺主编:《当代中国社会流动》,社会科学文献出版社2005年版,第255—256页。
⑥ 同上书,第257—258页。

贫、救灾、助学等社会公益事业捐款9.21亿元。① 当然也有少数先富者见利忘义。他们通过非法的手段进入先富群体，如假冒伪劣、坑蒙拐骗、走私贩私、贪污受贿、偷漏税收等。有学者研究发现私营企业存在着一定数额的偷漏税问题，实缴税额与应缴税额之差从1989—1998年的"十年之中，二者差额之和有2700亿元之多"。② 关于名人、富人偷税逃税问题在社会上引起广泛的争议，我国个人所得税的交纳主体中一般的工薪阶层占有很大的比例。

第五，追求个性与满足低级需求共在。许多先富者在生活上追求个性，这主要集中体现在他们的消费上。21世纪初，国家统计局的调查显示，越来越多的高收入居民，追求时尚化与个性化日趋明显。③ 他们用个性化的消费来标志自己的社会地位与身份，体现自己的存在方式。有研究者调查显示，大部分先富者在生活方式上追求高质量，"尽管少数富人过着纸醉金迷、奢侈放纵的生活，大部分的富人仍以追求高质量的生活为目标"。④ 然而社会中确实存在着少数先富者及时行乐、贪图享受现象，存在着炫耀性消费与畸形消费的现象。摆阔、斗富、赌博、嫖娼、吸毒等满足低级甚至畸形需求的现象也在一些先富者身上存在着。清华大学社会学系曾就"富人的社会作用"做过一次问卷调查，大多数人的选择是消极的，其中的一个重要原因就是先富者的财富消费方式不当，严重败坏社会道德，毒化社会风气。⑤

2. 贫困群体与贫困群体文化

（1）贫困群体

在论及贫困群体之前有必要解释贫困的含义。贫困因其存在的丰富特性引起多学科的探讨。一般而言，人们主要是从两个维度研究贫困：一是绝对贫困，即不能维持基本的生存需求的状况。二是相对贫困，主要是指相对收入较低的状况。目前研究者已更多地将贫困视为一种生存状况进行整体的考

---

① 转引自唐任伍、章文光《论"中国富人"》，《改革》2003年第6期。
② 戴建中：《现阶段中国私营企业主研究》，《社会学研究》2001年第5期。
③ 严先溥：《关注高收入消费群体》，《瞭望生活周刊》2001年第17期。
④ 胡秀红：《城市富裕阶层研究——以北京市为例》，1998年中国科学院地理研究所硕士论文，第27页。
⑤ 唐任伍、章文光：《论"中国富人"》，《改革》2003年第6期。

第三章 转型时期群体文化关系的现实观照

察,不仅从经济上,而且从政治、教育、文化等多方面进行考察。① 由此我们认为,贫困是一种生存状态,主要指收入低下及政治、经济、教育各方面受到剥夺和排斥的状态,反映了人存在的不自由。

目前,我国研究贫困问题采用较多的方法还是以绝对贫困为标准,即主要以经济收入界定贫困,并在此基础上展开对其他方面贫困的关注。目前我国贫困群体的绝对人数大为降低,是世界少数几个贫困人口减少较快的国家之一。即使采用能够广泛接受的贫困标准,也不能否认中国巨大的脱贫效果。世界银行专家马丁·拉瓦利昂和陈少华(Mantin Ravallion & Chen)2004 年利用最新的数据和度量方法,并且把农村贫困和城市贫困合并观察发现,在 1981—2001 年期间,中国整体贫困发生率从 53% 下降到 8%。② 根据城市低保人数、"农民工"中的贫困人数、失地农民的贫困人数及农村绝对贫困人口数量大略推算,中国目前的城乡绝对贫困群体的数目大约在 5000 万左右。③ 如果按照 2007 年 9 月 25 日由国务院发展研究中心等近 20 家单位组成的专项课题组的建言,即在扶贫上启用新标准,即发展贫困线标准 1147 元,④ 全国整体贫困群体数量约为 1.1 亿人。这个数字与上述世界银行 2004 年指出我国整体贫困率 8% 的测算即约 1.04 亿人比较接近。

贫困群体在经济地位等方面属社会的最底层,其生活水平,尤其是消费水平明显低于社会绝大多数人;在年龄、教育等方面存在诸多弱项,属于社会弱势群体和社会边缘群体。我国贫困群体主要由三个部分组成:一是农村贫困群体,主要包括"五保户"、残疾人、因疾病等身体原因丧失劳动力的农民、居住在老少边穷地区的农民,其特点表现为向特定的边缘化的人群集中。二是城市贫困群体,除原有的城市"三无"人员,即无劳动能力、无

---

① 转引自樊坚《城市化进程中的农民工贫困研究》,《云南民族大学学报》(哲学社会科学版) 2007 年第 1 期;[印度] 阿马蒂亚·森著,任赜、于真译,刘民权、刘柳校:《以自由看待发展》,中国人民大学出版社 2002 年版,第 15 页;胡鞍钢、李春波:《新世纪的新贫困:知识贫困》,《中国社会科学》2001 年第 3 期;徐琴:《城市体制外贫困社群的生产与再生产》,《江海学刊》2006 年第 5 期。

② 蔡昉、万广华主编:《中国转轨时期收入差距与贫困》,社会科学文献出版社 2006 年版,第 8 页。

③ 参见以下文章:劳动和社会保障部:《城市低保制为市民撑起保护伞》,《人民日报》2007 年 10 月 9 日;徐琴:《城市体制外贫困社群的生产与再生产》,《江海学刊》2006 年第 5 期。

④ 《农村扶贫建议启用新标准》,四川新闻网—成都日报讯,2007-9-289:16:29,http://www.newssc.org/gb/Newssc/meiti/cdrb/gnyw/userobject10ai1321482.html。

经济来源及无法定的赡养人、扶养人和抚养人的人外,城市贫困群体的主体则是改革开放以来,尤其是20世纪90年代以来由于产业结构调整和就业制度变迁的影响而形成的下岗失业人员。三是乡城迁移人员主要是"农民工"与失地农民中的贫困人群,他们是随着工业化和城市化的发展而出现的贫困群体,绝大部分徘徊在体制以外。总之,中国贫困群体数量庞大,其产生既有自然条件和社会原因,也有个体自身的因素影响。

(2) 贫困群体文化

贫困受到多学科的广泛关注,但是,"真正理解贫困,需要文化与结构解释的结合"。[①] 中国现阶段的贫困群体数量庞大,组成复杂。在贫困的生存条件下,贫困群体形成自身的文化。贫困群体文化,是指贫困群体所特有的生存方式的体现,主要表现为贫困群体的价值观、态度、信念,准则,思维方式,以及群体普遍持有的见解,它内在于贫困群体的生存方式,存在于贫困群体的日常生活世界。我们以为贫困群体文化是积极与消极并存,并不全然反映消极,大体上主要体现在以下几个方面:

第一,积极进取与消极认命并存。对贫困生存现状的应对,贫困群体存在两种情形:一是积极进取;二是消极认命。文化因素对贫困的影响不可小视,是积极进取摆脱贫困处境,还是消极认命陷入贫困而不拔,是贫困群体对待贫困的两种不同人生态度的写照。例如,城市贫困人员能否实现再就业,除客观因素影响外,主观上与他们自身持积极进取还是消极认命的文化观念有较大的关联。有研究者2003年调查湖北三市,发现"人们越相信失业是个人责任,其成为再就业一员的可能性越大,人们得到的再就业福利越多,越有可能成功实现再就业;人们对福利依赖越多,其再就业的机会越少"。[②] 2007年调查上海低保对象也有类似结果。[③] 不同的就业态度实质是积极进取还是消极认命的人生态度的反映。许多乡城迁移人员的行为诠释着贫困群体的积极进取精神。在农村中贫困的他们,背井离乡来到城市,通过辛勤劳动寻求生活和命运的改观。当然,也有一些贫困人员受制于贫困处境的藩篱,不能自拔。例如,许多贫困人员就像跳蚤一样,在内心深处默认了

[①] 周怡:《贫困研究:结构解释与文化解释的对垒》,《社会学研究》2002年第3期。

[②] 慈勤英、王卓祺:《失业者的再就业选择——最低生活保障制度的微观分析》,《社会学研究》2006年第3期。

[③] 黄晨熹:《城市低保对象求职行为的影响因素及相关制度安排研究——以上海为例》,《社会学研究》2007年第1期。

一个"心理高度",行动的欲望和潜能被扼杀,不敢去挑战、超越自我,追求成功。①

第二,吃苦耐劳与懒散怠惰共有。贫困的生存现状使得贫困群体承受生活重担、饱受精神压力,有时候需要面临生活无法维系的风险。面对贫困,贫困群体要么吃苦耐劳以改变生活现状,要么懒散怠惰维持原有状况。有研究者指出,根据对郑州郊区33户贫困户的调查,由于懒惰而致贫的仅占贫困户数的3%,在全国其他一些地区的比例大约为3%—6.7%。② 可见,至少从宽泛意义而论,绝大部分贫困者比较勤劳。虽然乡城迁移人员中的贫困者是贫困群体的重要组成,但他们与其他乡城迁移人员一样是我国次级劳动力市场的主力,绝大部分在非正规就业领域。"体制外贫困社群对于自身的弱势群体和边缘化群体的地位很清楚……他们无法进入初级劳动力市场,但却成为次级劳动力市场的主力军。……工资收入低,工作环境差,几乎没有提升机会,就业不稳定;个人与监督者之间的关系过分人格化,工作纪律严酷并且专断。"③ 如此严峻的就业环境缺乏吃苦耐劳精神根本无法坚持。研究者在武汉市调查结果也相类似。④ 然而,确有部分贫困人员无法走出懒散怠惰的状态。有学者指出:"我国许多地区,特别是一部分中西部地区,之所以长期贫困,除了自然条件、地理环境等方面的不利因素外,人们惰性较强、开拓精神较差,是一个重要原因。"⑤

第三,开拓创新与因循守旧同在。贫困者摆脱困境还需要开拓创新的思想观念的引领。有学者对我国西南的一个村落的调查显示,贫困地区许多农民具有生存理性,不加分析地将其全部视为愚昧无知确是短见。⑥ 中国文化有穷且志坚、敢想敢干的传统。改革开放初期,土地承包责任制就是率先由贫穷的安徽小岗村18位农民按下血印开启,其开拓精神气吞山河。2007年有调查也发现,贫困人群中在发展能力上脱贫的欲望,要超过解决温饱的需

---

① 转引自王兆萍《贫困文化的性质和功能》,《社会科学》2005年第4期。
② 高倩:《如何看待城市贫民》,《社会》2001年第3期。
③ 转引自徐琴《城市体制外贫困社群的生产与再生产》,《江海学刊》2006年第5期。
④ 方晓玲:《论城市流动人口的贫困文化》,《青年研究》2004年第6期。
⑤ 施向东:《钟朋荣的民富观》,《经济论坛》1999年第2期。
⑥ 古学斌、张和清、杨锡聪:《地方国家、经济干预和农村贫困:一个中国西南村落的个案分析》,《社会学研究》2004年第2期。

求。①浙江省武义县几位农民自发搬下山的摆脱贫困举动引发了该县几万贫困农民整体下山脱贫致富的壮举。②在城市中有许多下岗失业人员开拓创新,摆脱了困境,书写出人生新篇章。然而不容否认,也有部分贫困人员因循守旧,固守落后观念,迈不出摆脱困境的第一步。正如有研究者观察指出,贫困的山民们"接受一种新的生产方式或生活方式是十分困难的"。③有学者在谈到城市贫困的原因时说,城市贫困的一个原因是自致性。所谓自致性,是指由于城市贫困者自身及其家庭因素而导致的贫困。其中首先是思想文化上的贫困所致。由于思想文化素质的低下,进而形成了一种与物质上贫困相适应的价值观念、心理机制和生产生活方式、对自身的贫困现状或怨天尤人,或安贫乐道,不思进取。④

第四,独立合作与依赖排外相伴。贫穷的生存状态,使贫困群体采取了独立合作或依赖排外的两种不同的思想行为应对。贫困群体中许多人通过独立合作走向新的生活。湖北省保康县黄堡镇是典型的贫困山区乡镇,贫困面较大,增收基础薄弱。但仍有一些贫困农民抓住机遇,靠独立合作摆脱了困境。⑤然而,面对贫困的生存状况,也有少数贫困人员存有依赖国家或他人的思想。有学者指出,对一些长期接受政府救济的农民来说,"春等救济粮,冬等冬令装,夏炎秋雨不出房"的现象不足为奇。⑥一些贫困地区农民由于生活环境的关系还形成了自成一格的思想观念,相对比较封闭,难以接受外界新的事物。

3. 贫困群体文化与先富群体文化的失衡

文化间的关系异常复杂,约略来说,文化的失衡大体是指两种不同的文化,由于接触而产生的不平衡现象,具体表现为差异、陌生、隔膜、敌视、

---

① 《农村扶贫建议启用新标准》,四川新闻网 - 成都日报讯,2007 - 9 - 289:16:29,http://www.newssc.org/gb/Newssc/meiti/cdrb/gnyw/userobject10ai1321482.html。

② 《董春法和三万下山脱贫的农民朋友》,《第一篇:调查研究寻出路,下山脱贫为上策》,新华网浙江频道2004 - 05 - 1708:28:04,http://www.zj.xinhuanet.com/special/2004 - 05/17/content_2136411.htm。

③ 辛秋水:《纵比变化不小横看困难不少——岳西县两个贫困村十年变化跟踪调查》,《安徽日报》1992年2月24日第1版。

④ 肖文涛:《我国社会转型期的城市贫困问题研究》,《社会学研究》1997年第5期。

⑤ 李应章:《关于山区农民脱贫致富的调查与启示》,湖北省保康县黄堡镇政府网站,http://www.bk.gov.cn/hbz/zcfg/200511/38.htm。

⑥ 辛秋水:《重视农村的文化扶贫》,《瞭望新闻周刊》2006年第8期。

摩擦、矛盾与冲突等。在经历近三十年的平均主义和总体相对贫穷的生活后，随着改革开放的深入、现代化进程加快，中国已进入财富快速增长时期。有学者指出："国家统计局2004年年底把GDP一次性提高20%。加上每年10%增长，中国GDP五年翻了一番，2006年年底突破20万亿人民币。按年增10%计算，2013年有望达到40万亿人民币。再按年增8%计算，2019年可达64万亿人民币。按1:6汇率折算，为10.6万亿美元，超过美国现在的规模。"[1] 中国人均GDP整体达到2000美元。财富增长较快的特别时期和特定现状，对中国未来的战略发展是很大考验；同时也考验每个中国人对待财富的态度。学者们在讨论国家在金融等方面宏观战略政策面对财富快速增长的适应与调整；同样，人们在思想文化上也需应对财富快速增长的现状。如何努力做一个合格的公民，无论贫富；如何才能与不同经济地位的人和谐相处；诸如此类的问题摆在了每个中国人面前。十分遗憾，现实中并不是每个公民、每个群体都能以良好的心态应对这些问题。换言之，处于不同经济地位的个体之间、群体之间存在着一定的矛盾与冲突，在群体文化上存在一定的失衡。有调查显示："值得注意的是，以自我认同为标准的主观分层中，其最高层人员有36.4%认为当前贫富之间有严重的冲突，有18.2%认为当前贫富之间有不小冲突，两者相加已超过最高层人员的半数；而最低层人员有26.8%认为贫富之间有严重冲突，有22.6%认为贫富之间有不小冲突，两者相加已近半数。与此不同的是，其余5个阶层对此问题的看法要缓和得多。这充分说明，当前将自我归属为社会最高层和最低层的人员相互间已明显感到某种敌意的存在，中国社会事实上已隐含着很严重的贫富矛盾。"即使是客观分层中，持上述看法的人，在两个阶层中平均在40%左右，"表明两者始终存在着较严重的矛盾"。[2] 还有学者调查发现："有32.8%的人认为'穷人与富人'是差异最大的两个群体，占调查人数的第二位"；"有16.9%的人认为他们是最容易冲突的群体。"占所被调查人数的第三位。[3] 有学者曾指出："我曾讲到了一种担忧，即精英和大众之间的裂

---

[1] 杨帆：《中国已进入财富激增时期 "暴富" 考验中国崛起》，《中国民营科技与经济》2007年第4期。

[2] 李培林、张翼、赵延东、梁栋：《社会冲突与阶级意识——当代中国社会矛盾问题研究》，社会科学文献出版社2005年版，第170—171页。

[3] 郑杭生、李路路主编：《中国人民大学中国社会发展研究报告——2005走向更加和谐的社会》，中国人民大学出版社2005年版，第135页。

痕进一步加深：民众对精英越来越反感，而精英本身似乎变得越来越专横和霸道。当房地产商说，我们是给富人盖房子而不是给穷人盖房子的时候；当北京的出租车公司所有者说，换什么样的车型是我们公司的事情，与消费者有什么关系的时候；当有知识精英说普通老百姓反对我的观点恰好说明我正确的时候，我们既可以体会到精英的霸道与专横，也可以体会到精英与大众的裂痕在加深。"① 先富群体与贫困群体在社会生活中确实存在一定程度的差异、陌生、隔膜、敌视、摩擦、矛盾与冲突，一定意义上它们体现并反映出先富群体文化与贫困群体文化之间的失衡。新儒家代表人物杜维明2006年回答《中国企业家》记者的访问时指出，"仇富"的心态对社会发展非常不利，应该消除。但要消除"仇富"，首先要杜绝"欺贫"。② 我们认为贫困群体文化与先富群体文化的失衡主要在欺贫与"仇富"两种文化现象中得到反映。

(1) 关于欺贫引起的文化矛盾

欺贫在人类历史中一直存在。当前欺贫作为一种文化现象在社会各个群体均有表现，由于本研究的对象使然，本书主要关注的是先富群体对贫困群体的欺负。欺贫，望文生义，指欺负贫困者，指对较低经济地位的贫困者的不健康、不文明、不道德甚至是不合法的心理状态、行为举止和价值观念。具体表现为以财富衡量人的一切，对无财富的贫困者的鄙抑、歧视、排斥和挤压，它实质是拜金主义的体现。在欺贫现象背后潜藏着先富群体文化与贫困群体文化之间的观念冲突，是两者之间文化失衡的表现。大体主要表现在如下几个方面：

首先，社会生活中漠视贫困者人格尊严引起的文化矛盾。我国宪法规定，法律面前，人人平等，而人格方面的平等是人人平等的重要内涵。在社会生活中先富者与贫困者生活在同一片蓝天下，同一公共空间中，必然发生这样或那样的关系，然而正是在社会生活中一些先富者的言行受到社会的诟病。2003年10月16日，哈尔滨市发生了一起驾驶宝马车撞人的案件。进城卖大葱的农村妇女刘忠霞和其丈夫驾使的拖拉机为躲避一辆面包车不慎将富商之妇苏秀文的宝马轿车剐蹭，苏秀文与其姐姐下车后，对二人进行打

---

① 孙立平：《贫富分区争论表明精英与大众分裂》，《经济观察报》2006年2月28日。
② 岑科：《"仇富"对面是"欺贫"——杜维明谈企业家的社会责任》，《中国企业家》2006年第1—2期合刊。

骂，在刘忠霞将葱卸完后，苏秀文与其姐姐上车了……没有想到，起车之后，她的车竟向前猛冲，而不是向后倒，将刘忠霞碾倒在车下，而后又向围观的人群冲去。苏秀文开宝马车撞死1人撞伤12人，并随后被判两年徒刑，缓期三年执行。然而此案并没有随着判决结束，"几乎是在突然之间，一起发生在黑龙江省哈尔滨市的交通肇事案在宣判了近两个月后，以令人惊讶的速度在2004年新年伊始成为一个被广泛关注的社会热点"。① "判决之后，两个月以来持续高涨的社会舆论不但没有平息，反而掀起新的声浪，质疑之声不绝于耳。"② 最终质疑演变成贫与富、官与民之间矛盾的一场讨论。对宝马案的网络监测发现，网上对此消息的评论点击率甚至超过了人们对"非典"的关注度。③ 人们关注这起案件，质疑之一是"事件中的富人道德水准为什么会如此之低？难道拥有了巨额财富就可以藐视生命的尊严"？④ 不论人们怎样议论，在此我们的目的不是全面评析这起案件。但至少有一点可以肯定，苏秀文在下车后，边打边骂刘忠霞夫妇，曾说，你把面包车剐了才几个钱，剐我的宝马车你赔得起吗？⑤ 汽车被剐，可以找交警处理。我们要问：是谁给了苏秀文这样的权利，下车就打人？从苏秀文的言语中人们可以分析出，是财富为她的行为撑腰，所以扬言："剐我的宝马车你赔得起吗？"它很大程度地说明了作为富人的苏秀文在与贫穷的农民发生矛盾时首先考虑的是用双方金钱的多少来主导处理问题的态度、用暴力说话。这一事件从某种意义上至少反映出当今一些富人对穷人的人格尊严包括生命尊严的漠视。这种漠视在2006年广州市增城陈小英悲惨死亡事件中也体现出来。打工妇女陈小英手拎铁锹过马路，被车主怀疑剐蹭丰田车车头，拖到路边遭暴打在地，并被迎面开过来的卡车活活轧死。⑥ 无独有偶，2007年4月4日

---

① 新华社"新华视点"记者徐宜军、邹焕庆、梁书斌：《探究事件真相·哈尔滨宝马肇事案为何一波三折？》，新华社哈尔滨2004年1月10日电，http://www.peopledaily.co.jp/BIG5/shehui/1061/2289732.html。

② 南方周末见习记者刘鉴强：《"宝马案"疑云：司法程序中呈现诸多问题》，《南方周末》，转引自人民网－社会栏目－社会观察，http://www.people.com.cn/GB/shehui/1063/2288608.html。

③ 李强：《转型时期中国社会分层》，辽宁教育出版社2004年版，第48页。

④ 李培林、张翼、赵延东、梁栋：《社会冲突与阶级意识——当代中国社会矛盾问题研究》，社会科学文献出版社2005年版，第164页。

⑤ 南方周末见习记者刘鉴强：《"宝马案"疑云：司法程序中呈现诸多问题》，《南方周末》，转引自人民网－社会栏目－社会观察，http://www.people.com.cn/GB/shehui/1063/2288608.html。

⑥ 《剐花车主小轿车女工遭巴掌倒地致死》，《广州日报》2006年9月21日。

上午9点左右,北京市崇文区磁器口十字路口,一名送报纸的女子骑电动自行车与一辆红色轿车发生剐蹭。随后,女司机驾车追上电动车,一连搧了送报工十多个耳光。因此有评论者指出:"这是一起简单的交通纠纷吗?我说不是。如果换了对方也是开轿车的,这个女子还敢搧对方耳光吗?显然,正因为送报女只是一个穷人,而这个女车主大小也是个富人,后者才有了胡作非为的底气。"① 更令人愤慨的是2005年1月,上海发生的纵火逼迁案,开发商为牟利活活烧死两位老人。② 至于作为贫困者主体的"农民工"讨薪被打伤、打死的事件全国各地不断发生。2007年6月29日在广东省河源市东源县,近300名重庆民工,因4个多月工资近500万元被项目业主拖欠,遂罢工抗议。不料,项目业主找来全副武装的人员,对工人实施蓄意报复,惨剧随之发生,十余名重庆民工伤亡,其中1人死亡,2人失踪,6人伤势严重。③ 此类事件并不少见。可见,如果说一些先富者在与贫困者交往时,往往趾高气扬,取自高一等的态度,一旦在与贫困者发生了矛盾与冲突时,习惯用财富撑腰,用暴力解决问题,根本不尊重贫困者的生命等人格尊严,体现出严重的欺贫,相信这一观点会得到许多人的认可。我们也可认为在社会交往中某些少数先富者如此欺贫,是先富群体与贫困群体关系失衡的缩影。一定意义上,在欺贫现象的背后,反映了某些先富者以财富为支撑的扭曲的财富观、等级观念、歧视思想、特权思想、违反道德、漠视法律、暴力倾向、轻视生命等文化观念,它与社会所倡导,尤其是贫困者所持有的合理财富观、平等观念、公正思想、遵守道德、遵守法律、和平倾向、珍惜生命等文化观念产生极大的冲突,实际成了贫困群体文化与先富群体文化失衡的表现之一。

其次,经济生活中损害贫困者利益引起的文化矛盾。在经济生活中,由于种种原因贫困者处于不利的地位,有观点认为即使这样仍存在着一些先富者对贫困者进行挤压的现象。例如,作为乡城迁移者的"农民工"的生存境遇本就处于弱势,他们很少能享有与市民相同的住房、医疗等福利待遇,工资水平也远远低于城市市民。有研究者2003年年初调查显示,北京农民

---

① 《京华时报》2007年4月4日。
② 《上海:动迁公司人为纵火活活烧死古稀夫妇》,《新华每日电讯》2005年10月9日。
③ 《重庆民工广东讨薪遭殴打十余人伤亡》,《重庆晨报》2007年7月1日。

第三章 转型时期群体文化关系的现实观照 ·143·

工的月平均收入不足市民的1/2。① 更为严重的是，一些乡城迁移人员还经历着被拖欠工资的困境。以至于2003年10月24日温家宝总理帮助重庆三峡库区偏僻小山村农民熊德明讨要其丈夫被欠的工资2240元的事件，成为了2003年的一大新闻，并随之引发全国范围的为农民工讨工资的"讨薪风暴"。② 至2004年年底，据全国总工会不完全统计，全国进城务工的农民工被拖欠的工资约有1000亿元。③ 其中包括2003年年底前建筑领域发生的拖欠农民工工资337亿元，当然，这些款项在"讨薪风暴"后于2005年春节前绝大部分已经偿清。④ 但是，拖欠"农民工"工资问题并未完全解决，因此建设部2007年年初表示，166亿新拖欠农民工工资年底解决。⑤ 大体可以说，大部分拖欠"农民工"工资的单位中，企业居多，尤其是私营企业占有一定的比重，其中又以房地产行业，即建筑行业拖欠"农民工"工资严重。虽然我国目前处于社会主义初级阶段，社会主义市场经济体制有待完善，拖欠"农民工"工资的客观原因十分复杂，作为企业所有者或经营者的先富者，在拖欠"农民工"工资时，也许有各种各样的客观原因或实际困难，但是无论如何，对辛辛苦苦工作了一年左右的"农民工"工资的拖欠，实是逃不掉欺负贫困者之嫌。不仅如此，在中国现代化的过程中，随着工业化和城市化进程的加快，土地的征用越来越普遍。然而调查显示，在征用农民或市民土地过程中却出现了一些欺负贫困者的事件，例如野蛮强行拆迁、不予新房还建、补偿数额过低等事例并不少见，征地补偿也成为广大群众反映很强烈的问题，因而也成为人民群众信访的重点。因为它直接关系到失地农民与市民的生存问题。2004年7月21日，四川峨边县首富、明达集团董事长兼总经理、县政协副主席葛君明，在其办公室被索赔不成的农民张明春炸得身首异处，两人同归于尽的起因仅仅是一起6000元的普通经济纠纷。明达公司在建的是一个"四无"（无立项、无设计、无验收、无管理）电站，几乎是"强行"征用了农民张明春合法的采纱厂的土地，转让价压得极低。张明春断绝

---

① 李强：《农民工与中国社会分层》，社会科学文献出版社2004年版，第93页。
② 《农妇请总理讨薪成名人尴尬遭遇折射清欠阴影》，《中国青年报》2004年11月15日。
③ 《建筑法将作修改拖欠民工工资最高罚款30万元》，《华夏时报》2004年11月11日。
④ 樊曦、黄全权：《建设部副部长：坚持优先解决拖欠农民工工资问题》，新华网，2007年1月26日，http://news.xinhuanet.com/newcountryside/2007-01/26/content_5657794.htm。
⑤ 樊曦、黄全权：《建设部：166亿新拖欠农民工工资年底解决》，新华网，2007年1月27日，http://news3.xinhuanet.com/video/2007-01/27/content_5659841.htm。

了生计，不得不独自承受血本无归、债主上门、夫妻失和的空前压力和满腹委屈。在多次索赔不成又投告无门的情形下，张明春铤而走险与葛君明同归于尽。因此，有评论者指出，对于葛君明而言，"从某种意义上说，也正是这种因富而生的强势意识害了他自己"。"因此，在维护社会稳定中，我们要警惕'仇富'，但主要是防止'欺贫'；要关注富人的发展，但更要关切贫民的生存。"[①] 从此沉重事件中，我们同意大多数人的观点，即谴责极端的解决问题的办法；同时我们也十分同情事件中的弱者，当然对强者也有许多的欷歔。事件虽然已过去，但事件的起因却发人深省。在经济生活中损害贫困者利益的现象，反映了部分先富者在财富基础上产生的自高一等意识、强势意识、霸道意识、自私观等文化观念，它与社会所倡导，尤其是贫困群体所形成的平等意识、公平意识、权利意识、利己利人观等文化观念产生很大矛盾与冲突，从而成为引发先富群体文化与贫困群体文化失衡的重要因素。

再次，思想文化生活中歧视贫困者引起的文化矛盾。由于种种原因，社会上存在着富裕群体与贫困群体。目前世界上大多数国家，无论是福利型国家，还是市场取向的国家，都把社会救助看成是政府行为，是政府的一项义不容辞的社会责任，获得社会救助是每个公民的基本权利。[②] 对贫困者的社会救助从人道向人权的转变体现出社会的进步。它蕴涵的价值理念表明全社会的人应互相关心、互相帮助，无论贫富。自然，从社会层面而言，在帮助穷人方面富人肩负着社会更多的期望。然而，有一种说法认为目前在思想文化生活中先富者对贫困者表现出某种嫌弃与歧视，我们以为这一说法也许不是妄谈。学者蔡永飞在《燕赵都市报》发表文章，批评某些知识分子厌弃穷人。[③] 除了在思想方面存在此观念外，在舆论方面也有类似观念。有作者发文专门论述，"'欺穷'拷问中国公民价值观"，文章指出，一个叫"雅阁女"的女网民的"名气"席卷网络，此女子数次在网上发布自己的视频录像，宣扬"崇富"思想，并在最近一次公布的视频中扬言"月薪低于3000元都是下等人"。数百万网友对她的言行展开"讨伐"，称她为"网络公敌"。无独有偶，一个标榜"高贵的上海人"的网友易烨卿，在网上撰文数

---

① 俞评：《仇富还是欺贫？》，《观察与思考》2004年第16期。
② 杨立雄：《从人道到人权：穷人权利的演变——兼论最低生活保障制度实施过程中存在的问题》，《湖南师范大学社会科学学报》2003年第3期。
③ 转引自吴立《某些知识分子为何厌弃穷人》，《天涯》2005年第6期。

篇，表达自己对农民、民工、外地人、乞丐的鄙夷，再三宣扬"人是分三六九等、高低贵贱的"，立即掀起了一场轰轰烈烈的大辩论。去年年底，刊发于某都市类报纸旅游版面的一篇文章称："如果你在12月25日那天上街，放眼望去全是穷人。因为，有钱人都不在深圳过圣诞，圣诞节留在深圳是可耻的。"几百字的小文章，迅速激起千层浪，读者纷纷以不同形式表达不满和愤怒。因此，作者指出，毋庸置疑，欺穷心理如今已成了建设和谐社会的隐患。① 相对于公开、明确地嫌弃、歧视贫困者的言论，隐藏于媒体文章与节目中的"贫困者活该受穷、贫困者是低贱的、下等人"等的歧视贫困者的价值取向也有一定的市场，我们以为这一看法并不为过。2007年5月，北京市市长王岐山在"加强城市户外广告设置管理问题研讨会"上说，许多户外广告除了设置上违规造成环境破坏以外，广告词中反复出现的"至尊"、"豪宅"、"奢侈"、"顶级享受"等字眼，也严重影响了首都的和谐氛围。② 其实这样的广告在全国各地并不少见。"有些分明打着'高尚社区'、'富人区黄金宝地'、'身份与尊贵的体现'等等字眼，把房、钱与名赤裸裸地画上了等号，更与人的品质拉上了关系，似乎不住在'高尚'社区的人都是低俗的。"③ 广告作为一种文化，不仅仅传递商业信息，它在传递商业信息的同时，还传载着生活方式、道德规范和价值理念。广告商和广告业主应该均属于先富群体的行列，然而他们精心打造的广告产品却具有欺穷的嫌疑。这样的广告在传递商业信息的同时，也传递出炫耀财富的价值观念，有意无意中增强了贫困者的不公正感，无形中对贫困者是一种嫌弃。在思想文化方面歧视贫困者的现象，反映了一些先富者具有的拜金主义思想、等级观念、不正确的财富观等文化观念，它与社会提倡的，尤其是贫困群体持有的合理的金钱观、平等观、公正观等文化观念产生矛盾，从而引发两大群体之间的文化失衡。

（2）关于"仇富"反映的文化矛盾

"仇富"的问题有些复杂，但又是一个社会现象。有学者在2003年就指出："近些年来，有一个现象很值得我们注意，这就是社会中开始广泛弥漫的'仇富情结'。"④ 中国社会科学院陆学艺主编的《当代中国社会阶层

---

① 浩富：《"欺穷"拷问中国公民价值观》，《华人时刊》2006年第12期。
② 中新社5月9日，http://www.chinanews.com.cn/gn/news/2007/05-11/932552.shtml。
③ 张燕丽：《嫌贫爱富的房地产广告》，《青年记者》2005年第11期。
④ 孙立平：《转型与断裂——改革以来中国社会结构的变迁》，清华大学出版社2004年版，第282页。

研究报告》也指出："我们在访谈调查中也发现，一些有资产的人或高收入的人认为，收入差距过大使他们缺乏安全感，他们时常感受到低收入者、失业者对他们的不满或仇视心态。"① 还有论者2006年指出："'仇富'是当今中国一种较普遍的社会心理，一味指责'仇富'是畸形心理显然于事无补。"② 甚至有研究者指出，中国社会的确存在着"仇富"心理，但这种心理具有历史和现实的合理性。③ 其实，对"仇富"不论是将其定位于畸形的心理还是正向的心理，作为一种社会存在，"仇富"从最低意义而言，它至少是贫困群体与先富群体之间差异、矛盾等失衡在文化上的反映。

"仇富"作为蕴涵较为丰富的概念，较难界定。有学者指出，应该说近年来"仇富"一词确实存在被滥用或误用的情形。因而，人们使用这个词的时候，非常有必要明确它所指涉的对象，以及它所可能适用的条件。④ 中国人民大学人口与发展研究中心教授穆治锟指出，"仇富"是劳动价值的自我评价和社会评价错位时所产生的负性社会心理，是弱势人群不能适应社会转型的一种不良心理反映，甚至是拖着计划经济尾巴的畸形市场经济心理。⑤ 有研究者指出，仇富心理，是指社会贫困阶层对特别富有阶层及个体的仇恨、敌视。⑥ 还有研究者这样指涉"仇富"心理，社会弱势群体中躁动不满情绪的重要表现之一就是仇富心理的滋长蔓延。具有仇富心理的人由不自觉到自觉地漠视经济改革，敌视经济发展，有时甚至破坏经济建设；他们对已经富起来的人充满偏见、嫉妒，甚或憎恨、伤害；他们常对富有人的不幸幸灾乐祸。毫无疑问，仇富心理是一种不健康的心态，与时代精神相违背。⑦ 仔细审视，上述论者主要是从负向方面界定"仇富"，而且主要是指涉弱势群体的仇富。也有学者从正反两方面对其予以界定，如果说在社会层面上存在某种"仇富"心理的话，那么，应该说这种心理并不是仇视一切富者，而只是对于那些利用不正当手段非法暴富者，以及变富之后"为富

---

① 陆学艺主编：《当代中国社会阶层研究报告》，社会科学文献出版社2002年版，第42页。
② 学习月刊编者：《〈仇富的本质是仇不公〉的编者按》，《学习月刊》2006年第7期（上）。
③ 郭松民：《话说仇富心理》，《记者观察》2006年第11期（上半月）。
④ 沈杰：《专家解读仇富心理：社会转型期的一种独特现象》，《中国青年报》2006年9月17日。
⑤ 穆治锟：《仇富和崇富的悖论》，《世界知识》2004年第13期。
⑥ 谭平：《论中国古代的仇富心理》，《中华文化论坛》2004年第3期。
⑦ 胡丰顺、钟青林：《社会弱势群体仇富心理产生的原因及其化解之道》，《理论界》2005年第11期。

第三章 转型时期群体文化关系的现实观照

不仁"者的"恶行"的道德义愤,在这个意义上的"仇富"心理应该说是正当的。但是,在现实中,在个人层面上,却在一些人身上表现出"仇富"心理的泛化和偏激化现象。所谓"仇富"心理的泛化,是指对一切富者都怀有愤慨态度;所谓"仇富"心理的偏激化是指用非理性的方式向富者表达愤慨、讨回"公道",更有甚者用肆无忌惮的手段向社会发泄"仇富"的愤怒情绪。"仇富"心理的泛化和偏激化无疑都是不正当的。[1] 客观而言,"仇富"心理内涵复杂。参考不同的研究者对"仇富"的界定,我们认为,"仇富"心理,简而言之,是对富裕者的怀疑、不满、愤慨与敌视;它主要包括两种情况:一种仅仅只对非法致富者、为富不仁者的不满与痛恨;另一种是对一切富裕者的愤恨与仇视。"仇富"存在于社会各个阶层中,相对而言可能以贫困群体等弱势群体居多。需要说明的是,"仇富"现象是十分复杂的现象,上述两种情况可以从不同视角进行解读,正向的或负向的,且两者有时往往互相交织,难以区分;由于本书论涉的题目所限,我们仅仅主要论及贫困群体对先富群体的"仇富"现象;"仇富"心理是历史又是现实,在此主要指涉转型时期的这一特定现象。因"仇富"而反映的文化矛盾,大体上主要可以概括为以下几种:

首先,贫富差距加大后的"仇富"反映的文化矛盾。改革开放以来,在经济高速增长的同时,中国从一个相对平均的社会步入到贫富差距很大的社会。大多数研究者认为,如果采用基尼系数来衡量中国的贫富状况,已超过 0.40 的国际警戒线。世界银行专家(马丁和陈少华,2004)计算的全国基尼系数,从 1981 年的 0.31 提高到 2001 年的 0.447;《中国人类发展报告》(2005)的数据也显示,全国基尼系数,1978 年为 0.30,1988 年就达到 0.38,2002 年就高达 0.45。[2] 如此高的收入差距,有研究者指出:"在 2001 年,中国的基尼系数达到 0.458,这就使中国进入'全球收入最不平等的 40 个国家之列'。"[3] 国务院发展研究中心主任鲁志强 2002 年 5 月 9 日在亚洲开发银行第 35 届年会"中国日"研讨会上也表示,按照国际通行的判

---

[1] 沈杰:《专家解读仇富心理:社会转型期的一种独特现象》,《中国青年报》2006 年 9 月 17 日。

[2] 蔡昉、万广华主编:《中国转轨时期收入差距与贫困》,社会科学文献出版社 2006 年版,第 3 页。

[3] 姚洋主编:《转轨中国:审视社会公正和平等》,中国人民大学出版社 2004 年版,第 198 页。

定标准，中国已经跨入居民收入很不平等的国家行列，收入分配问题已成为中国当前社会问题中最引人注目的问题。① 上述数据均表明，中国贫富差距已相当大，居民收入很不平等，同时它也成为社会中最引人关注的问题。"世纪之交以来，我国的经济持续快速发展，取得了巨大的成就，但是城乡差距、区域差距、贫富差距年年在扩大，基尼系数超过了警戒线，这是产生诸多社会问题的根本原因。"② 正是在此背景下，"仇富"问题开始出现。关于贫富差距加大后的"仇富"现象，我们试从三个方面进行分析：

其一，不满收入差距过大而产生的"仇富"，这是从普遍意义而言。阿马蒂亚·森深刻地指出，收入方面的相对剥夺可能导致能力方面的绝对剥夺。从这个意义上说，贫困问题和不平等问题是紧密相连的。③ 姚树洁等研究表明，用基尼系数表示的收入不平等程度每提高10%，分别导致城市贫困发生率提高15%—30%，农村贫困发生率提高21%。④ 正是因为贫困和不平等联系在一起，因此，贫困群体容易对先富群体产生不平、不满、愤恨、仇视心理。有学者指出，共同富裕下的贫富分化和贫困深化下的贫富分化，人们对贫富差距的接受程度不一。前者较少产生仇富心理，而后者正是产生仇富心理的土壤。⑤ 甚至有研究者更明确指出，"仇富心态"与基尼系数成正比，它的普遍性与严重性，由这个系数做了量化表达。⑥ 还有学者运用"结构紧张"与"公正失衡"概念来诠释从贫富差距过大过渡到社会心理失衡的现象的中介。

其二，因生存困境而产生"仇富"。目前，中国的绝对贫困人口大约有5000万。其生存状况堪忧，即使考虑到社会保障的因素，仍不容乐观。况且，有一些贫困者并未纳入社会保障系统。2005年9月11日从河南信阳农村来北京打工的32岁"农民工"艾绪强，在打工生活遭遇困境、生存出现困难时，抢劫出租车并制造了3死6伤的王府井血案。他在法庭上说："我

---

① 中国新闻社电，2002年5月10日。
② 黄家海、王开玉主编：《社会学视角下的和谐社会》，社会科学文献出版社2006年版，序言第2页。
③ 姚洋主编：《转轨中国：审视社会公正和平等》，中国人民大学出版社2004年版，第57页。
④ 蔡昉、万广华主编：《中国转轨时期收入差距与贫困》，社会科学文献出版社2006年版，第7页。
⑤ 穆治锟：《仇富和崇富的悖论》，《世界知识》2004年第13期。
⑥ 张雨生：《要关注"仇富心态"》《学习月刊》2006年第17期。

对这些富人很不满,因为他们的存在让我们穷人无法生存。我只能选择在那里(王府井)与那些富人同归于尽。"① 无独有偶,夫妇两人 2002 年均下岗的 59 岁的北京男子秘某,因嫉妒别人有钱,4 年间在东城区各胡同内不断扎破他人总数达 100 余辆汽车轮胎。"看着别人住楼房,开汽车,而我们只能挤在小平房里,我想起来就生气,有时都睡不着觉。"② 这两起案例均十分典型,也令人深思。案例背后隐藏着太多的东西,如经济、社会、文化心理的。但有一点值得关注,贫困者因生存困境而产生的"仇富"是导致案件发生的一个重要原因的说法有一定的道理。如果上述因不满收入差距过大而产生的"仇富"还是从普遍和抽象意义论涉"仇富"的话,那么,一定意义而言因贫困而造成生存困境则是导致一些贫困者对先富者不满和仇视的更为直接的原因。目前我国划分贫困群体的标准主要是以绝对贫困为依据,贫困即意味着衣食无着、生活堪忧。社会上一部分人生活难以为继,一部分人拥有较多的财富,在这样的现实状况下,很容易引发"仇富"。有研究者指出:"在生产力水平不高和物质财富有限的情况下,任何人正当或不正当的多拥有一部分财富,都可能导致一部分人生存艰难,从而使这部分人产生一种被剥夺的切肤感受,这种切肤感受使他们对别人的富裕过度警惕,充满偏见,久而久之便转化为情绪化的、非理性的仇富心理。"③ 还有论者也持类似看法:"人均资源紧张是我国发展的最大制约因素。这个因素决定:在中国,财富只能按一种比较平均的状态分配。如果少部分富人占有了过多的资源,则必然会导致大部分人丧失基本的生存条件。这种状态本身(不管它形成过程中有没有腐败)就是无法忍受的,表现在社会心理层面,就是'仇富'。"④ 应该注意的上述论者均强调,在中国特有的生产力和资源状况的前提下,如果社会一部分人占有较多的财富,而使得另一部分人生存困难,不论这种财富的占有是否合法,都是不公平的,这种绝对剥夺的现状会导致贫困者产生"仇富"。

其三,因回击嫌贫而产生的"仇富"。2005 年 12 月,河北省来京打工

---

① 杜智娜:《法庭上的"仇富者"》,《法律与生活》2006 年第 8 期。
② 《北京男子仇富 4 年扎坏百辆车轮胎自称上瘾》,《新京报》2006 年 12 月 28 日。
③ 胡丰顺、钟青林:《社会弱势群体仇富心理产生的原因及其化解之道》,《理论界》2005 年第 11 期。
④ 郭松民:《诘说仇富心理》,《记者观察》2006 年第 11 期(上半月)。

的农民庞茂升,在北京市一居民楼内持刀抢劫清华大学女副教授并将其杀害。[1] 造成庞茂升犯罪心理的产生原因有许多,其中现实的贫富差距、自己生活的窘迫和网上不良价值观的影响是其重要原因。[2] 但是,庞茂升曾经交代:"看到关于宝马车撞人的报道后,我觉得有钱人太张狂,就想法教训教训他们。"[3] 因此,应该引起注意的是先富者对贫困者的欺负也是他的犯罪动机之一,这一点确实发人深省。有论者鲜明指出:"有欺负就必有反欺负。既然令人发指的'仗财欺人'现象不断增多,那么教公众如何又不滋生出'仇富'心理呢?!"[4] 客观地说,说先富群体的大部分对其他群体包括贫困者群体采取平等的态度,这一看法不会招致疑义。但是,当少数先富者"仗财欺人"等嫌贫现象出现并在社会造成很坏影响时,引起贫困者"仇富"一定程度上也合乎逻辑。

总之,上述在贫富差距加大的情况下产生的部分贫困者对先富者不满和敌视,并不能简单地以偶然现象论之,从某种意义而言,我们认同这一说法,即它实际上昭示了两大群体文化之间的失衡。

客观而论,贫富差距加大后的"仇富",无论表现为何种类型与何种形式,实际上都是由于贫困群体因贫困而遭受绝对剥夺进而引发的不公平感所导致的。从正向意义而论,它实质也是贫困群体追求美好生活的一种侧面与曲折的反映,它内在地反映了贫困群体对公平、正义的社会秩序的追求,体现了贫困群体所持有的平等理念、公平理念、正义理念,它与现实生活中存在的贫富差距很大所反映的不平等、不公正形成冲突。一定意义上它反映了贫困群体平等观念、公正观念受到挑战尤其是来自先富群体事实上挑战的事实与结果,由此,它引发了贫困群体文化与先富群体文化之间的矛盾。从负向意义而论,一定程度上它也是因一些贫困者对待财富有所褊狭的观念所引发的文化矛盾。

其次,因不满非法致富引起的"仇富"反映的文化矛盾。2002年互联网上对刘晓庆偷漏税案的抨击中夹带着许多其他的东西,如富人都是偷税漏

---

[1] 《持刀抢劫杀害清华副教授"仇富"案犯被枪决》,新华网,2006年12月14日,17:55:10,http://news.xinhuanet.com/legal/2006-12/14/content_ 5486777.htm。

[2] 李宏、周莉宁:《劫匪庞茂升犯罪心理分析》《北京日报》2006年9月5日。

[3] 《持刀抢劫杀害清华副教授"仇富"案犯被枪决》,新华网,2006年12月14日,17:55:10,http://news.xinhuanet.com/legal/2006-12/14/content_ 5486777.htm。

[4] 马赛克:《教人如何不"仇富"》,《政府法制》2006年第1期(上)。

税的等，甚至不时出现打杀之声。① 2004年搜狐首席执行官张朝阳在福布斯论坛上发表演讲指出，中国现在的富人多数不是因为他们创造了多少价值，而是依靠权力分配不公使他们成为富人。……当然其中也有一些人确实是靠自己的聪明才智发家致富的，现阶段的中国这样的富人却只是少数！中国人表面上看好像是仇富实际上不是仇富。中国人是在仇恶！但是，由于现阶段富人和恶人有一个比较大的重叠。并且恶（大恶，影响范围较大的）主要集中在富人区。所以仇恶看上去就好像在仇富了。② 道出此番言论的张朝阳自身就是富人，这在一定程度增加了它的可信度。如果张朝阳的话还更多反映出人们在日常生活对先富者的认识带有感情色彩的论点，那么，下面这组数据至少在某种程度上反映出张朝阳的上述言论也许并非空穴来风。据国家统计局公布，目前中国"隐形经济"总量已达国民经济总量的10%，即每年约有1万亿元的规模。而学者们则认为这一比例可能高达15%—20%，其总量可达1.5万亿—2万亿元。据财政部数据显示，中国每年被不法"富豪"通过地下钱庄"洗"到境外的黑钱高达2000亿元，相当于中国全年的对外贸易顺差，占年引外资的一半，占GDP的2%。其数据规模之大，可谓触目惊心。③ 一定意义上社会上存在着一定数量的非法致富的先富者存在，许多人包括贫困者对先富者产生怀疑、不满、隔阂和愤恨也就不足为奇了。有学者在谈到收入差距扩大的结果和趋势是中国现代化面临的挑战之一时指出，有两个方面的问题需要高度关注，其中之一是体制转变时期出现的机会不平等和权钱交易现象，会使社会成员对造成差距的原因产生强烈不满，而这种强烈不满又会导致贫富差距问题在人们心理上的放大，成为一个产生社会问题的深层影响因素。④ 还有论者指出，非法收入现象常见且严重。应该说这是时下仇富心理滋长蔓延的最重要的诱因。……这种现象使辛劳的人们在流干眼泪之后心中充满怨恨，他们在心理上极易认定富人的富裕都是建立在剥削、敲诈穷人的基础之上，只有让这些富人消失，他们的生活才能有转

---

① 孙立平：《转型与断裂——改革以来中国社会结构的变迁》，清华大学出版社2004年版，第282页。
② 《张朝阳认为中国从来没有仇富》，《天涯》2004年第1期。
③ 江汉：《〈解读国人仇富心态〉》，《中国报道周刊》2006年9月30日。
④ 黄家海、王开玉主编：《社会学视角下的和谐社会》，社会科学文献出版社2006年版，第23页。

机。① 因此，我们大体赞同下面的说法："一种思想认为，中国人仇富心理的产生，其实是将公众对权势资本家的仇恨、对腐败的仇恨转化到了对整个富人阶层的仇恨中。"② 正如张朝阳所说，正因为富人和恶人有相当程度的重叠，所以人们"仇富"。中国人民大学教授毛寿龙则明言：中国当前所谓的仇富其实并非真的仇富，而是仇不公。③ 客观地说，一定意义上如此"仇富"是社会公正感的特殊表现之一，我们以为主要从正向价值方面予以解读可能比较客观。总之，非法致富引起的"仇富"现象实际反映了贫困群体所具有的公平正义观念、法治观念、道德观念，它与一些非法致富的先富者所持有的不公平观念、不正义观念、较淡的法律意识、缺少道德意识的观念形成矛盾与冲突，从而引发贫困群体文化与先富群体文化的失衡。同时，由于此种"仇富"带有较多的情绪性特征，在一定的程度上易失去控制，也易进一步演化为"仇富"的行为，致使贫困群体文化与先富群体文化之间的失衡不断发展。

再次，富人未尽社会责任引起的"仇富"反映的文化矛盾。中国自改革开放以来，比较短的时间内涌现出一批先富者。一些先富者在富裕以后，没有树立正确的财富观，并未将财富的获得、使用与社会、他人联系起来，局限于个人的意义上看待财富。主要表现为，一方面，存在着过度消费、畸形消费的现象。几百万一辆的豪华车、上千万的豪华别墅、几十万一桌的饮食、花巨资刊登征婚广告等现象反映出一些先富者的奢侈消费，且对社会不良消费倾向起到推波助澜的作用；同时一些先富者摆谱、比阔、斗富，滥赌、嫖娼、吸毒的现象屡有所闻，包"二奶"等不良言行更是为国人所不齿。另一方面，在获取财富后一些先富者并未履行应尽的社会责任。有资料表明，许多先富者不愿意回馈社会，帮助穷人。一份慈善公益组织的调查显示，国内工商注册登记的企业超过 1000 万家，有过捐赠记录的不超过 10 万家，即 99% 的企业从来没有参与过捐赠。④ 当然，目前要求所有的企业都对社会有所捐赠不尽合理，然而，即使是考虑到当前社会风气对捐赠所起的一定的消极影响因素，客观而言，如此微小的比例仍能说明一定的问题。少数

---

① 胡丰顺、钟青林：《社会弱势群体仇富心理产生的原因及其化解之道》，《理论界》2005 年第 11 期。
② 杨茜、江严：《仇富心理及其他》，《心理世界》2006 年第 3 期。
③ 毛寿龙：《仇富的本质是仇不公》，《学习月刊》2006 年第 7 期（上）。
④ 杨茜、江严：《仇富心理及其他》，《心理世界》2006 年第 3 期。

第三章 转型时期群体文化关系的现实观照

先富者不负社会责任的行为，是引发社会其他群体尤其是贫困群体"仇富"的一个重要因素，我们认为这一说法有较大的可信度。因此，全国人大代表、亿万富翁楼忠福曾告诫说，先富者要保持一种平常心，多投身于社会公益事业，以免自己穷奢极欲引发别人仇富心理。被温州青年视为财富偶像的南存辉也说："回报曾经给过你支持和哺育的社会，尊重他人，别人自然也会爱戴你、尊重你。人身安全问题自然也就解决了。"① 客观分析，一定意义上，因部分先富者未尽社会责任引起的"仇富"现实，实际上反映出部分先富者思想中的不良道德意识、薄弱的义务意识、较为自利的思想，它与社会提倡的，尤其是贫困群体所具有的道德观念、义务意识、利人利他思想之间形成较大的差异，并容易引起贫困群体的不满，从而在贫困群体与先富群体之间产生矛盾与冲突，进而引发两大群体文化关系的失衡。

最后，传统文化的负面影响引起的"仇富"反映的文化矛盾。笑林和李国盛的相声段子中有一句："只要你过得比我好，我就受不了。"虽说只是一种讽刺，但相声艺术来源于生活，这似乎是国人仇富心态的一种体现。有研究者指出，我们无法评估一个正确对待财富的态度，于国于民到底有多么重要。但是，可以想象一个错误的态度会有多么可怕。② 客观而言，这样一种对待财富的态度确有商榷之处，它实质是我国传统文化负面影响的结果。大体上，中国传统文化中对待财富至少存在两方面的影响，一方面是崇富，推崇因读书获得功名、勤勤恳恳的劳作或经营而致富的人；另一方面是鄙富，认为富人"为富不仁"、对富人比例较多的商人则谓之"无商不奸"。同时，中国文化传统中还存在着"不患寡而患不均"、"均贫富"、"杀富济贫"的观念。传统文化对待富裕的观念受制于当时低下的生产力发展水平、资源紧张的现实状况，其合理与否要以当时的历史情况而论。例如"均贫富"观念，在绝大部分的人基本生存出现问题，少数富人占有较多的财富的情况下，如果不适度地"均贫富"则可能引致民不聊生。然而如果脱离具体的历史状况，笼而统之地言"均贫富"则很是偏颇。文化的影响极为复杂，其发挥作用的机理同样十分复杂。一种文化观念形成之后，受其影响的人们可能会将其片面地应用，是为偏颇；在其产生的基础发生变化后仍不断应用，是为无的放矢；将过去的观念不加扬弃生硬搬到现在应用，是为不

---

① 江汉：《解读国人仇富心态》，《中国报道周刊》2006年9月30日。
② 本刊评论员：《仇腐≠仇富》，《科技创业》2007年第1期。

合时宜。中国长期以来在自给自足小农经济条件下产生的平均主义传统在现今社会仍有影响。这种影响体现在将平均主义思想不适当地应用于现时代,强调绝对的平均,对待任何富人均存妒忌之心。它同生产力与科技的发展、公平与效率的提高是相违背的。因此,有学者谈到收入差距扩大的结果和趋势是中国现代化面临的挑战之一时指出,有两个方面的问题需要高度关注,其中之一是中国传统的"均贫富"的文化遗产以及计划经济时期平均主义分配的制度遗产,会影响社会对收入差距的心理承受力。[1] 在当前经济和社会发展过程中,鄙视一切财富、忌恨所有富人等"仇富"现象的产生也有传统文化负面影响的因素。它实际反映了少数贫困者持有的扭曲的财富观念与合理的财富观念的矛盾,也是贫困群体文化与先富群体文化失衡的表现。

(三) 干部群体文化与群众群体文化的现实分析

1. 干部群体与干部群体文化

(1) 干部群体

干部是一个涵盖性很强的概念。广义与狭义、学理与日常的指涉均不同。综合考虑相关的界定、[2] 本书的研究对象,我们认为,干部是指党委系统、政府系统(包括司法机关系统)中的公职人员(勤杂人员除外),军队、国有和集体所有的企业、事业单位中从事行政管理工作的各类人员。这一界定比公务员的范围稍宽一些,又比国家按行政干部编制认定的干部窄,后者将专业技术干部队伍等也全部归属其中。[3] 干部群体的人员组成较为多样,但是其共同的特征,在于具有一定的组织资源或权力资源,一定程度可言他们均是普遍意义上的"权力精英"。相对于群众群体而言,一定意义上,干部群体在文化资源上也具整体上的优势。

(2) 干部群体文化

干部群体文化主要体现在以下几个方面:

---

[1] 黄家海、王开玉主编:《社会学视角下的和谐社会》,社会科学文献出版社2006年版,第23页。

[2] 陆学艺主编:《当代中国社会阶层研究报告》,社会科学文献出版社2002年版,第10页;李强:《当代中国社会分层与流动》,中国经济出版社1993年版,第276页;李培林、张翼、赵延东、梁栋:《社会冲突与阶级意识——当代中国社会矛盾问题研究》,社会科学文献出版社2005年版,第202页。

[3] 《2006—2010年全国干部教育培训规划》,《人民日报》2007年1月15日第1版。

第一，平等思想与等级思想并存。平等思想是现代社会的精神。党和国家提倡干部是人民公仆的思想，平等思想是蕴涵其中的重要理念。现阶段，作为掌握权力资源的群体而言，干部群体对平等的理解也不例外。有学者调查中央党校和广西壮族自治区省委党校等培训学习的党政干部的结果显示，被调查的领导干部中，最重视的一是创新意识，二是群众观点，这是符合我们这个时代的时代精神的。[1] 群众观点的核心是从群众中来到群众中去，权为民所赋，权为民所用，显示平等思想。大体而言，上级下级平等、干部群众平等、能上能下也是干部群体平等思想的外在体现。近些年来，国家加大了公务员制度的改革，从中央到地方，许多公务员从普通群众中产生。除此以外，在干部的提拔任职上，一些地方开展改革试点，体现了平等。2004年10月吉安市实行公推差选，[2] 在干部的业绩考评上面，湖北蕲春县、江苏金坛市在对部分干部考核中，尝试运用由农民给干部鉴定和打分的方法。[3] 2006年黑龙江省海伦市对全市乡科级领导干部实行了职务任期制。[4] 近两年，咸阳市委、市人大、市政府、市政协机关带头拆除围墙，取消延续几十年的进门登记制度。[5] 然而，也有干部在工作中高高在上，等级思想严重，践踏了平等思想。干部群体的等级思想主要体现在官本位思想上，如唯官至上、唯权至上、官贵民贱、官重民轻等思想。"极少数干部从骨子里瞧不起群众，甚至认为基层群众素质低'老败兴'，不能与'我'为伍。"[6]

第二，法治思想与人治思想并有。法治理念是法制体系的精髓和灵魂。[7] 有学者指出，法制完备、主权在民、人权保障、权力制衡、法律平等、法律至上，依法行政、司法独立、程序正当、党要守法，是法治观念的主要内涵。[8] 目前干部群体文化中存在法治思想与人治思想并存的现状。权

---

[1] 万军、刘君栩、杨丽华：《当前党员领导干部的思想状况问卷调查》，《科学社会主义》2006年第6期。

[2] 《瞭望》新闻周刊记者林艳兴、任立波：《干部"公推差选"再考察》，《瞭望》2007年第5期。

[3] 纪昌荣：《农民为干部作鉴定》，《瞭望》2007年第13期。

[4] 李德军：《我们是如何推行干部任期制的》，《领导科学》2007年第8期。

[5] 张立勇：《领导干部应当怎样对待群众?》，《求是》2007年第5期。

[6] 同上。

[7] 谢鹏程：《论社会主义法治理念》，《中国社会科学》2007年第1期。

[8] 刘海年、李林、托马斯·弗莱纳主编：《人权与宪政——中国—瑞士宪法国际研讨会文集》，中国法制出版社1999年版，第157—159页。

为民所授的思想是法治思想的重要体现,然而,"据《中国党政干部论坛》披露,在闽粤滇黔等省对在职干部就权力获得问题问卷数据表明,有64%的干部认为权力是领导给的,认为权力获得取决于个人努力的占5%,只有1%的人认为取决于群众"。① 在现实生活中,很多行政机关在制定行政法规和规章时,维护宪法的权威;也有少数机关与干部制定的规章,违背了宪法。如河南西北部一县级市用牺牲法律、法规的尊严,取媚于"客商"。② 许多干部在管理活动中尊重群众的人权;然而行政活动中不尊重公民的权利的事情时有发生。很多干部在行使权力时注重分清权力界限,如现担任河南省驻马店市纪委副书记的杨正超。③ 也有极少数干部越界使权。"一些地方出现假借公共利益之名压价征用、变相剥夺农民土地而当地党政领导责令当地人民法院采取不予立案、强迫原告撤诉等措施来配合当地搞土地开发、强制拆迁。"④ 许多干部在行使职权时,尊重公民的知情权、参与权,采取听证会等方式听取公民的意见。也有少数干部靠拍脑袋决策,偏听偏信。"在对上负责而非对下负责的行政考绩制度下,把资源配置到能立竿见影地彰显任期内的'政绩'的做法,就变得非常普遍。……而对教育发展、农业投入、民众疾苦等却不怎么在意。"⑤ 许多干部在行使职权时,以诚信为本,树立政府良好形象;也有少数干部违规行使职权,朝令夕改,令政府丧失公信。许多干部自觉树立了职权行使应受外部监督的观念;也有极少数干部脱离监督,走上违纪违法道路,如2006年,全国公安机关查处民警违法违纪案件4442起、5942人。⑥

第三,公利思想与私利思想并在。从理论上讲,总体上干部群体是公共权力的行使者,代表公共利益,体现公众意愿。但干部自身也是公民,现实中公权力的依法行使与干部个体利益有时存在矛盾,尤其是在职位升迁、物质利益、人情关系等方面,公私矛盾极易出现。为公或为私考验着每位干

---

① 转引自姬金铎《封建主义及其当代影响》,中国社会科学出版社2003年版,第188页。
② 王明浩:《"法外特权"岂能成招商筹码》,《人民日报》2007年1月18日第5版。
③ 曹树林:《惩腐治恶不退缩——记河南省驻马店市纪委副书记杨正超》,《人民日报》2007年4月18日第2版。
④ 莫于川:《"普法"的重点是帮助各级领导干部树立现代法治观念》,《探索》2006年第1期。
⑤ 陆学艺主编:《当代中国社会阶层研究报告》,社会科学文献出版社2002年版,第85—86页。
⑥ 杜文娟:《去年查处民警近六千 今后民警升职要过经济责任审计关》,《人民日报》2007年2月9日第10版。

部。一定程度而言干部群体文化中公利思想与私利思想并存。许多干部能执政为公。优秀共产党员史来贺常说:"当干部就得吃亏。"① 北京昌平纪检干部沈长瑞13年来秉公执纪,突破人情关、关系网,顶住各方面的对抗甚至恐吓威胁。② 然而,也有少数干部在行使职权中,牟取私利。每年各级政府官员公车私用费用达2000多亿元。据有人测算,许多公车真正用于公务的时间仅占1/3。③《学习时报》2006年有文章指出,公费出国几乎成为各级政府和公共机构的一种普遍现象,甚至到乡镇一级。1999年的国家财政支出中,仅官员公费出国一项消耗的财政费用就达到3000亿元。④ 极少数干部还结成关系网,以权谋私更为隐蔽,并以人情关系代替法律关系。⑤ 此时,正常的权力变成某些人谋取私利的工具。

2. 群众群体与群众群体文化

(1) 群众群体

"群众"一词在现实生活中使用频率很高。在本书中群众是指不属于干部的人员,群众群体是指除干部以外的所有其他人员构成的群体,逻辑上群众群体对应于干部群体。从权力资源角度而言,群众群体整体上不拥有公共性为主的权力资源或组织资源。在社会身份上,群众群体基本上涵盖了社会上几乎所有的身份类别。群众群体人数庞大,构成复杂。

马克思主义认为人民群众是历史的创造者。群众路线理论是毛泽东思想的重要组成部分,即"从群众中来,到群众中去"。马克思主义重视群众体现出思想的革命性与科学性。"无独有偶,在西方学者的研究中,更是普遍将'群众'的崛起视为一个最为重要的'现代'现象。"⑥ "法国著名社会心理学家勒庞就将人类正在进入的时代直接命名为'一个群体的时代'或群众运动的时代,认为有两个互为表里的基本因素,是引发传统社会进入现代社会的主要原因:即传统的宗教、政治及社会信仰的毁灭和技术发明给工业生产带来的巨变。这一变化反映在西方各民族政治生活的层面,则是群众

---

① 邢克鑫:《"当干部就得吃亏"》,《求是》2004年第4期。
② 姜洁:《一腔热忱暖民心》,《人民日报》2007年4月11日第1版。
③ 《中国青年报》2006年3月13日,《报刊文摘》2006年3月17日。
④ 《学习时报》2006年3月17日,《报刊文摘》2006年3月22日。
⑤ 姬金铎:《封建主义及其当代影响》,中国社会科学出版社2003年版,第176页。
⑥ 孙逊主编:《都市文化研究》第一辑,上海三联书店2005年版,第152页。

作为一种民主力量的崛起。"① 中国的群众力量也形成于中国现代化的进程中。

(2) 群众群体文化

群众群体文化的特征十分丰富，粗略概括，大体包括以下几个方面：

第一，主人翁精神与旁观者态度共存。马克思认为："历史上的活动和思想都是'群众'的思想和活动"，"历史活动是群众的事业，随着历史活动的深入，必将是群众队伍的扩大"。② 人民群众是历史的主体，他们推动生产力发展、生产关系和上层建筑的变革。在现实中，群众群体存在两种文化倾向，即主人翁精神与旁观者态度。许多群众将自己视为国家、社会和生活的主人，以主人翁态度行事。我国社会经济建设的主体是群众，工业、农业、科技、教育、国防等领域均不概外；社会政治建设中群众也发挥重要作用，如村民自治被称为"草根民主"，对推进民主建设起重要作用；在法律建设方面，群众的参与作用得到确认，2007年最高人民法院发布《关于司法解释工作的规定》，明确规定涉及人民群众切身利益或者重大疑难问题的司法解释，要向社会公开征求意见；同时扩大了司法解释的来源，规定公民个人可以直接向最高人民法院建议立项司法解释。③ 自2004年"中央组织部开通全国组织系统'12380'统一专用举报电话三年来"，据统计，经查反映问题属实或部分属实的4371件。④ 其中群众的举报占绝大多数。然而，也有部分群众对本职工作、社会事务等持事不关己、高高挂起的旁观者态度。在工作中仅满足于完成任务；在社会事务中，不愿担当社会责任；在政治生活中，不愿意参与。

第二，自立自强与依靠依赖思想同有。中华民族向来以刚健自强闻名于世，广大群众在生产生活中诠释自立自强精神。"农民工"已经成为产业工人阶层的主要组成部分。⑤ "农民工"群体的出现，总体上是农民自发追求更好的生活的结果。在工资水平、劳动保护、社会福利不完善的情况下，他

---

① 孙逊主编：《都市文化研究》第一辑，上海三联书店2005年版，第152页。
② 《马克思恩格斯全集》第二卷，人民出版社1957年版，第103、104页。
③ 吴兢：《最高人民法院制定新规——公民个人可建议立项司法解释制定涉及人民群众切身利益或者重大疑难问题的司法解释要向社会公开征求意见》，《人民日报》2007年3月19日第10版。
④ 董宏君：《"12380"：让群众监督的渠道更畅通——全国组织系统"12380"专用举报电话开通3周年综述》，《人民日报》2007年4月13日第1版。
⑤ 转引自陆学艺《当代中国社会流动》，社会科学文献出版社2004年版，第309页。

们整体上仍辛勤工作,自立自强在其身上得到了很好的体现。再如,目前我国私营经济已占国民经济的在 1/3 以上。调查显示,大约合计有 39.9% 的私营企业主在开办企业前是普通职业者。① 可见,进入私营企业主群体的重要文化品性正是自立自强。调查也显示,较高的勤力性是工人向上流动的关键性因素。可以说,从工人向上流动的人,几乎都是积极肯干、吃苦耐劳、不计较报酬的人。② 然而也有部分群众面对工作、生活的压力时,采取等、靠的依赖态度,没有发挥主动性。下岗职工中,一样的个人条件,有人通过自立走出人生新天地,有人仍徘徊于低谷中;村庄务农,同样的外在条件有的日子红红火火,有的日子则鲜有生机。

第三,创造性与保守性品性齐在。人民群众是历史的创造者,群众中蕴涵着无限的创造性。中国改革开放,群众的创造性起很大作用。1980 年邓小平曾指出:"群众是我们力量的源泉,群众路线和群众观点是我们的传家宝。"③ 以家庭联产承包为内容的农村经济体制改革在全国的推行,首先源于安徽省农民的首创。邓小平高度评价乡镇企业并肯定农民的创造精神,"那不是我们领导出的主意,而是基层农业单位和农民自己创造的"。④ 城市企业改革中出现的租赁、承包、转让、拍卖等形式,许多来源于车间工人群众的创造。科技方面,每年的发明绝大多数由群众完成。文化体育方面群众的创造性精神十分高昂,例如 2007 年针对残疾人的坐式太极拳也是群众创造出来的。⑤ 然而不可否认,群众群体文化中也存在保守性特点。一些人安于现状、得过且过,对工作和生活没有热情。

第四,传统性与现代性特点并存。群众群体文化的传统性与现代性并存体现于各个方面。在生产方式方面,传统的生产模式与现代的生产形式并存。例如,传统的耕作方式对农民群众仍有相当大的影响。2007 年一些地区再次出现大面积违规焚烧秸秆现象,农业部发出紧急通知,要求各地做好秸秆综合利用,禁止焚烧秸秆。⑥ 焚烧麦秆是传统的耕作方式之一,综合利

---

① 陆学艺:《当代中国社会流动》,社会科学文献出版社 2004 年版,第 245、246、251 页。
② 同上。
③ 《邓小平文选》第二卷,人民出版社 1994 年版,第 368 页。
④ 《邓小平文选》第三卷,人民出版社 1993 年版,第 252 页。
⑤ 李增辉:《全国首例坐式太极拳创编完成 残疾人也能打太极》,《人民日报》2007 年 5 月 11 日第 12 版。
⑥ 冯华:《农业部禁止焚烧秸秆》,《人民日报》2007 年 6 月 15 日第 2 版。

用麦秆则是现代耕作方式的要求。广西发展沼气,探索出"养殖—沼气—种植"三位一体的生态农业发展模式,其中有群众的作用。① 在生活方式方面,群众中传统与现代观念并行不悖。如在婚姻方面,有靠媒妁牵线结婚的,也有自主恋爱、网络征婚等喜结良缘;既有"丁克"家庭,也有超生多生现象。在维护自身权益方面,一方面,许多群众敢拿起法律的武器维护权益。但也有一些农民因不懂法而上当受骗,权利被侵害乃至返贫的现象时有出现。② 在参与社会事务方面,除传统方式外,广大群众还利用网络等现代渠道发表观点。可见传统性与现代性根植于群众群体的文化之中。

3. 干部群体文化与群众群体文化的失衡

干部群体文化与群众群体文化的失衡具体表现在两者之间的差异、陌生、隔膜、敌视、摩擦、矛盾与冲突等。我们通常所称的干群矛盾,其实质也是两大群体文化失衡的表现,因为矛盾的背后潜藏着文化理念的差异与冲突。关于干群矛盾,有研究者指出:"干群矛盾,即领导者与被领导者的矛盾,是人类领导活动中的主要矛盾。""从广义上讲,干群矛盾来自两个方面。一个方面就大多数好的和比较好的领导者与被领导者之间无论是在认识水平上,还是在利益追求上,都有一定的差距,这种差距构成了矛盾。另一个方面是就少数不好的甚至很不好的领导者与被领导者之间的矛盾。从狭义上讲,干群矛盾主要指的是广大的被领导者与那些素质不高、作风不正,特别是有腐败思想和行为但尚未质变为腐败分子、犯罪分子的领导者之间的矛盾。""而从人民群众的角度,他们往往也把被领导者同成为腐败分子、犯罪分子的领导者之间的矛盾看做是干群矛盾的一部分。"③ 本书采纳此定义。在当前社会转型的过程中,干群矛盾已成为人民内部矛盾的重要方面。有学者 2002 年对城市公众进行调查显示,干群矛盾是位居第三位的矛盾冲突。总计有 32.4% 的被调查者认为干群矛盾较为严重。而只有 21.1% 的被调查者认为干群之间很少或没有冲突。④ 2005 年中国人民大学中国社会发展研究报告中的调查也显示:"有 41.5% 的人认为'当官的与老百姓'是两个差异

---

① 庞革平、郑盛丰:《群众的需要就是政府努力的方向——广西以沼气为切入点促进新农村建设纪事(下)》,《人民日报》2007 年 5 月 29 日第 1 版。
② 吉格定:《论司法关注民生公正保障和谐》,《人民日报》2007 年 3 月 7 日第 11 版。
③ 张丽君:《新时期干群矛盾研究》,中国社会科学出版社 2004 年版,序第 2 页。
④ 李培林、张翼、赵延东、梁栋:《社会冲突与阶级意识——当代中国社会矛盾问题研究》,社会科学文献出版社 2005 年版,第 205 页。

最大的群体，而对于'最容易冲突的群体'，同样有高达44.1%的人选择了'当官的与老百姓'，这再次印证了上文的有关结论，即以权力为划分界限的阶层意识是最清晰的，权力所制造的相对剥夺感和不公正感是最强烈的。"① 需要说明的是，在上述选择中，两者均高居第一位。干部群体与群众群体的矛盾实际体现并反映的是两个群体的文化失衡，主要体现了两个群体在权力观念、权利观念、平等观念、公正观念、利益观念等观念上的冲突。除了人们的普遍感受以外，这种文化失衡还可以从以下几个方面判断出来，即群众对干部的信任感降低、因为干群矛盾引发的上访现象增多以及由干群关系紧张引发的恶性案件也时有出现，这在农村表现得相对更为突出。② 粗略概括，干部群体文化与群众群体文化的失衡主要表现在以下几个方面：

第一，因腐败问题引起的文化冲突。2002年有学者调查显示，腐败现象是位居第二的城市社会问题。有54.7%的被调查者认为这是当前城市面临的主要社会问题，它仅次于失业下岗。③ 职务犯罪是一种利用公共权力进行的犯罪，俗语称干部腐败。干部腐败引发的案件主要有违反政治纪律的案件，严重违反组织人事纪律的案件，司法人员贪赃枉法、徇私舞弊的案件，贪污、受贿、挪用公款的案件，建设工程、土地使用权转让、企业重组改制和破产中国有资产严重流失的案件，金融、物资采购领域的案件，领导干部伙同其亲友非法敛财的案件，严重腐化堕落的案件，严重失职渎职的案件，领导干部和执法人员为黑势力充当保护伞的案件。数据显示，1998—2002年，我国共立案侦查贪污受贿、渎职等职务犯罪案件207103件，共判处犯罪分子83308人。其中县处级以上公务人员2662名，比前5年上升65%；贪污、受贿、挪用公款百万元以上的大案5541件，涉嫌犯罪的县处级以上干部12830人；而党纪处分的人员是刑事处分人员的10倍。④ 在干部腐败中，违反组织人事纪律的用人腐败尤其恶劣，它直接打击了群众对公正的信

---

① 郑杭生、李路路主编，洪大用副主编：《中国人民大学中国社会发展研究报告2005：走向更加和谐的社会》，中国人民大学出版社2005年版，第134—135页。

② 姜羽、王征兵、杨薇：《当前农村干群矛盾的影响因素分析》，《安徽农业科学》2007年第3期。

③ 李培林、张翼、赵延东、梁栋：《社会冲突与阶级意识——当代中国社会矛盾问题研究》，社会科学文献出版社2005年版，第205页。

④ 黄家海、王开玉主编：《社会学视角下的和谐社会》，社会科学文献出版社2006年版，第196页。

心、对公权力的信赖。"干部的选拔任用工作太重要了,这是稳定中国政局和经济发展的关键环节,是重大的政治战略问题。"中央党校研究生院副院长刘春教授在接受《瞭望新闻周刊》采访时分析说。而接受《瞭望新闻周刊》采访的专家和学者普遍认为,当前,干部选拔任用工作的主流是健康的。但在一些地方和部门,用人上的不正之风还相当严重,跑官、要官、拉票、贿选等不良风气屡禁不止,干扰对干部作出客观公正的评价。[①] 在干部腐败问题上,当前又出现了权力期权化的现象,即远期兑现的权钱交易现象,它使腐败变得更为诡秘。有学者解析领导干部的腐败规律指出:"从主观原因来看,凡是腐败行为,都是极端个人主义、拜金主义、享乐主义恶性膨胀的结果。"[②] 客观分析,腐败言行所表现的正是干部群体中极少数人的极端个人主义、拜金主义、享乐主义的文化理念,而正是这些理念与社会提倡的、广大群众所秉承的勤劳致富、朴实节俭、利人利己、遵纪守法的文化理念相冲突,从而使干部群体文化与群众群体文化产生矛盾与冲突。虽然干部中的腐败分子只是极少数,但是其影响恶劣、流播很广,从整体上败坏了群众对整个干部群体的信任度,直接引发两大群体及其文化的矛盾和冲突。

第二,因官僚主义[③]引起的文化冲突。早在新中国成立后不久,刘少奇就曾指出,总起来讲,"人民内部的矛盾现在是大量地表现在人民群众同领导者之间的矛盾问题上。更确切地讲,是表现在领导上的官僚主义与人民群众的矛盾这个问题上"[④]。列宁指出,官僚是"专干行政事务并在人民面前处于特权地位的特殊阶层的机关"。[⑤] "官僚主义一词可以在俄语中译成地位观念。官僚主义就是使事业的利益服务于向上爬的需要,就是一味追求地位而忽视工作,为增补进行争吵而不进行思想斗争。"[⑥] 与人民群众相对立的掌握权力的特殊阶层,即为官僚阶层。在社会主义国家的干部队伍中同样存

---

① 黄海霞:《中央重视领导干部选拔》,《瞭望新闻周刊》2006年第16期。
② 孙申:《解析领导干部腐败规律》,《领导科学》2004年第24期。
③ 此内容部分参考了张丽君论述干部官僚主义的内容,见张丽君《新时期干群矛盾研究》,中国社会科学出版社2004年版,第105—114页。特此说明并致谢。
④ 刘少奇:《如何正确处理人民内部矛盾》,1957年4月27日在中共上海市委召开的党员干部大会上作的讲话。
⑤ 《列宁选集》第1卷,人民出版社1995年版,第147页。
⑥ 《列宁全集》第八卷,人民出版社1986年版,第363页。

在着官僚主义，这主要是由于落后的生产、权力的过分集中与少有制约、干部群体的职业化和利益的特殊化等原因造成的。制度体制方面表现出来的官僚主义主要存在于机构臃肿、干部能上不能下等方面；官僚主义更大量地表现在工作作风和工作方法上。邓小平曾指出，在新时期，"官僚主义是我们党和国家政治生活中广泛存在的一个大问题。它的主要表现和危害是：高高在上，滥用权力，脱离实际，脱离群众，好摆门面，好说空话，思想僵化，墨守成规，机构臃肿，人浮于事，办事拖拉，不讲效率，不负责任，不守信用，公文旅行，互相推诿，以致官气十足，动辄训人，打击报复，压制民主，欺上瞒下，专横跋扈，徇私行贿，贪赃枉法，等等"①。官僚主义还突出地表现在某些干部特殊的利益上，即特殊化问题及既得利益的问题。江泽民指出："我们还要特别警惕人们所说的'既得利益'问题。"② 不止如此，官僚主义还表现在干部对待群众的态度上，有些干部在对待群众时分三六九等，对待经济、社会地位相对较好的群众态度较好，对待普通群众则敷衍了事。官僚主义的极端表现是由失职渎职而导致犯罪。最高人民检察院副检察长王振川披露，近年来，我国反渎职侵权工作取得重要成果，2003年1月到2007年3月，全国检察机关共立案查办渎职侵权犯罪案件29351件，35011人，其中，各级检察机关共起诉渎职侵权犯罪案件18200人，法院作出有罪判决12392人。其中，县处级以上领导干部渎职侵权犯罪呈逐年上升趋势。③ 干部群体中存在的官僚主义现象所体现的特权等级地位观念、自私自利的观念、不负责任的态度与社会提倡的、群众群体持有的平等公正观念、利人利己观念、认真负责的态度存在着极大的差异，从而引起干部群体文化与群众群体文化的失衡。

第三，因不正之风而引起的文化冲突。严格说来，不正之风实际上是官僚主义的一种表现，因为不正之风的实质还是维护官僚的特殊群体利益。但在日常语义中，官僚主义较多地指涉工作作风和工作方法问题，而不正之风则更多地关涉不正当的物质利益问题，当然这种区分并不严格。目前不正之风在各方面均有体现，为此，2007年中央在全国开展纠风工作。在此次活

---

① 《邓小平文选》第二卷，人民出版社1994年版，第327页。
② 江泽民：《论党的建设》，中央文献出版社2001年版，第471页。
③ 裴智勇：《反渎职侵权4年 查案近3万起 干部渎职犯罪县处级以上递增》，《人民日报》2007年5月10日第10版。

动中，仅报纸披露的陕西、湖北、北京提出来的措施就可管窥目前干部群体中存在的不正之风样态，大体上有，购买使用超标车，用公款大吃大喝、游山玩水，为本人谋取预期的不正当利益或以各种方式为配偶、子女或亲友谋取不正当利益的，领导干部家属、身边工作人员借势谋利，参与赌博或以变相赌博等形式收钱敛财，在商品房买卖置换中以明显低于市价购置，或以劣换优，借委托他人投资证券和其他委托理财的名义获取不正当利益，以借为名占用他人住房、汽车，生活腐化，等等。① 更为严重的还是行业不正之风，"一些人民群众反映强烈的突出问题，是披着制度的合法外衣来操作的。纠风难，就难在这里。个别部门和行业将自己的不正当利益，通过文件、规章固定下来，强制执行。从教育乱收费到损害农民利益，从医药购销和医疗工作中的不正之风到招投标中的暗箱操作，从违规组织评比达标表彰到节庆活动过多过滥，一些部门一些人既是制度的制定者又是执行者，既当运动员又当裁判员，怎么体现监督？怎么体现公平？怎么可能不产生不正之风？"② 有研究者指出，与1990年后期的全国性的市民调查结果不同，2002年的调查发现，有59.2%的被调查者认为党政干部是改革开放以来受益最多群体。而关于"受益最少群体的判断"，排在第一位的是工人，第二位是农民。2001年的"当代中国社会结构变迁调查"的数据也支持2002年的调查结果。③ 当然，党政干部之所以成为社会公众眼中改革开放中受益最多群体，既有党政干部职业声望较高的因素、经济收入水平普遍提高的因素影响，还有部分党政干部腐败行为影响了社会公众对该问题的判断。④ 但是需要指出的是，干部群体中存在的不正之风问题也极大地影响了社会公众对该问题的判断。因为，相对于腐败问题而言，不正之风的影响范围更广、普通公众的直接感知更强。客观分析，在广大群众判断认为干部群体是改革开放中受益最多群体，工人农民群体是受益最少群体时，判断内容本身就已潜藏着或反映出较大数量的群众对干部群体收入等方面的异议，对工人农民群体

---

① 田豆豆、王科、王建新：《严管干部操守 各地纷出硬招》，《人民日报》2007年2月5日第10版。
② 周志忠：《王正伟：要有挑战"潜规则"的勇气》，《人民日报》2007年5月21日第10版。
③ 李培林、张翼、赵延东、梁栋：《社会冲突与阶级意识——当代中国社会矛盾问题研究》，社会科学文献出版社2005年版，第202—204页。
④ 引用及转引自李培林、张翼、赵延东、梁栋《社会冲突与阶级意识——当代中国社会矛盾问题研究》，社会科学文献出版社2005年版，第209—210页。

收入等方面的广泛同情。

不正之风虽然存在于少数干部身上,但却影响整个干部群体。不正之风实质是少数干部利用职权谋取私利,它侵犯了群众的利益,违反了法律法规,是私欲膨胀的表现,体现了严重的自私思想和法治观念的淡漠。它与社会提倡的、群众群体所具有的利人利己思想、勤劳致富思想、遵纪守法观念形成极大的差异,引起了广大群众的极大不满,进而引起干部群体文化与群众群体文化的矛盾与冲突。

第四,关于权力的正常行使引起的文化冲突。从理论上讲,即使没有其他因素的影响,领导与被领导者、管理与被管理者本身就是一对极易产生矛盾的两个方面。其原因主要缘于个人利益与集体利益、局部利益与全局利益、当前利益与长远利益的矛盾。在当前我国社会转型时期,广大群众形成不同的利益群体。人们的利益多样化、要求多样化,不仅有传统的群体和利益,还有新生的群体和利益。转型时期,处于领导与被领导、管理与被管理两种角色的干部与群众,在权力的正常行使过程中也更容易引发矛盾,而且这种矛盾并不少见。以征用土地为例,过去 20 年来,中国社会的城市化以前所未有的速度发展。根据国土资源部的统计,在 1987—2001 年间,全国非农事业对农用土地的占用达 3394.6 万亩,这还不算非法占地的面积。失地农民最为保守的估计也有 4000 万。根据平均每年农地 200 万—300 万亩转为非农使用的速度推算,今后每年,中国将继续出现 300 万左右的失地农民。① 而根据浙江省的调查,浙江被征用土地的收益分配格局是:地方政府获得 20%—30%;企业获得 40%—50%;村组织获得 25%—30%;农民家庭或个人获得 5%—10%。这表明,土地转移收益的大部分被中间商或地方政府获得。因此,官方的资料显示,证实了因土地问题上访或信访事件"剧增",土地纠纷案件日益上升。2003 年以来,因土地问题上访占农民上访事件的 70% 左右。② 地权纠纷的类型不仅仅限于非农征用土地,而且广泛存在于承包地调整、承包受益合同,土地交易的价格确定等方面。有学者的研究表明,在地权关系剧烈变动的过程中,起作用的还不是"法律衡量"模式,而是"利益政治"模式。这种"利益政治"模式的潜在影响,一方面,它在当事者中间造就身份不平等——在权力和势力方面居于弱势的群体

---

① 张静主编:《身份认同研究》,上海人民出版社 2005 年版,第 213、214 页。
② 同上书,第 214 页。

和个人，难以影响纠纷结局；另一方面，它再生产利益政治和极端行为——如果人们想要增进利益，只能以扩大人数、纠集权势、甚至是破坏作物的方式发挥影响。而且，它只能使用于一次事件，由于利益政治模式的稳定秩序依赖各方基本满意，而权力、地位、势力、贪心多的一方更有机会通过"难以满意"而影响结果。因此，这一模式难以约束机会主义行为，秩序平衡达成的社会成本因此提高。[①] 从以上引证我们可以看到，目前我国社会离法治社会还有较大的距离，至少在现实中的地权变动如此明显的法律行为中，最后起作用是各方利益博弈的结果，虽然法律在中间也起到了作用，但这种作用却是手段性的。通过分析我们还可以发现，干部在此过程中扮演的正是特别容易引起冲突的角色。何况，地方政府本身就是地权变动的一方，如果干部在工作中再涉及以权谋私的问题，干群矛盾将会更为激烈。由此管窥，可见在社会转型与我国法治国家建设的进程中，在权力正常行使的过程中，干部群体与群众群体极易产生矛盾与冲突。一般而言，冲突在以下领域和层面表现比较突出：国营集体企业的改革，下岗失业人员的救助，"农民工"群体的城市化，农民群体的发展增收；教育、医疗、社会保障等。干部群体与群众群体在权力正常行使中产生的矛盾，主要是个人利益与集体利益、局部利益与全局利益、当前利益与长远利益的矛盾引发，它实质上反映出为私为公的观念的矛盾、利益观念的矛盾、认识水平的矛盾、法治观念与道德观念的矛盾，总体上反映了干部群体文化与群众群体文化的失衡。当然这一文化失衡会随着我国现代化的发展、社会转型的完成、法治建设的不断发展而得到不断缓解。

---

① 张静主编：《身份认同研究》，上海人民出版社2005年版，第236—238页。

第四章 转型时期群体文化失衡的思索

转型时期群体文化失衡的表现形式多样。面对失衡现状，为了促进转型时期群体文化失衡向群体文化和谐转变，我们必须透过失衡的外在表象深入探寻失衡的内在原因，为采取相应的措施提供依据。本章从两个方面展开对此问题的探讨，一方面全面分析转型时期群体文化失衡的现实背景，探讨转型时期群体文化失衡的宏观影响因素；另一方面重点讨论转型时期群体文化失衡的四种影响因素，深入探究转型时期群体文化失衡的具体影响原因。

一、转型时期群体文化失衡的现实背景

由于群体文化失衡发生在社会转型的特定时期，而社会转型是社会从传统型社会向现代型社会的过渡过程。因此，从现实背景而言，转型时期群体文化失衡出现在中国现代化迅速发展、中国社会结构深刻变化、中国文化宏观转变的过程之中。

（一）中国现代化的客观进程

1. 中国的现代化发展

一般而言，广义的现代化指18世纪工业革命以来人类社会所发生的深刻变化。从18世纪末至20世纪末，广义现代化可分为两个阶段。从农业社会向工业社会的转变过程及其深刻变化的第一次现代化为第一阶段，以工业化、城市化、民主化等为主要特征；第二阶段为第二次现代化，指从工业社会向知识社会的转变过程及其深刻变化，以知识化、信息化、全球化为主要特征，还包括非工业化、非城市化或郊区化。发达国家大约于1960年前后完成了第一次现代化并开始第二次现代化。包括中国在内的广大发展中国家则或选择追赶式现代化，或选择两次现代化协调发展的综合现代化道路。[1]

---

[1] 中国现代化战略研究课题组、中国科学院中国现代化研究中心：《中国现代化报告2004——地区现代化之路》，北京大学出版社2004年版，第47—151页。

从世界范围看，各国现代化掀起了三次高潮，目前我国现代化正处于第三次高潮之中。

从宏观而言，中国的现代化进程肇始于19世纪中叶。大体上，19世纪中叶至1949年为低速现代化阶段，1949—1978为中速现代化阶段，1978年至今为高速现代化阶段。从2003—2007年，中国经济已经连续5年增长率超过10%。从1976年至2007年来中国已经近30年几乎保持这样的持续高速增长。经过近一百多年的发展，尤其是20世纪后期改革开放以来的快速发展，中国现代化水平已大为提高。目前中国的综合国力大大增强，经济总量从1980年的世界排名第46位，现已跃升至世界第三，2006年中国国内生产总值突破20万亿元，比上年增长10.7%；人民生活从温饱不足发展到总体小康，人均GDP达到2000美元。① 在政治建设、文化建设和社会事业方面也取得了瞩目的成绩。可以说，中国现代化已将中国从一个农业大国变成一个工业大国。② 在个别相对发达的地区，知识社会的特征开始显现。我们选取下列数据作一说明。

在经济方面，中国的工业化和市场化快速推进。目前中国的经济总量已跃升至世界第3位，对此工业作出了重要贡献。根据《2006年国民经济和社会发展统计公报》，2006年全年国内生产总值210871.0亿元，第一产业增加值为24737.0亿元，占国内生产总值的11.7%，第二产业增加值为103162.0亿元，占国内生产总值的48.9%。这几年工业产值均占50%的比例，不仅远远高于2000年发达国家28.6%的该比例值，而且也远高于2000年发展中国家33.4%的比例。③ 中国已经迅速发展成为一个对外贸易大国，1980年，我国进出口总额仅为570.0亿元人民币，2006年进出口总额达到17607亿美元，位居世界第3位，仅排在美国、德国之后。2006年工业制成品出口额为9160.17亿美元，占出口总额的94.54%，初级产品只占出口总额的5.46%。④ 市场化方面，中国的改革开放，走了一条从社会主义计划经济体制到社会主义市场经济体制的发展道路。市场作为最有效的资源配置方

---

① 数据来源《中国统计年鉴》（2007）。
② 陈佳贵、黄群慧：《工业发展、国情变化与经济现代化战略——中国成为工业大国的国情分析》，《中国社会科学》2005年第4期。
③ 转引自陈佳贵、黄群慧《工业发展、国情变化与经济现代化战略——中国成为工业大国的国情分析》，《中国社会科学》2005年第4期。
④ 数据来源《中国统计年鉴》（2007）。

式，在经济生活中作用显著。从商品市场到服务市场，从资本市场、劳动力市场到技术市场、信息市场等无一例外。有学者测算，1985—2002年，中国的市场化总指数已从2.183提高到7.061。[①] 不止如此，快速工业化尤其是较高程度的市场经济的深刻影响还表现在制度层面与观念层面。与市场经济相配套的制度安排、价值观念正在逐步取代计划经济时期的制度安排和价值观念。

在社会方面，城市化不断发展。改革开放特别是20世纪90年代后中国城市化进入快速发展时期。1952—1992年，我国的城市化水平从12.5%缓慢上升到30.12%，年均提高0.44个百分点，城市化速度较慢。1992年以后，城市化水平迅速提高，2004年我国的城市化率已经达到41.76%，1992—2004年城市化率每年平均增长0.97个百分点，城市化速度达到起步阶段的两倍之多。[②] 城市化也给人们的生活方式、价值观念带来了深刻的影响。

在政治方面，民主法治化不断发展。人民当家作主的民主权利在新中国成立后取得长足发展。宪法明确规定了人民当家作主，人民代表大会制度、中国共产党领导的多党合作和政治协商制度、民族区域自治制度等从制度上保障了人民民主权利的实现。以农村村民委员会自治制度、城市居民委员会自治制度和企业职工代表大会制度为主要内容的基层民主制度得以实施，其他社会组织的民主也得到发展，人们的民主参与意识空前提高。2006年我国报纸、杂志、广播和电视等媒介已达到11969种，我国教育得到较大发展，基本普及了九年义务制教育，2006年普通小学与普通初中在校人数达到36529801人。[③] 它们在民主建设方面发挥着重要的作用。新中国成立后，我国法制化建设虽经历挫折，但仍取得很大成就。中央提出了依法治国、建设社会主义法治国家的治国方略，中国共产党领导方式和执政方式愈益科学。新中国成立以来，我国颁布了大量的法律，建立健全了司法制度，人民群众用法律手段维护自己的权益。

我国社会越来越开放，体现在观念思维、经济贸易、政治交往、文化交

---

① 周业安、赵坚毅：《市场化、经济结构变迁和政府经济结构政策转型——中国经验》，《管理世界》2004年第5期。
② 宋丽敏：《中国人口城市化水平预测分析》，《辽宁大学学报》（哲学社会科学版）2007年第3期。
③ 数据来源《中国统计年鉴》（2007）。

流、社会流动等各个方面；组织层面的科层化不断推进，促进了市场经济的发展；文化的世俗化进程越来越快，并不以人们的意志为转移；人们的成就取向普遍强烈，推动着社会的不断前行；理性化趋势、功利化影响也在加强。

总之，中国现代化引起了经济、政治、社会、文化等方面的巨大变化，且变化仍在继续。当然，中国的现代化还处于起飞阶段，我国的工业化还没有完成，还不是工业强国；城市化有待进一步提高；民主法治建设仍需不断加强；经济发展与资源环境存在严峻矛盾等。研究中国的任何问题必须深刻认识中国的现代化的背景。列宁曾在谈到社会学时指出："只有把社会关系归结于生产关系，把生产关系归结于生产力的高度，才能有可靠的根据把社会形态的发展看作自然历史过程。不言而喻，没有这种观点，也就不会有社会科学。"①

2. 世界经济全球化和中国加入世界贸易组织后的发展

经济全球化是当今世界经济发展最显著的特征，马克思、恩格斯预言的"资产阶级，由于开拓了世界市场，使一切国家的生产和消费都成为世界性的了"②的现象已成为现实。目前，世界每年的国际贸易与国际资本流动量日趋增大。经济全球化实质是资本力量发展的表现，它已成不争的事实，不论持何态度，均无法回避和超越。

经济全球化是把双刃剑，一方面，它使资源在全球范围流动，提高了资源的配置效率，推动了经济增长，增加人类福祉，一些国家还抓住了机遇，实现了快速发展；另一方面，它也使一些国家经济进一步被边缘化，造成全球贫富差距的进一步扩大。1998 年，全世界的国民生产总值（GNP）为28.86 万亿美元，占世界人口 17% 的 24 个高收入国家和地区拥有世界生产总值的 79%，而占世界人口 83% 的其他国家和地区仅占 21%。联合国计划开发署在《1999 年度人类发展报告》中用大量的数据表明，在日益全球化的世界上，两极分化不是缩小了，而是扩大了。报告中指出，按照人均国民收入计算，世界上最富的 1/5 的人口与最穷的 1/5 的人口之间的收入差距，从 1960 年的 30∶1 上升到了 1997 年的 74∶1。③经济全球化主要是在发达国

---

① 《列宁选集》第 1 卷，人民出版社 1995 年版，第 8—9 页。
② 《马克思恩格斯选集》第 1 卷，人民出版社 1995 年版，第 276 页。
③ 转引自胡鞍钢、李春波《新世纪的新贫困：知识贫困》，《中国社会科学》2001 年第 3 期。

家主导建立的世界经济秩序框架下进行的，它对广大发展中国家的挑战更大。经济全球化的过程也是发展与斗争共存的过程，各国竞争日益激烈，摩擦不断增多。以中国为例，从1995年世界贸易组织正式开始运作至2004年6月底，成员方共发起2537起反倾销调查，其中涉及中国的反倾销案件386起。也就是说，世界上每7起反倾销案件中就有1起涉及中国。中国已经连续11年成为遭遇反倾销调查最多的国家，每年约有400亿—500亿美元的商品出口受到影响。在1998—2004年期间，我国被实施反倾销的案件占全部案件的比例不断上升，从1998年的10.9%上升到2003年的22.5%。①

中国自20世纪70年代末以来，积极推行对外开放政策，抓住经济全球化的机遇，推进外向型经济的发展，2001年年底，中国正式加入世界贸易组织。加入世界贸易组织后，我国陆续开放了电信、运输、会计、审计、法律等行业，银行业于2006年年底全面开放。我国还放宽了中西部地区外商投资的股比和行业限制，有些领域已超过加入世界贸易组织承诺提前开放。我国工业品关税水平已降到9.9%，如果考虑到加工贸易因素，实际不到5%，比一些发达国家还要低。在世界贸易组织的160多个服务行业中，目前中国已开放了100多个，接近发达国家的开放水平。根据世界贸易组织的规则，我国政府清理并修订了约3000部法律、法规和部门规章，2004年我国颁布了《外贸法》。加入世界贸易组织以来，我国贸易增长很快，"十五"时期对外贸易额年平均增长率达到24.5%，高于1978—2000年平均15.3%的增长率，已经成为世界第三大进出口贸易国，不仅成为最大的劳动密集型制成品贸易大国，也迅速成为高技术产品贸易大国，成为所有加入世界贸易组织的发展中国家中成功实现向开放型经济转型的国家之一。加入世界贸易组织对我国的影响是全方位的，全国与进出口贸易和外资关联的直接和间接就业达到1亿人左右，我国企业实际劳动生产率年平均增长率为18.5%，这可能是世界上劳动生产率增长最快的，市场竞争能力明显提高。我国进入世界500强的企业数量在明显上升，2002年仅为4家，2005年为16家（包括3家在中国香港和新加坡上市的公司），在全球排名第6位。② 加入世界贸易组织后，中国对世界的了解不断增多，对世界经济的影响也不断增强。

---

① 魏浩、申广祝：《国际贸易摩擦新时代与中国经济政策调整》，《世界经济与政治论坛》2007年第2期。

② 胡鞍钢、门洪华：《入世五年：中国应进一步对外开放》，《开放导报》2007年第1期。

从中国对世界经济增长的贡献来看,根据世界银行数据库(2006)计算,2000—2004年中国对世界 GDP(按购买力平价计算)新增量的贡献率为23.1%,排在美国(17.1%)、欧盟(9.8%)和日本(3.9%)之前,成为第一大贡献者。[①] 当然,加入世界贸易组织中国也付出了一定的代价,但与收益相比,代价还是次要的。目前中国与世界的关系正发生着重大的变化,可以不夸张地说,世界在研究中国,研究中国的经济变化可能对世界的影响。目前全世界已有2200所大学开设了中文课程,这些都是中国经济增长带动的结果![②] 加入世界贸易组织对中国的影响不仅表现在经济方面,它对中国的政治法律、外交事务、文化生活、思想观念等方面同样产生了深刻的影响。随着中国经济的进一步开放和发展,中国将更深入地参与世界经济一体化和区域经济一体化,它将进一步促进中国经济的发展,并对世界经济产生更大的影响。

(二) 中国社会发展的深刻变化

1. 改革开放以来中国社会结构的总体变化

社会结构是指存在于不同的社会行动者之间的相当稳定的社会关系模式。[③] 新中国成立后,中国实行社会主义计划经济体制。国家几乎占有全部资源,并采取优先发展工业,尤其是重工业的发展战略,以农业促工业;社会管理上,国家行政力量影响到社会的各个方面,通过城乡的二元治理模式、单位制的管理方式、行政制的区分系统、身份制的差别系统将社会统管在国家直接掌控下。在此体制下,社会结构比较单一,社会分化较低。有学者称为"总体性社会结构",即"国家(特指国家机构)几乎垄断着全部重要资源。这种资源不仅包括物质财富,也包括人们生存和发展的机会(其中最重要的是就业机会)及信息资源。……可以说,到20世纪50年代中后期,一个相对独立的、带有一定程度自治性的社会已不复存在"。[④] 靠此强国家、弱社会的治理形式,中国经济社会发展取得了很大的成绩,但是,与日本、亚洲"四小龙"等国家和地区相比发展还是偏慢,人民生活水平整

[①] 胡鞍钢、门洪华:《入世五年:中国应进一步对外开放》,《开放导报》2007年第1期。
[②] 何乐:《2007年,中国经济平稳前行——访国家统计局总经济师姚景源》,《中国市场》2007年第5期。
[③] 孙立平:《"关系"、社会关系与社会结构》,《社会学研究》1996年第5期。
[④] 孙立平、王汉生、王思斌、林彬、杨善华:《改革以来中国社会结构的变迁》,《中国社会科学》1994年第2期。

体改善偏慢，计划经济体制极大地限制了经济与社会的发展活力，在此体制下促进经济社会发展难度越来越大。

20世纪70年代末，中国实行改革开放，推行社会主义市场经济体制，大力倡导对外开放，积极融入经济全球化。社会主义经济体制改革及市场力量的形成是影响中国发展的重要因素。国家放权让利，绝大部分资源由市场进行配置的格局形成，经济取得了前所未有的发展。与此同时，社会结构也发生了很大的变动。国家与社会开始分化，一个具有相对独立自主性的社会开始形成。[1] 社会成为提供资源的重要源泉，从生活资源、生产资源到就业资源、信息资源等；企业家、个体工商户、"农民工"、自由职业者等群体不断壮大，成为重要的社会力量；民间组织不断增多，到2004年，全国各类民间组织已发展到28万多个；[2] 各种行业协会、商会、联谊会等在社会生活等方面起着越来越重要的作用。"从计划经济体制到市场经济体制的转轨与其说是一种经济体制的转轨，不如说是一种社会体制或结构的转型。"[3] 具体而言，社会结构的深刻变化大体主要从以下几个方面可以体现：总体上，从同质性较强、社会分化较低、社会整合度较高的社会，转变为异质性增加、社会分化加快、社会整合度降低的社会；组织层面上，从单位制的经济社会管理形式，转变为单位的社会管理功能弱化、社区的社会管理功能增强的管理形式；从个体层面上，从身份类别划分与社会流动低的结构样态，转变为原有的少数身份类别划分与新的身份共存、社会流动大为增加的结构样态，具体表现为阶级身份影响基本消失、城乡居民身份影响削弱、干部工人身份影响弱化、所有制身份意义大为降低的现状与以职业为分类基础身份影响大大增加的状态多样并存的现实。有学者认为，社会结构的变化来自经济体制改革所引发的"自由流动资源"与"自由活动空间"的增加。[4] 而经济体制改革引发的就业制度的极大变化，人事档案管理制度与户籍制度一定程度的松动是社会结构发生深刻变化的组织制度层面上的原因之一。社会

---

[1] 孙立平、王汉生、王思斌、林彬、杨善华：《改革以来中国社会结构的变迁》，《中国社会科学》1994年第2期。

[2] 黄家海、王开玉主编：《社会学视角下的和谐社会》，社会科学文献出版社2006年版，第24页。

[3] 刘祖云主编：《社会转型解读》，武汉大学出版社2005年版，第39页。

[4] 孙立平：《"自由流动资源"与"自由活动空间"——改革以来中国社会结构变迁研究》，《探索》1993年第1期。

结构的转变是一个较为长期的过程，它伴随着我国现代化的进程。一方面社会结构的变化根本上是由我国经济发展、体制改革引起；另一方面，社会结构的转变对经济发展同样产生较大的影响，对社会管理也提出了较大的挑战。

社会结构的分化与整合是社会结构变化的两个方面。在当前我国社会结构变化的过程中，存在着分化与整合不同步的复杂现象。例如，在社会结构分化过程中出现了大量的边缘人及边缘群体，原有的社会管理模式难以进行有效的界定与管理，比如，"农民工"群体、自由职业者群体等。同时，原有社会群体与新产生的群体在社会认同上均出现新的变化，它给社会整合带来了挑战。

2. 改革开放以来中国社会群体结构的具体变化

社会结构的核心是社会的阶层群体结构，社会结构变迁中最重要的也是阶层群体结构的变迁。这一变迁既是现代化的现实表现，也是现代化的发展目标，同时还是现代化的推动因素。有数据显示："仅劳动力从农业向非农产业的转移，对中国1978—1998年GDP增长的贡献就占20%以上，远高于体制改进因素的贡献。"[1]

改革开放以来，中国的阶层群体结构已从整体上单一的农民、工人、干部三大阶层群体发展为十大社会阶层群体。陆学艺主持的"当代中国社会结构变迁研究"课题组，根据1999—2002年的调查，以职业分类为基础，以组织资源、经济资源、文化资源占有状况作为划分社会阶层的标准，把当今中国社会群体划分为10个阶层。它们分别是国家与社会管理者阶层、经理人员阶层、专业技术人员阶层、办事人员阶层、个体工商户阶层、商业服务业员工阶层、产业工人阶层、农业劳动者阶层、城市无业失业半失业者阶层。十大社会群体在阶层结构中处于不同的地位等级。社会上层主要由高层领导干部、大企业经理人员、高级专业人员及大私营企业主组成；中上层则主要由中低层领导干部、大企业中层管理人员、中小企业经理人员、中级专业技术人员及中等企业主组成；中层主要由初级专业技术人员、小企业主、办事人员、个体工商户、中高级技工、农业经营大户构成；个体劳动者、一般商业服务业人员、工人、农民为主的群体构成了社会的中下层；主要由生活于贫困状态并缺乏就业保障的工人、农民和无业、失业、半失业者构成社

---

[1] 蔡昉、王美艳：《中国经济增长究竟有多快？》，《新视野》2002年第2期。

会的底层。① 影响各社会群体形成及发展的是社会流动。研究表明，中国社会正逐步走向一个开放的社会，但是公正、合理、开放的现代社会流动模式尚未最终形成。②

陆学艺主持的十大社会阶层的分类及分析研究产生了很大的反响。③ 但是对中国社会阶层到底是什么样的结构样态，学界看法不一。陆学艺等人认为，目前的结构很可能是金字塔形结构，正在向橄榄形结构演变。④ 李强的研究表明，中国的基本社会结构是丁字形的，即有64.7%的人处在非常低的分值位置上，与其他群体构成了鲜明的分界，这一结构比金字塔形结构还要差。⑤ 孙立平则认为中国社会出现了"断裂化"特征，即20世纪90年代中期以来社会不断分化，以至于断裂社会的特征开始出现，表现为整个社会分裂为相互隔绝、差异明显的上层社会与底层社会，资源、财富等越来越多地聚焦在上层社会。⑥ 对于社会结构的特征，学者们还用"碎片化社会"进行描述，即"中国的中产阶层不是一个统一的群体，而是分割成不同的利益群体。其实，中国不仅中产阶层，社会其他阶层也出现了利益分割甚至利益'碎片化'的趋势"。⑦ 而对于中国社会结构的发展，观点不一。主要观点有：目前只是现代化社会结构的雏形，还将继续发展的观点；⑧ 社会经济差异较大，阶级阶层结构稳定化了的结构化观点⑨以及"断裂化"、"中产化"、"结构化"和"碎片化"现象在当前社会经济分化中都有所表现，当前社会经济分化的主流态势是多层分化的结构化趋势的观点。⑩ 总之，综观上述观点，大体可以得出以下几点结论：第一，改革开放以来中国社会结构

---

① 陆学艺主编：《当代中国社会阶层研究报告》，社会科学文献出版社2002年版。
② 陆学艺主编：《当代中国社会流动》，社会科学文献出版社2004年版，导言第12—14页。
③ 同上书，第1页。
④ 陆学艺主编：《当代中国社会阶层研究报告》，社会科学文献出版社2002年版，第26页。
⑤ 李强：《转型时期中国社会分层》，辽宁教育出版社2004年版，第86—113页。
⑥ 孙立平：《断裂：20世纪90年代以来的中国社会》，社会科学文献出版社2003年版，第59—67页。
⑦ 李强：《转型时期中国社会分层》，辽宁教育出版社2004年版，第59页。
⑧ 陆学艺主编：《当代中国社会阶层研究报告》，社会科学文献出版社2002年版，第1—124页。
⑨ 李路路：《再生产的延续——制度转型与城市社会分层结构》，中国人民大学出版社2003年版。
⑩ 李春玲：《断裂与碎片：当代中国社会阶层分化实证分析》，社会科学文献出版社2004年版，第546—549页。

发生了很大变化，社会群体的数量、位序均与改革开放之前有较大差别，此变化与中国现代化进程密切相连，因为现代合理的社会结构本身即是现代化的内容与目标。第二，中国社会结构目前还存在着诸多不合理之处。比如，该小的没有小下去，比如农民群体；该大的没有大起来，比如社会中间阶层群体。第三，社会群体间还存在着因利益、观念等引起的较大的差异和一定的矛盾，人民内部矛盾有发展或激化的可能。第四，新社会结构的转型还没有完成，仍处于发展之中。第五，现代合理的社会结构对我国的发展既是目的又是手段，因此一方面应大力推进以工业化、城市化、民主化、世俗化、信息化等为主要内容的现代化发展；另一方面国家应在社会政策上主动推动现代社会结构的转型。第六，立足于中国特殊的国情与社会结构现状，在推动中国合理社会结构形成过程中，既要研究其他国家的经验和教训，又要反思中国已有做法的优劣，最终形成符合我国国情和发展状况的思路和方法。

中国社会结构的转变，社会群体发生诸多的变化，以本书视角研究的各类群体在结构上也发生了很大的变化。首先，农民群体与市民群体而言，随着工业化和城市化的发展，中国农民群体的数量在全国人口中的比例持续下降，市民数量不断上升。1949年全国总人口为54167万人，其中农村人口为48402万人，占89.4%，城镇人口5765万人，占10.6%。[1] 新中国成立后尤其是改革开放后，中国农民群体与市民群体的变化比较迅速，2007年农村人口为50387.3万人，占56.10%，城镇人口57706万人，占43.90%。除两大群体数量发生变化以外，其群体内部也产生了分化。市民群体的构成几乎囊括了所有新兴的职业群体，农民群体主要由单一的农业劳动者分化为几大组成部分。[2] 同时，在农民群体与市民群体之间形成了一个庞大的边缘性群体，即"农民工"群体。其次，就贫困群体与先富群体而言，改革开放以后整体上我国贫困群体大为减少，世行专家2004年估计包括农村与城市总体的贫困率从1981年的53%下降到2001年的8%。[3] 目前，贫困人口有5000万左右。先富群体在改革开放后出现，目前估计有5257.9万人左右。贫困群体绝对数量虽仍有相当大的规模，但在全国人口中的比例逐渐减

---

[1] 陆学艺主编：《当代中国社会阶层研究报告》，社会科学文献出版社2002年版，第161页。
[2] 同上书，第177—198页。
[3] 蔡昉、万广华主编：《中国转轨时期收入差距与贫困》，社会科学文献出版社2006年版，第8页。

第四章　转型时期群体文化失衡的思索

少。城市冲击性贫困人口的出现是改革开放后贫困群体结构出现的新变化。先富群体的构成则包括不同的职业所属。再次，就干部群体与群众群体而言，群众群体发生很大的变化，其阶层所属变化较大，与中国社会结构的变化趋势相应；干部群体也发生了较大的变化。

（三）中国文化转变的宏观景象

1. 中国文化转变的总体样态

现代化不仅是经济现代化，还包括政治层面、文化层面和社会层面的现代化。为了研究方便，我们在分析性区分的基础上论及文化的现代化。文化层面的现代化是指从以农业文明为主导的文化模式转变为以工业文明为主导的文化样态。它是历史上最深刻和剧烈的文化转型之一。由于文化的滞后性，"我们只有通过历史的回顾才能确定这些改观所产生的后果"。[1] 中国农业文明主导的文化具有深厚的积淀，因此，伴随现代化的艰难进程，中国文化的转变历经沧桑。19世纪中叶的自强运动开启了中国文化变化的先河，"中学为体，西学为用"的思想，反映出国人欲从技术层面追赶西方的文化观念；及至维新运动，变法图强思想体现了国人意欲从制度层面改造中国使中国富强的文化理念；20世纪初期，以辛亥革命、五四运动为契机，忧国的知识分子欲直接从文化观念开始改造中国的落后局面。中国的文化在一百多年历程中虽有很大的改变，但大体上传统文化的根基并未从根本上得以撼动。新中国成立后，我国建立社会主义制度，现代化发展加快，中国文化进入新的时期，然而传统文化的深层结构仍在不同的层面发生着相当大的影响。其根本原因，正如马克思主义所指出的："发展着自己的物质生产和物质交往的人们，在改变自己的这个现实的同时也改变着自己的思维和思维的产物。不是意识决定生活，而是生活决定意识。"[2] 新中国成立后近30年，中国仍没有改变农业大国的现状，因此现代化的发展还不足以撼动传统文化的基础，即农耕社会。

中国文化的转化还有更为复杂的背景，它一方面根本受制于现代化的水平，另一方面，中国文化的转变还与中国国家的复兴联系在一起。从历史上来看，中国文化的转变是在外在力量与内在力量共同作用下发轫的，它饱含着全体中国人民尤其是仁人志士期望中国从贫弱走向富强的强烈愿望。新中

---

[1] [美]本尼迪克特著，张燕、付铿译：《文化模式》，浙江人民出版社1987年版，第9页。
[2] 《马克思恩格斯选集》第1卷，人民出版社1995年版，第73页。

国的成立，为中国文化的转变奠定了强大的民族国家基础，在此过程中，继承中国人民优秀传统的中国共产党的引领起了决定性的作用。中国的文化转变同时还面临新的形势。中国现代化不属于原发型的现代化，中国现代化的快速推进是在西方现代化已比较发达，其现代性自身出现矛盾与对立的情况下进行的。虽然现代化并不等同于西方化，但是毕竟西方早发型现代化文化对世界包括中国的影响不能漠视。中国文化在走向现代性的过程中，现代性的价值体系自身却出现矛盾，对现代性的批判已成为西方发达社会的一种思潮。即"当中国社会终于确立了现代化的目标时，它所面对的现代性已不再是无可争议的价值象征，而是一个开始残缺的价值实体"。[①] 它实际上增加了中国文化转变的复杂性。

改革开放后，中国现代化发展步入崭新时期，中国从一个农业大国朝着工业国家迈进，也正是在此背景下，中国文化的发展真正进入了大转变时期。可以说，改革开放后的现代化发展为中国文化的转变提供了切实的社会客观条件，从根本上奠定了中国文化从以农业文明为主导向以工业文明为主导转变的基础。社会主义市场经济的实行，对外开放的拓展极大地释放了人们的潜能，现代生产方式的推行、交往方式的改变、生活方式的变化等均起到了促进文化变化的作用。一句话，人们生存方式的改变，引发了文化的改变。

目前中国社会和中国文化仍处于大变革之中，"然而，即使在这一空前的社会转型期，中国传统文化转型的历史任务也远未完成"。[②] 中国文化的转变需要在马克思主义的指引下，继承吸取优秀文明成果大胆创新，它严峻地考验着中国人的才智。因此，正如有的学者所指出的："不能把文化因素仅仅看成推动经济增长的补充要素，它本身就是现代化的必备要素，在转型期中要努力促进它转换功能，与经济发展形成良性互动，为探索具有民族特色的现代化道路作出贡献。"[③]

2. 中国文化转变的具体状态

从传统的以农业文明为主导的文化转变为以工业文明为主导的文化，中国文化正发生着剧烈的变化，变化的时间之长、之复杂在世界也少见。我们

---

① 衣俊卿：《文化哲学十五讲》，北京大学出版社2004年版，第293页。
② 同上书，第292页。
③ 罗荣渠：《现代化新论——世界与中国的现代化进程》，商务印书馆2004年版，第402页。

可从几个方面尝试分析中国文化的具体状态。

(1) 主体化

人是自己的主人,人在生命活动中,以主动性与创造性确证自我的价值。人的主体性问题不仅是理论性问题,更是具有丰富内涵的现实性问题。中国工业化进程不断加快,市场影响加深,很大程度削弱了束缚人的身份因素等影响,人们获得了对自身及其劳动的所有权与支配权。例如,目前阶级身份系列影响已基本趋于消失、城乡身份系列大为松动、干部工人身份系列的重要性降低以及所有制身份系列的现实意义减少,人们的就业选择、居住选择更为自由。中国农民充分运用现行体制的可能空间,为改善自己的生活,发挥主动性与创造性,在农村家庭承包制改革、乡镇企业的创办、新型产业工人的崛起、乡村村民自治等领域发挥重要作用。许多群体在发展中抓住了工业化与市场化的机遇,新诞生的社会群体更不例外,如私营企业主群体在推动社会发展方面作出了重要贡献。总之,工业化进程的推进、社会主义市场经济的确立,以及相应的政治制度、法律规范、道德要求、平等自由等文化观念均为人的主体性提升创造了条件,同时它们也是人的主体性提升的表现。当然,这一进程有待进一步推进,现行体制中限制人的主体性发挥的因素仍在许多领域存在。正是由于整体上对人的主体性的限制条件的减弱,极大地焕发了存在于中国人身上主动创造的能量。中国改革开放的成功,近30年大国经济的高速发展,均是中国人的主体性提升的结果。

(2) 世俗化

一般而言,文化的世俗化是现代化发展的重要内容与标志之一。世俗化是重视现世生活的倾向。它随着科学的发展、生产力的推进,人类主体性增强的产生与发展。对来世的向往、对神灵的敬畏让位于人对自身力量的自信,让位于人对现世幸福生活的追求。中国文化也正发生着这样的巨大变化。中华民族本是一个注重实际的民族,改革开放后,扫除了人们思想上的藩篱,人们越来越关心自己的现实生活。大胆实现自我、勇敢追求美好生活成为潮流;大而空、不实在的、具超越性的抽象精神、原则对人们的影响日渐减少;对神灵的敬畏与崇敬由于人们追求幸福生活的忙碌和压力也销蚀了相当的影响;形形色色的商品充斥着人们的生活,广告刺激着人们的欲望,通过消费满足自己的物质享受,证明自己的地位、品位、价值的倾向流行开来,大众文化开始兴起。

(3) 理性化

理性化，是指在生产力的发展、分工日益扩大和精细、社会从熟人社会转变为陌生人社会的背景下，维系人们观念与行为的血缘、情感因素让位于理性考量的倾向。目前中国文化也正经历着这样的变化。在经济生活中，科技理性占据重要地位，随着我国工业的迅速发展，越来越多的人成为工业生产与社会分工的一个组成，整体上人的力量得以提高，越来越多的新型产业工人即"农民工"的出现即是例证。人们在社会分工中占有自己的位置，否则，无以在社会中立足和生存，很容易被淘汰。在政治管理领域，合理的科层制侵蚀着传统亲情等人与人联系的纽带；法治不断推进，法律理性占领了更多传统血缘亲情的地盘。改革开放后法治建设取得了很大的成就，公民越来越习惯于通过正规组织渠道反映意见与建议，习惯于运用法律手段调节自己与他人、政府的关系。在文化领域，科学的地位大为提高，并成为人们解决生活疑问、了解未知世界、提升自我力量的重要手段。在社会生活领域，理性的考量悄悄地渗透在人们的社会交往中，在农村这一现象也愈发明显。

(4) 功利化

经济在现代化发展中具有重要作用。改革开放以来，对物质利益的追求，对幸福生活的渴望唤醒了国人受到压抑的追求利益的主动性与创造性，"让一部分人先富起来"的政策也激励了国人追求利益。在此背景下，中国经济取得了长足的发展。从生活匮乏迈向生活温饱与小康的过程中，国人对经济的重要性有了更切身的体会，经济的重要性也由此扩张到社会生活的方方面面。以经济的价值标准判断事物、以最大功用化原则指导行为，社会中开始充斥功利化的倾向。一些人以追求最大利益为行为指向，急功近利。例如，经济行为中以最大利益追求为效用原则，较少考虑经济行为与社会发展、环境保护的关系；政治生活中，在权力运行中追求短期的发展较少顾及长远发展；在文化生活中，功利取向充斥在一些作品中，甚至出现极少数人为出名采取不正当手段的现象；在社会生活中，以经济利益衡量交往，以货币多寡判断世事在一些人的言行中比较明显。不论是否承认，客观而言，功利化成为文化的一个重要特征。

可以认为，发生在中国现代化进程中的中国文化转变的具体样态仅仅只是初步的，这一过程远未结束，上述概括也不一定全面。总之，我们应客观认识中国文化转变的影响，充分认识其转变的积极意义，清醒认识其转变的负面影响，研究其他国家的经验与教训，尽量减少其负面影响，促进中国文化的积极发展，进而对中国的未来发展发挥更大的作用。

二、转型时期群体文化失衡的原因分析

格尔茨曾说："文化的断裂和即使是在高度稳定的社会中也会发生的社会混乱，就像文化整合一样真实。"[1] 格尔茨所说的文化断裂是本书所指的文化失衡的一种，可见，文化失衡是社会中的经常现象，当然，它在不同时期表现不一样，转型时期文化失衡表现比较明显。目前我国群体文化失衡正属此种情形。有学者指出："如果我们要对中国社会转型期的文化景观作一总体性的判断，那么，应当说，文化冲突是我们这一时代的基本的文化特征。"[2] 文化失衡的产生原因比较复杂，以上概述了我国转型时期群体文化失衡的经济、社会与文化变动的背景性因素。但要深入探究群体文化失衡的原因，仅仅停留于此是不够的。我们尝试从以下几个方面分析影响转型时期群体文化失衡的深层因素。

（一）文化变革中相关因素的不协调

中国文化正经历大变革，变革是文化中不同因素交互作用的结果，由于变革的跨度、广度、深度很大，因此，相关的文化因素之间存在着差异、错位、矛盾甚至冲突，即不协调。转型时期群体文化失衡的产生与此有很大关系。"人们从农村移居城市、脱离了他们的根基，从事新的工作或没有工作。他们与大批陌生人相互作用，面对着一套新的关系。他们需要新认同根源、新形式的稳定社会，以及一套新的道德规范来赋予他们意义感和目的感"[3]。亨廷顿的这一论述一定意义上为我国转型时期文化中相关因素不协调的现状提供了研判的参考。我国文化自身的厚重多样、文化转变的复杂历程、文化转变的快速发展等因素致使中国文化中相关因素之间的不协调显得更为突出。当前中国文化相关因素的不协调的表现形式不同，我们以为主要表现在以下几个方面：

---

[1] ［美］克利福德·格尔茨著，韩莉译：《文化的解释》，译林出版社1999年版，第478页。
[2] 衣俊卿：《文化哲学十五讲》，北京大学出版社2004年版，第280页。
[3] ［美］塞缪尔·亨廷顿著，周琪、刘绯、张立平、王圆译：《文明的冲突与世界秩序的重建》，新华出版社2002年版，第70页。

1. 主导的价值取向与其他价值取向的不协调

这主要是从文化各因素的影响力方面而论。一般而言，文化的整合是文化发展的两个重要方面之一。在民族国家的范围内，文化的整合主要由占社会主导地位的文化进行，体现主导文化的主导价值取向在其中起着重要的作用。然而，在文化变革时期，由于不同的文化价值观念的影响，使主导的价值取向与其他价值取向之间出现了不协调，文化的整合受到一定的影响。格尔茨曾专门论述过新兴国家在兴起或复兴过程中，所出现的"普遍的迷失感"及原有的主导的文化即意识形态整合"似乎极为乏力"的状况，并指出新的文化整合的急迫性与重要性。[①] 改革开放以后，虽然党和国家一直注重运用马克思主义，尤其是中国化的马克思主义指引中国文化发展的前进导向，强调为人民服务、为人民谋幸福的价值取向，强调"一部分人先富起来并带动全体人民群众共同富裕"等社会主义价值理念，力图在改革开放中、在建设社会主义市场经济的过程中、在建设中国全面小康和现代化的过程中，促进中国文化的健康发展与顺利转变。但是，由于对现代化理解的片面、对人的发展理念的领会不全，更由于各种利益的驱动及现实文化中消极因素等影响，人们的价值观出现迷失。一度曾出现国家干部、党员、军队、机关、团体、老中青等全民经商的局面，享乐主义与拜金主义在社会上有一定影响；自私自利的价值取向在少数人身上有所表现；封建迷信等在一些地方沉渣泛起，以官本位、裙带关系、人身依附、等级观念为主的封建价值取向还有一定的影响；所谓"主观为自己、客观为他人"的实用主义的功利性价值取向在一些人的思想中也有所体现。因此，一些研究者开始关注社会多元价值取向背景下一元主导的社会主义价值取向建设的理论问题，它至少从侧面显示了现实中国家的意识形态建设的力度有待进一步加强的状况，反映出其他价值取向不断扩张的现实。总之，主导的价值取向与其他价值取向的不协调是中国文化转变的现状之一。

2. 传统文化观念与现代文化观念的不协调

这主要是从文化要素的时间性进行分析。传统与现代难以严格区分，因为现代中蕴涵着传统，传统在现代中存在。大体可以说，中国文化主要是从以农业文明为主导的文化模式转变为以工业文明为主导的文化样态。因此，一般而言，传统文化观念主要是指建立在农业文明基础上的文化观念；而现

---

① [美]克利福德·格尔茨著，韩莉译：《文化的解释》，译林出版社1999年版，第264页。

代文化观念则主要是指与工业文明相适应的文化观念。虽然各国现代化的道路不尽相同，且支撑现代工业文明的观念也有区别，但有一些观念确实在世界的更大范围得到认可；同时，即使从各国的具体情况而言，也能大致区分哪些观念与工业文明更为契合。就中国的文化转变而言，在农业文明基础上形成的熟人社会中通行的以血缘亲情、上下等级等核心的文化观念基本上可算是传统观念；而在工业文明基础上形成的陌生人社会中通行的以理性法治、上下平等等为核心的文化观念则可算是现代观念。

现代观念来自传统观念，但现代观念不同于传统观念。由于中国正处于转型时期，传统文化观念与现代文化观念并存，两者也存在不协调之处。例如，经济生活中安于现状、重义轻利、求稳求实观念与开拓进取、义利兼顾、讲求效率的观念；政治生活中，读书取仕以做官为上，多尽义务少论权利的观念与官位淡化，以获取财富为重，遵守义务维护权利的观念；人生价值方面，较多注重国家集体利益较少考虑个人利益，以出身与政治地位为主判断人的价值的观念与国家集体利益个人利益兼顾，以成就与经济地位判断人的价值的观念，等等。在转型时期这些传统观念与现代观念共同存在并各自发挥作用。但由于经济、政治、社会与文化变革的加速，这些观念之间难免出现矛盾与冲突。

3. 中国的文化观念与外来的文化观念的不协调

这主要是从文化发展的地域性因素进行分析。文化传播对文化的发展起着重要的作用。当前，由于传媒的迅速发展、经济全球化的浪潮，不受其他文化影响的文化基本上是不存在的。中国文化具有较强的包容性，它是在不断吸取其他文化的基础上发展壮大的，中国佛教就是典型的例证。但是，不同的文化因素在最初接触过程中很容易出现差异、对立、矛盾与冲突。以佛教为例，在佛教中国化的过程中存佛与灭佛曾在当时引起人们极大的争论，佛教中国化之路也历经坎坷地进行了几百年。本土的文化观念与外来的文化观念的共存与发展中出现矛盾，在转型时期显得更为突出。例如，价值理念方面，以个性至上为核心的个人主义与以集体利益与个人利益兼顾、必要时牺牲个人利益保全集体利益的观念相冲突；在企业运行中一系列现代企业运行的观念与游戏规则与中国传统企业运行的观念与游戏规则相矛盾；在社会交往方面，AA制与"互请制"体现的不同观念相抵触。由于西方现代化提供了现代化发展的一个样板，虽然现代化并不是西方化，但是已经发达的现代化国家还是为发展中国家提供了一定的参考。因此，在转型时期中国的文化观念与外来的文化观念的不协调更多还是体现在西方文化与中国文化的不协调。这种不协调由于西方某些发达国家有意识地推行所谓"人权外交"、"民主模式",贩卖所谓"先进的文化理念"的行为可能变得更为复杂。

当然,上述总结的文化变革中相关因素的不协调是比较粗略的。应当承认,转型时期中国文化各相关因素的共存与不协调既存在于文化发展过程中,也对文化发展进程产生影响。一方面,由于中国文化正经历着转变,因此,中国文化自身正在不断探索转变的路径,不同的文化观念取向均会对这一转变产生作用。另一方面,也正因为中国文化的这种转变,才会出现不同的文化观念共同存在、交错影响的局面,它是前者的表征,两者互相作用。中国文化发展的局面根本上是中国现代化伟大实践的反映,是人在现代化过程中存在方式的体现。正是由于文化发展的多样化特性,由于在文化发展多样性基础上产生的各相关文化因素的不协调,它给文化整合与文化认同带来了巨大的挑战。毕竟"文化的共性促进人们之间的合作和凝聚力,而文化的差异却加剧分裂和冲突"。[1] 在现实生活中文化的认同极为重要,因为可将文化"看成是一个总管行为的控制机制"。[2] 作为"行为的控制机制"的文化各因素出现不协调,受文化控制的行为自然会出现无所适从,人们产生"迷失感"也不足为奇。而"迷失感"会造成人们文化的无根性、行为的无意义性、存在的茫然性与发展的盲目性,较易受到不良"文化"的影响。

转型时期社会结构发生深刻变化,原有群体不断变化、新生群体不断发展。群体间由于利益、地位等差异,容易产生各种矛盾。在此情形下,如果各群体具有广泛的文化认同则能发挥弥合差异、缓和矛盾的作用。遗憾的是,目前相关的各文化因素存在着不协调、文化整合和文化认同出现了挑战,因此,此种现状不仅不会弥合不同群体的差异与矛盾,反而在各群体关系,包括群体文化的方面凸显差异、引起不和谐。"比如当前,关于财富怎样分配的问题,已经出现分歧性的规则和价值认同,这就是我们通常所说的公正观的冲突"。[3] 有学者甚至尖锐地指出:"当代中国的最大危机不是社会

---

[1] [美]塞缪尔·亨廷顿著,周琪、刘绯、张立平、王圆译:《文明的冲突与世界秩序的重建》,新华出版社2002年版,第133页。

[2] [美]克利福德·格尔茨著,韩莉译:《文化的解释》,译林出版社1999年版,第57页。

[3] 张静主编:《身份认同研究》,世纪出版集团上海人民出版社2006年版,第6页。

第四章 转型时期群体文化失衡的思索

动乱，而是没有一个明确的社会认知体系来容纳社会分化所导致的社会思潮和社会力量，也没有一个明确的社会目标来指导政府的政策。"① 我们并不完全赞同此说法，但它至少从侧面反映出目前社会文化整合与文化认同的相关现状。文化的迷失感，引起了各群体对原有共同文化观念的怀疑，即文化认同遭遇到挑战。

社会存在与发展，需要使不同的群体、个体的自身利益要求与社会整体的利益要求相平衡。相应的平衡程度说明社会凝聚力的大小。一般而言，强大的凝聚力足以指引行为的方向、纠正行为的偏差、缓解行为的纷争、调解行为的矛盾，此类行为如果是以群体的角度出现，凝聚力的作用将更为强大。凝聚力的产生有多种因素，文化是其中重要的因素。"社会整合还受益于文化认同的作用。文化对于社会成员的忠诚和归属感的稳定性发挥影响，人们在接受一个新的社会身份认同时，往往经过和自身历史文化的复杂互动过程。"② 由于目前我国文化中各相关文化因素存在着不协调、文化整合和文化认同出现挑战，社会凝聚力包括群体内部与群体之间的凝聚力也面临着挑战。由此，各群体的行为易产生分力而非合力，各群体关系包括文化关系易出现差异与矛盾，且产生差异与矛盾后进行调适的难度也随之增大。

(二) 文化转变与社会发展的不同步

我们认为还可从文化与社会的关系去探寻引起群体文化失衡的深层原因。广义的文化是指形成于实践的人类所特有的生存方式，包括物质、制度、行为和精神四个层面。狭义的文化是指精神层面的文化。人们依据文化解释、生成行为并赋予行为以意义。文化总是在社会中生成。文化与社会的关系十分复杂。"文化不可能没有社会而存在，社会是为了生存而相互依赖的有组织的人群。由规则支配的关系被称为社会结构。"③ "虽然'文化'的概念时常可与'社会'互换，但这两者不应混淆。严格地说，社会指共享文化的人的相互交流，而文化指这种交流的产物。"④ "然而，作为一种生活方式意义上的文化，必须同与之相邻的社会这一概念区别开来。在谈到社

---

① 姚洋主编：《转轨中国：审视社会公正和平等》，中国人民大学出版社2004年版，第2页。
② 张静主编：《身份认同研究》，世纪出版集团上海人民出版社2006年版，第9页。
③ ［美］威廉·A.哈维兰著，瞿铁鹏、张钰译：《文化人类学》第十版，上海社会科学院出版社2006年版，第57页。
④ ［美］戴维·波普诺著，李强等译：《社会学》第十版，中国人民大学出版社1999年版，第63页。

会时，我们所指的是个体与群体之间的社会互动模式与社会关系模式。"①不同的学者都强调文化与社会的不同。关于文化与社会如何变迁这一复杂问题，功能论等文化学的不同学派均提出自己的解释。

马克思指出："物质生活的生产方式制约着整个社会生活、政治生活和精神生活的过程。不是人们的意识决定人们的存在，相反，是人们的社会存在决定人们的意识。"②"人们的观念、观点和概念，一句话，人们的意识，随着人们的生活条件、人们的社会关系、人们的社会存在的改变而改变，这难道需要经过深思才能了解吗？"③因此，文化作为社会的意识形式根本是由社会的存在所决定。但是，文化与政治、经济、社会（狭义）的关系并不是如此简单。马克思主义同样指出了社会意识的相对独立性，指出社会意识和社会存在两方面的发展变化的不完全同步性、社会意识发展同社会经济水平的不平衡性等。因此，考察文化的发展还需要特别注意文化发展与社会经济等发展的不平衡性，即相对滞后的问题。换言之，具体到我国转型时期，由于我国经济、政治、社会的快速发展，人们的社会关系已发生改变，但是人们的观念的改变，即文化观念的改变可能并不与之同步。这种不同步、错位的现象，可能是产生文化失衡的原因之一。更具体地说，体现不同群体社会关系的新的群体社会结构已出现并趋于定型化，但是与之相应的文化观念的调整并没有同步发生改变、调整并得到相应范围的认同，文化转变与社会发展出现一定程度的不同步，正如有学者所指出："即使在这一空前的社会转型期，中国传统文化转型的历史任务也远未完成。"④可见，马克思主义的观点对解释当前群体文化关系失衡的现象具有相当大的说服力。

同样威廉·费尔丁·奥格本提出的文化滞后概念，也从文化转变与社会发展的不同步方面对解释群体文化失衡问题提供了一种参考性的分析框架。一般来说，经济增长首先引起物质方面的增长与变化，即器物层次的现代化，然后才带动其他方面的社会变革，即制度与文化的适应性变革。以法国大革命为起点，西方争取普选权经历了80年时间，争取出版自由花了90年时间，争取结社自由的权利是112年的时间。文化变革一般都是滞后的，称

---

① [英]阿雷恩·鲍尔德温、布莱恩·朗赫斯特、斯考特·麦克拉肯、迈尔斯·奥格伯恩、格瑞葛·斯密斯著，陶东风等译：《文化研究导论》，高等教育出版社2004年版，第7页。
② 《马克思恩格斯选集》第2卷，人民出版社1995年版，第32页。
③ 《马克思恩格斯选集》第1卷，人民出版社1995年版，第291页。
④ 衣俊卿：《文化哲学十五讲》，北京大学出版社2004年版，第292页。

为"文化滞后"。① 因为"通常来说，采纳物质文化和技术新成果的速度是十分迅速的，这是因为人们可以很容易地指出新技术优于传统方法的方面。然而，采纳为适应新技术而进行的修正的非物质文化内容的过程，则往往要比前者慢得多"。奥格本所称的文化滞后，具体也是"指新技术的采纳和与之相应的非物质文化的补偿性变迁之间的非协调期"。② 例如，由于互联网的普及而产生的虚拟世界对经济、社会已产生很大的影响，但是与之相配套的文化观念虽已产生，但并没有完全跟上互联网的发展；汽车日益在中国普通公民中普及，但与汽车普及相适应的文化观念传播的速度还有些偏慢。这是其表现的一个方面。还存在着另外的更重要的表现，即经济增长产生的物质文化的增长与变化，引发不同群体间的社会结构的相应变动，而与社会结构变动相适应的群体文化并没有出现相应的调整，因此，出现结构与文化的错位，它实质还是文化滞后的一种表现。例如，在我国目前转型时期，由于现代工业的发展，新技术的运用，企业雇用了更多的员工，以前从事农业生产的许多农民成为了新的产业工人，然而在城市中，他们在某种程度上找不到自己的位置，不能赋予自己生存现状于一定的意义，出现漂泊感与无根感，这在相当程度上是由于相应的制度与文化观念没有跟上的缘故，在户籍、居住、教育、社会保障等方面均存在着滞后现象。总之，新的群体已经产生，而相应的文化观念即从根本上赋予"农民工"生存与发展的意义的问题，并没有同步跟上，它不仅在很大程度上造成"农民工"群体尴尬和窘迫的存在状况，而且还容易引发"农民工"群体与其他社会不同群体，如与市民群体之间的关系包括文化关系的不协调与失衡。

对文化与社会的变迁，文化学竭力提供解释，但不同学派侧重不一，观点也不尽相同。针对功能理论的解释，格尔茨指出："功能理论难于解释变迁的主要理由之一，是它无法同等探讨社会过程与文化过程；二者中不可避免地有一个被忽视或是仅仅简单地成为另一个的反映，即成为另一个的'镜像'。"③ 应该说，格尔茨关于文化与社会变迁的解释也为我们从文化转变与社会发展的不同步方面观察问题提供了新的视角。格尔茨认为："最好

---

① 转引自罗荣渠《现代化新论——世界与中国的现代化进程》，商务印书馆2004年版，第402页。

② 转引自[美]戴维·波普诺著，李强等译《社会学》第十版，中国人民大学出版社1999年版，第622页。

③ [美]克利福德·格尔茨著，韩莉译：《文化的解释》，译林出版社1999年版，第175页。

先设法将人类生活的文化与社会分析性地加以区分，并将其看成可以独立变化但又互相依存的因素。"他认为："文化是意义结构，依据它人类解释他们的经验并指导他们的行为；社会结构是行为的形式，是实际上存在的社会关系网络。文化与社会结构因而是同一现象的不同的抽象。"他还认为："虽然仅仅在概念上可以分开，但文化结构与社会结构将被认为能够以多种模式互相整合，简单同构的模式只不过是其中有限的个案。"对大多数社会而言，变化是其特征。因为，文化与社会整合是不同类型的整合，格尔茨认为，文化的整合主要是"逻辑—意义的整合"，是一种风格、逻辑含义、意义与价值的统一体；而社会整合则是"因果—功能性整合"，指在有机体里可以发现的那种整合。格尔茨强调："因为这两种类型的整合并非是完全同等的，因为它们中的一个所采取的形式并不直接暗示另一个将要采取的形式，因此两者之间及两者与第三种因素之间，有一种内在的不同一性与紧张，这第三种因素是个体内部的动机整合模式，我们通常称为人格结构。""人需要生活在一个这样的世界中，他可以赋予这个世界某种意义，他感觉能够把握住这个世界的基本意义，但是，这种需要，经常与他同时有的维持一个功能性的社会机体的需要是偏离的。"在阐述了这样的理论后，格尔茨以在印尼爪哇的小镇莫佐克托中的卡姆彭人在葬礼上的矛盾为例，指出："我认为，必须要将失败的原因归之于社会结构（因果—功能）方面的整合形式与存在于文化（逻辑—意义）方面的整合形式之间的断裂——不导致社会与文化分裂，而是导致社会与文化的冲突。或者更具体地说（听起来有点像格言），问题在于卡姆彭人在社会上已经是城市的，但是在文化上仍然是乡村的。"[①] 换言之，格尔茨在此十分明确地指出在印尼现代化发展过程中出现的社会整合与文化整合的不同步，即文化整合慢于社会整合所引起的冲突。文化转变与社会发展的不同步，格尔茨的理论给我们提供了理论说明与实际例证。显然，格尔茨的这一分析视角也可用于解释当前中国社会转型时期群体文化失衡的问题，虽然中国与印尼情况不尽相同。随着现代化的发展，我国社会结构上已出现十大阶层的雏形，但是相应的文化观念的转变并未同步发展，因此极易产生失衡的现象。例如，新型产业工人群体即"农民工"群体的出现，它实际是社会整合的结果，是社会已经发生的变迁

---

① ［美］克利福德·格尔茨著，韩莉译：《文化的解释》，译林出版社1999年版，第174—204页。

第四章 转型时期群体文化失衡的思索

状况，但是，一定意义上，相关的文化整合并未与此保持一致。不仅社会其他群体不知如何正确对待、接纳"农民工"群体，基本上还是沿用中国传统的观念以及计划经济时代形成的观念视之，甚至就连极少数"农民工"自身有时都难以完成观念的转变。社会发展、群体现实与文化观念的现状说明，一方面是现实的社会结构产生了与之相应的观念支持的需要，而另一方面却是现实的观念跟不上社会变化的实际需要。因此，极容易在不同群体之间引发矛盾，包括文化矛盾。因为，个体或群体的地位在相当程度上是在社会中确认，在与其他群体的交往中确认。再如，改革开放以来，我国贫困群体人数虽然大大降低，但仍有很大的规模，与此同时，社会上的先富群体也已形成。这一社会现状，要求贫困群体与先富群体应客观地认识自身的现状，要求社会上的群体正确对待贫困群体与先富群体，正确对待贫与富。但是，新中国成立后，我国长期实行计划经济、平均主义的分配方式，人们之间的经济差异很小，基本上不存在贫富分化，在此基础上形成了关于财富的独特文化观念；同时，封建社会所形成的贫富观念的影响并未绝迹。因此，以如何正确对待财富、如何正确对待经济状况不同的贫困群体与先富群体、如何合理规范先富群体与贫困群体的行为、贫困群体与先富群体之间如何相处等为核心的现代财富观念及其他相关的文化观念，并未同步发展及在较大的范围得到认同。因此，在此基础上，出现了贫困群体与先富群体之间的失衡，包括文化失衡。再比如，对于干部群体与群众群体而言，历史的车轮已驶入21世纪，在社会结构上干部群体已主要是由公务员组成的现代社会群体，而群众群体则成为了在各行各业发挥作用的现代公民。但是，一些干部的文化观念跟不上社会的发展，还受着封建社会的"官本位"、等级意识等观念的影响，不能以平等的言行对待群众，不能以现代观念处理与群众的关系，严重影响到干群关系，致使干部群体文化与群众群体文化出现失衡。

（三）权利诉求与权力保护的张力

对群体文化的失衡原因的分析，除探讨上述两方面原因外，我们还尝试从权利与权力的视角来进行考察。"权力已经成为文化研究中的关键性概念之一。"[①] 权利与权力的概念不同。在西方，"权利"原指一种正当的资格，而这又是按照"自然法"来判定的。它作为一种终极关怀，发布着按人的

---

① ［英］阿雷恩·鲍尔德温、布莱恩·朗赫斯特、斯考特·麦克拉肯、迈尔斯·奥格伯恩、格瑞葛·斯密斯著，陶东风等译：《文化研究导论》，高等教育出版社2004年版，第97页。

内在价值看待人、用属人的方式对待人的道德律令，因而确证和保护了一种本能意义的人权。依照洛克的理论规定，人的基本的自然权利有三项，即所谓"生命"、"自由"和"财产"。① 我国有学者认为，权利便是权力所保障的利益，是权力所保障的索取，也就是被社会管理者所保护的必须且应该的索取、必须且应该得到的利益，是被社会管理者所保护的必当得到的利益，是被社会管理者所保护的权利主体必当从义务主体那里得到的利益。② 而关于权力，一般认为权力是采取不同方式使对方服从的强制力量，包括实施有利的结果、制定有利的规则与渲染"自愿服从"文化等，这正是史蒂文·卢克斯（Steven Lukes）所指的权力概念，所谓单向度、双向度与三向度的权力观。尤其是要注意他所指的三向度的权力，即"通过这样的方式塑造人们的观念、认识和喜好：使人们接受他们在既有秩序中的地位，这或是因为他们认为或想象这是别无选择的，或认为这是自然的和不可改变的，或是因为他们视之为天意注定和有益的。权力就是通过这种方式，防止人们产生丝毫的怨情。"③ 这一权力视角与意识形态控制和文化霸权有相似之处。作为后现代主义的代表人物，福柯极大地发展了权力的概念，他认为："权力无所不在；不是因为它包含一切事物，而是因为它来自所有地方。""权力是生产性的。权力存在于话语、制度、客体以及身份的创造之中。"④ 后现代主义关于权力的概念确实大大拓展了我们对于权力的认识视角。关于权利与权力的关系，前述所引我国学者权利概念已涉及，即权利是被权力所保障的。西方自由主义哲学家的观点显示："作为一种正当资格，'权利'被宣布为'自然'或'天赋'，表明它在价值上是自足完善的。而'权力'相对于'权利'来说则只是一种派生的或次要的东西。"⑤ 可见权利与权力密不可分，一定意义上说，权利具有目的性，而权力则具手段性。权利又分为基本权利，每个人生而平等享有的权利，即人格权，如生存权、言论自由权、人身安全权、政治自由权、各种机会权等；而人们经过努力所享有的权利，则是非基本权利，属身份权，如作家所享有的权利等，它是每个人因其

---

① 转引自张凤阳《现代性的谱系》，南京大学出版社2004年版，第79—80页。
② 王海明：《新伦理学》，商务印书馆2001年版，第314页。
③ 转引自［英］阿雷恩·鲍尔德温、布莱恩·朗赫斯特、斯考特·麦克拉肯、迈尔斯·奥格伯恩、格瑞葛·斯密斯著，陶东风等译《文化研究导论》，高等教育出版社2004年版，第97页。
④ 同上。
⑤ 转引自张凤阳《现代性的谱系》，南京大学出版社2004年版，第80页。

第四章 转型时期群体文化失衡的思索

贡献不同而享有的权利，不同的人权利不一样。

权利，从根本上而言，是一种利益。利益充斥于社会的不同方面，只是表现形式不一而已。而权力也存在于社会的各个角落。大致上，社会结构，包括群体结构的实质，如同阶层结构一样是"基于社会权力和社会资源的占有分配所形成的社会地位之间的不平等关系"。[1] 群体文化间关系则是这种不平等关系在文化关系上的反映。马克思早就指出，"每一历史时代的经济生产以及必然由此产生的社会结构，是该时代政治的和精神的历史的基础"。[2] 在权力与文化关系理论方面，有些西方学者认为："人们生存其间的文化模式由权力利益来塑造。"[3] 既然如此，追根溯源，也可尝试从社会权力和社会资源的占有分配的角度来探讨当前转型时期群体文化关系失衡问题。换言之，正是社会不同群体利益权利与权力保护出现了脱节、错位、不协与断裂，才导致文化方面出现相应的反应，因此，分析群体文化失衡的原因时，采取从其本源即利益与权力方面的角度路径进行探讨，应是一个可行的思路。

有学者的观点与此类似。对于社会的发展，我们更应该从权利的角度进行关注，而不仅仅停留在对组织制度方面的关注，虽然它是必不可少的。"从人类权利的秩序朝向文明发展的视角出发，社会研究似应关注更为基本的前秩序状态：不同成员的冲突与一致性整合的过程，它不是某种国家和社会机构管辖权增长的问题，而是社会成员的权利如何突破限制的生长过程。这样，新社会身份出现，就自然成为从日常生活、基层社会、生活世界的缝隙中逐渐生长的、在一个个分割空间中的社会实践现象。"[4] 沿此视角，可以认为权利诉求与相应权力的张力是导致群体文化失衡的重要影响因素。具体来讲，正是体现群体文化的实然的权利现状（由实然的权力所保护的），与应然的权利状态（由应然的权力所保护）之间的差异所导致的；或者说，在现实中人们感受更深的可能还是实然的权利状态与应然的权力保护之间的差距，或应然的权利状态与实然的权力保护之间的差距，即出现上述所言在"权利努力挣脱限制的生长过程"中，这样的差距构成了某种张力，而这种

---

[1] 郑杭生、李路路：《社会结构与社会和谐》，《中国人民大学学报》2005年第2期。
[2] 《马克思恩格斯选集》第1卷，人民出版社1995年版，第252页。
[3] [美] 约翰·R.霍尔、玛丽·乔·尼兹著，周晓虹、徐彬译：《文化：社会学的视野》，商务印书馆2002年版，第216页。
[4] 张静主编：《身份认同研究》，世纪出版集团、上海人民出版社2006年版，第12页。

张力在一定意义上则演变为影响群体文化的失衡的重要因素之一。

具体到转型时期的群体文化关系，在农民群体文化与市民群体文化之间的失衡中，我们大体也发现了权力的印记。例如，对于各群体在公共支出中所占比例，有学者调查表明，农民群体在1978年获得了近一半的公共支出，但此后除少数年份外，基本上是逐年下降，至2001年占公共支出的16%。农民群体在1978—2001年的公共支出中的人均受益额一直低于总平均水平，1978年人均受益额相当于总平均水平的0.578倍，此后一直下降，1989年为最低的0.21倍，2001年为0.27倍。① 不止于经济方面，具有特殊原因与背景、形成于特定时期的二元分治的治理模式的长期存在受到了许多学者的诟病，建立在严格的户籍制度、劳动用工制度、粮油供给制度基础上的这一治理模式，在更为基础性的意义上，严重影响了农民群体的自由就业权、自由迁徙权等自由。改革开放以来，随着粮油供给制度取消、劳动用工制度开放程度扩大、人事管理制度改革、户籍制度出现松动等因素的影响，农民群体获得了比以前更大的自由，得到了更多的实惠，但是城乡二元分治的治理模式并没有从根本上得到改变，在某些方面，仍表现得比较突出。例如，关于就业、教育、社会保障、居住等方面还存在着较大的限制。这些限制大多表现为权利方面的限制，例如，有国外学者研究表明："由于户籍制度排斥了外来劳动力作为最低生活保障对象的权利，从而造成一种权利的贫困。根据胡塞恩（Hussain, 2003）的一项研究，在31个重点城市中，按照相同的贫困线，外来移民的贫困发生率比拥有当地户籍的人口平均要高出50%，在一些城市甚至要高出2—3倍。"② 总之，对农民群体，包括"农民工"群体的限制，很大部分是权利方面的限制，因此，甚至有学者呼吁给农民以"国民待遇"。权利方面的限制是影响到农民群体生存现状的重要因素，也是影响农民群体文化与市民群体文化失衡的重要因素。

应该指出的是，权力对农民群体权利的影响还不止于公开的明确的限制，现在越来越多的人已经认识到对农民群体的权利限制，因此，党和国家、社会等不同层面针对农民群体包括农民工群体的赋权行为不断展开，但是权力与文化存在极为复杂的关系，改变文化的进程较漫长、艰难，或是现

---

① 蔡昉、万广华主编：《中国转轨时期收入差距与贫困》，社会科学文献出版社2006年版，第213—215页。

② 同上书，第10页。

第四章　转型时期群体文化失衡的思索

有文化在一定情形下已生成为一种"文化权力",它产生一种可能性,即很容易使得这种赋权行为在现实中打折扣。有中国学者运用"赋权、去权、无权、剥权"为主的概念及相关理论进行研究表明:"我们已经看到,一方面,伤残农民工正处在越来越完善的政策支持和法律保护的环境中,针对他们的赋权行动正持续地展开;另一方面,他们应获得的权益在维权过程中被逐步剥夺殆尽,针对他们的剥权的实践运作和制度连接依然如故。在这里制度文本与制度运作实践发生了严重脱离,赋权的目标演变成为剥权的结果,最终形成了伤残农民工权益保护的制度悖论。这一制度悖论的形成与市场转型过程中的权力、资本与劳工之间的复杂而微妙的关系是密不可分的。"① 这样的现象从文化与权力关系的角度来看比较容易理解。比如,哈贝马斯和福柯看到当今社会的文化权力基础,这一基础是一套广泛的制度而不仅仅是经济因素。这两种观点的共同之处在于,它们指出了文化影响下的社会设置并非平等地有利于每一个人……重要的是一套无所不在、极具渗透力的意义、客体和安排体系将文化结合进我们的日常生活中,从而建立起一种实际权力。②

再如对于贫困群体而言,其群体文化是其生存现状的反映,贫困是他们日常需要面对的重要的问题,也是在较大程度上影响其自身文化发展及与先富群体文化的关系的重要因素之一。我国脱贫成就世界瞩目,但是仍有相当规模的贫困人口。贫困是世界的难题,发达国家也不例外。理论上对于贫困的形成有不同的看法,但不外乎是社会力、经济力与文化取向方面的原因。③ 虽然马克思主义指出,正是资本主义制度导致了工人阶级的贫困。但相当长的时期人们仍拘泥于从表象上认为是物质的匮乏导致了某些人的收入不足或者食物不足,即贫困。"今天人们则普遍认识到贫困还有其人文维度,而且权利的贫困既是更持久的贫困,也是物质贫困的根源。"④ 有学者进一步深入到社会的权力方面对贫困进行研究,指出:"是权力结构的不平等、不合理,迫使社会部分成员'失能'而陷入贫困或长期陷入贫困。其

---

① 郑广怀:《伤残农民工:无法被赋权的群体》,《社会学研究》2005 年第 3 期。
② [美]约翰·R. 霍尔、玛丽·乔·尼兹著,周晓虹、徐彬译:《文化:社会学的视野》,商务印书馆 2002 年版,第 234 页。
③ 参见周怡《贫困研究:结构解释与文化解释的对垒》,《社会学研究》2002 年第 3 期。
④ 蔡昉、万广华主编:《中国转轨时期收入差距与贫困》,社会科学文献出版社 2006 年版,第 14 页。

结果往往进一步强化了社会对他们的排斥和偏见,加剧了社会矛盾。"①针对我国贫富差异的状况,有学者强调:"在关注贫富悬殊问题的时候,我们不能够仅仅将目光集中在分配制度上(尽管这是很重要的),而是必须将其背后的社会权利问题纳入关注的视野,因为在分配制度背后的恰恰是社会权利的分布。"②

显然,我国也存在权利性的贫困。对于转型时期贫困群体,我国有学者研究表明:"一个公正的社会应向其成员平等提供的权利通常包括政治参与权、财产权、劳动权、教育权、医疗保健、社会保障权、居住权、迁徙权等各类基本权利。当社会成员在上述各种参与社会生活和获得社会福利方面的权利严重缺失或极度不平等时,就处于'权利贫困'的境地。除了通常的物质贫困之外,还深陷于权利贫困,是当前体制外贫困社群区别于体制内贫困社群的本质特征。"③其实,即使是体制内的贫困者,权利的贫困也是存在的,比如,转轨时期,在我国产业结构和所有制结构调整过程所产生的城市冲击型贫困人口中,没有享受失业社会保障权利的可能还存在,"提前退休职工和'买断工龄'职工等,实际也陷入失业并且难以进入社会保护覆盖之中"。④ 政府与社会对贫困群体的救助是一种责任与义务而不是恩赐,贫困群体无法享受此保障的权利,就会出现权利的贫困,其结果是使他们在物质贫困的境地上再陷困境。同时,贫困群体的权利贫困还表现在日常生活的许多方面。有学者针对贫困群体的表达权利的失衡指出:"贫困超越了物质贫困和生理劣势的传统含义,显现出不同群体间资源分配的不平等社会参与的不对称和利益表达的不平衡。强势群体利用这一权利失衡而占有了社会更多的资源,他们通过体制内和体制外的方式,来表达自身的利益要求。相形之下,弱势群体由于自身的经济、知识的局限性和行为风险的畏惧性,他们中普遍存在着利益受损而无处表达以及表达无用的失落、不满、无奈情绪,他们很少利用体制内的利益表达渠道,而更多地选择冷漠和'不了了

---

① 转引自周怡《贫困研究:结构解释与文化解释的对垒》,《社会学研究》2002 年第 3 期。
② 孙立平:《现代化与社会转型》,北京大学出版社 2005 年版,第 297 页。
③ 徐琴:《城市体制外贫困社群的生产与再生产》,《江海学刊》2006 年第 5 期。
④ 蔡昉、万广华主编:《中国转轨时期收入差距与贫困》,社会科学文献出版社 2006 年版,第 310 页。

之'。"① 应该说，权利的贫困比物质的贫困对贫困群体的影响更为深远，一定意义上个体难以超越它；同时，它还可能给贫困群体的价值观念等带来许多消极的影响，成为制约他们对社会公正观念研判的重要依据，甚至还有可能对其自身文化意义系统产生颠覆影响。不止于此，这样的影响可能会体现在其文化样态上，并会进一步导致与先富群体文化的失衡。客观而论，形成这样状况并非没有可能，尤其是在某些先富者的财富来源与权利受到权力的庇护有相当的关联的现象与贫困群体自身权利的贫困形成鲜明对比时。还值得注意的是，当先富群体的某些人的权利受到"超常权力"的庇护，经济地位的居高一等，"权利受庇护"的现实，会演变成为导致其价值观念膨胀、变化的一个消极因素，进而与贫困群体的差异极易在日常言行中以冲突性的方式显现并爆发开来。上述两方面权利与权力的张力，可以成为解释贫困群体文化与先富群体文化失衡的一个视角。

我国计划经济时期由于实行"行政制"，行政授权的普遍化，将原本狭窄的政治或行政权力扩大到全社会的范围，使之成为普遍的地位特征。② 改革开放后，行政权力关系在社会生活中的影响形式发生了变化，但权力授予关系在社会资源的分配等方面仍起着较大的作用，拥有权力资源的干部群体在正常的权力状态下，在社会中就处于较为优势的地位。干部群体文化与群众群体文化失衡，从权利诉求与权力保护的角度而言，其主要因素是源于非正常意义的权力保护所形成的权利现状，它成为形成干部群体的某些不良观念生成的沃土，继而成为与群众群体文化产生失衡的一个影响因素。有学者的研究表明，在1978—2001年间的全国公共支出中，干部群体所占份额，从1978年的5%，居第三位，上升到1996年的38.4%，直到2001年的28.17%，位居第一；其人均受益额排第一，1978年是总平均水平的9.17倍，而至2001年则达到32倍。③ 非正常意义权力保护的权利现状，绝大多数还是一些干部利用转轨的特定时期，包括出现的一些漏洞而主动追求的结果。在经济转型时期出现的商品市场化、资本市场化、服务市场化等过程中，一些干部利用手握之权力，进行权钱交易，获得比普通群众大得多的权

---

① 陈剩勇、林龙：《权利失衡与利益协调：城市贫困群体利益表达的困境》，《青年研究》2005年第2期。
② 转引自张宛丽《中国社会阶级阶层研究二十年》，《社会学研究》2000年第1期。
③ 蔡昉、万广华主编：《中国转轨时期收入差距与贫困》，社会科学文献出版社2006年版，第213—215页。

利和利益。"经济转型过程中出现的不成功的方面,主要体现在某些领域的过度市场化。过度市场化在收入分配上所导致的后果无疑是收入差距的扩大,弱势人群得不到应有的收入保障和社会保障,而权势阶层可以从权力的市场化交易中获取收益。"① 还有学者在论证"权力与庇护关系"时同样也提出了类似看法,"从这个意义上说,社会成员的权利越是缺位,社会生活的制度化程度也就越低;而社会生活制度化的程度越低,对于建立庇护主义关系的需求就越强烈,腐败性交换的机会也就越多"。② 一方面是干部群体在某些方面存在着非正常意义权力保护的权利现状;另一方面,群众群体生活在"权利低水平均衡"③ 中,因此当这两种现象在社会上互相关联并同时存在时,极容易造成群众群体与干部群体的差异与矛盾,并通过在公正观念的基础上的权衡,形成群众群体的相对剥夺感,演生成为形成两大群体文化及其互相之间出现失衡的重要因素。

通过权利诉求与权力保护之间的张力考察群体文化间的失衡,应该充分估计到它的复杂性,特别要注意现实中由于各种安排结合文化所形成与体现的实际权力,因为"权力无所不在"。同时,权力与权利的张力在群体文化失衡中发挥作用,需要经过许多复杂性的中介与过程,如在社会排斥状态下形成社会剥夺,进而演生并内化成文化观念,并最终发生不同群体文化间的失衡。另外,以文化资本的视角来理解社会群体间差异,分析权力的现实作用,也值得注意。

(四) 自由扩展与现实发展的差距

除上述视角以外,在此拟通过自由与发展方面的视角来论证转型时期群体文化关系的失衡。我们认为,自由扩展的需要与现实发展之间存在着一定的差距,而这些差距对不同群体的生存状态发挥重要的影响,成为对其文化发生影响的重要因素,并对群体文化差异的产生起着作用。马克思主义的自由发展观是分析此现象的指南。

"在讲人的发展时,时下许多人只讲推进人的全面发展是社会主义初级阶段的本质要求,而回避提推进人的自由发展同样是社会主义初级阶段的本

---

① 姚洋主编:《转轨中国:审视社会公正和平等》,中国人民大学出版社2004年版,第115页。
② 孙立平:《现代化与社会转型》,北京大学出版社2005年版,第296页。
③ 同上书,第293—296页。

质要求。"① 马克思主义将人的自由而全面的发展视为未来共产主义社会的根本价值指向:"代替资产阶级旧社会的,将是这样一个联合体,在那里,每个人的自由发展是一切人的自由发展的条件。"② 马克思主义认为,人的自由、自觉的劳动是人的类特性。马克思、恩格斯继承了历史上关于自由思想的精华,在批判资本主义自由观的前提下,将自由置于唯物史观的视野中进行考察,认为自由都是历史的、具体的、在阶级社会中具有阶级性,自由受制于实践水平的限制。一定意义上,人类的发展历史实质是一部追求自由的历史,但是由于实践水平的限制,自由扩展的需要与现实发展的状况之间存在着差距。

与马克思主义的自由观有一定联系并具某种相似之处的是诺贝尔奖获得者、印度经济学家阿马蒂亚·森的自由观。他指出:"通过把发展看做是扩展那些相互联系着的实质自由的一个综合过程,能使我们的观念起决定性的变化。"③ 他认为,"自由"是在实质意义上予以定义的,即享受人们有理由珍视的那种生活的可行能力。而"一个人的'可行能力'指的是此人有可能实现的、各种可能的功能性组合。可行能力因此是一种自由,是实现各种可能的功能性活动组合的实质自由(或者用日常语言说,就是实现各种不同生活方式的自由)"。④ 阿马蒂亚·森指出:"实质自由包括免受困苦——诸如饥饿、营养不良、可避免的疾病、过早死亡之类——基本的可行能力,以及能够识字算数、享受政治参与等等的自由。"⑤ 以可行能力的视角指涉自由,因此,能过有价值的生活的实质自由,就是一种能力。自由首先具建构性作用,自由是人们的价值标准,是发展的首要目的,它自身是价值,因而不需要通过与别的有价值的事物的联系来表现其价值。同时,自由还具有工具性的作用。"我将特别地考察以下五种类型的工具性自由:(1)政治自由;(2)经济条件;(3)社会机会;(4)透明性保障;(5)防护性保障。这些工具性自由能帮助人们更自由地生活并提高他们在这方面的整体能力,

---

① 许全兴:《"人的自由而全面发展"与现代性》,《哲学研究》2005年第1期。
② 《马克思恩格斯选集》第1卷,人民出版社1995年版,第294页。
③ [印度]阿马蒂亚·森著,任赜、于真译,刘民权、刘柳校:《以自由看待发展》,人民出版社2002年版,第6页。
④ 同上书,第62页。
⑤ 同上书,第30页。

同时它们也相互补充。"① 阿马蒂亚·森的以自由看待发展的观点，给人以极大的启迪。它至少在发展层面的判定上，使人超越了不仅只关注经济方面的指标的视角。"在评价性层面上，这意味着要从消除使社会成员痛苦的各种不自由的角度，来决断有关发展的要求。"② 当然，它也是判断发展现状的重要视角。人类的发展就是不断走向自由的过程，是从必然王国走向自由王国，最后达到"自由人的联合体"的共产主义社会的过程。阿马蒂亚·森论述以自由看待发展的观点，是从经济学的角度出发的，因此，具有可观察与可度量性。因此，它对我们考察群体间的差异与矛盾，分析群体文化间的失衡提供了一个重要的、可行的分析视角。

具体说来，不同群体的文化失衡的根本还是源于群体不同的生存状态，因为文化是人的生存状态的反映。而群体的生存状态则反映了群体的自由程度，即其可行能力水平，即群体实现各种不同生活方式的自由。然而在转型时期不同群体的可行能力是不同的，有的处于优势，有的处于劣势，有的甚至遭到了某种形式的相对剥夺或绝对剥夺，在此情形下，群体间产生差异，继而引发矛盾，出现不同的冲突，包括文化失衡。由于它对可行能力即实质自由的影响是全方位的，因此它极易通过观念的内化转化为文化的组成部分，进而不同群体文化之间也可能产生相应的差异与矛盾。以自由看待发展的视角，群体自身在发展过程中内在地存在着群体的自由现状（现实发展）与自由扩展（发展要求）之间的矛盾，但群体间的文化失衡则是不同的群体在自由现状（现实发展）与自由扩展（发展要求）的过程中相互之间产生矛盾而引起的，表现为不同群体在各自发展过程中相互之间引发的错综复杂的矛盾在文化上的反映。但是，在现实中人们更多地感受到的还是自由扩展与现实发展的矛盾，是不同的群体从现有的自由状态出发进行自由扩展的过程中所引发的矛盾。

对于农民群体与市民群体之间的文化失衡而言，其原因更多在于农民群体的可行能力处于劣势，即因农民群体不自由的情形、农民群体在自由扩展过程中与其他群体之间发生的矛盾，是产生失衡的一个重要因素。农民群体免受困苦诸如饥饿、营养不良、可避免的疾病、过早死亡之类的基本的可行

---

① ［印度］阿马蒂亚·森著，任赜、于真译，刘民权、刘柳校：《以自由看待发展》，人民出版社2002年版，第31页。

② 同上书，第25页。

第四章　转型时期群体文化失衡的思索

能力，在文化知识上的可行能力等，整体在社会各群体中处于劣势。具体说来，目前总体上我国农民包括"农民工"在获取过有理由珍视的生活的经济收入的可行能力相对低下，当然其将经济收入转化为提高生活方面的能力也存在着相对低下的问题，同时绝大部分的"农民工"将在城市的生活压缩在最低需要的程度上，将打工所挣的相当部分钱汇回家乡，也有相当比例的"农民工"在城市生活也只能混个温饱，甚至少数的"农民工"有时还陷入困境，上述状况在很大程度上限制了他们的自由。在工具性自由方面，在经济条件方面，农民群体享有的机会也受到一定的限制，"农民工"群体的出现是农民自由扩展的一种结果，当然也是农民当前不自由的表现。"农民工"群体在经济活动中受到一定的限制，如有些行业不能进入，即使是北京、上海这样的大城市在职业准入上某些工种对户籍的要求仍较为严格。而"经验表明，否定参与劳动市场的自由，是把人们保持在受束缚、被拘禁状态的一种方式"。[①] 在社会机会方面，教育、医疗保健方面的社会安排，农民群体获得的机会相对较少，而"农民工"群体由于情形特殊则处于比较尴尬的境地，农村的保障安排享受不到，在城市又难以享受市民的待遇，当然近两年情形有所改观。在教育方面，农民群体包括"农民工"与市民群体相比，教育素质存在较大的差距，它们影响了该群体享受更好生活的实质自由。在防护性保障方面，农民群体也显薄弱，"农民工"群体的状况更是差强人意，即使在目前政府和社会不断改善民生包括农民社会保障的情况下，2007年年底仍然出现了中国著名的私营企业华为公司为规避2008年即将实施的新的《劳动合同法》而与"农民工"重新签订劳动合同的事件，引起社会舆论大哗，造成十分恶劣的影响。虽然华为公司最后迫于压力和全国总工会的干预改变了做法，但是，它所反映的现象却引人深思，即在社会上真正做到对"农民工"的防护性保障之路还比较漫长。在政治参与方面，"农民工"群体在城市中基本上是一个失语的群体。因此，"农民工"整体的实质自由还有待进一步提高，在自由扩展的过程中与市民群体的差异企盼能在较短时间内消除的想法可能不太现实，两者的文化失衡现象可能还会在一定时期内存在。

对于贫困群体而言，其生活质量比较低，因此，"有很好的理由把贫困

[①] ［印度］阿马蒂亚·森著，任赜、于真译，刘民权、刘柳校：《以自由看待发展》，人民出版社2002年版，第5页。

看作是对基本的可行能力的剥夺，而不仅仅是收入低下"。① 由于我国贫困线相对较低，因此贫困人口基本上即是在避免饥饿、营养不良等可行能力方面处于绝对的剥夺。这是该群体陷入不自由境地的重要原因。虽然国家实施社会救济，但是绝对剥夺的影响并不能完全消除，比如失业的影响并不能依靠国家救济解决一切问题，况且救济的数额毕竟有限。"失业造成的收入减少并不是仅仅由政府提供的转移支付就能够弥补（转移支付造成高额财政成本，自身也可以是一种非常严重的负担）；失业还会对失业者的个人自由、主动性和技能产生范围广泛的副作用。这些多方面的副作用包括失业助长对某些群体的'社会排斥'，导致人们丧失自立心和自信心，损害人们的心理和生理健康。"② 例如，没有合适的衣物不能参与相应的社会交往活动。况且由于我国社会保障实施时间不长，有极少数的贫困市民并未真正享受到社会保障，一些农村贫困人口也没有享受到防护性保障，至于"农民工"群体中的贫困人员，他们的处境就更为艰难。同时还应认识到由于"极端贫困而造成的经济不自由，会使一个人在其他形式的自由受到侵犯时成为一个弱小的牺牲品"。③ 如相当多的贫困农民为脱贫冒险在无安全保护的私营小煤矿中从事挖煤等危险工作，在突发性灾难出现时极易成为牺牲品。贫困群体中的残疾人、病人、老人的数量占较大比例，由于身体的原因他们的可行能力的受限还是两方面的，"如一个残疾人，或病人，或老人，或有其他障碍的人，一方面会有挣到够用的收入的问题，另一方面又面临把收入转化为可行能力、转化为享受良好生活的更大困难"。④ 我国在脱贫方面取得了极大的成就，然而它也只是初步性的。这主要是因为，一方面还存在着数量庞大的农村贫困群体和以城市冲击型贫困为主的群体；另一方面以自由的观点审视还存在庞大的刚脱贫的低收入群体，他们的生活质量在很多方面仍需要提高，且其可行能力的提高面临着较大的挑战。即使仅仅从巩固脱贫成果而言，如不进一步提高他们的可行能力，在面临突发性的危机时，很容易返回贫困。贫困群体生存的自由现状及他们渴望改善生活质量、过有理由珍视的生活的愿望极为强烈，其中渴望融入正常人生活、受到人们的普遍尊重，

---

① [印度] 阿马蒂亚·森著，任赜、于真译，刘民权、刘柳校：《以自由看待发展》，人民出版社 2002 年版，第 15 页。
② 同上。
③ 同上书，第 5 页。
④ 同上书，第 118 页。

以一个体面的形象出现在众人面前的愿望当然包含在此之列。自然他们现实的可行能力偏弱。他们自身的自由扩展与现实发展之间即存在着比较大的差距，如果他们改变差距的这种愿望，面临着其他人尤其是先富群体有意无意的漠视、轻视甚至敌视，贫困群体自由扩展则与先富群体的自由扩展产生矛盾，因为一些先富群体正是靠着剥夺贫困群体的可行能力、靠着贫困群体的贫困实现自己富裕的，如那些开黑心砖厂、征地不给补偿的为富不仁的人。这一现象通过较复杂的过程，最后可能累积内化在观念上，成为影响贫困群体文化与先富群体之间失衡的因素之一。

至于干部群体，他们中的一些人的言行从不同方面损害着群众的自由，进而造成群众群体对干部群体的不满，从而引发矛盾。在经济条件方面，作为社会公权力的执行者，有的干部利用手中的权力搞权钱交易，造成私下交易、保护垄断等不正常经济现象出现，其实质是在保护特定人的利益下，损害了普通群众的经济自由；有的干部对工作不求甚解，满足于得过且过，官僚作风严重，在工作中损害了普通群众的经济自由。有的干部千方百计寻找机会享受超出寻常的社会安排，比如，在居房上超标、在继续教育上热衷出国培训，这些安排自然是由公共财政买单，它损害了广大群众群体的社会机会。在透明性自由方面，一些干部人为地隐藏可公开的信息，造成群众生活的不便。目前有的行政机构的信用已遭到破坏，这显然也是从根本上损害了群众群体的透明性自由。正是少数干部此类举止影响到了群众群体的自由，使其自由扩展与现实发展的矛盾变得更为复杂，并直接导致群众群体对极少数干部的痛恨，进而这种情感、态度和观念还影响到对整个干部群体的评价，从而成为引发这两大群体文化差异与矛盾的一个可能的重要因素。

第五章 转型时期群体文化和谐的理念探讨

转型时期群体文化和谐建立在不同群体文化对相关基本理念共同认同的基础上。理念即观念，但是理念并不是一般的观念，它是具有价值指向性更强的观念，在观念体系中处于核心地位，体现了观念体系的基本精神，反映了事物发展的本质和规律。转型时期群体文化和谐的理念对于群体文化和谐的实现起着重要的价值指引作用。根据转型时期群体文化关系的现实状况与群体文化和谐实现的目标指引，转型时期群体文化和谐的理念主要包括平等互信、公平正义等理念。本章将对这些理念进行简要评析。

一、转型时期群体文化和谐的理念

转型时期群体文化和谐的理念有多种，主要包括平等互信、公平正义、和而不同、中和适度、沟通平衡、协调共促、亲和宽容、团结友爱理念。

（一）平等互信理念

平等互信是群体文化和谐重要的理念，是促进群体关系良性发展的基础理念。平等互信理念包括平等理念与互信理念。

1. 平等理念

平等承载着不同的含义，博登海默在其《法理学：法律哲学与法律方法》一书中指出，平等是个具有许多不同含义的、多态的概念。它所指的对象可以是参与权利、收入分配制度，也可以是不得势群体的社会地位与法律地位。其范围涉及法律待遇的平等、机会的平等以及人类基本需求的平等。平等是历史的产物，平等的提出是针对社会不平等的现实，平等受制于社会生产方式，"从资产阶级社会的经济条件中这样地导出现代平等观念，首先是由马克思在《资本论》中作出的"。① 我们所指的平等理念，主要侧重于人们之间的平等地位，人们在相互关系中的平等对待，平等即人意识到别人是和自己平等的人，人把别人当做和自己平等的人来对待。恩格斯明确指出："但是现代的平等要求与此完全不同；这种平等要求更应当是从人的这种共同特性中，从人就他们是人而言的这种平等中引申出这样的要求：一切人，或至少是一个国家的一切公民，或一个社会的一切成员，都应当有平等的政治地位和社会地位。"②《辞海》所指平等，也强调人们在社会上处于同等的地位，"平等是人们在社会上处于同等的地位，在政治、经济、文化等各方面享有同等的权利"。平等与公平正义关系密切，但是在此意义上平等与公平正义的侧重有些不同。有学者指出："如果说公平是指人们对人与人之间的地位及相互关系的一种评价，它主要表达的是人们对人与人之间经济利益关系的合理性的认同，那么，平等则侧重于对人们的地位及其相互关系的一种事实描述，它主要表达的是人们的地位和利益获得的等同性。"③

将此意义上的平等理念视为群体文化和谐的理念主要是基于以下考量：

第一，平等理念所具有的自身特性。平等其实是从人的类本质特性所引发出来的意识和观念，所以马克思主义认为："平等是人在实践领域中对自身的意识，也就是人意识到别人是和自己平等的人，人把别人当作和自己平等的人来对待。平等是法国用语，它表明人的本质的统一，人类的类意识和类行为、人和人的实际的同一，也就是说，它表明人对人的社会关系或人的关系。"④ 换言之，人之作为人应是平等的。法国《人权宣言》指出，人生而平等。既然平等是从人的类本质特性中引申而来，那么作为在社会中生存与发展的各群体当然也不能游离于这之外。群体是由不同的个体所组成，无论群体在社会具有怎样的社会差异，但是作为人存在的一种形式，相互间即应是平等的，不论城市乡村、职业各异、贫穷富有、职务高低均应是平等的。马克思主义的平等观表明平等是一种人对人的社会关系，而群体之间的关系正是人对人的社会关系的一种形式，因此群体间的平等体现了转型时期

---

① 《马克思恩格斯选集》第3卷，人民出版社1995年版，第448页脚注。
② 同上书，第444页。
③ 洋龙：《平等与公平、正义、公正之比较》，《文史哲》2004年第4期。
④ 《马克思恩格斯全集》第2卷，人民出版社1957年版，第48页。

群体关系的现实要求。胡锦涛在中国共产党十七大报告中也明确指出:"加强公民意识教育,树立社会主义民主法治、自由平等、公平正义理念。"①

第二,平等理念所产生的作用。一定意义而言,平等理念可以促进群体文化关系的协调发展。托克维尔曾指出:"当一个国家的人在地位上近乎平等,思想和感情上大致一样的时候,每个人都可立即判断出其他一切人的所想所感。"② 人们之间的互相感知、共同体认等情感与观念,对于社会各群体的团结、社会秩序的有序、社会各方面的发展起着重要的作用。相反,不平等则是制造歧视、产生不人道的重要影响因素,"因此,同一个人对和他同时平等的同类极为人道,而当这些人不再与他平等时,他便会对他们的痛苦无关痛痒"。③ 确实如此,以"农民工"为主体的乡城迁移人员所遭受的歧视,一些市民的态度某种程度正是基于"他们"与"我们"不太一致的不平等意识所引发的。因此,为了促进群体之间关系包括文化关系的和谐,在各群体中大力倡导平等的理念确属十分必要。否则"不平等带来社会分化,危害社会团结;歧视制造怨气,制造冲突和分裂,危及社会秩序"。④

第三,平等理念所具的现实针对性。平等的反面是歧视,歧视是"公开地把人不当作人,或不把别人当作与自己同等的人来认识、对待和尊重,把人人为地划分为弱肉强食的等级。歧视是对人权的粗暴否定,是对人生而平等的粗暴践踏。歧视使有的人高居于天堂;使有的人被羁绊于地狱;使有的人失去善良、公正与文明,而沉醉于邪恶、偏私与野蛮;使有的人被欺侮、虐待、奴役"。⑤ 然而,我们看到,转型时期在社会的一些层面与领域内均存在歧视,群体之间的歧视则是其中比较突出的一个。有学者甚至尖锐地指出了"农民歧视"问题,并认为其已制度化以至于深入社会生活每一个层面,而且问题的严重性还在于,这种历史不正义依然在持续,尽管更正运动已经掀开序幕。⑥ 平等理念的价值正是基于现实中群体之间的歧视在不

---

① 胡锦涛:《高举中国特色社会主义伟大旗帜 为夺取全面建设小康社会新胜利而奋斗——在中国共产党第十七次全国代表大会上的报告》,人民出版社 2007 年版,第 30 页。
② [法]托克维尔著,董果良译:《论美国民主》下,商务印书馆 1988 年版,第 703 页。
③ 同上书,第 703、704 页。
④ 邓世豹:《平等:和谐社会之基》,《法学论坛》2005 年第 4 期。
⑤ 卓泽渊:《法律价值论》,法律出版社 1999 年版,第 429 页。
⑥ 姚洋主编:《转轨中国:审视社会公正和平等》,中国人民大学出版社 2004 年版,第 497 页。

同方面存在的现状而凸显的,它易为各群体共同认可,能成为促进群体文化关系良性发展的重要理念。

作为群体文化和谐的平等理念的内涵,我们以为尤其应注重以下几个方面:

第一,强调平等理念的引领作用。平等,即人意识到别人是和自己平等的人,人把别人当作和自己平等的人来对待的理念,自身即包括重要的实践与观念两方面的内涵。针对转型时期群体文化关系失衡的现状,尤其应强调平等理念的引领作用。"对'农民工'的歧视,改变观念歧视与制度保障同等重要。"[①] 应倡导将平等理念贯穿于各群体社会生活的各个方面,在群体间关系的各个层面体现出来。

第二,强调消除歧视、反对不平等。尽管平等理念正是针对不平等的社会现实,但是要实现平等,我们要特别强调消除歧视与反对不平等。"平等的宗旨,它的可能性与现实性只能限于消除某些可能与这些自然差异有直接的因果联系的社会差异,即某些不平等的社会状况,比如歧视。"[②] 只有消除群体之间的歧视才能真正做到群体文化关系的和谐。消除歧视与反对不平等绝不仅仅在于改变观念,它需要社会在各方面的努力。在法律方面"既要禁止歧视性立法,又要通过立法禁止社会歧视"。[③] 当然,经济、政治、文化等生活中相关制度规定等也相当重要。

第三,强调对弱势群体以特别的观照。弱势群体是特别容易受到不平等对待的群体。因此,作为群体文化和谐的平等理念应尤为强调对其进行特别的观照。"一个社会在面对因形式机会与实际机会脱节而导致的问题时……需要赋予社会地位低下的人以应对生活急需之境况的特权。"[④] 它不仅不违反平等理念,反而正是平等理念的体现。对弱势群体的特别观照还体现在对遭受不平等对待的群体的补偿方面,例如,有学者还具体指出了对农民歧视的补偿问题:"对农民歧视这种历史不正义的补偿……它基本上会转化为对行业和地区的补偿,主要体现为,在税收政策、公共投资和教育发展(义

---

① 范进学:《"农民工"平等权的宪法保障》,《法学论坛》2007年第2期。
② 韩水法:《平等的概念》,《文史哲》2000年第4期。
③ 邓世豹:《平等:和谐社会之基》,《法学论坛》2005年第4期。
④ [美]埃德加·博登海默著,邓正来译:《法理学:法律哲学与法律方法》,中国政法大学出版社1999年版,第287页。

务教育、职业培训和扫盲）等方面对这些行业和地区进行重点支持。"① 目前我国开始实行的"工业反哺农业"策略也有类似的意蕴。

2. 互信理念

互信就是相互信任。信任是一种社会和心理现象，涉及经济、政治、文化等多种领域。信任的含义有许多种，汉语中信任的原意有诚实、真实和真诚无欺等内涵。可粗略地说，信任是一种可靠性的预期。如果可靠性的预期主要建立在血缘关系、私人关系上，基本上属于个人信任意义上的熟人信任、私人信任的范围；如果超越了这一范围则可称为社会信任，"社会信任是指在一定的知识、信息的情景下，社会成员基于利益与道德的考量，相信彼此在社会公共交往中会作出符合制度规则、契约要求或自身利益的行为的相互期望。与私人、熟人信任相比，社会信任具有超情感性、知识性、利益性、契约性与公共性特征"。② 换一视角，如果可靠性预期主要发生在不同的主体之间，则属于人际信任的范围；而制度信任则着眼于对制度的可靠性预期，有学者认为："制度信任则是人们对于某些规范、制度共同认可的一种间接的媒介信任关系。简单地说，制度信任就是基于制度的信任。"③ 应该说，对于信任的分类并不是绝对严格的区分，只是在相对意义上的。对于群体文化和谐理念的信任我们主要从社会信任的角度进行研析。社会信任的重要性凸显是与现代社会不确定性增多的状况相联系的，对信任包括社会信任的认识也是社会发展及相关研究共同的产物，例如，"社会学学者眼中的信任是作为一种社会关系存在的，与制度的因素和社会变迁的影响密切相关。对于个人取向的突破可谓是社会学对信任研究的一大贡献"。④ 我们同意社会学的观点，将信任作为一种社会关系进行研究，因为从根本上而言没有关系也无所谓信任；同时强调注重信任的社会影响因素包括制度与经济、政治与文化的变迁，而且这一视角在转型时期可能更为重要。

将信任理念视作群体文化和谐的重要理念主要有以下几个方面的考量：

第一，信任理念的自身特性。信任是作为一种社会关系而存在的，信任

---

① 姚洋主编：《转轨中国：审视社会公正和平等》，中国人民大学出版社2004年版，第497页。
② 韩东才：《和谐社会的信任文化因素研究》，《学术研究》2006年第9期。
③ 李丹婷：《论制度信任及政府在其中的作用》，《中共福建省委党校学报》2006年第8期。
④ 梁克：《社会关系多样化实现的创造性空间——对信任问题的社会学思考》，《社会学研究》2002年第3期。

是对他人的可靠性预期,这种可靠性预期包含着文化道德的因素。有研究者调查表明,一般人将人际信任区分为对他人能力的信任和对他人人品的信任两个方面。① 换言之,信任本身即是社会互动的产物,社会信任更是一种"陌生人的信任",内涵有人与人之间、群体与群体之间对共同价值理念的认同,而这种认同反映出群体之间关系的良性状态,否则社会信任无从产生。尤斯兰纳(Uslaner)认为,信任他人就意味着我们将他人看做是我们道德共同体中的一员,这反过来反映了价值的潜在共同性。② 信任的这一特性使其具备了促进人与人、群体与群体之间关系良性发展的潜在前提,因此,将信任作为群体文化和谐的理念对群体关系包括群体文化关系的发展将起到重要的作用,加强社会信任会促进群体之间关系的改善,促进群体文化的良性发展。

第二,信任理念的作用。社会信任能促进群体文化和谐。首先,现代社会是一个陌生人的社会,随着社会流动与社会交往增多,社会关系的复杂性也随之增大,在人的生存与发展的过程中不确定性因素也大为增加,社会关系中的不确定性增加了人与人之间、群体之间的怀疑、猜忌、隔阂与纷争的可能性。而信任则有助于减少不确定性,增加社会关系的确定性与安全性。卢曼指出,信任靠着超越可以得到的信息,概括出一种行为期待,以内心保证的安全感代替信息的匮乏。③ 可见信任具有显著的现实效用性。信任的这种作用实质是使社会关系中的不安全性减少到最低点,从而维护各方的利益,促进社会交往的安全,进而保证社会秩序的稳定。齐美尔早就指出过,"信任是社会中最重要的综合力量之一","离开了人们之间的一般性信任,社会自身将变成一盘散沙"。④ 我国也有学者明确指出:"社会群体内部与群体之间的信任便构成了社会稳定的内核。""信任是社会和谐与秩序的黏合剂。"⑤ 自然,信任也是群体间良好关系包括群体文化关系的黏合剂。其次,

---

① 转引自杨中芳、彭泗清《中国人人际信任的概念化:一个人际关系的观点》,《社会学研究》1999年第2期。
② 转引自闫健《当代西方信任研究若干热点问题综述》,《当代世界与社会主义》2006年第4期。
③ 转引自李丹婷《论制度信任及政府在其中的作用》,《中共福建省委党校学报》2006年第8期。
④ [德]齐美尔著,陈戎女等译:《货币哲学》,华夏出版社2002年版,第178—179页。
⑤ 蔡志强:《认同、信任和宽容:危机治理的重要社会资本》,《科学社会主义》2006年第5期。

对于信任而言，所属群体的类别可能有助于信任度的提高与降低，简化信任产生的过程，即群体在信任中具有重要的意义，人们往往是通过所属群体来判断对具体个体是否给予或给予多大程度的信任。"他者的角色与所属类别是减弱不确定性的又一信息源。对于信任的建立而言，行为体的角色和类别是十分重要的，因为我们倾向于将特定群体的特征延伸到其成员身上。"① 因此，如果提高了群体间的信任度，实质上也就促进了群体间的和谐包括文化和谐。再次，信任直接促进群体文化和谐。因为"信任是由文化决定的"。② 信任与伦理道德等价值观具有密切联系，信任由文化决定，反之，也可说增加信任也会促进文化的改善。同理，当前增加群体间社会信任有助于改进群体文化关系，促进群体文化和谐。比如，信任可直接有助于减少群体与群体之间的陌生与隔膜，增进彼此之间的亲近与协调，培养团结友爱之情。因为信任中包含着认同等因素。

第三，信任理念的现实针对性，它针对群体间信任的缺乏的现状。有学者指出："制度的变革并不自动地带来'信任机制'的变革，这是创造繁荣的最重要的因素，这就回到了道格拉斯·诺斯的论点。"③ 目前我国社会处于转型时期，各方面的变革包括制度变革正在进行之中，但是它同样并不意味我国社会信任的自动产生。有学者调查显示："根据以上三次调查研究的结果，我们可以作出一个初步的结论：中国是一个低信任社会，其根源在于强固的相互依恋关系起着支配性作用。……从研究结果来看，中国社会在一定程度上仍然保留着很强的家族意识以及对陌生人的不信任。"④ 而在农民群体与市民群体之间、贫困群体与先富群体之间、干部群体与群众群体之间的不信任在社会的一些层面上存在，这几乎是有目共睹的。前述所论的群体文化关系的失衡从信任角度审视实际上反映了群体间互不理解、猜疑等信任缺乏的状况。

信任理念作为群体文化和谐的重要理念具有自身的特点：

---

① 转引自闫健《当代西方信任研究若干热点问题综述》，《当代世界与社会主义》2006年第4期。

② [美] 弗兰西斯·福山著，彭志华译：《信任——社会美德与创造经济繁荣》，海南出版社2001年版，第29页。

③ 博·罗斯坦著，苑洁编译：《在转型国家中创造社会信任》，《经济社会体制比较研究》2007年第1期。

④ 王飞雪、山岸俊男：《信任的中、日、美比较研究》，《社会学研究》1999年第2期。

第一，强调信任的价值追求性。即信任根本上就是一种价值指向，一定意义上说，不能把信任仅仅视为实现效用性的手段，它是手段与目的的统一，这一说法可能较为全面。"社会信任的道德论认为信任是一种美德，不是某种手段，其本身就是目的。社会成员应该视信任为价值追求。"① 作为转型时期群体文化和谐的信任理念更应强调此点，因为只有将信任作为价值追求，才能真正促进各群体之间的理解与包容，真正做到关系融洽，群体文化和谐。

第二，强调信任理念的制度性体现与保障。一方面，我们赞同将信任放置于社会变迁与制度发展的角度进行考量，视社会信任是制度中体现出来的基本精神，不认同对待信任从观念到观念的态度。因此，在此意义强调作为群体文化和谐的信任理念应在关系群体生存与发展的制度安排中体现与考察。例如，关于就业制度对各群体的影响，我国有学者研究表明，下岗和失业的人社会信任度最低，而在职在岗的人信任度就要高很多。退休和再就业人员的信任度居于两极之间。② 另一方面，制度性的机制还是信任理念的保障。有学者较早就指出随着人们社会流动的日益频繁、社会交往的不断增加、社会关系的越加增多等社会发展所引发的变动，以人际约束与单位管理为主的原有的约束渐渐失去了从前的控制能力，原有的信任维持机制的作用正在变化。因此，主张建立制度约束，以促进新的社会关系变动下信任的建立。③ 对制度化信任机制的建立确实也体现了群体文化和谐的信任理念的内在要求。

第三，强调在提高群体地位过程中构筑信任。有学者调查显示，社会地位的确对信任有所影响，例如是否具有干部身份是衡量社会地位更好的指标，干部与群众的最大区别在于他们掌握着较多的权力资源，而调查揭示，处于较高社会地位的干部的确比一般群众具有更高的信任感。④ 因此，从一定意义上可以说，提高群体地位有助于提高群体的社会信任程度，从而对促进群体文化和谐起到促进作用。

第四，强调培育增强群众间信任的社会文化氛围。信任的发生与个人的

---

① 韩东才：《和谐社会的信任文化因素研究》，《学术研究》2006年第9期。
② 王绍光、刘欣：《信任的基础：一种理性的解释》，《社会学研究》2002年第3期。
③ 张静：《信任问题》，《社会学研究》1997年第3期。
④ 王绍光、刘欣：《信任的基础：一种理性的解释》，《社会学研究》2002年第3期。

成长经历有关，在恶劣的社区环境里，目睹暴力和犯罪，见惯了弱肉强食，就会倍感信任他人的冒险性。相反，出生于和谐的家庭，成长于和谐的社区，信任感就可自然而然的产生。认识发生论推论，信任感或不信任感一经形成便不易改变。[①] 因此，培育增强群体间信任的社会文化氛围是信任理念的内在要求。

（二）公平正义理念

"公平正义"一词由来已久，是人类社会的永恒的追求。有学者指出，"公正、公平、正义、公道乃同一概念"。[②] 我们同意这一说法，当然这几个概念也存在微小差异。公平正义本身属于价值范畴，是一种价值判断。马克思、恩格斯的公平观念中也体现出"公平是对现实分配关系与他们自身利益关系的一种评价"的观点，他们认为公平正义是历史范畴，随着社会历史状况的发展变化而变化。[③] 公平正义主要是指人们对于行为合理性的一种价值评判，这种合理性主要体现在付出与应得之间的平衡，体现为权利与义务的平等。"正义乃是使每个人获得其应得的东西的永恒不变的意志。"[④] 伦理学认为："公正，全面地说，是等利（害）交换的善行；根本地说，则是权利与义务平等交换的善行。反之，不公正，全面地说，是不等利（害）交换的恶行；根本地说，则是权利与义务不等交换的恶行。"公正包括个人公正与社会公正两个方面。[⑤] 确实，"正义首先关乎个人的选择，同时也关乎制度"。[⑥] 近现代以来，社会公正的思想得到更多的强调："在近现代的西方思想家那里，'正义'的概念越来越多地被专门用作评价社会制度的一种道德标准，被看做社会制度的首要价值。"[⑦] 这同马克思、恩格斯指出的资本主义制度从根本上而言对无产阶级是一个不正义的制度，号召无产阶级推翻资本主义制度思想的切入点有相似之处。仔细研析，从对人的不同影响为切入点，可将公平正义分为起点公平正义、过程公平正义与结果公平正义。

---

① 韩东才：《和谐社会的信任文化因素研究》，《学术研究》2006年第9期。
② 王海明：《新伦理学》，商务印书馆2001年版，第301页。
③ 段忠桥：《马克思和恩格斯的公平观》，《哲学研究》2000年第8期。
④ [美] 博登海墨：《法理学——法哲学及其方法》，华夏出版社1987年版，第253页。
⑤ 王海明：《新伦理学》，商务印书馆2001年版，第326—327页。
⑥ 廖申白：《〈正义论〉对古典自由主义的修正》，《中国社会科学》2003年第5期。
⑦ [美] 约翰·罗尔斯著，何怀宏、何包钢、廖申白译：《正义论》，中国社会科学出版社1988年版，译者前言第5页。

第五章　转型时期群体文化和谐的理念探讨　·211·

不同的公平正义观强调的侧重点不同。起点公平正义主要是指机会平等或权利平等，包括政治权利与机会、经济权利与机会、教育权利与机会等，它是一种形式或程序上的公平正义；结果公平正义则主要是从后果来看待公平正义，从最终的收入视角上来审视公平正义属于此列；而过程公平强调人们对涉及社会及自身重大利益问题及其他问题时参与上的公平，过程公平涉及的问题更为复杂。

公平正义理念之所以成为转型时期群体文化和谐的重要理念主要有以下几个方面的考量。

第一，从理念的社会效用上，公平正义是促进群体文化关系走向和谐的重要理念。仅从伦理学范畴而言，"公正远远低于仁爱和宽恕。然而，就道德的社会效用，即就道德对其目的的效用来说，公正却远远重要于仁爱和宽恕，也重要于其他一切道德：公正是最重要的道德①。"斯密曾指出："因此，对社会生存而言，正义比仁慈更根本。社会少了仁慈虽说让人心情不舒畅，但它照样可以存在下去。然而，要是一个社会不公行为横行，那它注定要走向毁灭。"② 可见，公平正义对社会的存在与发展起着至关重要的作用，是社会存在与发展十分重要的理念。既然公平正义对社会如此重要，而社会是由不同群体所组成，因此公平正义自然对群体关系的处理包括群体文化关系的运行也起着极为重要的作用。公正包括个人行为与社会安排所体现出的公正，极易得到各群体的共同认同，并成为各群体关系协调发展价值指向的重要判断标准。"关于公正有许多相互竞争的观点，而对于公正的感受，如同其与贡献和需求的关系一样，却是广泛一致的。例如，报酬与努力相联系的适当性和必要性是广泛认可的，还有相对平等的合意性，以及在可行的时候帮助那些无能为力的人满足其需要等思想都大致相通。"③ 否则，如果没有对公平正义的共同认同，那么，群体关系包括群体文化关系很有可能会陷入极度混乱的状况之中。

第二，从理念的价值指向而言，公平正义是促进群体文化和谐的重要内容。公平正义是人类长久追求的目标，也是马克思主义的不懈追求，当然是

---

① 王海明：《新伦理学》，商务印书馆2001年版，第307页。
② [英]亚当·斯密著，余涌译：《道德情操论》，中国社会科学出版社2003年版，第93页。
③ 姚洋主编：《转轨中国：审视社会公正和平等》，中国人民大学出版社2004年版，第460页。

我国社会主义的重要内容与奋斗目标。正是对公平正义的努力追求引领着中国共产党带领全国人民建立了新中国，推动社会主义建设的发展。2006年10月，中国共产党十六届六中全会通过的《关于构建社会主义和谐社会的若干重大问题的决定》中，特别强调社会的公平正义，并将公平正义视为社会主义和谐社会的六个总要求之一，并专列"加强制度建设，保障社会公平正义"部分阐述社会公平正义，指出，社会公平正义是社会和谐的基本条件，制度是社会公平正义的根本保证。公平正义是建设社会主义和谐社会的重要内容，是不同群体对社会主义社会共同价值理念认同的基础理念，也是促进不同群体共同的幸福生活的重要理念指向，那么公平正义当然也是群体文化关系良性发展、群体文化和谐的重要理念。

第三，从理念的现实针对性而言，公平正义理念是促进群体文化和谐的重要理念。有学者在以"正义的视野"切入正义问题时指出的一个观点，即正义学说在展望未来的同时向来就包含对现实的批判，"正义的视野"在这个意义之下就是对社会的批判性检视。[①] 本书阐述了三对群体文化失衡的状况，仔细分析形成这一现状的原因十分复杂，而公平正义的缺乏可能是其中的一个重要原因。在中国改革开放和经济持续高速增长的过程中，社会秩序和发展秩序方面已经出现了一些公平正义缺失的现象，这些现象的存在和扩展深刻影响到中国经济社会的稳定和谐发展。这样的判断，能够得到大量现实生活材料的证实。集中表现为：社会阶层贫富差别深度扩大、强势集团优先占位和弱势集团失助、官商合流和权力寻租、垄断分配和垄断控制、黑色市场活动和非法商业盈利，等等。[②] 值得特别注意的是，转型时期的公正的缺失现象并不是由于整体上经济的不发展造成，而是在改革开放后经济快速增长的情形下出现的。阿马蒂亚·森曾客观地指出："我应该提及，认为这些研究很重要是有恰当的理由的。改革之后中国的收入增长非常快，以至于人们几乎没有注意到中国在其他领域进步的缓慢（相对而言）。"[③] 同样也有学者指出："尽管在整个转型过程中中国保持着高的增长速度，但是由于20世纪80年代中期以来不平等的急剧增加，最贫困的人群并没有分享到增

---

① 姚洋主编：《转轨中国：审视社会公正和平等》，中国人民大学出版社2004年版，第466页。

② 梁丽萍：《以政府的积极治理促进社会秩序的公平正义——访国家行政学院副院长韩康》，《中国党政干部论坛》2006年第12期。

③ 姚洋主编：《转轨中国：审视社会公正和平等》，中国人民大学出版社2004年版，第61页。

第五章　转型时期群体文化和谐的理念探讨　·213·

长所带来的果实。"① 问题的出现警醒着人们,即公平公正并不会随着经济发展而自动到来,它需要其他相关制度、措施的采取,而这些制度、措施的采取从根本上受制于人们对于公平正义理念的认识。因此,公平正义理念的倡导对于各群体关系的和谐具有重要的现实针对性。

公平正义作为转型时期群体文化和谐的重要理念,具有自身内涵与特点。总体上,作为转型时期群体文化和谐的公平正义理念,其最大的特点是其群体间的视角,即从群体关系尤其是群体文化关系的视角来审视权利与义务的对等性,无论是个人公正还是社会公平,均被纳入群体间的视野之内。在这样的维度上考量公平正义,它更加强调以下内涵:

第一,强调群体之间的起点公平正义。"所谓机会平等或者权利平等就是起点平等。权利平等和自由既包括政治平等或者政治自由,诸如言论、集会、结社等自由权利,也包括经济平等或者经济自由,诸如所有权不可侵犯、自由交易、自由契约等,以及其他许多自由权利。这一视角意义重大,但也有局限,它只是一种形式公正。"② 起点不公平是最大的不公平,对于群体而言因为它直接剥夺了某些群体生存与发展的机会。起点公平的内容很多,但一些学者尤其强调"受教育机会的均等与最低限度的社会保障的机会均等"。③ 确实,最低限度的社会保障保证了人的生命权并为人的发展提供基本的前提;而义务教育则为人的发展奠定了最起码的基础。正是在起点公平上,当前各群体存在着相当大的差距。城乡二元体制、特权的存在、腐败的产生等因素是影响农民群体与城市群体间、先富群体与贫困群体间、干部群体与群众群体间在起点上存在不公平的重要因素。因此,强调起点公平,对于群体文化和谐的公平正义理念有着特别的含义。

第二,强调群体之间的结果公平正义。"从收入的角度来讨论公平问题,自然是一种结果平等,而不是起点平等。从效用和福利的角度来讨论公平问题,也是一种结果平等。从结果来讨论平等和不平等问题是一种后果主义和功利主义的视角。这种考察是有意义的。但是又是有很大的局限和严重

---

① 姚洋主编:《转轨中国:审视社会公正和平等》,中国人民大学出版社2004年版,第202—203页。
② 同上书,第641—645页。
③ 同上书,第473、617—618页。

的缺陷的。"① 结果公平具有直观性特点。结果公平强调收入与分配的合理性,转型时期群体文化关系的失衡的一个重要原因是由收入的不合理问题引发。"在机会均等的基础上,人们可以承认收入相对差距的拉大,但现在一般不能容忍绝对贫困,不能容忍一些人因种种先天的和后天的原因占有大量财富进行高消费,而另一些人却不能过上起码的'体面的'生活。"② 可以说,这种现象是由先富群体与贫困群体的结果不公平所引发。可见结果公平对于群体文化和谐具有独特的意义。

第三,强调群体之间的过程公平。"过程公平是一个较少讨论的问题,却是一个重要的问题。它强调主体性与参与性,主张人们在有机会时主动参与关系自身前途的创造,而不是被动接受某些精心设计的结果。是沟通起点公平与结果公平的重要途径。"③ 在现实生活中,个别群体的集体"失语",是该群体遭受最终的结果不公平,甚至在起点公平的争取中处于极为不利的地位的一个可能的原因。农民群体、贫困群体等弱势群体不仅在起点、结果方面存在着不公平,更为严重的是他们的参与性与主体性也大打折扣,在促进公平的过程中也处于不利地位。因此,强调过程公平具有重要的意义。作为转型时期群体文化和谐的公平正义理念,对群体间起点公平、结果公平、过程公平的强调是有机统一的,并不是相互割裂的。

前述我们指出,作为转型时期群体文化和谐的公平正义理念,着重强调以下几个方面:

首先,在群体视角的维度下展开对群体间公平正义问题的关注,这可说是它的一个特点。群体间的不公平是由群体的不公平关系造成的,而这种不公正的群体关系固化为社会结构并反过来又增强了群体间的不公平。"社会不平等是一种深藏在社会结构内部的社会群体之间的关系,政治分层与经济分层只不过是它的不同的表现形式。""分层本质上是人群之间的关系和人群占有资源的关系,当资源十分有限时,人群之间的关系必然十分紧张,社会不平等的程度也就必然较高,社会各群体之间的差距也就比较大。"④ 对于转型时期而言,目前讨论社会公正问题,离不开对社会弱势群体状况的审

---

① 姚洋主编:《转轨中国:审视社会公正和平等》,中国人民大学出版社2004年版,第641—645页。
② 同上书,第623页。
③ 同上书,第641—645页。
④ 李培林、李强、孙立平等:《中国社会分层》,社会科学文献出版社2004年版,第25页。

视和关注。"然而，就一个群体和阶层来讲，也许最弱的群体还是农民，特别是穷困地区的农民。"① 以群体视角关注群体间的不公平问题正是群体文化和谐的公平正义理念的视角。当然，这一视角也有助于公平正义理念成为群体文化和谐的重要理念。

其次，作为群体文化和谐的公平正义理念，较侧重于强调社会公正，即强调制度公正的重要意义。因为相对于个人行为的公正而言，制度公正对于群体关系包括群体文化关系具有决定性的意义。罗尔斯鲜明地指出："正义的主要问题是社会的基本结构，或更准确地说，是社会主要制度分配基本权利和义务，决定由社会合作产生的利益之划分的方式。所谓主要制度，我的理解是政治结构和主要的经济和社会安排。"② 有学者更为明确地指出："正义规范的普遍性之所以有其现实的可能性，乃是因为它被承认为构成社会结构的，就会对其他制度具有强制的作用。"③ 因此，人们不再仅仅将公平正义局限为个人行为，而是从制度上寻求对公平正义的落实。中共十六届六中全会对以制度公正保证社会公正也有着精辟的阐述，即"社会公平正义是社会和谐的基本条件，制度是社会公平正义的根本保证，必须加紧建设对保障社会公平正义具有重大作用的制度"。

最后，作为群体文化和谐的公平正义理念还强调着重于引导。现阶段迫切需要确立公平、正义、共享的价值观，并以此为标尺来评估和纠正现实制度安排与政策措施中的疏漏，通过调整经济政策与公共资源配置、深化社会分配体制改革、强化劳动监察等措施，解决经济社会发展失衡、城乡发展失衡、地区发展失衡、利益分配格局失衡、公共财政资源配置失衡等问题。当务之急是完善事关基本民生的社会制度，特别是建立健全以社会救助制度、医疗保障体系和老年保障制度为主的社会保障制度，建立起改善民生的长效机制，给全体人民以可预期的稳定未来。④ 公平公正理念必须真正为各群体

---

① 姚洋主编：《转轨中国：审视社会公正和平等》，中国人民大学出版社2004年版，第654页。

② [美] 约翰·罗尔斯著，何怀宏、何包钢、廖申白译：《正义论》，中国社会科学出版社1988年版，第5页。

③ 姚洋主编：《转轨中国：审视社会公正和平等》，中国人民大学出版社2004年版，第473页。

④ 马宏伟、张怡恬、于春晖、中国人民大学教授郑功成、北京大学研究员高书生、中共湖南省岳阳市委书记易炼红：《使广大群众在和谐社会建设中得到更多实惠 着力解决民生问题对话录》，《人民日报》2007年5月23日第9版。

所共同认同，这样它才能成为群体文化和谐的重要理念，引导群体文化关系良性发展。

（三）和而不同理念

一般认为，"和"来源于西周末年史伯的论述，"以他平他谓之和"，实际是指各种事物的存在、配合、协调与发展；"同"则与之相反，指事物的单一，"同则不继"，单一的事物不能长久。"声无一听，物一无文，味一无果，物一不讲。"[①] 春秋时期晏婴与齐景公也论及和、同，并指出和有如以多种食物和味道进行的烹调，并以此来阐述治国之术。孔子继承先哲的思想，提出了"君子和而不同，小人同而不和"[②] 的观点，并将和与同的指涉进一步发展，并最终演变为儒家的核心理念之一。和而不同是和谐的主要内涵之一。它体现了事物生成与发展的规律，也反映出事物生成与发展的一种状态，展现了事物自身与内在的生命力与创造力。作为群体文化和谐的和而不同理念实际也是马克思主义所言的多样性统一的表现。中国共产党和国家在新世纪大力倡导构建的和谐社会，和而不同其实就是其中的重要内涵。"和谐而又不千篇一律，不同而又不相互冲突。和谐以共生共长，不同以相辅相成。和而不同，是社会事务和社会关系发展的一条重要规律，也是人们处世行事应该遵循的准则，是人类各种文明协调发展的真谛。"[③]

随着社会现代化的推进，人们的社会关系发生激剧的变化，新旧群体关系产生并变化，并在转型的背景下出现了一些失衡状况。如何对待现有的不同群体，如何看待不同群体的生存与发展的空间，如何处理不同群体间的关系包括文化关系，如何共同促进不同群体的良性发展，如何使不同群体在关系和谐的基础上的发展出现整体性的飞跃，这是摆在各群体及社会面前无法回避的现实问题。面对社会主义市场经济条件下各群体的变化状况，人们无法参照计划经济体制下的模式处理各群体相互之间的关系。在此和而不同理念由于自身的独特性而能成为处理群体间关系包括文化关系的重要理念。

和而不同理念大体上有三层含义。

第一，强调尊重与容忍各群体文化的差异。正是由于存在着事物的多样

[①] 《国语·郑语》，（吴）韦昭《国语》，北京图书馆出版社 2006 年版。
[②] 《论语·子路（二十三）》。
[③] 江泽民：《在乔治·布什总统图书馆的演讲》，《人民日报》2002 年 10 月 25 日。

性才能言"和",因此和是建立在事物的多样性的前提下。而群体文化和谐的和而不同理念同样建立在不同群体文化的差异基础上,没有差异实质也无所谓"和而不同"。尊重与容忍各群体文化的差异,包含着以下含义:首先要平等地对待各群体文化,只有在平等的基础上才能言及尊重与容忍,没有平等就根本没有尊重。其次,要客观地看待各群体文化间的差异。例如,对于农民群体文化与市民群体文化间的差异,总体上,既要认识到这种差异具有社会历史性,有我国现代化建设过程中权宜政策固化的因素影响;也要认识到存在着自然条件的因素,少数地区恶劣的自然条件对形成这种差异有直接的影响;当然,个体自身的原因也不容忽视。只有客观地看待各群体文化的差异才能以良好的心态对待各群体文化。再次,充分认识各群体文化差异的作用的具体性。即差异的影响随着群体关系的具体状况而展现其积极或消极的一面,不能一概而论。例如,存在于农民群体文化中的刚健坚忍的品格、功利的进取心态和务实的经世观念对促进农民群体在我国现代化的进程中作出更大贡献起着重要的影响,此种文化内涵在与市民群体文化发生交往时是一种积极的因素。最后,辩证地认识群体文化的差异可以转化,即由于各群体不断发展,因此随着社会经济政治文化的变化,群体文化也会发生一定的变化,从而导致群体文化间的差异的转化。如群体地位的上升与下降,从而引发群体文化之间的差异出现变化。

第二,强调各群体文化在差异的前提下协调发展。这是强调和的意蕴。"和"就是一种整合、配合、协调、生成与创造,前述所言和的动态性含义即指此义。尊重与容忍差异性并不是目的,其目的是在差异性的前提下谋求协调发展,这才是和而不同的目的性指向。强调各群体文化在差异的前提下协调发展,包含以下含义:首先,强调各群体文化彼此的配合与协调。群体文化是群体生存与发展的文化体现,各群体文化均有自身鲜明的特点,但是作为在社会中共存的各群体文化彼此间应配合与协调,否则,群体间文化的相互联系相互依存的关系会受到较大的影响,这样的状况对各群体的发展极为不利。群体文化关系的失衡对各群体发展均会产生不利影响。其次,强调各群体文化在差异的前提下互相促进与共同发展。和而不同理念不仅仅追求各群体在差异的前提下共处,还进一步追求各群体在差异的前提下的互相促进与共同发展。而且互相促进与共同发展应该强过于单一群体自身的孤立发展。这是由于各群体文化间的互补性所产生的。所谓整体大于部分之和,和而不同的内涵也有类似的意蕴。再次,强调各群体文化是在创新的基础上的互相促进与共同发展。所谓"和实生物",和其实具有极强的生命力与创造力。和而不同理念不仅强调各群体文化的互相促进与共同发展,而且还进而指出,这种互相促进与共同发展是一种创新性的促进与发展,否则,群体文化和谐的现实意义将大打折扣。因为,我们倡导群体文化和谐有一个内在的价值指向,即希望通过各群体文化的和谐发展促进我国和谐文化与和谐社会的发展。这样的一个较高的内在的价值追求,如果没有创新性是无法实现的。只有创新性的互相促进与共同发展,才能在发展的基础上促进群体文化关系的良性循环。

第三,强调各群体文化对共同的文化理念的认同。儒家所言的和而不同,是在礼的前提下的和,和具有原则性特点,否则就是"知和而和",变成所谓的"乡愿"了。作为群体文化和谐的和而不同理念也是如此,强调各群体在对共同的文化理念的认同基础上的和。这种共同的文化理念,我们以为是社会主义核心价值体系。没有对这样的文化理念的共同认同,所谓的各群体文化的和也是一种假和。社会主义核心价值体系从社会主义政治、经济、文化等各个方面体现出来,它并不是单纯地表现在观念形态上,虽然这种形态极为重要。

第四,强调和而不同的思维方式。思维方式也是文化的表现,而且是文化核心与深层的表现。作为群体文化和谐的和而不同理念,特别强调这样的思维方式,即和而不同的思维方式。否定非此即彼的二元论式的简单、线性的思维方式,强调一种尊重、包容、协调、互促的思维方式。一旦这种思维为各群体文化所认同与倡导,那么群体文化和谐的实现相对而言更容易达到。

(四) 中和适度理念

中和是中国文化的重要部分。中和是由中与和所组成。"中"字的本义是事物的中点或中部,推而广之则为中央、中间。"中"存在于世界万事万物之中。换句话说,万事万物都有自己的"中",没有"中"就没有万事万物。而且,任何一个事物的性质、特点、规律都是源于这个"中"。没有"中",事物就不可能平衡、和谐,没有相对的平衡和谐的存在,也就没有事物。古人最重视这个"中",把它当做最高的形态和最理想的状态。中庸是中道之为事物之常道。[①] 从"中"在事物的中央与中间的原意引申,因

---

① 雷庆翼:《"中"、"中庸"、"中和"平议》,《孔子研究》2000年第3期。

第五章 转型时期群体文化和谐的理念探讨

此，具有无过无不及的含义，如"允执其中"①，"过犹不及"②，均强调适度。可见适度就包含在中的含义之内。和，前述已论及。我们认为，和或和谐是指事物（包括自然、人和社会）生成与发展的一般规律、事物存在与运行的最佳状态、人们行为处世的普遍价值尺度、中华民族的深层思维方式以及仁人志士追求的理想境地。中与和有机相连成为中和，《礼记·中庸》指出："喜怒哀乐之未发，谓之中；发而皆中节，谓之和。中也者，天下之大本也；和也者，天下之达道也。致中和，天地位焉，万物育焉。"可见，儒家认为的中和既是一种客观规律，又是由中而至和的一种理想样态。所以有学者指出："'中和'既就客观事物规律而言，又就人遵循事物规律达到理想状态而言，而偏重于后者。"③ 从这样的意义上也可说中是和的前提与条件，中是达到和的手段与基础。所以，我们由此也可看出，中和适度其实内含了和谐的内涵，只是它更偏重与强调以中求和，万事万物均应适度以达到最终的和谐。因此，中和适度理念主要是指各群体在承认差别的前提下，保持相互间的均衡、协调的关系，并最终形成群体文化和谐发展的结果。而群体文化的适度关系包括各群体在文化内容、文化发展方向等方面保持均衡与协调的关系，使各群体文化在差异的前提下实现共赢，促进群体文化和谐的发展。

转型时期群体文化关系出现的失衡，即不平衡，从实质而言就是群体间文化关系的不适度，各群体文化在发展中不是互利与共赢、不是均衡与协调，而是出现了紧张、隔膜、矛盾甚至冲突。例如存在于农民群体与市民群体的"排斥"与"敌意"、贫困群体与先富群体间的"欺贫"与"仇富"、干部群体与群众群体的"不信任"与"矛盾"等现象均体现了群体间文化关系的不适度；各群体对产生于现实实践活动中的文化观念，如贡献与索取、权力与权利、权利与义务、平等与差别、公平与效率等观念的认识过程中所存在的差距，也体现了群体文化间关系的不适度。因此，促进群体文化关系的均衡与协调，并最终促进群体文化关系和谐，正是转型时期群体文化关系发展的必需，这也正是中和适度理念的内涵。

大致说来，中和适度理念主要强调以下几个方面：

---

① 《论语·尧曰（一）》，又见《尚书·大禹谟》："允执厥中"。
② 《论语·先进（十六）》。
③ 雷庆翼：《"中"、"中庸"、"中和"平议》，《孔子研究》2000年第3期。

第一，中和适度理念尤其强调对度的把握。正是对度的恰当把握才达到和的状态。中和适度强调的度，与马克思主义哲学所言的度的实践运用具有相似的意蕴。它要求各群体在处理文化关系时，做到恰到好处，防止"过"与"不及"，换言之，它主要表现为在相互平等独立的基础上，各群体文化关系处于一种均衡与协调的相互依存、相互开放、相互贯通、相互包含的关系。中和适度理念还强调注意掌握最佳的度，所谓最佳的度，是群体文化关系在动态发展中最佳均衡点、最佳平衡点。当然，最佳的度只是一种理想的状态，并不是现实的样态，但它是群体文化关系所能努力追求的境界。中和关系是一种系统关系，[①]在实践中对度的把握体现在各群体充分认识群体文化关系的相互依存性，即对群体相互关系所内在的系统性的认识，它表明只有自群体文化与他群体文化共同促进、共同发展，才能得到最终发展。因此，在发展中努力做到克制自己的不正当的观念与行为、以强帮弱、以弱赶强，帮己帮人、成人成己，才能做到群体文化关系的均衡与协调的适度。

第二，中和适度理念不是无原则的调和与折中。有学者指出，"儒家强调的'允执厥中'，就是把握这个规律，使事物能正常和谐的发展与变化，对待自然是这样，对待人也是这样。'不偏不倚'指的是'无过与不及'，这是把握事物矛盾的'度'，是中正之道，不是指将不能统一在一起的相互矛盾的东西加以调和"。[②]有学者指出致中和的方法所贯穿的一个基本点即是以居仁由义的立场为立足点。这一根本是无论如何都不可改变和动摇的，是人之所以为人的根本属性。具体行为措施可以千差万别，可以权变，根本却是"经"，必须"一以贯之"。[③]过去儒家主张对和应以礼节之，强调和的原则性，也是同样意蕴。现在处于社会主义现代化的转型时期，群体文化和谐的中和适度也应有其根本，这一点不能动摇与改变。何谓根本，它就是社会主义核心价值体系。各群体文化只有在对社会主义核心价值体系的共同认同的基础上才能言及群体文化关系的中和适度。而在群体文化关系中，以势压人、以利欺人等不良行为全然不符合社会主义核心价值体系，根本谈不上什么中和适度。

第三，中和适度理念的运用注重辩证性。马克思主义认为任何事物都不

[①] 程梅花、邹林：《论儒家"致中和"的思维方式》，《孔子研究》2000年第3期。
[②] 雷庆翼：《"中"、"中庸"、"中和"平议》，《孔子研究》2000年第3期。
[③] 程梅花、邹林：《论儒家"致中和"的思维方式》，《孔子研究》2000年第3期。

是一成不变的，总是处于运动之中。因此，适度也是随着事物的变化、客观情况的变化而变化的。儒家提出"时中"，即因时而中，正是强调中的变易性，即辩证性。

（五）沟通平衡理念

沟通按汉语的原意即指双方能通联，如沟通思想、中西文化的沟通。这一含义基本是沟通的核心含义。有研究者指出："所谓沟通，是指人与人之间、组织与组织之间、个人与组织之间为了实现共同的目的而进行的信息传递，既包括工作状况的交流，也包括思想情感的交流。"[①] 这一沟通定义其实也不出沟通的核心含义。但是有学者还强调沟通的结果，认为"沟通是指行为者之间通过有效语言、运用合理的协调方式达到理解或共识的行为"。[②] 虽然沟通的结果总会在一定意义上或多或少地促进感情联系的加强或观念共识的形成，但是它并不应成为沟通的必要条件。因此，我们认为沟通是指至少双方基于一定的方式所进行的信息传递与共享。沟通是人类社会的现象，也是现代社会发展的重要现象。现代社会对沟通的需要与日俱增。平衡，按汉语的原意指对立的各方面在数量或质量上相等或相抵，也指物体自身平衡的状态。从社会科学而言，概括地说，平衡是指事物间协调稳定的一种状态，这种协调稳定源于事物间各方面的相等或相抵。自然界、人类社会、人类与自然其实都处于一种平衡之中。马克思主义所言的事物的对立统一基础上的相对静止状态，就是一种平衡。作为群体文化和谐的沟通平衡理念，指通过各群体文化间的沟通从而有利于促进相互的协调稳定的平衡。

随着现代社会的发展，异质性成为现代社会的重要特征，也是社会发展的动力因素。我国社会也不例外，随着改革开放的推进，现代化进程不断加快，社会结构发生了较大的变化。这种社会结构的发展变化在群体上主要体现为，形成了新旧群体共存的格局，而且这种格局还在进一步演化与发展；价值观念上各群体出现一定程度的差异，有时差异程度较大。群体异质性的增加，导致了社会各群体间平衡状态的改变。存在于各群体间的差异、分歧与矛盾、冲突累积发展转化形成群体文化的失衡，失衡即不平衡。各群体文化的失衡已对各群体发展造成了一定程度的不利影响，并对社会的整体平衡发展形成了某种程度的阻碍。因此，促进群体文化和谐，促进各群体文化发

---

① 本刊编辑部：《有沟通才有和谐》，《中国行政管理》2005年第6期。
② 张东娇：《简论沟通及其教育价值》，《教育科学》2002年第1期。

展的平衡是摆在各群体面前共同的任务,它也是构建社会主义和谐社会的重要内容。现代社会的平衡是在差异性前提下的平衡,对差异存在的容忍、在差异前提下达成共识,才能最终促进社会的平衡与发展。而这一结果的出现是建立在差异主体间的相互沟通的基础上的。这也是沟通平衡所力求达到的结果。沟通平衡顺应了群体文化发展的内在需要,切合了转型时期群体文化发展的迫切要求。因为,群体文化的失衡某种意义是由于群体沟通的缺乏所致。另外,换一个角度思考,一定程度的群体文化的失衡也许可以成为群体文化和谐发展的契机。

沟通平衡主要强调以下三个方面的内涵。

第一,强调群体间平等、自主与互动的沟通,从而促进文化观念的了解、共享与共识、认同的产生。平等的沟通是各群体在地位平等基础上的沟通。改革开放30年来,各群体在经济、政治、文化资源的享有上存在差异,这种差异也是形成各群体区别的重要因素,但是这种差异不应该成为群体沟通的前提性障碍,即各群体沟通中主体平等。贫富、城乡、干群均不应成为沟通的预设性的前提因素。我们尤其应注意在沟通中强势群体与其他群体的平等问题。自主的沟通,即各群体在沟通时能完全自由地按照自已的意愿进行利益表达、观念联系与共享。不正当的权力及沟通中经济代价过高均会影响沟通的自主性,前者属于一种硬强制,后者属于软强制。群体间的沟通也类似。进而言之,沟通的自主注重各群体按照自己本来的意愿决定是否沟通、以何种方式沟通、与何群体进行沟通、对沟通的结果采取何种态度等一系列内容。互动的沟通,强调沟通的交互性。本来沟通就是一种互相的过程,但是现实生活中各群体的沟通在一定程度上存在着单方面性,即一方对另一方并不积极回应,以至于使得沟通成为单方面的信息发送,而缺少双方的信息交流与共享。互动的沟通注重沟通的积极回应、互相交流、观念比较与理念协调。

第二,强调群体间沟通渠道的开放性与畅通性,从而促进群体文化的有效交流。存在于各群体之间沟通的缺乏,沟通渠道的封闭与不畅是其中的重要影响因素。计划经济时期由于国家采取集中的管理方式,因此,在各群体的沟通方式中,以国家、集体为中介进行的间接沟通占有很大的比例,群体间的沟通渠道与国家社会管理的上传下达渠道有一定方面的重合。实行市场经济体制以来,各群体意图依赖于原有的沟通渠道进行相互的沟通已越来越不适应社会与群体发展的需要。社会各中介组织、社会协商、纸质传媒、互联网等新式沟通渠道日益在沟通中发挥重要的作用。在此方面，群体间的沟通存在着一定程度的封闭与不畅。因此，强化原有沟通渠道，开启新式沟通渠道，保持各种沟通渠道的畅通正是群体间沟通从而达到文化交流的重要因素。否则，那种极端的沟通方式，如堵路、围楼等均不利于正常沟通的进行。

第三，强调群体间沟通的内容，即将对公平正义、平等互助、权利与权力、责任与义务等理念的各自看法与互相的交流贯穿于各群体的实践活动中，并体现出来。换言之，不能就文化观念而进行文化观念的沟通，虽然纯观念上的沟通极为重要，但是我们更赞成下述观点，即群体间关于文化理念的沟通源自群体的实践活动、提炼于群体的实践活动。换言之，文化观念的坦诚交流、比较分享、共识认同均应从群体实践中体现出来。

沟通平衡在群体文化和谐中贯彻实施，还应注意以下几个方面：

其一，各群体正确地理解沟通。有研究者指出："在管理冲突中需要避开的一个误区是，大多数人都认为良好的沟通意味着别人同意自己的观点。其实，良好的沟通意味着允许差异的存在。虽然一般人认为大多数冲突是由沟通不足引起，但有研究表明一些冲突已有足够的沟通，但由于人们对差异的容忍度不够，所以难以有效解决。"[1] 对组织内部沟通的误区同样适用于群体间的沟通，换言之，只有各群体容忍差异，并在差异的前提下进行交流才能最终达到理想的效果。在这方面，有研究者强调在政治沟通中的妥协精神的作用。[2] 它对群体间的沟通也有许多启示。同时，中国的中庸思想也许能提供一些启示与帮助，所谓以节制的手段去达到节制的目标。[3] 当然，对差异的容忍是建立在一定原则基础上的，而无原则的沟通不是真正的沟通。

其二，提升各群体的沟通能力。沟通能力主要包括在沟通策略、沟通时机、沟通方法、沟通语言、沟通反应等方面的能力。社会发展的异质性与不平衡，对于我国各群体而言是需要面对的一个相对较新的问题，因此随之而

---

[1] 严文华：《20世纪80年代以来国外组织沟通研究评价》，《外国经济与管理》2001年第2期。

[2] 张光辉：《和谐社会视阈下政治沟通机制的建构——一种民主的微观机制的学理分析》，《云南行政学院学报》2006年第5期。

[3] 张德胜、金耀基、陈海文、陈健民、杨中芳、赵志裕、伊沙白：《论中庸理性：工具理性、价值理性和沟通理性之外》，《社会学研究》2001年第2期。

产生的沟通对各群体而言也是较新的问题。提升各群体的沟通能力对于促进群体间的沟通大有裨益。在转型时期尤其要注重提升弱势群体的沟通能力。

其三，注重从制度上推动群体间的沟通。这方面的工作虽然头绪较多，但却是根本性与基础性的工作，制度化的沟通机制的形成对群体间沟通将起到重要的作用。

（六）协调共促理念

协调共促，从字面上而论，协调即配合适当，共促即共同促进。从系统论的角度，协调共促总是发生在系统内部各要素之间、不同系统间、系统与外环境之间的关系的协调。就实质意义上而论，协调共促可说是体现了基本相同的含义，即在协调中共促，在共促中协调，只是相对而言一个较偏重于过程实施，一个较注重结果指向。例如有学者指出："所谓系统的协调，就是指在系统内部的各要素之间、系统和外部环境之间存在着相互适应、相互促进、相互协同或者相互配套的关系。"[①] 可见，对协调的这一概括明确地包括有相互促进的内涵。协调共促理念，是人们对于事物内部各要素、不同事物间、事物与外部环境间相互配合、相互促进、共同发展关系的价值评判，体现出人们关于事物存在与发展普遍联系与互相依存、协同发展的思想指向。它也是唯物辩证法所指的："一切事物和事物之间，现象和现象之间，以及事物现象内部诸要素之间的相互影响、相互作用、相互制约和相互转化"的联系观点的一种反映。[②] 对协调共促的重视与认识，是与人类社会前进及人类理性的发展相联系的。协调共促理念的存在是以现实社会中事物间关系失调互相割裂的存在状况为前提的，否则没有失调也无所谓协调，没有割裂也无所谓共促。

将协调共促理念视为群体文化和谐的重要理念主要基于以下几个方面的考量：

第一，协调共促理念自身的特点所致。协调共促的含义即是事物内部、事物间及事物与环境间相互配合、相互促进，而群体文化和谐在运行层面上主要指不同群体文化相互包容、协调运作、动态平衡、具有生机与有机统一。可见，协调共促理念与群体文化和谐在很大程度具有一致性。具体而言，它们均着重于事物间的关系，强调事物关系间的均衡发展。协调共促理

---

① 祝业精：《简论战略网络中的协调机制》，《经济与管理研究》2003年第6期。
② 陶德麟、黎德扬主编：《马克思主义哲学原理》，武汉大学出版社2002年版，第82页。

念因为反映了事物普遍联系与发展的本质规律，所以在现实社会生活中有着巨大的指引作用，对于社会中不同事物间关系的正确把握、事物间关系走向的方向指引、事物间关系的恰当处理均起着重要的作用。由于协调共促理念的自身特性，因此社会中人与人之间的关系、群体与群体之间的关系的良性发展也受其指引。有学者指出："一个稳定的社会运行机制主要包含两个方面：一个是动力机制，一个是平衡机制。""平衡机制，则维护和保持着社会各阶层及各种力量之间的协调和稳定。"① 而对于社会平衡机制的认识与建立，需要社会各群体对协调共促达成共识。因此，协调共促理念基于自身所具的特性，能成为促进群体文化良性发展作用的重要理念。

第二，协调共促理念的引领作用。"构建社会主义和谐社会，是贯穿中国特色社会主义事业全过程的长期历史任务，是在发展的基础上正确处理各种社会矛盾的历史过程和社会结果。"② 对矛盾的处理理念与方式各种各样，我们以为协调共促可能是其中较好的一种理念与方法。因为社会主义社会的矛盾绝大多数是人民内部矛盾，它是在社会主义社会发展过程中形成的矛盾，以协调共促的理念与方法审视并处理这些矛盾有助于矛盾的化解。其实科学发展观的提出，构建社会主义和谐社会的提出实质上是对事物发展过程中协调共促的深刻认识。社会主义和谐社会是各方面的和谐，其中人与人关系、群体与群体关系的和谐是重要的方面。对此，我们以为协调共促理念将会起到重要的作用。因为协调共促理念内涵中的相互配合、相互促进、共同发展极易得到不同群体的认同，成为化解群体矛盾包括文化矛盾的重要理念。没有一个群体能够在社会上不依赖于其他群体而孤立地存在与发展，对此观点不同群体的认识也会越来越深刻。

第三，协调共促理念的现实针对性。它针对的正是目前转型时期出现的群体文化的失衡状况。有学者指出："在21世纪初，中国最大的挑战是其人民所面临的不安全性的增加，特别是那些面临各种各样问题的穷人：低而不稳定的收入，失业或者工作的不稳定，高额的医疗和教育费用以及对老年人有限的支持。……而这将影响到消费需求、储蓄、经济增长以及社会稳

---

① 敬志伟：《完善利益协调机制构建和谐社会》，《青岛日报》2007年1月27日第6版。
② 胡锦涛：《高举中国特色社会主义伟大旗帜　为夺取全面建设小康社会新胜利而奋斗——在中国共产党第十七次全国代表大会上的报告》，人民出版社2007年版，第17页。

定。"① 仔细研析，其实这一现象反映出社会上协调共促理念的缺乏。换言之，转型时期中国社会正进入到群体发展包括文化发展不均衡的时期，这种不均衡已引发出许多矛盾与冲突，有研究者甚至指出，我国正进入利益分化、利益博弈和利益冲突的时代。② 而这些矛盾与冲突是否能仅仅依靠经济的高速发展得以自然地解决呢？很显然，当然不能。因为转型时期群体文化的失衡正是在中国近30年来经济高速发展的情况下出现的。那么对其解决还存在哪些相关的其他的影响因素，对此问题，有学者指出："高速的经济增长过程当然对消除贫困和剥夺有很大的贡献，然而，它还需要其他一些政策来做补充。"③ 所谓"其他一些政策"的实施也需要协调共促理念在社会上得到各群体的共同认可。

作为群体文化和谐的协调共促理念主要强调以下几个方面：

第一，着力于强调以协调群体利益关系为重点促进各群体共同发展的指向。协调共促理念作为群体文化和谐的重要理念，我们以为它包括协调不同群体间的经济关系、政治关系、文化关系及其他关系，并在此基础上促进各群体的共同发展。而从根本意义上言，群体间的经济关系、政治关系、文化关系及其他关系最终是以利益关系的形式表现出来。马克思曾明确指出："人们奋斗所争取的一切，都同他们的利益有关。"④ 因此，群体文化和谐的协调共促理念自然也以此为着力点。具体而言，应努力引导不同群体对采取什么样的利益观达成共识，对不同群体的利益关系在何种情形下是公平公正的达成共识，对先富与后富、富裕与贫穷的关系等受关注的利益关系采取何观念形成共识，等等。唯其如此，才能引导各群体树立正确的利益观，正确处理利益关系的矛盾与纷争，并最终在文化关系上形成良性发展态势。

第二，强调在建立利益协调机制的实践中体现协调共促理念。作为群体文化和谐的协调共促理念，并不是仅仅从观念到观念，它扎根于群体的生存方式，在群体相互交往的关系中体现出来。转型时期，根本意义上，由于群体文化关系以利益关系的方式反映出来，因此群体文化关系的协调共促在更大的意义上以利益协调共促的方式表现出来，简言之，一定意义上协调共促

---

① 姚洋主编：《转轨中国：审视社会公正和平等》，中国人民大学出版社2004年版，第205页。
② 何玲利：《论建立健全和谐社会的利益协调机制》，《理论导刊》2005年第11期。
③ 姚洋主编：《转轨中国：审视社会公正和平等》，中国人民大学出版社2004年版，第70页。
④ 《马克思恩格斯全集》第1卷，人民出版社1956年版，第82页。

理念体现在利益协调机制的实践中。利益协调机制的实践形式主要有利益导向机制、利益分配机制、利益调节机制、利益补偿机制、利益表达机制与利益矛盾调整机制。在利益协调机制中体现的协调共促理念彰显社会主义公平正义、突出追求社会主义共同富裕的基本目标，体现社会主义以人为本促进人的全面发展的价值指向。

第三，强调在扶助弱势群体的基础上实现协调共促。温家宝总理曾经形象地说，一个船队的速度，不是由最快的船决定的，而是由最慢的船决定的。① 社会各群体的共同发展并不是由社会中发展较快的群体所决定，它受制于社会发展较慢的群体的速度与水平，而这些群体大部分是社会弱势群体。因此处理好不同群体的文化关系，首要的是扶助社会弱势群体，促进其稳定、快速、全面地发展，只有这样，才谈得上群体文化关系的和谐。有学者指出："怎样避免以牺牲弱势群体的利益为代价来满足强势群体的利益，使社会财富向极少数人聚集，完善社会的公平机制，维护社会的稳定，已成为利益协调的首要任务。"②

（七）亲和宽容理念

亲和力，本是化学概念，是指两种或两种以上的物质结合成化合物时互相作用的力。后来亲和力概念逐渐从自然科学领域进入到社会科学领域。除亲和力外，还派生出亲和感、亲和关系、亲和性、亲和度等相关说法。大致说来，亲和是指个体、组织或群体在其他人、其他组织及其他群体心目中的亲近感，整体上主观感受成分居多。虽然很难确定亲和的具体内涵，但是有些特点易影响亲和的形成，如可接近性、可依靠性、平等待人、关心他人及信任他人等。宽容，在汉语中本义表笼络和承受，后指宽大有气量，不计较或者追究。《大英百科全书》界说宽容是一种"容许别人有行动和判断的自由，对不同于自己的见解的耐心公正的容忍的美德"。③ 有学者指出，宽容是一种"以价值多元化为根据的理性化、明智的生活态度和实践方式"。④

---

① 转引自彭京宜《关注民生、协调发展、推进和谐海南建设——解读卫留成同志在第五次党代会上的报告》，《海南日报》2007年5月11日第2版。
② 王春福：《和谐社会与公共政策的利益协调机制》，《学术交流》2006年第1期。
③ 转引自[美]亨德里克·房龙著，迮卫、靳翠微译《宽容》，生活·读书·新知三联书店1985年版，第13页。
④ 李德顺：《宽容的价值》，《开放时代》1996年第1期。

"从哲学史上考察,'对话'与'宽容'乃是辩证法的本源性含义。"① 我们认为,宽容是在平等的基础上,对异己的观念、行为及文化模式的尊重和容忍。宽容既是一种生活态度,包括道德态度与文化态度②的体现,又是一种存在方式的表现。宽容可分为人际宽容(个人宽容)与社会文化宽容。亲和与宽容相辅相成,亲和是宽容的基础,同时又是宽容的结果。亲和宽容理念是指各群体在交往实践活动中体现出相互亲近、关心、尊重、容忍的价值,从而促进群体文化和谐。

转型时期,现代化发展加快,人们在对利益的强烈追求过程中,忽视或漠视了在新的格局下人与人、群体与群体关系的改善。群体间开始出现一些陌生与隔膜、差异与矛盾、对立与冲突的现象。面对群体文化关系的失衡,必须采取相关的措施予以考虑与对应。我们以为,亲和宽容理念是一种参考路径。换言之,一定程度上亲和宽容理念能够促进各群体文化的亲近与接触、尊重与容忍,继而促进各群体文化的良性发展。因为它立足于各群体文化差异性的前提,有助于减缓各群体在激烈竞争的状态下的焦虑感,促进其健康发展,有助于加强各群体的联系与凝聚,有助于各群体之间的交往实践,有助于促进社会秩序的良性发展,并最终在此基础上促进各群体文化的互动与包容、欣赏与共促。

亲和宽容理念主要强调以下几个方面的内涵:

第一,亲和宽容理念强调对差异的容忍。现代性社会是一个异质性的社会,人与人之间、群体与群体之间在性格、品行、观念、地位、文化等方面存在差异,这些差异经过不同中介会沉积并演变为群体文化间的差异。正是由于差异性的存在所以才强调群体文化关系发展的亲和与宽容。有学者所指出:"宽容使得差异性存在,差异性使得宽容成为必要"③ 的观念也揭示了这一内涵。

第二,亲和宽容理念建立在各群体人格平等的基础上。在现实状态上,正是因为利益差别、地位不同、文化水平各异等才形成了不同的群体。但是,对于亲和与宽容而言,要求抛开这些外在的因素,强调人格的平等。只有在人格平等的基础上,才能言及互相尊重与亲近、互相容忍与包容。

---

① 贺来:《对话与宽容:辩证法的重大理论精神》,《求是学刊》2002年第1期。
② 万俊人:《寻求普世伦理》,商务印书馆2001年版,第508页。
③ [美]迈克尔·沃尔泽著,袁建华译:《论宽容》,上海人民出版社2000版,前言第2页。

第三，亲和宽容理念具有原则性。尤其是宽容，"无原则的宽容只能是逃避责任承诺或放弃良知的非善之举，甚至会变为一种恶行"。① 虽然宽容是对异己的观念、行为及文化模式的尊重和容忍，但是这种容忍是有限度的，这种限度就是社会公认的基本价值。如尊重生命、公正公平、自由平等理念等，违背了这些社会公认的基本价值理念，根本无法言及亲近宽容。如某一群体肆意践踏其他群体的生命权，这无论如何是不能宽容与亲近的，因为它触及了社会的底线。

第四，亲和宽容理念具有制度性体现。亲和宽容理念尤其体现在各群体共同生活的社会中的宪法与法律之中。因此，现代社会对违反法律的行为严格依法办事，并不宽容，然而也正是这种不宽容体现了宽容的精神，展现了社会各群体共同的亲和。"要守住宽容的底线，必须有理性的社会秩序。任何群体和个人都应当自觉地从公共利益的大局着眼，依此构筑一个真正有助于人类生存发展的和谐社会。"② 目前我国社会转型时期，亲和宽容理念的推行更应从制度路径进行考虑。在制度建立过程中，要充分听取各群体的意见，形成公平公正的制度规范，从而在社会各群体间形成亲和宽容的制度氛围与宽松的外在环境，最终促进群体文化的良性发展。应该注意的是，基本制度的安排还包括对各群体充分发挥民主的制度安排。正是在民主的基础上，各群体才能进行自由的沟通与对话，从而产生亲和与宽容。

第五，亲和宽容理念着力强调各群体的交往实践。亲和是交互的基础，同时宽容也只有在主体的交往实践中才可能产生。没有各群体的互动与交往，亲和宽容理念也失去了存在的意义。宽容不是冷漠，亲和更是与冷漠相对立。有学者指出："总之，积极的宽容精神并不是对他人的漠不关心，而是在意义的创造过程中实现的相互合作与对话活动。"③ 当然，亲和宽容的产生与发展有赖于各群体作为自在、自主的主体形成程度，它们是各群体交往的前提。

第六，亲和宽容理念提倡亲和宽容精神。这一精神的提倡会极大地影响各群体生存与发展的理念，从而使各群体在亲和宽容的理念上达成共识，在

---

① 万俊人：《寻求普世伦理》，商务印书馆2001年版，第508页。
② 钟秉林：《和谐社会：多元、宽容与秩序——在第三届学术前沿论坛上的讲话》，《中国特色社会主义研究》2005年第1期。
③ [美]乔治·F.麦克林著，邹诗鹏译：《多元文化社会中的宽容精神》，《求是学刊》2005年第1期。

实践中贯彻与发扬它。

(八) 团结友爱理念

团结友爱理念作为处理群体关系包括文化关系理念经常被联系在一起运用，但是两者存在一定的差异，因此下面分开进行论述。

1. 团结理念

按现代汉语词典的解释，团结，是指为了集中力量实现共同理想或完成共同任务而联合或结合，也指和睦友好，后一层意思与友爱理念有些相似，但是在日常生活及学理层面上大多指涉前一种含义。周恩来曾说："团结就是在共同点上把矛盾的各方统一起来。"[①] 涂尔干在法国社会转型时期，对机械团结与有机团结进行了深入的研究，指出："前一种团结是建立在个人相似性的基础上的，而后一种团结以个人的相互差别为基础。"[②] 当然，他用团结表述的是集体内部成员相互之间的共同意识（关于他人和社会的意象和观念）所产生的凝聚力和向心趋势。[③] 有研究者指出："团结，是指在为某个目标而奋斗时人们之间形成的紧密联系。具体来说，团结就是指在一个集体中，其成员之间彼此和睦相处，互敬互爱，互谦互让，从而形成一种融洽的气氛。"[④] 概括地说，团结理念是一种肯定性的价值判断，它包括对人们集中力量实现共同目标而联合或结合行为的肯定，又包括对因这种联合或结合而产生的凝聚力与向心趋势的肯定，还包括对因上述两种状况而产生的融洽的氛围的肯定。团结贯穿于人类社会发展的过程，甚至在某种程度上，没有团结也就没有人类社会的产生。相对而言，团结既是一种个体修养与能力素质，又是一种公共品质的表现。马克思主义十分重视团结，他们早就呼吁全世界无产者联合起来，中国化的马克思主义也正是在领导全国人民团结的基础上赶走日本侵略者、推翻半殖民地、半封建社会的过程中而产生的。党的团结、军队的团结、人民的团结是中国共产党制胜的法宝。改革开放的成果正是在安定团结的局面下取得的。在转型时期，团结理念对于我国现代化及人的发展更具独特的意义和作用。

---

① 周恩来：《建设与团结》，《周恩来选集》下卷，人民出版社1980年版，第29页。
② [法] 埃米尔·涂尔干著，渠东译：《社会分工论》，生活·读书·新知三联书店2000年版，第91页。
③ 高丙中：《社团合作与中国公民社会的有机团结》，《中国社会科学》2006年第3期。
④ 王颖：《团结友善刍议》，《高校理论战线》2003年第9期。

将团结理念视为群体文化和谐的重要理念，主要是基于以下考量：

第一，团结理念自身的特点所致。从人类的特性而言，人类具有群居性，正是人与人之间相互依存、相互联系，才进而结成社会，并促进人类与社会的不断发展。而从基本的含义而言，团结是人们之间为共同目标或共同任务的联合或结合。团结正是具有将人与人联合与结合起来的特性，它蕴涵着促进人与人相互依存、相互联系，进而相互促进、相互发展的显著功能潜质。同时，团结总是有目标的团结，不论是完成共同的理想目标还是完成共同任务的目标，均具有目标指向性。这种目标指向，如果佐以正确的价值判断，它对人类及其社会将发挥巨大的促进作用。而社会是由群体所组成的，因此，促进群体之间的联合与结合，朝向社会指向的共同目标正是团结的特性所致。正是在此意义上，团结对群体间关系也具有重要的意义。

第二，团结理念的引领作用所致。团结不仅是一种个体的道德品质，而且是一种公共品质。从工具性意义上它对社会发展起着重要的作用；同时，从目的性意义上，具有正确指向的团结本身还是一种价值指向，即要联合而不要孤立。团结因为将分散的人与人联合成一个整体，从而产生出凝聚力、战斗力、生命力，团结的此种作用已为历史和现实所证明。同时，从科学层面而言，从系统论视之，整体大于部分之和，这可说正是对团结作用的诠释。社会是由不同群体所组成的，群体的团结是社会团结的重要组成部分。群体的团结对促进群体间关系包括文化关系的改善、各群体发展的顺利、群体全面发展均有着重要的现实意义。因此，从群体文化和谐角度，团结理念起着重要的作用。

第三，团结理念的现实针对性所致。当前群体之间关系包括文化关系出现失衡的状况，从团结理念的视角审视，某种意义上团结缺乏是引起此种现状的一个因素。我国在现代化进程中，社会分工越来越细，人们之间的相互独立性增大；人们的自由度大大增强，这样的现状导致人与人之间、群体与群体之间的离散度增加。这种离散度在利益的驱动、价值观各异的作用下进而在一定程度上表现为人与人之间、群体与群体间的差异与失衡。但是，社会的发展不仅有分更有合，社会整合与社会分化相伴而生。群体文化的和谐正是基于此种考虑，强调各群体在分化基础上的整合。对于社会整合，在某种意义上，现实与学理的注重度还不太够。"分化和整合是一个过程的两个方面。……显然，相比之下，社会科学对中国社会之中与分化相反相成的另一个趋势的调查研究是远远不够的。"① 因此，当前强调团结，强调群体间的团结，强调团结理念在群体文化间的和谐发展的促进作用，具有重要的意义。

作为群体文化和谐的团结理念，我们较为注重以下几个方面：

第一，团结是建立在共同认同的目标基础上的。团结的本意即是为了集中力量实现共同理想或完成共同任务而联合或结合，共同的目标指向性正是团结自身的特性。因此，实践或学理层面上，人们经常所言的团结是有原则的，即对团结的目标的强调。作为群体文化和谐的团结理念也同样，强调团结建立在各群体对共同目标的认同基础上的。社会主义核心价值体系是各群体团结的根本目标。具体说来，在现代化建设中不断促进人们物质文化水平的提高、不断提升人的全面发展水平正是各群体共同的目标；在此过程中追求人与人的和谐、人与自然的和谐；进而实现各群体的相互协调、共同发展。这样的目标正是各群体团结的共同认同的目标。

第二，团结建立在对差异容忍的前提下的。团结是求同存异，在现代社会，求同存异的团结具有极强的生命力，那种无差别的团结在理论上无法求证，在现实中也行不通。团结也正是在矛盾的基础上，在差异的基础上才有了其现实存在的合理性与蓬勃生命力的体现。当前中国社会，群体因分工不同产生较大的差异，分工虽然不是各群体包括群体文化产生差异的唯一因素，但至少是重要因素之一。因此，建立在容忍差异下的团结对于群体间关系包括文化关系的良性运行将起到重要的作用，否则不能容忍差异，团结则无从实现。

第三，团结是建立在发展基础上的。加快各群体的经济、政治、文化、思想方面的发展是搞好各群体团结的重要基础。否则，群体之间发展不平稳也无所谓团结。反之，促进各群体的发展，将会直接加强群体间的团结，促进各群体对团结理念的共同认同。如促进农民群体的整体增收，赋予"农民工"以市民待遇，搞好农村村民自治，帮助农村贫困群体，提高农民群体的思想文化素质对于促进农民群体与市民群体的关系包括文化关系的团结将发挥重要的作用。

第四，团结具有个体性与公共性共有的特点，相对而言更注重公共性的品质特征。团结既是个体间的品质与能力素养，同时更是一种公共的品质。

---

① 高丙中：《社团合作与中国公民社会的有机团结》，《中国社会科学》2006年第3期。

作为群体文化和谐理念的团结更强调此种内涵。

2. 友爱理念

俗语说，两人同尝一个痛苦，只剩半个痛苦；两人同享一个快乐，变成两个快乐。友爱正是如此。孔子思想的核心"仁"蕴涵有我们现今的友爱，西方亚里士多德也专论过友爱，虽然与我们现今的友爱含义并不完全相同。伦理学认为，友爱是对朋友的爱。所谓朋友也就是经常往来、互相帮助、彼此信任的伙伴。[①] 这可说是狭义的友爱。因此，有学者指出，狭义友爱指私人生活中交往甚密的朋友间的情感依恋；广义友爱是指人们在公共生活中对其他交往对象（包括陌生人）的友善态度或友好行为。[②] 友爱的基础是同情之心，因为有了同情之心，所以产生利人之心。友爱具有历史性，它的内涵随着社会实践的发展与人们人际交往的演进不断变化。目前，我国友爱演进到社会主义友爱的新阶段。

将友爱理念视为群体文化和谐的重要理念主要基于以下考量：

第一，友爱理念自身的特点。友爱的产生是将人当做与自己同样的人而对待所引发的情感与行为。正是因为友爱发端于人对别人为人的体认，因此，它对于处理人与人的关系有着不可忽视的良性作用。换言之，在社会中正是每个人将他人视为与自己同样的人进行对待，友爱自然产生。而以此视角处理群体与群体的关系，同样是群体关系良性发展的基础。将他群体视为与己群体同样的群体进行对待，自然，群体关系包括群体文化即会和谐。同时，将他人当做与自己一样的人对待，它是人的精神正常发展的基础，对于个体与群体精神的健康发展将起重要的作用，而这也是群体文化和谐的基础。

第二，友爱理念所起的作用。首先，友爱一方面属于德性，与德性相联系，作为德性是幸福自足的生活的必要条件，一方面又是高尚［高贵］的，因而自身就是属于幸福的生活的。所以友爱在亚里士多德的伦理学中成为德性与幸福的最为重要的联系环节。[③] 从亚里士多德对友爱的论述得到启迪，友爱通过对个体德行与幸福的促进，从而促进个体的健康发展，进而为群体

[①] 王海明：《新伦理学》，商务印书馆2001年版，第195页。

[②] 程立涛、祁刚利：《论社会主义友爱的特点》，《河北师范大学学报》（哲学社会科学版）2004年第2期。

[③] 廖申白：《友爱在亚里士多德伦理学中的地位》，《哲学研究》1999年第5期。

健康发展奠定基础。而群体的健康发展正是群体关系包括文化关系和谐的基础。其次,友爱对各群体起到凝聚的作用。因为友爱包括情感与行为两个方面,友爱产生后,它能在一定意义和一定程度上超越差别、包容矛盾、紧密情感、融洽关系,从而在不同的群体间起到凝聚的作用。再次,社会主义友爱作为和谐文化的一部分,发挥着促进群体文化和谐的作用。群体文化和谐是社会主义和谐文化的组成,而社会主义友爱正是社会主义和谐文化的一部分,互助友爱的人际关系是社会主义道德建设的重要目标与重要内容。

第三,友爱理念的现实针对性。随着我国社会转型,原有的文化观念经过了体制改革与社会发展变迁的冲击,友爱理念在现实生活中存在着一定程度和一定意义上的缺失的现象。一方面是社会变化加快,人与人、群体与群体的矛盾增加,同时人们的归属感、依赖感增强,对友爱的需要增大;另一方面现实生活中却存在着友爱缺失的现象。强调友爱作为群体文化和谐的重要理念,实际上就是指明,在社会主义现代化建设长时期特别是转型时期,社会主义友爱仍将发挥重要的作用。可以说,没有社会主义友爱也就没有社会主义社会各群体的幸福生活。

作为群体文化和谐的友爱理念,我们尤为注重以下几个方面:

第一,强调友爱的公共性品质。作为群体文化和谐的友爱理念是社会主义友爱,它超越了单纯个体间的友爱,而将友爱的对象扩大到一般人。有研究者指出:"需要继承的一项重要内容就是友爱规范。个体友爱面临向社会公共生活领域的转型问题,这种转型是道德领域的根本性变革。"[1]

第二,强调友爱的平等基础。只有在互相承认平等独立的人格的基础上,才能称得上真正的友爱,这也是古代思想家强调友爱的原始意蕴。否则,没有人格的平等,也无所谓友爱。

第三,强调友爱宽以待人的内涵。友爱体现的人们之间的友善态度与友好行为。但是,由于人与人之间、群体与群体之间不可能没有差异与矛盾,这种差异与矛盾在转型时期显得尤其突出,因此,在此背景下,我们尤其强调友爱的宽以待人的内涵特点。只有这样,才能在群体文化中将友爱发扬光大。

团结理念与友爱理念作为群体文化和谐的重要理念有着紧密的联系,团

---

[1] 程立涛、祁刚利:《论社会主义友爱的特点》,《河北师范大学学报》(哲学社会科学版) 2004 年第 2 期。

结中有友爱，如团结的意涵中即有和睦友好的意思；友爱中有团结、友爱中包括的互助等友好行为即有团结的内涵。整体上，团结友爱理念确是群体文化和谐的重要理念。

二、转型时期群体文化和谐理念的简评

转型时期的群体文化和谐理念反映了群体文化和谐的内在要求，是群体文化和谐实现的必要基础与前提。在此我们对其进行简要的评析，以便更全面地认识这些理念。

转型时期群体文化和谐无论何种理念，均建立在民主与法治精神的基础之上，这是上述理念的共同点。民主与法治精神是现代社会不可或缺的精神，它对于国家社会的发展极为重要，我国也不例外。马克思主义及中国化马克思主义对民主法治极为重视，我国在社会主义实践不断践行着民主法治精神，当然我国民主与法治建设需要进一步完善。民主法治精神所包含的平等、公正、自由、尊重、理性、原则、有序、宽容、协调、参与、容忍等观念正是转型时期群体文化和谐所倡导的。

转型时期群体文化和谐的理念都具有较强的现实针对性。无论何理念，均有针对转型时期群体文化失衡的现实，自然这种现实针对性是基于理念自身的内涵而引发的。如公平正义理念针对群体关系包括文化关系中存在的不公的现象。

转型时期群体文化和谐的理念均更加强调公共性的品质。一方面是由于它们是作为现代社会的理念而存在，另一方面是由于它们作为群体文化和谐的理念而存在。这些理念至少超越了个别性的关系的要求，如在信任理念中更强调社会信任，公平理念更强调社会公正。

转型时期群体文化和谐的理念强调对差异的容忍与包容。这是由和谐的属性所决定的。不论是和而不同、团结友爱、中和适度、亲和宽容理念还是平等互信、公平正义、沟通平衡、协调共促理念均是如此。没有对差异的容忍与包容，根本就不能成为转型时期群体文化和谐的理念。比较特别的是公平正义理念，但是正是对差异的体察，才会有公平正义，一定意义上公平正义理念是从根本上对差异的包容。转型时期群体文化和谐的理念强调原则性要求。和谐是有原则性的，超出了原则的界线，不能言及和谐。换言之，和谐也有适应的范围限定，这一点我们尤其要注意。例如，公平正义、和而不

同、亲和宽容理念等。

　　转型时期群体文化和谐的理念强调在制度、在群体交往实践中体现。转型时期群体文化和谐的理念并不仅仅是从观念到观念的理念,它强调其在制度中体现,制度从广义而言也是文化。群体交往实践,是群体关系包括文化关系生成的源头,它体现转型时期群体文化和谐的理念。

第六章 转型时期群体文化和谐的功能及其特点

要促进转型时期群体文化失衡向群体文化和谐转变,首先需要从理论上分析群体文化和谐具有的功能。本章认为,转型时期群体文化和谐具有多方面的功能,通过作用于社会、人、文化和经济等几个方面,进而对群体、群体文化、和谐文化及社会主义和谐社会构建产生积极作用。其功能发挥主要源于群体文化关系的和谐属性。自然,对于转型时期群体文化和谐的功能,我们需要正确认识,不能夸大,也无需贬低。

一、转型时期群体文化和谐的功能

文化具有多方面功能,有研究指出:"从我们到目前为止所说的来看,如果文化不能成功地处理基本的问题,就不可能持续存在下去。文化必须为生活所必需的物品和服务的生产及分配提供保证。它必须使新成员濡化,这样他们才能成为有用的成人。它必须维持其成员之间的秩序,以及他们与外人之间的秩序。它必须激发成员持续生存下去并参加持续生存所必需的各种活动。所有这一切中最重要的是,如果在改变了的条件下它要保持适应,它必须能够变化。"[①] 大体上,文化的功能包括文化在经济、人、社会(保持活力与动力)、文化自身(文化的变化性与适应性)等方面的作用。转型时期群体文化和谐的功能也体现在以上几个方面,通过发挥这些作用进而促进群体、群体文化、和谐文化和社会主义和谐社会的发展。总体上,转型时期群体文化和谐的功能主要表现在以下几个方面:

[①] [美]威廉·A.哈维兰著,瞿铁鹏、张钰译:《文化人类学》第十版,上海社会科学院出版社2006年版,第53页。

(一) 推进社会积极发展，有益于群体稳步前进

群体的稳步前进是在社会（狭义）环境中实现的，而且群体的发展自身也是社会发展的重要目标。群体文化和谐推进了社会的积极发展，同时也有益于群体稳步前进，两方面是互构与互促的关系，是同一且不可分割的过程。

一般来说，文化与社会（狭义）的关系极为复杂，只能进行分析性的区分。文化在社会实践中凝结，同时又制约社会实践。或许"更为准确的是……人们文化地活着，而不是生活在文化中"[①] 的观点的确在某种意义上反映了文化与社会的关系。然而毋庸置疑的是，没有社会就没有文化，同样，没有文化也就没有社会，文化与社会不可分。从分析性区分而言，文化对社会的作用极为重要，它作用于社会结构、促进社会流动、巩固社会团结。群体文化和谐推进社会积极发展的作用同样体现在这些方面。当然，它是以群体文化及其相互关系的方式表现出来的。群体文化和谐主要是通过在社会中促进本群体及其他群体的共同发展而实现其功能，换言之，群体文化和谐既推进了社会积极发展，又有益于各群体的稳步前进，它是一体两面的过程与作用。它主要体现在以下几个方面：

1. 影响现代群体结构的生成

群体划分、群体结构实际上是社会分层的表现。社会分层是社会发展的结果。"作为一种有效的机制，一个社会必须用某种方法把成员分配到不同的社会位置中去，并且诱使他们去承担位置的责任。"[②] "既然高度的角色多样性是文明社会的典型特征，那么就不必惊讶，文明社会发生分层的机会最大。此外，在文明社会中，大规模人口以及人口的异质性要求把人们分成便于工作与管理的几个社会类别。所以社会分层是真正文明社会的规定特征之至，也就不足为奇了。"[③]

以群体划分为核心的社会分层存在的前提在于生产力的不够发达、物质财富不太充裕，社会管理还存在区分差异的需要，因为如果进入到马克思、

[①] 转引自 [英] 奈杰尔·拉波特、乔安娜·奥弗林著，鲍雯妍、张亚辉等译《社会文化人类学的关键概念》，华夏出版社 2005 年版，第 81 页。

[②] 转引自 [美] 戴维·格伦斯基编，王俊等译《社会分层》，华夏出版社 2005 年版，第 38 页。

[③] [美] 威廉·A. 哈维兰著，瞿铁鹏、张钰译：《文化人类学》第十版，上海社会科学院出版社 2006 年版，第 334 页。

第六章　转型时期群体文化和谐的功能及其特点

恩格斯所言的"每个人的发展是一切人自由发展的条件"的共产主义社会，根本就没有群体划分的必要与概念了。社会分层的产生是通过社会角色（职位）与不同价值的"报酬"相匹配，社会成员与社会角色（职位）相匹配而产生的。当然，"报酬"多种多样，学者们概括的主要包括经济类资源、政治类资源、文化类资源、社会类资源、荣誉类资源、公民类资源以及个人类资源。① 最简便地划分社会群体的依据是韦伯提出来的根据财富收入、权力和社会声望进行的区分。由于职业在联结收入、权力与地位等方面的重要作用。因此，许多研究直接采用职业来简化对社会群体的划分。

以群体划分为核心的社会分层实质是不同的社会资源在不同的群体之间的划分。虽然群体划分主要是以收入、权力与地位标准对社会资源在不同群体中占有状况为根据，但是进一步考察收入、权力与地位的来源方式，也许更为重要。社会学区分了自致地位与先赋地位两种地位类型。"在一个人的生命历程中作为个人努力与否的结果而获得的地位被称为自致地位。""某人所拥有的被指定的，并且通常不能被改变的社会地位被定义为先赋地位。"② 现代社会的群体划分所依赖的资源主要源于自致性的因素而非先赋性的因素，一定程度上它也是传统群体结构与现代群体结构以及传统社会与现代社会的重要区分标志。

转型时期中国社会群体不断变动，社会结构日益变化。2002 年陆学艺主持的当代中国社会阶层研究就将社会群体划分为十大阶层，并且指出："现代社会阶层的基本构成成分已经具备。"③ 群体划分现状的变化与下述观念的转变相应，即从以"先赋性因素"（如上代的职业等级与教育程度，父辈的地区、单位与户籍身份，家庭的政治身份等）为主要影响因素的地位为标准对群体进行划分的观念，转变为以"自致性因素"（个人的努力与奋斗表现出来的能力与业绩等，如教育程度）为主要影响的地位标准对群体进行划分的观念。"在改革前，中国实行的是身份分层，凡出身农民家庭的人都是农民，凡出生在工人、干部家庭的人一般就是工人和干部。"④ 改革

---

① ［美］戴维·格伦斯基编，王俊等译：《社会分层》，华夏出版社 2005 年版，第 2—3 页。
② ［美］戴维·波普诺著，李强等译：《社会学》第十版，中国人民大学出版社 1999 年版，第 96 页。
③ 陆学艺主编：《当代中国社会阶层研究报告》，社会科学文献出版社 2002 年版，第 54—56 页。
④ 同上书，第 57 页。

后，中国改变了以身份为主要标准进行的群体划分，个人的自致性因素在群体划分中占据主要地位。正是在这方面，群体文化和谐影响着群体划分标准的解读，从而成为影响现代社会群体结构的形成与发展的因素之一，进而有益于群体的稳步前进。因为群体划分是建构出来的，具体而言，群体文化和谐形成的基础之一，即建立在对群体划分的区分标准的解读过程中所形成的共同认同上，即各群体普遍认同自致性因素而非先赋性因素作为群体划分的主要影响因素的观念。

换言之，目前不同群体的不协调、群体结构的不正常相当程度上源于对此观念的不同解读。例如，在农民群体与市民群体的关系中，正是对这一观念的不同解读引发了两者的矛盾，一定意义上还成为"农民工"群体形成的内在文化因素。

我们知道，现有的户籍制度主要是建立在以城乡身份划分为基础的标准之上，它主要反映先赋性因素，而且市民户籍还附着许多利益成分。当前，户籍制度虽然已有较大的松动，但其根基并未改变，反而在某些方面有所强化，如社会保障。进入城市的农民群体形成了特殊而庞大的"农民工"群体，虽然工作、生活在城市中，但由于以户籍制度为主的先赋性因素的影响，他们无法享受市民的待遇。因此产生了不正常的"农民工"现象，把他们视为城市市民，但他们却不是严格意义的市民；把他们看作农村农民，他们已不是真正的农民。在城市中，"农民工"通过辛勤劳动顽强地争取更好的生活，许多"农民工"梦想成为永久的市民；一些市民则因户籍因素的缘由将"农民工"视为低人一等的群体，并在日常生活的各方面表现出来。如果，农民群体与市民群体之间均认同自致性因素而不是先赋性因素，那么，至少在现实中很大程度上会缺乏形成所谓的"农民工"群体的文化观念支持。由此，农民在走向城市中容易成为乡城迁移者，他们会沿着新的城市移民群体—新市民群体—市民群体的轨迹发展。如果以此观点推断，或许我国社会的群体结构也会随之发生相应的变化，至少市民群体的数量会大增，而农民群体的整体数量会相应减少。同时，它将有益于农民群体、市民群体自身发展及共同前进。

2. 推动合理的社会流动

"社会流动指就一个人或一群体而言，从一种社会地位或社会阶级向另一种社会地位或社会阶级的变化。""个人地位无论是向上流动还是向下流动都叫垂直流动。"① 社会流动对社会的稳定与发展具有重要的意义；对群体的稳步前进也具有重要作用，它可促进群体成员积极向上，促进群体保持活力。所有分层社会至少都提供一些流动，这有助于减轻任何不平等系统内部所固有的紧张。有研究表明，由于经济发展、产业结构调整，更由于社会流动多元化，社会流动渠道开通，因此，"改革开放20多年来，中国已经初步形成了一个现代社会流动机制的模式。"但是，"公正合理开放的现代社会流动机制尚未形成"。因为，"当前中国的社会流动渠道还不畅通，计划经济时代留下来的一些制度性障碍（如户籍制度、就业制度、人事制度、社会保障制度等）仍在阻碍着人们向上流动以获得更高的社会地位，社会流动模式呈现出新老社会流动机制并存的两重性特点"。② 其实影响社会流动、阻碍我国社会现代流动机制最终形成的并不仅限于制度性障碍，还有文化方面的因素。正是在此方面，群体文化和谐可能是能够对社会流动产生积极作用的影响因素，从而有助于推动合理的社会流动。

首先，群体文化和谐有助于促进各群体对合理流动规则的认同，即在竞争中遵守公平原则，每个人都有向上流动的机会，使得能者上、不能者下成为社会普遍认同的规则。③ 从而促进形成合理的社会流动的规范环境，最终促进形成公正合理的开放性流动机制。群体文化和谐由于立足于各群体利益的平衡、协调，因此，各群体较易认同以下观念，即对通过自身努力而提高能力并最终取得较好业绩从而实现向上流动的人予以赞赏的观念，对利用不正当手段、不合法的方式进行不公平竞争从而获得向上流动的人予以摒弃的观念；进而在社会各群体中形成鼓励并促进公平合理的社会流动、制约不公正合理流动的观念。例如，在当前制度性障碍还未完全消除的情况下，各地开展的表彰"十佳打工者"、"百名优秀外来务工人员"的活动，虽然其仍潜藏着某种社会排斥的因素，比如称呼，但是给予这些通过努力奋斗的优秀"打工者"以表彰，提升他们的社会地位，表彰他们向上流动的行为，实际上传达出其他群体对于公正合理的开放性流动机制认可的信息。再如，社会各群体对公务员录用考试的公平度的极大关注同样也反映了各群体对公正合

---

① [美]戴维·波普诺著，李强等译：《社会学》第十版，中国人民大学出版社1999年版，第252页。
② 陆学艺：《当代中国社会流动》，社会科学文献出版社2004年版，导言第5—6页。
③ 同上书，导言第7页。

理的开放性流动机制的认可,即只有通过个人努力、成绩优秀的人才能进入公务员队伍,因为录用为公务员对于绝大多数参加考试者而言都是实现向上流动。

其次,群体文化和谐有助于各群体正确对待流入本群体的人,包括对向上流动与向下流动的人的容纳与支持,从而有助于促进合理社会流动所需的宽松人际环境的形成。有调查指出:"城镇流动移民遭遇最为严重的障碍或阻力就是社会认同的隔离和社会交流与交往的隔离。由于这些障碍,使得他们对在城镇的发展和社会流动形成不确定的预期,同时,这些因素也确确实实是他们在城镇继续发展的巨大阻力。""而这些障碍来自制度的设置以及社会和文化的观念。"20世纪80年代及以前城镇市民认同的"街上人"与"乡下人"的边界是通过特权规则来对农民进行社会排斥的,而90年代中期以后,城镇市民以"本地人"与"外来人口"、"农民工"的认同边界是通过设置社会距离来排斥这些群体的。[①] 从这一调查结果可见,城市市民对于向上流动到城市里的流动移民,主要是对"农民工"群体,采取了不友好的排斥态度。因此要促进合理的社会流动,应在不同群体文化之间的尊重与包容上下工夫,而不同群体文化之间的尊重与包容即是群体文化的和谐。

另外,还有研究指出:"涂尔干指出向上和向下流动通过增加发现自己处在失范状态的人的数量都会导致自杀率的上升,所谓失范状态就是人们处在不知如何应付所要求的规范的位置上。""精神病的研究已经指出,在美国向上流动的人比不流动的人更可能患有精神病。"[②] 这表明,由于流动,可能引起个体客观的地位现状与主观的地位认同产生差异,而差异引发的不一致很有可能会使已流动的人的心理出现混乱。我们以为群体文化之间的和谐可以为流动的个体提供文化上的支持,使他们在文化观念上认同自己流动后的角色及规范,保持身心协调,促进身心健康,并有益于群体的稳步前进,且反过来成为促进合理的社会流动的重要因素。

3. 促进加强社会的团结

从分析性区分上应客观承认文化对维持社会运转所起的极为重要的作

[①] 郑杭生、李路路主编,洪大用副主编:《中国人民大学中国社会发展研究报告2005:走向更加和谐的社会》,中国人民大学出版社2005年版,第186页。

[②] 转引自 [美] 戴维·格伦斯基编,王俊等译《社会分层》,华夏出版社2005年版,第274页。

用。"文化是一套共享的理想、价值和行为规则。正是这个共同准则，使个人的行为能为社会其他成员所理解，而且赋予他们生活的意义。因为人们分享共同的文化，他们能够预见其他人在特定环境里最倾向于如何行为，以及如何做出相应的反应。"① 人们只能在可预期的行为反应上采取相应的行为对策，而可预期的行为反应来自共同的文化规范，如果不如此，人们的行为将会付出极高的社会成本，社会也会因此而乱套，根本无社会秩序可言。"帕森斯强调，文化（一个社会的共同信仰、规范和价值观）是维持社会紧密结合的'胶水'，因为它特别不易发生变化。"② 马克思主义对文化的作用也给予了极大的重视，认为在实践中对象化并凝结的文化反过来对实践产生制约作用，当然在阶级社会不同的阶级具有不同的文化。文化维护社会秩序，促进社会团结。"社会要想继续维持自身的生存，就必须将其所有的组成部分牢固地联系起来，只有在这种条件下，团结才有可能产生。"③ 涂尔干指出社会的有机团结是在劳动分工的基础上产生，而实现这种团结是由具有道德特性的集体意识或共同意识来维系。可见，涂尔干也强调了文化对于社会的作用，因为集体意识或共同意识也是文化的范畴。

转型时期群体文化和谐加强社会团结、促进群体稳步前进的作用主要表现在如下几个方面：首先，通过促进不同群体的相互承认与关系协调，从而加强各群体之间的团结，进而促进社会团结。群体文化和谐是群体文化间的尊重、承认、平衡与协调，它强调差异中的包容，这正是现代社会团结的本意。有学者指出："今天，社会团结应该被赋予更宽广的含义，即结构—价值方面的含义。当我们将社会团结视为在一定的社会结构基础上，社会成员之间、不同社会群体、社会阶层之间互相承认、关系协调而不是相互对立和敌视时，社会团结就出现了，这也是某种程度的社会和谐。"④ 虽然群体文化关系的基础是各群体之间的关系，但群体文化关系的和谐反过来也会促进群体关系的改善、群体团结的加强。其次，群体文化和谐通过缓解各群体的

---

① ［美］威廉·A. 哈维兰著，瞿铁鹏、张钰译：《文化人类学》第十版，上海社会科学院出版社2006年版，第36页。
② ［美］戴维·波普诺著，李强等译：《社会学》第十版，中国人民大学出版社1999年版，第627页。
③ ［法］埃米尔·涂尔干著，渠东译：《社会分工论》，生活·读书·新知三联书店2000年版，第339页。
④ 王思斌：《走向发展型社会政策与社会组织建设》，《社会学研究》2007年第2期。

冲突而加强社会团结，促进群体的稳步前进。有研究者通过分析全国法院审结的各类案件的数据，即社会失范的数据，指出："我国已进入了社会发展的凸显时期，也就是社会失调时期。"经济的增长不会自动地带来社会秩序的稳定，"在实际生活中我国经济增长速度却与社会失范的增长速度呈现一种正相关的关系"。[1] 这说明社会整合的速度赶不上社会分化的速度。因此，化解社会冲突、加强社会整合成为当务之急，也是群体稳步前进的急需。转型时期的许多社会冲突带有利益性与群体性特点，但是利益变动并不会直接导致冲突的产生，它还需要一定的中介。有调查表明："根据统计分析的推论，利益格局变动本身尚不足以导致冲突行为的发生，由利益变动导致的不公正感和生活满意度下降才是导致冲突行为的直接根源。由'不公正感'导致的收入差距原因的价值认识，使得人们对收入差距的感受在心理上被'放大'了。那些认为自己目前生活水平较低的人、那些认为自己未来生活水平得不到有效提高的人、那些认为当前收入分配不公的人、那些认为当前人们的财产占有不公的人，都普遍认为现在和将来阶级阶层之间的社会冲突会趋于严重。"[2] 从学者们的实证调查可知，价值认识，即文化因素在社会冲突中起到了重要的中介作用。由于冲突的群体性特征的增多，因而在涉及群体之间的冲突时，群体文化的和谐确能有助于缓解群体之间社会冲突，从而最终起到促进社会团结、促进群体稳步前进的作用。托克维尔指出，革命也会发生在社会正在改进和改善的时候。沿此思路，美国社会学家 J. 戴维斯（J. Davis）发现，历史上的社会动乱和革命往往不是发生在整个社会的生活境遇最困难的时候，而是发生在社会经历较长时期的繁荣和发展之后突然陷入萧条。其原因在于，长期繁荣之后的突然萧条会产生格外剧烈的相对剥夺感，从而为动乱和革命的爆发提供社会心理条件。[3] 因此高度关注我国目前正处于转型时期的现状及现状中的社会冲突，发挥智慧找寻、运用不同方法整合社会不同群体，已刻不容缓，这一观点也许能获得普遍的认同。有

---

[1] 朱力：《化解失范：建设"和谐社会"的一项基础任务》，载黄家海、王开玉主编《社会学视角下的和谐社会》，社会科学文献出版社 2006 年版，第 199、200 页。

[2] 李培林、张翼、赵延东、梁栋：《社会冲突与阶级意识——当代中国社会矛盾问题研究》，社会科学文献出版社 2005 年版，第 267 页。

[3] 转引自冯仕政《城市居民的阶层意识与社会认同》，载郑杭生、李路路主编《中国人民大学中国社会发展研究报告 2005：走向更加和谐的社会》，中国人民大学出版社 2005 年版，第 131 页。

学者指出:"西方现代主义往往使用'断裂'的概念解释传统社会向现代社会的转型,成为社会冲突理论的源泉。社会分化了,怎么整合?需要寻找一些更有穿透力与学术潜力的概念。"① 我们认为群体文化和谐可以成为这样的概念。

(二) 保证人的顺利发展,有助于群体文化进步

文化从根本而言是人化,是人的生存方式的体现,而群体文化是群体生存方式的体现。文化是人所创造,同时又影响着人,这是一个双向互动的过程。文化生成后对文化中的人的生存与发展具有很大的制约作用。同样,人对文化也不是消极的,置身于一定文化中的人不断改变现有的文化因素,创造新的文化因素,推动文化进步。群体文化也不例外,一方面群体文化对群体中的个体具有重要的影响作用;另一方面,群体中的个体也不断推动群体文化的发展进步。群体文化和谐对人的发展的功能、对群体文化的作用也基于这两个方面。它通过保证人的顺利发展进而推动群体文化的发展,通过推动群体文化的发展从而保证人的顺利发展。可从群体文化和谐对人的发展的作用角度切入,来审视它具有的两方面的功能。

1. 为人的发展奠定基点

人的发展必须有一个起始的基点,主要体现在人对自己是谁、自己所在何处等的认识,换言之,应对自身具有清醒的认识。"我是谁"、"我在哪里"等问题的解决是"我将往何处去"的前提,是人的发展的前提。一般而言,在社会稳定发展的时期,人们对此问题不存疑问,因为这根本不会成为问题。然而,转型时期由于社会的激剧变化,原有的自我感遭遇现实的严峻挑战。"现代社会,技术——如同爆炸一般地膨胀——点燃它的火种,不断增长的人口使之加速,它的标志是内部日益复杂与分化,正在奔向使绝大多数人无所适从和难以确定的将来。社会生活的基本格调和性质以及社会系统的变化使个人日益孤独,在社会中越来越不确定。"② 当前中国转型社会,由于农村和城市的全方位改革,人们的就业方式等方面发生了很大变化,原有的单位、社区对人的影响的重要程度不断降低,有的甚至变得微乎其微。

---

① 木林飞:《"中国模式"的成功与未来》,载黄宗涛、玉开王主编《社会学视角下的和谐社会》,社会科学文献出版社2006年版,第47页。

② [美] 罗伯特·F. 墨菲著,王卓君、吕迺基译:《文化与社会人类学引论》,商务印书馆1991年版,第286页。

总之，人们在获得自由的同时，也获得了自由的副产品，即自我的不确定感，而且这种不确定感很容易使人们在行为上变得无所适从。例如，"农民工"群体就存在这种状况。目前我国"农民工"群体已达到1.3亿人，虽然群体规模庞大，然而他们在社会中却处于比较特殊的地位。他们的户籍身份是农民，但他们中的绝大多数人从事着非农业的工作；他们原居于农村社区，但大多数的"农民工"长期居住在城市。因此，对于该群体，社会其他群体的态度也比较矛盾，既把他们看作农民，又把他们视为新型产业工人；有时把他们看作农民，有时将他们等同于新市民。"农民工"自己也处于矛盾之中，农民或市民的定位在他们身上或多或少有某种不确定性；使得他们在角色规范的遵从方面也显出无所适从，至少不那么从容，对于遵从农民的规范还是市民的规范，是遵守农村的习俗还是城市的习惯，一定意义上也存在某种内在的矛盾。正如有学者在川东双村的调查表明，"结果，如候鸟般纷飞往返的青年打工者们在国家的户籍制度改革以前，虽然还很难在城市社会真正扎根，但他们在经济和文化认同上与村庄的关联度却急剧地降低……"[①] 再如，对于目前城市的绝大多数贫困者而言，作为冲击型贫困的结果，他们的自我感丧失得更快，不确定性更为显著。这一群体，主要是由于产业结构调整、国有、集体企业改革导致的整个行业或企业遭到淘汰而处于失业的状态并陷入贫困境地的。对于他们而言，工作了一辈子的职业，说没了就没了；寄托了一生心血的工厂说完了就完了；倾注了一生的情感的同伴、工友说散伙就散伙了。工人们从令人骄傲的国有集体工人身份变为下岗失业人员身份，似乎成为社会多余和无用的人，何况他们中间许多人还具有较高的技能。如此大的落差的个人地位转换使他们的自我感面临严峻的挑战，很多人在相当长的时期无法顺利地转换角色，找寻到新的自我。更为严重的是，与下岗失业相伴的往往是贫困的发生。贫困给下岗失业人员带来了极大的生存困境问题，使他们的自我感遭受到现实压力的巨大打击，而转型时期全社会对贫困与富裕的理性认识还未完全形成，越发增加了他们的自我的不确定性。"从单位制剥离出来的国有企业下岗者面对纷繁复杂的市场化社会其转型适应具有多重性：既不断学习和适应市场化的生活方式，又依恋体制内的单位习性；既要惜别、留恋原有的社会交际圈，又要适应拓展现有

---

① 吴毅：《村治变迁中的权威与秩序——20世纪川东双村的表达》，中国社会科学出版社2002年版，第344页。

的社会关系网络;既要接受原有单位的社会保障安全,又要充分开拓自己的生存空间。转型适应的煎熬空前痛苦。"[①] 对于先富群体而言,从原有各群体中生成出的这一群体,富裕以后如何找寻自己的确定性,遵从何种角色规范也是一个现实的问题。许多先富者,无法坦然面对和从容掌控自己的财富,反而沦为财富的奴隶。这一现象,古今中外皆存在,但是在中国转型的特定时期,在经历了几十年的全民生活几近平均的经历,有着财富观念一度被严重扭曲的文化背景,一定意义上人们对财富的正确认识尤显不足、对财富的把握显得尤为不确定。因此,在社会整体上对富裕的认识有待进一步理性化和成熟化的前提下,先富者自身的不确定性,即如何认识自己、如何把握自己等问题在实现富裕后变得更为急迫。因为,一般而言目标实现后无意义感也会接踵而至。诸如此类的现象,我们以为群体文化和谐能够提供相应的可行性帮助。仔细分析,转型时期人的发展的自我不确定性主要是由于社会快速变化,以及由社会快速变化所引起的社会分化而引发的。因为快速分化,所以有人跟不上这种很快的变化速度;因为复杂分化因此有人无法应对不断分化的繁杂。因为在这种变化中人的职业、身份、地位、关系等均相应地增加了许多不确定性的因素,社会的不同文化观念也出现了较大的差异与矛盾,人的自我不确定也由此产生,进而在行动上无所适从,生命与生活的意义感也无从谈起。"现代生活的社会力量往往是一种导致不稳定的力量和从根本上进行摧毁的力量,它摧毁了人们从以前生活中获得的意义感。"[②] 而群体文化的和谐立足于社会各群体分化的现状,促进群体之间的协调与整合,它有助于各群体处理彼此的关系,从而促进各群体文化稳步发展,并在此基础上为群体中的个体提供人的发展所必需的确定性,即走一条从"我在哪群中"找寻"我是谁"的确定性解答的路径。这一路径较之仅仅从个体到个体找寻"我是谁"的确定性解答可能显得更为合理一些。例如,如果转型时期群体文化协调发展,本书所论及的三种群体文化关系能做到和谐相处,那么,"农民工"群体的不确定性至少能较快地在文化上予以正视并对待,比如市民群体将"农民工"群体作为新型城市移民身份视之,则缠绕在"农民工"群体外在观念上的不确定性相对容易消失,那么该群体自

---

① 赵定东:《"群体"失业者的转型适应与社会认同》,载黄家海、王开玉主编《社会学视角下的和谐社会》,社会科学文献出版社2006年版,第438页。
② 转引自王成兵《当代认同危机的人学解读》,中国社会科学出版社2004年版,第15页。

身的内在不确定性的消失也为期不远了。可以想见这一良好前景将会为群体中的个体消除自身的不确定创造良好条件。再如，城市中贫困群体文化与先富群体文化的协调发展，将有助于促进其他市民尤其是先富群体了解城市贫困人员群体的整体状况，在态度上正确对待他们，在观念上接纳他们，在行动上帮助他们，这将一定程度上有利于改善城市贫困群体的生存与发展的环境，从而为群体的确定性奠定基础，进而成为创造群体中个体的不确定性消除条件的影响因素之一。在一部分人已经富裕的前提下，贫困群体文化与先富群体文化的和谐相处还有助于推动建设各群体正确对待先富群体的文化环境，有利于先富群体建立自己的确定性。换言之，即使他们在经济生活中已具有相当大的影响力，但是如不能得到其他群体的认可尤其是贫困群体的认可，则先富群体在社会中的不确定性并未消除。而群体的确定性有助于群体中的个体不确定性的消除。总之，群体文化和谐，从推动群体文化间的良好关系的角度促进各群体的尊重、包容与发展，进而为各群体找寻自身的确定性提供良好的社会文化氛围，从而为群体中的个体建立确定性提供外在的条件。而人的确定性判定，对"我是谁"问题的解答，或许在很大程度上会成为人的发展的基点，推动人们走向"向何处去"问题的解答，从而最终推动人的发展。

2. 为人的发展提供支持

人是社会性的动物，因此，只有在社会中，在社会的群体中个体才能得以生存与发展。然而随着文化从以血缘家族为主导的文化向以理性为主导的文化转型，个人在更大程度上仅仅是"个人"，而不以某个群体如家庭的"一员"出现。个人享受着自由，同时也得时常面对自由的副产品，即孤独。个人孤独感倍增的产生原因，一方面是因为血缘家族的文化影响减少，个人越来越挣脱熟人社会中的家庭、固定单位的藩篱和照顾，奔向自由的天地；另一方面，由于现代化大生产的根本影响，以理性为主要内容的现代文化导致人的"原子化"现象增加。人无时不在人群中，但人似乎又时常不在人群中；在人群中生存，但面对的人群却是陌生的人群，是一个陌生人的社会。流动、多变成为现代社会的特征，现代文化的多元化、碎片化使得人的孤独更为深刻。这一现象随着我国现代化进程已经开始显露，只是程度不一，它使个体在社会中倍感孤独。现代社会人的孤独感一方面来自上述"我孤立前行"或"无人能与之相伴"的孤独感；另一方面也来自生存功能满足后的无意义感，即对"我应往何处"去的困惑。吉登斯曾说："在晚期现代性的背景下，个人的无意义感，即那种觉得生活没有提供任何有价值的东西的感受，成为根本性的心理问题。"① 这种无意义感已经逼近"无范"，它游离于无限可能性和绝对的虚无之间，焦虑也逐渐成为个体情感的一般状态。② 实际上，这种无意义感在转型时期的中国社会已现端倪，如许多人在实现了温饱、进入了小康后，不知生活还有何目标，不知人生还有何意义，似乎该实现的均已实现，陷入一种茫然的状态。因此，一些人无所事事，整天精神萎靡，空虚孤独随之而至，甚而以不健康的方式打发光阴，吸毒、赌博等消极落后现象在一些地方沉渣泛起，一些人沉沦其中。除孤独感外，现代社会还是一个竞争激烈的社会，个体在孤独地前行的时候，可能会成功，也可能会失败。失败的苦果在个体独自吞咽时，由失败感引发的挫折感、自卑感尤其严重。

我们以为面对现代化进程中的人的孤独感和失败感的问题，群体文化提供了一种可能的解决路径。现代化虽然展现了其共同性的一面，它导致了人的孤独；但现代化毕竟是具体的现代化，是扎根于各国特有的经济、政治和文化基础之上的现代化。在我国现代化前行的进程中，特有的文化传统或许能为缓解这一问题提供可能的思路。因此，正是在此意义上，群体文化的良性发展可以满足个体心灵慰藉的需求，因为它立足于我国传统文化重群体性特点的考量，并在现代化的背景上进行了转换，以群体文化的新面貌尝试化解个体的孤独感、失败感，给个体以文化的支持。而促进群体文化的良性发展，群体文化和谐是一个重要的因素。由于，各群体文化和谐相处，因此各群体能做到互促、互利，既促进了群体文化的良性发展，也为个体良好发展提供支持，使他们摆脱孤独、重拾自尊。当然，这个过程也是双向的，即群体文化和谐可能通过促进人的发展的整体文化氛围的改善，从而作用于人的发展，进而通过人的发展促进群体文化的发展。否则如果群体文化不协调，各群体矛盾与纷争激化，群体文化正常发展也会受阻，这样的群体文化很可能会给群体中的个体带来疑惑、分裂、矛盾与痛苦，从而加剧个体的孤独感与无意义感。如有学者调查的中产阶级表明，现实中存在着认同上的非理性

---

① [英]安东尼·吉登斯著，赵旭东、方文译：《现代性与自我认同》，生活·读书·新知三联书店1998年版，第9页。

② 祈东涛：《"身份认同政治"：研究回顾与思考》，载张静主编《身份认同研究》，世纪出版集团上海人民出版社2006年版，第56页。

问题会带来严重的后果,"不管是社会认同上的局限还是自我认同上的非理性,都会对中国中产阶层的健康发展带来不良后果。其结果是,不是将中产阶层的发展引入误区,让人们一味追究经济收入,讲求生活的奢靡,就是引发社会冲突,带来不可料想的局面"。而调查所涉及的中产阶层的人许多属于先富群体。①

3. 为人的发展创建平台

我们所讨论的人的发展问题是在中国现代性发展过程中的人的发展问题。关于现代性,"马克思恰恰相反,把现代性看成建立在商品生产的法则与货币左右人的生活的基础上的客观历史进程"。② 因此,人的发展也应该在这样的过程中予以考虑,在现代性视野中的群体与个体的实际生活中得到考虑。人是社会性的人,个体生活在群体中,群体的发展状况对个体的发展会产生较大的影响。如果群体之间关系包括文化关系出现不平等、僵化、矛盾甚至冲突,群体发展的整体状况不佳,那么群体中个体的发展整体上就会受限于群体总体的发展状况,一般很难突破群体总体不佳的发展状况,即使突破也需个体花费艰苦的努力。例如,有调查显示,我国农村被访者在对其他参照职业给出较高评价的同时,将最低的评价给予了自身所从事的职业"农民"(50.9)——这一评分甚至低于城市被访者视为最差职业的"建筑业民工"的声望得分(53.8)。这说明,在对自身职业进行评价时,主导农村被访者的不是职业认同心理,而是相对剥夺感。由此可见,我国广大农民对于他们与生俱来而不得不从事的职业以及这一职业所带给他们的社会地位并不满意。③ 这说明农民群体整体上在社会各群体中发展状况较差,处于弱势群体的地位。即使是努力发挥自己的主动能力,出去闯世界的"农民工"群体,也仍处于比较严峻的相对不利的经济与社会地位。有调查显示出流动人口的地位获得来源于非制度途径,"因此,我们最终获得的结论是,三重制度分割——二元社会结构、二元经济结构和二元劳动力市场结构——使流

---

① 周晓虹主编:《中国中产阶层调查》,社会科学文献出版社 2005 年版,第 60、5—6 页。

② [英]艾伦·斯温伍德:《现代性与文化》,转引自于尔根·哈贝马斯等著,周宪主编《文化现代性精粹读本》,中国人民大学出版社 2006 年版,第 71 页。

③ 许欣欣:《社会、市场、价值观:整体变迁的征兆——从职业评价与择业取向看中国社会结构变迁再研究》,《社会学研究》2005 年第 4 期。内引文出自许欣欣《农民流动机会及其相关问题的分析》,载景天魁等《社会公正理论与政策》,社会科学文献出版社 2004 年版,第 146—174 页。

动人口劳动力被隔离在特定的社会和经济空间之内，正式制度对这个空间领域的控制和影响较弱。这导致了流动人口的极其特殊的社会经济分层形态和社会经济地位获得模式，也迫使流动人口沿着特殊的流动路径并遵循着非正式的规则来实现上升社会流动，这些特殊的路径和非正式规则构成了一种社会经济地位获得的非制度模式"。① 流动人口中绝大部分属于"农民工"，而"农民工"群体的数量已达 1.3 亿人，如此规模巨大的"农民工"大部分处于从非制度途径取得地位获得的状况，其群体的弱势地位可见一斑。退而论之，在涉及农转非的问题上，有条件转入市民身份的许多城郊农民并不愿转为市民。有调查显示，主要是由于整体的不安全感，即目前中国城市的生态、工作、生活环境，常常不能给整村迁移的农民提供安全环境，农民将面临各种各样的经济不适应和不安全，首当其冲的是就业不安全；文化难以适应，交往关系不顺畅；农民在政治权力上显得很弱势等原因所造成。② 可见，对转为市民身份的现实不愿意并不是城郊农民心中真正的意愿，而是农民从安全理性的角度进行的考量，是基于自己的生存与发展的安全考虑，从实质上还是由于农民群体相对于市民群体的弱势地位而造成。总之，农民群体整体上处于社会的弱势地位，而这种弱势地位给每个农民个体的发展造成了相当大的消极影响，成为农民个体发展的消极的现实性影响因素。由于农民群体的弱势地位的形成是由多种因素造成，既有农业的经济产出方式的影响，也有自然环境方面因素的影响，当然制度性的因素绝不能忽视，文化的因素也产生着影响。因此，要促进农民个体的发展，必须从整体上提升农民群体的地位，为农民个体发展创造条件，而这一过程也可看成是一个互构的过程。在提升农民群体整体的地位的因素中，促进农民群体与市民群体之间的和谐发展，包括文化的和谐发展是其中的一个可以考虑的因素。有论者指出，对于第二代"农民工"群体，"城市高昂的生活成本、严格的户籍制度、冷漠的社团组织歧视等一道道有形无形的门槛不断粉碎着他们的城市梦。城市文化的耳濡目染又不断消解着他们对家乡存有的情感认同和社会记忆，生活方式的巨大差异也使他们渐渐不再适应农村的生活方式。他们真正

---

① 李春玲：《流动人口地位获得的非制度途径——流动劳动力与非流动劳动力之比较》，《社会学研究》2006 年第 5 期。
② 毛丹、王燕锋：《J 市农民为什么不愿做市民——城郊农民的安全经济学》，《社会学研究》2006 年第 6 期。

成了既融不进城，也回不了乡的'边缘人'"。① 正是在此方面，群体文化和谐可以发挥自己的作用。如中央电视台2007年年底报道，重庆市为进城务工的"农民工"修建了"农民工"之家，② 从而为逐步解决"农民工"低劣的住房条件开创了一项新路，它昭示着市民群体对农民群体的关心与尊重，至少在某种意义上表明两种不同的群体文化的协调相处，虽然它仅仅只是开始。还有学者针对"农民工问题"一语中的地指出："从这个意义上说，只有把问题视作乡城迁移者如何获得市民权的问题，而不是视作'农民工'的权利问题时，'农民工'的问题才可能获得真正解决。"③ 自然，要达到这一目标，群体文化关系的良性发展是其中必不可少的考量。总之，群体文化和谐可为各群体的发展尤其是弱势群体的发展提供了良好的氛围，在某种意义上为群体中的个体的发展创建平台，从而既促进了个体发展，又促进了群体文化的进步。

（三）促进文化良性发展，有利于和谐文化建设

和谐文化既是以和谐为重要价值指向的文化类别，又是文化内部各要素相互间形成和谐的文化状态。和谐文化总是具体的。在此我们论及的和谐文化是指社会主义和谐文化，即以社会主义核心价值体系为根本，以追求和谐为价值取向，各文化要素间关系和谐的文化。社会主义和谐文化反映了人们对构建社会主义和谐社会的总体追求，体现了人们对社会主义和谐社会发展的制度安排，显示了社会主义文化的发展路径，生成于人们的经济、政治、文化、社会的实践活动中。就社会整体文化而言，文化内部各要素之间的和谐是促进社会整体文化形成和谐文化的重要方面，即文化和谐促进和谐文化。它涉及文化的各层面，如物质、制度、行为和精神各文化的和谐；也涉及主导文化对其他文化因素的引导而致和谐等。群体文化和谐是和谐文化的一个重要方面。

群体文化间的关系是一种文化关系，是基于不同群体的生存方式在文化上的不同反映而产生的关系。但是，无论何类群体文化间的关系，它均是转型时期我国文化内部不同文化要素之间的关系，只是这些文化要素以群体文

---

① 《农村·农业·农民》杂志：《〈论新生代民工——游离在两种生活状态间的"边缘人"〉编者按》，《农村·农业·农民》（B版），2006年第7期。
② http://news.sohu.com/20070619/n250662240.shtml.
③ 陈映芳：《"农民工"：制度安排与身份认同》，《社会学研究》2005年第3期。

化的方式表现出来。文化对各文化要素具有重要影响,各文化要素的良性发展与相互协调对文化的发展也具有相当大的影响,两者相互促进。当前促进我国文化的发展就是促进社会主义和谐文化的建设。群体文化和谐功能的重要方面是文化方面的功能,即以各群体文化的良性发展与协调发展促进文化的良好运行、良好整合与顺利转型,也就是促进社会主义和谐文化的建设。

1. 促进转型时期文化的运行

文化人类学的研究表明:"文化基本上是确保一群人生活持久幸福的维持体系,因此,只要它以其成员发现的合理实现方式确保一个社会的生存,它就可能被称为成功的。使问题复杂的是,任何社会是由不同的利益群体构成的,出现了某些人的利益可能比另一些人满足得更好的可能性。因此,一种文化对社会内一个群体的完全满足可能导致对另一个群体的较少满足。就这个理由来说,人类学家必须一直要问:谁的需要以及谁的生存,是正在讨论中的文化服务最最好的?只有看一看总的处境,才可能合理地做出关于文化运行如何良好的客观判断。"① 换言之,文化如能代表并满足不同群体的利益,并使这种满足尽可能符合社会所公认的公正公平的标准,那么文化大体可运行良好。由于我国群体主要是人民内部的群体划分,因此满足人民日益增长的物质文化的需要,即尽可能地满足人民内部不同群体的需要,全方位地代表不同群体的利益,这既是社会主义基本矛盾解决的需要,也是转型时期我国社会主义文化的功能,同时也是建设社会主义和谐文化的内容和必需。反之,不同群体文化的良性发展、协调发展也是促进我国社会主义文化发展的重要因素。转型时期由于新旧群体同在,不同的利益取向同存,因此,群体之间容易出现差异与冲突,存在着群体文化之间的不协与矛盾。差异与矛盾并非是绝对的不利因素,在某种程度上它还是转型时期文化充满活力的表现。问题是差异与矛盾应该控制在一定的范围与程度之内,否则会危及文化的运行,影响社会主义和谐文化的建设。群体文化和谐的作用正体现于此。由于不同群体文化相互间的尊重、沟通、协调与包容使得它们之间的差异与矛盾减至最低程度与最小范围,从而有效地保证了文化的良好运行,促进社会主义和谐文化的建设。格尔茨曾将文化组织比作"章鱼",

---

① [美]威廉·A.哈维兰著,瞿铁鹏、张钰译:《文化人类学》第十版,上海社会科学院出版社2006年版,第56页。

"如果必须有一个形象,文化组织的恰当形象,既不是蜘蛛网也不是沙堆。它更像是章鱼……""更可变的、协调不太紧密的,但仍然有序的'章鱼'体系,即部分整合、部分不协调、部分独立的混合物"。① 如果以此比喻类推,那么群体文化和谐则正起着促进文化内部相互协调的那部分作用,继而推动文化的发展,促进社会主义和谐文化的建设。那么什么样的文化价值理念大体上易为不同群体文化所秉持呢?我们以为社会主义核心价值体系所体现的价值理念容易为不同群体所共同认同,如中国化的马克思主义思想、民主法治、公平正义、诚信友爱、爱国主义、开拓创新等。这里尤应强调公正观念在各群体文化的共同认同中所处的重要地位。2005 年,有调查显示:"除了涉及个人利益的相对剥夺感之外,大部分人对当前社会资源分配的整体秩序有一种强烈的不公正感。"例如,"同样引人注目的是工人阶层,只有 0.3% 的人认为它是近 20 年来获利最多的阶层,在调查所举的全部 12 个阶层中名列倒数第三;但却有 13.1% 的人认为它最应该获得高收入,比'国家干部'高了近一倍,一跃而成为所有阶层的第二名。这一反差实际上反映了社会对当前工人阶层处境的强烈不满和深切同情,也与前面工人是相对剥夺感最强烈的阶层之一的分析是一致的"。② 这一调查结果表明,不同群体所共同持有的公正观念明显地在如何看待工人阶层的处境并由此产生的同情选择中起到重要的作用,而公正感的丧失也是大部分人对目前社会资源分配的感受。因此,公正观念确能在促进群体文化沟通与协调上发挥积极的作用,继而起到促进文化的良好运行的作用,发挥推进社会主义和谐文化建设的作用。因为文化的良好运行一方面来自文化的有力影响,另一方面,文化的影响也来自不同文化参与者的建构,当然群体的文化建构是其中重要的部分。"但是自从人文和社会科学的'文化转向'意义与其说是被简单地'发现'的,还不如说是被生产(建构)出来的。"③ 换言之,人们的社会实践是产生文化的重要源泉,也是文化运行的重要内容与保障。在当前转型时期,群体的"文化实践"及其相互和谐的关系正是文化实践发展的重要

---

① [美]克利福德·格尔茨著,韩莉译:《文化的解释》,译林出版社 1999 年版,第 479—480 页。
② 冯仕政:《城市居民的阶层意识与社会认同》,载郑杭生、李路路主编《中国人民大学中国社会发展研究报告 2005:走向更加和谐的社会》,中国人民大学出版社 2005 年版,第 133、134 页。
③ [英]斯图尔特·霍尔编,徐亮、陆兴华译:《表征——文化表象与意指实践》,商务印书馆 2003 年版,导言第 3 页。

推动力量，也是构建社会主义和谐文化的有力促进。因为按照马克思主义的观点，"文化是实践的历史积淀和对象化；文化又构成实践活动的内在机理和方式"。①

2. 有利于转型时期文化的整合

社会主义和谐文化是文化各要素相互协调的文化，文化整合程度较高。群体文化和谐通过促进转型时期的文化整合从而促进社会主义和谐文化的建设。文化是一个系统，虽然这个系统可能并不如想象的那样紧密，某种程度更似格尔茨所说的那样像"章鱼"。即便如此，文化也是整合的，否则它无法发挥作用。"就如在任何系统中，为了发挥作用，文化的各个方面必定合理地整合在一起。"② 而文化的整合则是指文化各要素之间的相互协调。"我们说文化是整合的，指的是构成文化的诸要素或特质不仅仅是习俗的随机拼凑，而是在大多数情况下相互适应或和谐一致的。"③ 但是，文化的整合不是绝对的整合，而只是在一定程度的整合。"一定程度的和谐在任何合适地发挥功能的文化中都是必要的，我们不应当假定完全的和谐是必须的。""所以我们倒是应当说文化的黏合应力。只要各个部分是合理地黏合的，那么文化就会充分合理地运行。然而，如果黏合应力失效了，那么文化危机的情境就会接踵而至。"④ 换言之，如果文化不能维持一定程度的整合，文化就无法运行，文化的危机就会产生。转型时期，文化的整合尤为重要，因为经历着经济、社会的激剧变化，人们的文化价值观念、日常习俗、生活方式等方面也产生了前所未有的变化；新旧文化观念、传统与现代的文化观念、本土与外域的文化习俗充斥在社会的各个角落，不断扩张自己的影响。面对此现状，如果文化不能发挥整合的作用，社会和人则极易陷入无所适从的状态。因此有学者指出："经济改革和社会转型带来的利益格局的变化，使大多数社会矛盾都具有利益冲突的诱因，而时空压缩下的文化价值冲突，正在成为未来社会矛盾的深层影响因素。利益的协调和价值的整合，是在这种特

---

① 衣俊卿：《文化哲学十五讲》，北京大学出版社2004年版，第30页。
② [美] 威廉·A. 哈维兰著，瞿铁鹏、张钰译：《文化人类学》第十版，上海社会科学院出版社2006年版，第44页。
③ [美] G. 恩伯、M. 恩伯著，杜彬彬译，刘钦审校：《文化的变异》，辽宁人民出版社1988年版，第47页。
④ [美] 威廉·A. 哈维兰著，瞿铁鹏、张钰译：《文化人类学》第十版，上海社会科学院出版社2006年版，第45页。

殊背景下构建社会主义和谐社会需要特别关注的两个方面。"①

不同的群体文化是文化的重要要素，而群体文化之间的和谐关系则体现了文化各要素之间的协调发展关系，显示出文化良好的整合状况。在转型的特定时期，由于利益冲突带有群体性特征，"当前中国社会的群体差异或矛盾问题，绝大多数是以利益群体的形式表现出来的"，② 文化价值冲突也内含有群体性因素，因此，群体文化关系的和谐对于促进文化的整合起着重要的作用，对于建设社会主义和谐文化发挥重要作用。因为文化如果整合较好，则会达到对社会基本事务的一致认识，即文化认同。有学者指出，中国经济与社会改革，本身就是改变了很多社会事务的基本含义。③ 改革的过程，从人们的认识角度来看体现为：改革前，对社会基本事务的认识较为一致；改革中，对社会基本事务的一些认识发生了改变；改革发展，对社会基本事务的新的认识重新形成一致。这一过程实质就是文化整合的过程，如果文化整合较好，则表明文化认同在相当意义上得以实现。在此进程中，建立在对社会基本事务认识较为一致基础上的群体文化间的协调关系对文化整合一定能发挥积极的作用。例如，社会主义文化中，公平公正理念是重要的内涵，它成为引领与整合不同群体文化的重要思想。有研究者调查显示，干群关系的状况与干群对公正公平理念的共同认识有较大的关系。如江西省余江县锦江镇九亭村是一个普通的农业村。全村现有1875人，以种粮为主，有500多人常年在外打工。基本没有工业，一年只有1万多元集体经济收入，但这个村十多年来没有村组债务，没有农户欠款，没有耕地抛荒。在该村随意走访农户，可以强烈感受到这里干群关系融洽、群众安居乐业的氛围。该村连续被评为"全省综合治理安全村"、鹰潭市"三个代表"重要思想学教活动先进村、"五个好村党支部"。九亭村的干部和村民认为，好的村干部，第一要有责任心。对群众有感情，肯办事，能办事。第二要公正。就是硬的不怕，软的不欺；群众的意见，好的要吸收，不对的要求，不论他家族势力

---

① 李培林：《东方现代化与中国经验》，载黄家海、王开玉主编《社会学视角下的和谐社会》，社会科学文献出版社2006年版，第29页。

② 李强：《从社会学角度看"构建社会主义和谐社会"》，载黄家海、王开玉主编《社会学视角下的和谐社会》，社会科学文献出版社2006年版，第60页。

③ 同上书，第52页。

有多大，也不能答应；要照顾好困难群众。第三要廉洁。① 正是因为九亭村干部群众对干群关系有比较一致的看法，因此，干群文化比较和谐。自然，干群文化关系的和谐无疑会对文化的整合产生积极的作用。反之，群体文化关系如果出现不协或存在不协的因素，则会对文化的整合产生负面的影响。如有学者 2004 年在宁波对"农民工"住房的调查证实学者们先前研究的观点，即"农民工"群体作为整体被排斥在中国城市住房体系以外。调查显示"农民工"的住房始终没有一个改善的过程；与早期的"农民工"比较，后继的"农民工"不能够注重自己在城市里的居住条件的改进；"农民工"不认同城市住房体系，城市住房体系始终排斥他们，其相对剥夺感较弱主要因为其选择的参照群体为同类群体所致；与社会分化的整体状况极不一致，"农民工"的群体内部的住房条件保持着极大的同质性。② 这种不公平的现状如果被"农民工"群体整体感知，会造成"农民工"巨大的剥夺感，并演化成为一种不公平的观念，产生与城市市民群体文化的不协，最终可能会对以公平公正观念进行的文化整合产生相当不利的影响。因此该研究者指出："为了应对因'极端不满'而可能爆发的危机，不使和谐社会的目标化为乌有，政府在健全市场规则的同时，一定要关注基本层面的结果公正的原则，以免农民工与城市市民在居住方面的差距太大。"③ 可见，只有在共同的理念指导下的文化整合才能发挥积极作用，从而有利于社会主义和谐文化的建设。

3. 推动转型时期文化的转型

社会主义和谐文化是中国转型的重要发展。从农业文明为主导的文化转变为以工业文明为主导的文化，在中国体现为社会主义和谐文化的建设和发展。文化转型是人类历史上最为灿烂和夺目的文化大发展，"文化转型的发生虽然频率较慢，可是对于人类社会和人类历史的进步与发展的影响却最为深刻，它代表着人类社会和人类历史在较大历史尺度上的飞跃和革命"。④ 当然发展与痛苦相随，发展越快，相应的阵痛也越强烈。中国文化目前正经

---

① 项兆伦、李其奏：《干群关系融洽群众安居乐业——江西省余江县锦江镇九亭村调查》，《党建研究》2004 年第 9 期。
② 李斌、李丽：《和谐社会建构与城市农民工的住房》，载黄家海、王开玉主编《社会学视角下的和谐社会》，社会科学文献出版社 2006 年版，第 273 页。
③ 同上书，第 274 页。
④ 衣俊卿：《文化哲学十五讲》，北京大学出版社 2004 年版，第 127 页。

历着前所未有的大转变,从以农业文明为主导的文化转变为以工业文明为主导的文化。从历史长河看,中国文化转型的过程历经痛苦,是从被动应变到主动挑战的过程。当然这一过程仍在进行,远未完结。汲取深厚的中国传统文化优秀成分,将马克思主义与中国的实际情况相结合而产生中国化的马克思主义是中国文化转型历程中十分重要的事件,由此在中国共产党的带领下中国开始积极主动探索符合中国国情的文化转型道路,同样这一探索也历经曲折。在转型时期,中国现代化发展进入新的阶段,中国文化的转型也步入新的发展历程。一方面从宏观上中国文化正处于转型之中;另一方面从微观上中国经济、社会、文化又处于特定的转型时期,即现代化腾飞时期。换言之,我们现在所处的转型时期既是现代化发展的关键时期也是文化转型的关键时期。在此关键时期,文化转变的顺利与否一定意义上关系文化转型的成败。文化转型的影响因素很多,而在文化内部,各群体文化自身的良好发展与相互间的协调相处将对文化的转型发挥重要的推动作用。转型时期群体文化的和谐本身就是文化转型的必要构成与重要内容。群体文化和谐所包括的群体文化间所具有的平等互信、公平正义、和而不同、中和适度、沟通平衡、协调共促、亲和宽容、团结友爱等理念体现了工业文明主导的文化的理性精神、社会主义和谐文化的精神。例如,在农民群体文化与市民群体文化的关系中,"农民工"对城市市民文化的适应以及城市市民对"农民工"的态度两方面,体现的正是平等与不平等、自由与非自由、权利剥夺与权利要求等文化转型过程中两种不同类型文化的内涵,反映的正是文化转型的过程及其复杂性与长期性,而两种群体文化的协调相处有助于推动农民群体文化尽快适应市民群体文化;反之只会阻碍此过程。有调查显示,"'社会经济地位'变量中的年龄、文化程度和城市生活时间,社会网络格局的两端'情感性关系'、'工具性关系'都能促使流动农民的留城定居意愿发生变化","进一步,有明确留城定居意愿的流动农民会将子女带入城市生活。……因此,尽管他们的身份仍是'流动农民',但以核心家庭为基础的家庭生活已'位移'到城市"。[①] 然而,"在这种'情感性关系'的拉力加上'工具性关系'的推力的社会网络格局之下,一边是强烈的留城定居意愿和实质行为,另一边是与'城里人'的隔离、隔膜。即使居住在'都市

---

① 王毅杰:《流动农民留城定居意愿的影响因素分析》,载黄家海、王开玉主编《社会学视角下的和谐社会》,社会科学文献出版社2006年版,第371—372页。

里的村庄'这同一空间上,流动农民与城里人仍是一种'两张皮'的关系,各自生活在各自的情感里,因而流动农民与城里人形成的可能是一种'隔离性融合'"。① 正如调查所显示,城市市民群体文化对"农民工"定居城市并融入城市所显示出的隔离与隔膜的态度会对农民群体在城市的生存发展产生一定的影响,而农民群体在城市的生存发展之于农民的意义不仅仅局限于经济上。它对于削弱自给自足经济为主要基础的血缘家族文化对农民群体的影响,加强以现代化工业为主导的理性化的文化影响具有重要影响。因为城市的生活整体上是工业文明主导的文化的一种体现。农民群体几乎完全依靠自身的力量自发进行的长距离、大范围的流动,包括举家迁移的行为,本身就极大地撼动了传统的以户籍制度、人事管理制度、用工制度为代表的一些制度中所体现的身份不平等的现实与理念,在文化转型过程中作出了自己独特的贡献。农民群体文化与市民群体文化的和谐只会促进这一过程而不是相反。总之,农民群体文化与城市市民群体文化的和谐对转型时期我国文化的转型将发挥重要的作用。况且,我国"农民工"群体的数量极为庞大,2006年中国大陆农民工的数量已经达到了1.3亿,几乎占我国总人口的1/10。有研究者指出,"虽然我们还无法准确地知道有多少农村劳动力自改革开放以来分化成城市真正的新移民了,但学者们通常的估计是至少有1/5—1/4的城市农民工实际上已经演变成为城市的新移民群体,他们成为事实上的城市永久性居民了(尽管目前还没有得到所在城市的制度性认同)"。② 面对如此庞大的"农民工"数量,以及事实上不断壮大的"新移民",我们更加清醒地认识到农民群体文化与市民群体文化之间的和谐对我国文化转型所起的重要作用,当然它实质上也对促进社会主义和谐文化建设起着重要作用。

(四)保障经济良好发展,有利于社会主义和谐社会构建

社会主义和谐社会构建经济发展必不可少。群体文化和谐通过促进经济的良性发展从而有利于社会主义和谐社会的构建。前述群体文化和谐的各项

---

① 李汉林:《关系强度作为一种社区组织方式》,载李培林主编《农民工:中国进城农民工的经济社会分析》,社会科学文献出版社2003年版。转引自王毅杰《流动农民留城定居意愿的影响因素分析》,载黄家海、王开玉主编《社会学视角下的和谐社会》,社会科学文献出版社2006年版,第372页。

② 文军:《制度、资本与网络:论我国城市劳动力移民及其系统生成》,载黄家海、王开玉主编《社会学视角下的和谐社会》,社会科学文献出版社2006年版,第374—375页。

功能均对构建社会主义和谐社会起着积极作用。在此，仅从经济方面予以特别解读。群体文化和谐的经济方面的功能从根本上源于文化的功能。马克思主义认为，文化作为社会意识决定于社会存在，但它产生后具有相对独立性，作为超越社会存在的产物对社会存在和社会发展产生巨大的反作用即是它相对独立性的表现。文化对于经济的作用也属于此。文化人类学的功能派学说的创造人马林诺斯基对此的深刻认识对我们有许多启迪，"这些并不是发聋振聩的思想，而且尽管它们是不证自明的，马林诺夫斯基还是提醒我们：文化首先必须保证人类的生存"。[①] 保证人类的生存包括许多方面，但至少必须保证人类的种族延续，保障人类衣食住行的需要，促进经济的发展。群体文化和谐的功能在此方面展现出它对经济方面的功能与作用。大体上，它主要体现在以下几个方面：

1. 有助于建设经济发展的良好环境

经济发展必须在良好的环境中才能顺利进行。社会纷争、动荡，人们无发展经济的动力等，均不利于经济的发展。群体文化和谐有助于建设经济发展的良好环境，包括稳定环境与文化环境。

首先，关于稳定的环境。中国改革开放后进行经济建设，直接从"文化大革命"中吸取了教训，所以邓小平曾说："文化大革命"也有反面的教育意义。中央反复强调稳定是大局，邓小平指出："中国问题，压倒一切的是需要稳定。没有稳定的环境，什么都搞不成，已经取得的成果也会失掉。"[②] 中国在改革开放过程中采取的渐进式改革方式，其原因之一就在于对社会稳定的重视与考量。这一改革模式避免了苏联、东欧国家在推进改革时的混乱局面，并已成为中国改革开放的重要经验之一。"中国在改革的过程中，高度重视社会稳定，稳步而谨慎地进行民主化探索，这也是中国改革的一个特点。""在快速发展中中国的政府、企业界、知识界和民众在社会稳定问题上逐步达成的共识，成为中国快速转型中的政治财富。"[③] 目前中国的改革开放与经济发展进入到关键时期，也是矛盾与冲突易发的时期，在转型时期，对社会稳定的注重愈益重要。社会如果不稳定，各群体各行其

---

① [美] 罗伯特·F. 墨菲著，王卓君、吕迺基译：《文化与社会人类学引论》，商务印书馆1991年版，第63页。

② 《邓小平文选》第三卷，人民出版社1993年版，第252页。

③ 李培林：《东方现代化与中国经验》，载黄家海、王开玉主编《社会学视角下的和谐社会》，社会科学文献出版社2006年版，第19—20页。

是，出现严重的对立与矛盾，那么相关的各种突发事件均有可能产生，其可能的后果是严重影响经济秩序；同时还因为国家和社会需抽出相当的精力、财力来解决这些事件，平息纷争，很可能会打乱经济发展的进程，延缓经济发展的正常速度；同时，由于社会的不稳定，另一个不可预料的间接影响则可能是人们对经济发展整体的正常研判受到干扰，可能会影响经济发展的方向。而正是在这些方面群体文化和谐能发挥一定的作用。群体文化和谐是在各群体利益纷争与差异矛盾出现的前提下的和谐，是在分化的基础上的整合，某种程度上它实际上成为奠定有利于经济发展稳定基础的一个重要影响因素。如果换一种思路，经济发展的根本价值指向是人的发展，那么群体文化和谐的意义对经济发展而言所具有的作用则不仅仅在工具性保障方面，还体现在目的性方面。

其次，关于文化环境。韦伯曾论述，从新教伦理中发展的资本主义精神对近代欧洲资本主义的发展所起的重要作用。"近代资本主义扩张的动力首先并不是用于资本主义活动的资本额的来源问题，更重要的是资本主义精神的发展问题。"[①] 关于现代化的研究也证实在人们的文化观念基础上形成的文化环境对于经济发展的重要作用。"最后，现代化过程伴随着人们的心理的和价值观的变化。一些理论家认为这些变化并不仅仅是伴随着现代化而产生的，实际上它们是发展现代化的前提条件，换句话来说，现代化只可能发生在价值观和心理特质能与之相适应的环境中。"[②] 中国的改革开放得益于人们的观念的转变，得益于解放思想。改革开放之初，邓小平大力倡导解放思想，关于"真理标准"的大讨论，邓小平的南方谈话等都是观念转变的重要标志，它对于今天中国的经济成就的取得发挥了重要作用。当今，我国改革开放和现代化发展进入到新的攻坚时期，每一项改革措施的实施都与观念的变革息息相关，创新思想成为我国经济发展的重要推动。而正在此方面群体文化和谐能发挥自己的作用。群体文化和谐，立足于各群体互相尊重、相互促进的观念基础上，立足于各群体在公平的基础上的相互竞争并共同发展的观念基础上，有利于激发各群体的共同的志气，激发各群体强烈地追求

---

① ［德］马克斯·韦伯著，于晓、陈维纲等译：《新教伦理与资本主义精神》，生活·读书·新知三联书店1987年版，第49页。

② 转引自［美］戴维·波普诺著，李强等译《社会学》第十版，中国人民大学出版社1999年版，第636页。

发展经济的动机，从而推动经济的发展。因为，群体在社会中要处于有利的地位必须加快发展，而这无疑有助于激发群体更昂扬地发展的主观意愿。反之，如果群体文化出现不协调，则较易突出与激化群体之间正常的差异与矛盾，成为引发各群体将自身力量浪费在这样的矛盾与冲突之上，而不是着力于经济发展之上的因素之一。

总之，各群体在经济上鼓足干劲、齐奔向前的势头与群体文化和谐的有利激发，即使没有绝对的必然联系，也是具有相当的关联。同时，由于群体文化和谐，所以各群体所共同认同的法治理念，如公正、平等、依法办事等，均有助于经济的良好运行，也成为有助于经济发展的文化环境之一。反之，群体文化失衡只会对群体的正常发展和各群体关系起到阻碍作用，从而最终影响经济发展的文化环境。例如，腐败行为和权钱交易是对依法办事观念的严重违反，是引发群体文化间矛盾的不谐之音，无论是发生在干部群体中的腐败还是先富群体中的权钱交易，它均对群体间关系包括群体文化间关系产生不良的作用，进而对经济发展产生不良的影响。另外，由于群体文化和谐，因此不论群体的大小与地位，各群体均能平等相处，可以充分表达自己的意见，这种宽松的文化氛围对于避免经济发展的方向性错误也许可起到一定程度的纠偏作用。因为，群体在法治的范围下自由表达自己的意见，可唤起人们对普遍性问题的关注，从而采取相应的措施。

2. 有利于推动经济健康长期发展

群体文化和谐有利于推动经济健康长期发展主要体现在以下几个方面：

第一，推动社会结构的转型。有学者指出，在目前的经济社会发展中，有四种力量发挥着非常重要的影响。即市场、政府、社会结构转型与全球化。如果说市场是一只资源配置的看不见的手，政府是一只资源配置的看得见的手，那么对于转型中的中国来说，结构转型是另一只看不见的手。[①] 社会结构转型还带来了巨大的收益。"这20多年来，经济发展的主题，往往使人们把社会结构的转型的变化单纯视为经济改革的自然结果或伴随现象，而实际上，社会结构的转型本身，就是一种推动经济社会发展的独立力量。""最近据专家测算，仅劳动力从农业向非农产业的转移，对中国1978—1998年的GDP增长的贡献就占20%以上，远高于体制改进因素的贡

---

① 李培林：《东方现代化与中国经验》，载黄家海、王开玉主编《社会学视角下的和谐社会》，社会科学文献出版社2006年版，第16—17页。

献（蔡昉、王美艳，2002）。这种社会结构变动的收益，是苏东国家所没有的，它比中国相对于苏东国家具有海外华人投资优势的说法，影响要大得多。"① 在社会结构的顺利转型中，各群体关系的和谐，包括文化关系的和谐是重要的因素。而正是在此方面群体文化和谐能发挥较大的作用，一定意义上它还是中国社会结构的稳步、快速、健康的转型的一个重要影响因素。因此，群体文化和谐通过直接影响群体间关系，继而影响着社会结构的转型，并最终对转型时期中国经济的健康发展发挥自己的作用。

第二，推动市场机制的良性发展。市场对资源配置的巨大作用有目共睹，但是市场也存在着自身的不足，它的自发性、它对效率的单纯追求性、它对公共物品供给的忽视性等均对经济发展存在消极的影响。因此，有学者指出："市场机制在一定条件下取得了巨大的成功，这些条件就是，所提供的机会可以被合理地分享。"② 合理分享机会，即机会不被某一群体所独占，它需要国家与社会的公共政策的支持，如教育、医疗、保障等；自然也同样需要群体之间的文化认可，因为群体之间的文化认可与和谐会产生某种积极影响，从而抑制机会被某一群体独占的现象产生，同时还会影响或推进国家与社会的公共政策向所有群体开放，尤其是使公共政策特别照顾到弱势群体的利益。因此说，"市场的整体成就深深依赖于政治和社会安排"。③ 我们当然可以相信，政治与社会安排无疑是受到文化的较大影响，或者更大胆地说，它就是一种文化观念的反映。因为，"在一个经济生活充满了得失相等的社会里，如何才能解决现存的经济问题呢？其答案首先必须权衡得失，确立一个公平的分配、再分配的原则，然后才能确定哪些群体的要求应该加以满足，哪些应该加以回绝"。④

第三，有助于经济的长期繁荣。对于一国的经济发展而言，群体之间的和谐发展、群体文化之间的和谐，即各群体对某些观念的共同认同有利于经

---

① 李培林：《东方现代化与中国经验》，载黄家海、王开玉主编《社会学视角下的和谐社会》，社会科学文献出版社2006年版，第18—19页。其中所指的专家数据来自于蔡昉、王美艳《中国经济增长究竟有多快？》，《新视野》2002年第4期。

② [印度] 阿马蒂亚·森著，任赜、于真译，刘民权、刘柳校：《以自由看待发展》，人民出版社2002年版，第135页。

③ 同上。

④ [美] 莱斯特·C. 瑟罗：《得失相等的社会——分配与经济变动的可能性》，商务印书馆1992年版，第ii页；转引自宋林飞《"中国模式"的成功与未来》，载黄家海、王开玉主编《社会学视角下的和谐社会》，社会科学文献出版社2006年版，第47页。

济发展的观点不无道理。"联合国亚洲及远东经济委员会秘书处在详细考察了亚洲一些不发达国家的经济发展状况后得出如下结论:从经验来看,显著并在增大的收入差距并未证明有助于获得经济成效和维持发展的强大势头。事实上,看起来更可能是严重的收入集中化强烈地(从物质和心理上)阻碍了公众对发展的参与,从而阻碍了健康的经济发展。"[1] 世界银行也曾发出警告,财富和机会不公平造成极度贫困的持续,从而阻碍经济的增长。世界银行公布的《2006年世界发展报告》说,在国家内部和国与国之间财富和机会不平等的巨大鸿沟,造成了极度贫困的持续存在。这种现象不但浪费了人的潜力,而且在很多情况下会减缓持续经济增长的速度。这份主题为"公平和发展"的报告认为,公平性应成为所有发展中国家成功减贫战略不可或缺的组成部分。世界银行将公平性定义为人人机会均等。报告说,公平性不仅本身是目的,而且公平性往往刺激更多和更具成效的投资,从而导致更快的经济增长。世界银行首席经济学家、负责发展经济学的高级副行长弗朗索瓦·布吉尼翁说:"公平性与追求长期繁荣是相辅相成的。提高公平性有利于持续的全面发展同时为社会中的最贫困群体带来更多的机会。"布吉尼翁指导了报告编写小组的工作。报告的一位主要作者弗朗西斯科·费雷拉说:"不公平的体制会造成经济代价。不公平的体制倾向于保护政治上有权有势者和富人的利益,而往往损害到大多数人的利益,从而降低了整个社会的效率。如果中间和较贫困的群体不能发挥他们的才能,社会就丧失了创新和投资的机会。"[2] 例如,腐败现象是社会中一种极端不公平现象,它直接阻碍了经济发展。中国科学院国情研究中心主任胡鞍钢指出:"90年代中后期,主要类型的腐败造成的经济损失和消费者福利损失平均每年在9875亿—12570亿元间,占我国GDP总量的13.2%—16.8%。"[3] 更为重要的是在引发群体之间的矛盾,包括在先富群体与贫困群体、干部群体与群众群体

---

[1] 侯永志:《改革开放20年,居民收入分配的变化与启示》,《经济参考报》1998年9月2日;转引自许欣欣《中国城镇居民贫富差距演变趋势》,载李培林、李强、孙立平等《中国社会分层》,社会科学文献出版社2004年版,第90页。

[2] 《世行警告:财富和机会不公平造成极度贫困的持续》,http://stock.163.com2005-09-21。

[3] 金鑫主编:《世界问题报告——从世界的视角观照中国》,中国社会科学出版社2002年版,第44页;转引自吴金芳《贝克风险社会理论及其对构建社会主义和谐社会的意义》,载黄家海、王开玉主编《社会学视角下的和谐社会》,社会科学文献出版社2006年版,第394—395页。

的矛盾的影响因素中，均有腐败现象的作用。因此，加强群体文化和谐，引领各群体对公平的共同认同，促进群体间关系在公平性基础上的良好发展，将对我国转型时期经济发展起到重要的促进作用。尤其是在目前我国减贫处于攻坚阶段、贫富差距较大、城乡差距并未缩小的今天，其意义更不能小视。它对于促进各群体积极参与经济建设、提高经济效率、增加经济投资与创新的机会等均具有重要的作用。

二、转型时期群体文化和谐功能的特点

转型时期群体文化和谐的功能，是立足于转型时期群体文化关系的和谐发展而来的，它通过作用于社会、人、文化和经济等几个方面，进而对群体、群体文化、和谐文化及社会主义和谐社会产生积极的作用。如何看待这些功能，以怎样的态度对待它们是我们必须面对的问题。我们从以下四个方面对其特点进行分析：

（一）复合性与多向性

从以上功能可以看出，群体文化和谐的功能涉及社会、人、文化和经济等方面，涉及群体、群体文化、和谐文化及社会主义和谐的发展，具有复合性与多方位性。其复合性主要表现在转型时期的群体文化和谐功能并不是单一的，有多种功能；而这些功能并不只是局限于一隅，而是表现在社会、人、文化、经济的发展等不同的方面，体现了多向性。这其实是一种现象的两种不同视角而已。关于群体文化和谐的功能的复合性问题，除上述功能外，它还具有政治方面的功能。"无论社会、经济制度如何，我们都需要一个超于程序化规则之上的政治认同，以使我们能够和睦而有尊严地相处，并分享社会合作所带来的剩余。"[①] 而在这方面，文化当然有所作为。因为，"在思考这个问题的时候，我们必须打通文化与政治之间的联系"。"在这个意义上，文化政治是一个民族、一个生活世界的最根本的自我意识。"[②] 作为意识形态主导的文化，即社会主义核心价值体系为主导的文化，在这方面的作用就更为突出，而我们所说的群体文化和谐当然是在对主导文化共同认

---

① 姚洋：《〈转轨中国：审视社会公正和平等〉导言》，中国人民大学出版社2004年版，第3页。

② 张旭东：《全球化时代的文化认同》第二版，北京大学出版社2005年版，代序第2页。

同的基础上的群体文化和谐，反过来它对以社会主义核心价值体系主导文化自然有着积极的建构作用。此外，群体文化和谐还具有心理方面的功能等。

群体文化和谐功能的复合性与多向性来自下列因素的影响：一是来自中国社会发展的复杂性，即中国不同地区现代化发展程度的参差不齐。既有刚进入现代化发展门槛的地域；也有步入现代化发展中期的地方，如北京、上海等地信息社会的端倪也已开始显现；还有极少数边远落后地区至今还未进入现代化发展门槛。二是来自社会群体发展的复杂性，在改革开放近三十年中，新的群体产生，新旧群体共同处于同一个时空环境；新旧群体的地位也发生了较大的变化，有的群体地位上升，有的群体地位下降较多；现有的群体关系与以前相比也发生了许多的变化；如"农民工"群体、先富群体的产生，庞大的贫困群体的依然存在都是它的表现。在短时间里产生并形成这样的群体发展状况实属复杂。三是来自群体文化关系的复杂性，在群体文化关系中，既有封建文化的影响也有西方文化的影响，当然更有马克思主义文化的影响，尤其是中国化的马克思主义的影响，几种影响互相交错。现实的发展需要，特别是群体文化关系发展的需要产生了群体文化和谐的必要性。群体文化和谐功能的复合性与多向性的实质是文化作用的一个表现。过去我们对于文化的认识主要停留在不同的具体的文化类型具有不同的作用上，对于文化发生作用的复杂性总体上认识不全面。对于现实中不同群体的文化存在关注不太多，对它们的差异与矛盾的认识也有不足。可以说，在社会主义主导文化下不同群体的文化关系问题，一定意义而言还是一个相对较新的问题。正是在这样的情况下，群体文化和谐发挥着较大的作用，它是以文化关系和谐的方式发挥的作用，与其他的作用形式相比较为特殊，其作用的复合性与多向性也从此出发。以群体文化关系和谐形式发挥的作用与仅以群体文化的角度发挥的作用有一定的区别，它更强调从相互关系的角度看待与对待问题，当然两者也有密切联系。

（二）间接性与直接性

群体文化和谐发生作用的方式既有间接的作用方式，也有直接的作用方式，表现出直接性与间接性的方式共同作用的特点，主要以间接方式为主。一般而言，群体文化和谐在文化方面的作用发挥的方式比较直接，而作用于社会、人和经济等几个方面则主要以间接方式进行。虽然文化可看作与经济、政治、社会等活动不能分割的组成部分，成为人类活动的内在机理和方式，引导着人的活动的目的性的价值指向，成为调节人与人关系的行为规范、支撑社会经济和政治运行的内在精神驱动力量,[①] 但以分析性区分审视文化,它作用于人的实践活动的方式主要还是间接的,它是以影响人的内在精神从而影响人的实践活动的方式来展开。同时,由于群体文化和谐的功能发挥是以群体文化相互之间良好的关系为前提而发生作用的,因此,其作用的间接性表现更为明显,因为它涉及不同群体文化关系的协调。认为群体文化和谐的功能主要是直观和可视的想法,不太现实,也不符合文化发展的规律。

对于群体文化和谐的作用方式无论是直接还是间接,我们都不应采取轻视态度。文化的作用虽多是间接性的,但也是长期性与深远性的。群体文化关系的作用虽然间接,但它的结果与影响却是深远的。例如,我国二元社会结构所体现出的农民群体文化与市民群体文化的不对等性,至今在城市市民群体对"农民工"群体的歧视中还能明显看到其影响;干部群体文化与群众群体文化的关系中封建官僚主义文化的影响无孔不入,影响具长期性与严重性;贫困群体文化与先富群体文化的关系中,传统的"为富不仁"、"均贫富"的思想也有一定的影响空间。当然,几十年的社会主义思想、西方优秀的思想,如平等、公平、民主等思想,也在不同层面发挥着作用。正如文化研究中所指,文化的影响较难改变、文化深入日常生活世界并在人们不知不觉中产生影响。因此,通过促进群体文化关系的改变的方式作用于社会、人、文化和经济等几个方面,进而对群体、群体文化、和谐文化及社会主义和谐社会产生积极的作用的方式虽然比较间接,但其发挥的作用却是深远与长期的,采取忽视甚至轻视的态度均不可取,而应充分认识与重视。当然,越是这样,相对而言对其作用的间接性我们就越应怀着极大的耐心与期待,因为一定意义而言仅仅只是从功利的角度来看,它的功能回报也许就已经是人们难以估量的。

(三) 特殊性与一般性

上述转型时期群体文化和谐所阐述的功能总体上属于群体文化和谐在转型时期所发挥的功能,但是仔细研析,可以看出这些功能自身也有所区别,有的功能偏重于转型时期独有,具有特殊性;有的功能则不专为转型时期特有,在现代化的任何时期也能发挥作用,具有一般性,只是在转型时期具有特别的意义。换言之,既有在现代化进程中的所有时期包括转型时期所发挥

---

① 衣俊卿:《文化哲学十五讲》,北京大学出版社2004年版,第33页。

的正常功能，也有在现代化转型时期这一特定时期所发挥的特殊功能。例如，在推进社会积极发展，有益于群体稳步前进的功能方面，影响现代群体结构的生成的作用总体上属于转型时期所独有，因为一旦转型时期顺利结束，那么现代社会的群体结构也已基本形成，当然此功能就无从发挥。在保证人的顺利发展，有助于群体文化进步的功能方面，推动人在发展中确定性的确立，即为人的发展提供基点的作用，在转型时期显得尤为重要。在促进文化良性发展，有利于和谐文化建设的功能方面，其中推动文化的转型的作用是转型时期所特有。在保障经济良好发展，有利于社会主义和谐社会构建的功能方面，推动社会结构转型所产生的经济功能也是我国转型时期所独有的。

当然转型时期群体文化和谐的功能，在一定意义上也是群体文化和谐在现代化进程中所具有的整体功能的相对特定时期的表现，即使是一般性的功能也带有转型时期的独有特点和特殊意义。例如，在推进社会积极发展，有益于群体稳步前进的功能方面，推动社会团结是群体文化和谐在现代化发展中一直具备的功能，但是转型时期具有特殊的意义。在保障经济良好发展，有利于社会主义和谐社会构建的功能方面，推动市场机制的良性发展的功能在现代化任何时期均是群体文化和谐所发挥的功能，只是它在转型时期显得尤为急迫，因为转型时期经济发展的一个重要目标就是现代市场机制的确立。

把握转型时期群体文化和谐功能发挥的特殊性与一般性，至少能使人们认识转型时期群体文化和谐功能的发挥的相对性与绝对性，充分重视转型时期群体文化和谐功能的发挥，因为，它既在转型时期同时又超越了转型时期，可延伸在现代化发展的全过程。以这样的宏观角度观之，对转型时期的群体文化和谐功能的发挥的重要性的认识将会有一个新的基点，从而促进人们对转型时期群体文化和谐的全面认识。

（四）重要性与有限性

转型时期群体文化和谐功能具有复合性与多向性，涉及社会、人、文化和经济等方面，关及群体、群体文化、和谐文化及社会主义和谐的发展；具有间接性与直接性影响方式并存的特点，其影响具有长期性与深远性；发挥作用的时期具有特殊性与一般性，需要以宏观视角视之。上述这些均说明，转型时期群体文化和谐的功能具有相当的重要性。这种重要性主要来自文化影响的重要性，既可影响社会、经济与政治等宏观的制度性运行，又能影响人们日常的言行举止等微观领域；既可影响现代化发展的外在的方向进程，又能影响人们的内在的精神世界等，总之，文化深入并涉及人的实践活动的方方面面。群体文化和谐属于文化影响的范畴，其影响的重要性也相类似。同时，由于我国正处于转型这一特定时期，促进我国现代化平稳度过这一时期、实现现代化的腾飞是所有群体共同的利益与愿望，它对于我国长远的发展具有重要意义。因此，促进我国社会转型顺利发展，转型时期群体文化和谐功能的重要性也凸显出来。

在充分认识转型时期群体文化和谐功能的重要性的同时，我们也应清醒地把握其功能的有限性。其有限性同样来自文化影响的受限性。文化是一种社会意识，较之社会存在具有相对独立性，但这种相对独立性也是在社会存在的许可范围内作用的，因此，无论如何认识文化影响的重要性，必须注意将其重要性放在此前提下进行认识，盲目夸大的观点不可取。现代社会的发展使得实践中文化影响较以往更重要，理论上文化研究也跨越了许多学科的樊篱，成为众多学科研究的内容，但是，如果这些现象成为一些人夸大文化功能的理由，则有所不妥。同时，群体文化和谐功能的发挥是以关系和谐的方式发挥作用的，这一方面反映了它的独特性，另一方面又说明了它的受限性。

因此，在充分认识转型时期群体文化和谐功能的重要性的同时，又要清醒意识其功能的有限性，这或许是一个较为正确的态度，它对于促进群体文化和谐功能的发挥将有着重要的意义。

第七章 转型时期群体文化和谐的实现

转型时期群体文化和谐问题既是重要的理论探讨问题，又是紧迫的践行问题，是理论与实践紧密结合的问题。当前要实现转型时期群体文化和谐，面临的问题十分复杂。本章尝试性地提出了转型时期群体文化和谐实现的措施，主要从观念转变、客观保障、群体发展与文化和谐四个方面进行阐述。

一、观念转变：转型时期群体文化和谐实现的前提

社会实践具有历史性，受制于一定的社会条件。实践活动的整个过程始终都受着主体的自觉意识的支配，它既是实践主体提出和实现实践目的的过程，也是实践主体实施实践方案并运用实践手段实际地作用于实践客体的过程。通过这一过程，主体既能动地变革着客观世界，也能动地改造着自身的实践能力。① 换言之，实践是主观见之于客观的行为，是主观与客观的联结点，在实践过程中主体的观念和意志得以物化。因此，在推动主体的实践能力的提高、发挥主体的主观能动性等方面，主体的观念起重要的作用。"移用旧的观念来规范新的实践，势必导致实践的失败。"② 马克思主义历来强调与注重观念的指引作用，邓小平提出的"解放思想，实事求是"的思想推动了中国改革开放的顺利开启。同样，观念的转变也是群体文化和谐实现的前提。有学者指出："对于中国社会的发展和文化的转型而言，重要的是确立合理的发展尺度。"③ 我们以为，这一论点同样适用于转型时期的群体

---

① 陶德麟、黎德扬主编：《马克思主义哲学原理》，武汉大学出版社2002年版，第73页。
② 胡福明、陆剑杰、张一兵主编：《马克思主义实践论与邓小平理念的哲学基础》，南京大学出版社1998年版，序言第4—5页。
③ 衣俊卿：《文化哲学十五讲》，北京大学出版社2004年版，第348页。

文化关系方面，为了实现转型时期的群体文化和谐，不同文化的群体合理发展观念的确立十分重要，只有这样各群体在实践交往关系中才能促进群体文化关系的和谐。

（一）从片面的发展观念转变为协调的发展观念

转型时期的群体文化关系是各群体在发展实践中所产生的交往关系的体现与反映。在影响当前群体文化失衡的因素中，群体在实践中表现出的不均衡、不协调、不科学的片面发展观念是个重要因素。某种程度上，在较长时期各群体的发展呈现出一种单兵突击、孤立发展的样态。即使考虑到转型时期群体发展的历史性与复杂性的因素，各群体发展各自为战的特点仍较为突出。例如，短短的30年左右的时间，我国群体已从贫富差距较为平均发展到贫富差距超世界警戒线的程度，贫困群体与先富群体的差距较许多国家严重；市民群体与农民群体的差距进一步增大；群众对少数干部的不正之风、官僚主义、奢侈浪费及腐败现象不满，引发干部群体与群众群体的矛盾。整体上强势群体与弱势群体的区分已在社会上出现并被许多人所注意。因此，要实现群体文化关系的和谐，首要措施是各群体应改变群体发展的观念。具体而言，主要是从不均衡、不协调、不科学的片面发展观念，转变为全面、均衡、科学的协调发展观念。大体包括群体从不均衡、不协调、不科学的发展观念转变为群体之间相互均衡、协调发展、科学发展的观念，群体自身物质方面的发展与精神方面的发展从不均衡转变为均衡的观念。

不同文化的群体持有的全面的、均衡的、科学的协调发展观念，实质是科学发展观的体现。科学发展观是在清醒认识我国转型时期政治、经济、文化、社会、环境与人的发展的现实条件下所提出的发展战略构想。"科学发展观，第一要义是发展，核心是以人为本，基本要求是全面协调可持续，根本方法是统筹兼顾。"[①] 因此，群体相互之间协调发展及群体自身均衡发展正是科学发展观的题中之义。科学发展观所指出"社会成员团结和睦的和谐发展"[②] 的观点也包含有各群体间协调发展的内涵。群体发展观念的转变主要是要求群体认清转型时期群体及社会发展的严峻现实。目前我国群体发展已进入到关键阶段，如果离开了与其他群体的协调发展，群体自身已无法

---

① 胡锦涛：《高举中国特色社会主义伟大旗帜 为夺取全面建设小康社会新胜利而奋斗——在中国共产党第十七次全国代表大会上的报告》，人民出版社2007年版，第15页。

② 同上。

单一发展。它是由各群体相互依存的关系所决定。例如，离开农民群体的发展，市民群体的发展道路并不畅通。同理，强调群体自身物质方面的发展与精神方面的发展从片面的发展观念转变为协调发展的观念，也是基于不同群体文化关系的考量，因为各群体物质方面的发展与精神方面的发展的片面，不仅引发了群体自身发展的内在矛盾，更为严重的是引起了与其他群体文化的对立与冲突。因此，转变发展观念，注重群体自身的协调发展是促进群体文化和谐的前提。对于群体发展的协调观念，应采取各种措施、不同的方法大力予以宣传，使各群体真正认识与认同协调的发展观念，为群体文化和谐奠定观念前提。

（二）从自我发展的观念转变为共同发展的观念

价值观念是文化的核心，它对群体及个体发展发挥着引领作用。作为个体来讲，在职业、财富、婚恋、生命等方面的价值观一直指引着个体在社会中的生存与发展。对于群体而言，社会基本的价值观对群体发展起着重要作用。例如，追求财富的观念在改革开放后成为推动人们发展的重要动力。对财富的追求本身就是人们发展的重要动力，它同时也促进了经济的快速增长与社会财富大幅度增长。再如，找寻好职业、追求好生活的观念在人们职业选择与职业发展中起着重要作用。它直接影响各种职业在社会声望上的排序，有些职业的社会地位上升，有些职业的社会地位下降，以职业为主的群体划分十分明显。受这两种观念的影响，许多农民为摆脱农村较为落后的生存环境、谋求更好的发展，到城市中找寻新的职业、获取更多的财富、追求更好的生活，引发了中国大规模的农民流动潮，它实际成为农民城市化的重要组成，推动了城市化的发展，自然它也是经济发展引发社会变化的必然过程。总之，改革开放后，在不同价值观念的指引下，在经济、政治与文化迅猛发展的基础上，各群体纷纷利用自己拥有和社会现有的资源不断发展。由此，社会在原有群体的基础上产生了许多新兴的群体，群体间的关系也发生了许多变化。在社会资源总体有限的情况下，资源的获取与分配成为群体关系产生矛盾的重要引发因素。群体文化也因此出现失衡。有研究者指出："进入新世纪以来，我国社会人民内部矛盾状况既不同于改革开放以前，又不同于20世纪末期，进入了一个新的活跃期。在社会新的阶层不断出现后，人民内部矛盾运动主要以'阶层竞争'的形式表现出来。"[1]

---

[1] 宋善文：《新时期人民内部矛盾研究》，华中师范大学2006年博士论文，第68页。

第七章 转型时期群体文化和谐的实现 ·273·

在改革开放的启动时期，人们更为重视效率、追求效率的观念在各群体的生存与发展中处于主导地位，各群体都在努力地奋发向前，不甘人后，更快、更强。其结果是由于自然条件、社会环境与自身能力差异，不同群体的发展出现了较大的差别。社会上出现了先富群体与贫困群体之分、市民群体与农民群体的差异加大、干部群体与群众群体出现一些矛盾等现象。"从我国的实际情况来看，一些获得改革与发展成果较多的社会群体，承担了较少的成本；而一些获得改革与发展成果较少的社会群体，却承担了较多的成本。同时，腐败现象却屡禁不止。近年来，群体性突发事件增多，显然与这些因素有关。"[①] 总体上，社会各群体的发展已不同于改革开放开始之时，进入到一个新的阶段，它与我国现代化开始腾飞阶段的步伐较为一致。在新的阶段，要促进各群体的发展，实现群体文化和谐，我们以为转变观念十分重要，换言之，应从以效率为主的各群体自我发展的观念转变为以平等互信、公平正义、和而不同、协调共促、友爱团结等理念为主的共同发展的观念，其中尤应强调公平正义理念。公平正义主要是指人们对于行为合理性的一种价值评判，这种合理性主要体现在付出与应得之间的平衡，体现为权利与义务的平等。在价值观念体系中，以对社会的生存所起的作用而言，公平正义可说是起最大作用的价值观念之一。没有公平正义，各群体间的矛盾冲突将会频生，社会也将无法存在下去。正如党的十七大报告所言："实现社会公平正义是中国共产党人的一贯主张，是发展中国特色社会主义的重大任务。"[②] 可以预料，各群体在发展中实现这一观念转变，不仅将使群体发展的视野更为宽广，而且会促进各群体共同发展，进而在公平正义基础上的各群体的共同发展会最终实现各群体发展效率的提升。

（三）从孤立发展的观念转变为和谐发展的观念

和谐发展的观念也是群体发展观念的重要方面，中国共产党和国家人力倡导积极构建社会主义和谐社会，中国共产党的十七大报告指出："要按照民主法治、公平正义、诚信友爱、充满活力、安定有序、人与自然和谐相处的总要求和共同建设、共同享有的原则，着力解决人民最关心、最直接、最

---

① 宋林飞：《"中国模式"的成功与未来》，载黄家海、王开玉主编《社会学视角下的和谐社会》，社会科学文献出版社2006年版，第47页。
② 胡锦涛：《高举中国特色社会主义伟大旗帜 为夺取全面建设小康社会新胜利而奋斗——在中国共产党第十七次全国代表大会上的报告》，人民出版社2007年版，第17页。

现实的利益问题，努力形成全体人民各尽其能、各得其所而又和谐相处的局面，为发展提供良好社会环境。"①《中共中央关于构建社会主义和谐社会若干重大问题的决定》和十七大报告均提出要建设和谐文化，建设和谐文化的一个重要的方面就是"倡导和谐观念、培育和谐精神"。和谐的观念现已在社会上得以迅速传播。和谐观念在群体发展中的体现，反映在文化上则是群体文化和谐。前面已经论述了因孤立发展观念所致的群体关系的失衡状况，即各群体间缺乏互信、存在隔离甚至产生矛盾的现象在一定程度和范围出现，由此群体文化关系也出现失衡。因此，各群体转变观念，认同和谐在群体发展过程中的指引作用，才能为群体文化和谐的实现奠定前提。

要使各群体转变观念，认同和谐在群体文化发展过程中的指引作用，可以考虑以下措施：

首先，大力宣传和谐观念与群体文化和谐的观念。理论只有为人们掌握，才能发挥作用。同样，和谐观念只有为各群体深入了解与认同才能真正在实践中予以施行。值得注意的是这种宣传应做到切合实际，容易为各群体的普遍了解；还应兼顾不同群体，为各群体共同掌握；应深入各群体现实实践的各个场域，如企业、农田、学校、商场、村庄、城市社区、广场等。

其次，要恰当反映群体关系包括群体文化关系失衡的总体状况，从而使各群体对此有全面与客观的了解，促使各群体认识到只有转变孤立发展观念，坚持和谐发展观念才是群体及其文化发展的必由之路。当然，这种反映应是客观、公正与公开的，应是适时、适宜与适度的。

再次，要尽力描绘群体包括群体关系良性发展的前景，以此鼓舞各群体朝着群体健康发展、群体文化和谐的方向不断努力奋斗。自然，绝对意义上的群体良性发展、群体文化和谐的实现都不太现实；但是它作为一种价值指向，一种前进目标，却可以鼓励各群体不断前行，促进群体良性发展、实现群体文化的和谐。"实行观念变革、激发思想活力，可以产生强大的精神动力，激发人的行为活力和本质力量，推动人的发展。"② 在此过程中理论工作者与教育工作者肩负着重要的责任。

---

① 胡锦涛：《高举中国特色社会主义伟大旗帜　为夺取全面建设小康社会新胜利而奋斗——在中国共产党第十七次全国代表大会上的报告》，人民出版社2007年版，第17页。

② 骆郁廷：《精神动力论》，武汉大学出版社2003年版，第119页。

二、客观保障：转型时期群体文化和谐实现的条件

群体文化和谐的实现，不仅需要观念的变革，而且还需要客观条件的保障，物质基础丰富发展及制度安排合理有效是最重要的保障条件之一。

（一）物质基础丰富发展

改革开放后，经过30年的努力，国家和社会的物质基础得到大的发展，人民的物质生活得到不断改善。与此同时，各群体关系包括群体文化关系也出现了一定的差异与矛盾。客观而言，正是物质基础的发展引发了群体关系包括群体文化关系的失衡，同时也仍需依靠物质基础的发展才能促进群体文化和谐的实现。具体而言，因为物质基础发展的有限性，所以物质资料还不能满足社会各个群体的需求，从而成为引发纷争与冲突的根源。因此，要解决各群体的矛盾与冲突，必须继续大力促进物质基础的丰富发展。

1. 物质基础丰富发展有利于促进转型时期群体文化和谐

（1）物质基础丰富发展促进各群体文化的发展，为转型时期群体文化和谐奠定坚实基础

马克思早就指出："人们为了能够'创造历史'，必须能够生活。但是为了生活，首先就需要吃喝住穿以及其他一些东西。"[1] 物质资料的生产是人类社会赖以存在与发展的基础，是人类其他活动的基本前提。"物质生活的生产方式制约着整个社会生活、政治生活和精神生活的过程。不是人们的意识决定人们的存在，相反，是人们的社会存在决定人们的意识。"[2] 生产方式中，生产力具有决定性作用，生产力发展水平表明了物质资料生产的水平。文化发展受制于物质基础。只有提高生产力，促进物质基础的丰富发展才能促进文化的发展。群体文化同样如此，群体物质基础的丰富发展是群体文化发展的基础。恩格斯有句名言："劳动愈不发展，劳动产品的数量愈少、从而社会的财富愈受限制，社会制度就愈在较大程度上受血族关系的支配。"[3] 当我国大多数农民的物质资料的获取还停留在小农经济的水平，其文化的发展必然受到较大限制，血缘地缘因素对农民生活中仍具有较大影

---

[1] 《马克思恩格斯选集》第1卷，人民出版社1995年版，第79页。
[2] 《马克思恩格斯选集》第2卷，人民出版社1995年版，第32页。
[3] 《马克思恩格斯选集》第4卷，人民出版社1995年版，第2页。

响,理性精神、法治意识对农民的影响则相对较弱。当贫困群体基本生存无法保障时,物质资料的极度匮乏会极大地影响其文化的正常发展,并为消极性的文化因素生长提供土壤,自卑自贱、自暴自弃等不良观念容易影响贫困群体。由于物质基础薄弱导致群体文化发展受限的群体,在群体交往中相应也易处于弱势地位,因而群体关系包括文化关系也难以言及和谐。当物质基础发展,群体文化也会发生相应的改变。有学者在南街村调查显示:"单元式的居民住宅楼,在南街人生活方式由传统小农式向现代城市化的转变中起到了极大的推进作用。"① 生活方式改变的过程,也是文化观念改变的过程。

(2) 物质基础丰富发展的过程本身就是促进转型时期群体文化和谐实现的过程

物质基础的丰富发展主要通过提高生产力水平促进经济发展而实现。在我国主要是通过进一步实行改革开放,解放生产力,促进社会主义市场经济的完善而进行。社会主义市场经济对平等、独立、公平、民主、自由、法治、理性等精神起着重要的作用。"市场经济的前提和结果是个人独立自由权利的确立和保障,市场经济的精髓是自由契约、自由交易、借债还钱、损害赔偿,它是建立在破除人身依附、身份歧视和等级划分的基础之上的。"②市场经济将平等自由理性等精神浸入各群体思想中的过程,实质上也是群体文化和谐发展的过程。如前所述,这些观念与群体文化和谐理念中的平等互信、公平正义等理念比较契合。市场经济发展破除人身依附、身份歧视、等级划分的进展越快,群体文化和谐实现的步伐也越快。例如,由于市场经济所要求的劳动力要素的自由流动促进了不同群体的更加公平合理的社会流动。"1949—1979 年,从前职到现职实现向上升迁的流动率只有 7.4%;到了 1980—1989 年阶段,向上升迁的流动率提高到 18.2%;1990—2001 年,向上升迁的流动率进一步提高到 30.5%。""影响人们社会地位获得的社会流动机制变得更加公平合理,社会流动渠道更加通畅,原来阻碍人们合理流动的一系列制度和社会政策,诸如阶级出身、所有制、单位制、城乡二元体制等等,有的已经退出历史舞台,有的正在势微;个人能力和业绩等后致因

---

① 刘倩:《市场因素下的"共产主义小社区"——对中国中部一个村庄社会结构变革的实证研究》,《社会学研究》1997 年第 5 期。
② 张曙光:《经济学(家)如何讲公平》,载姚洋主编《转轨中国:审视社会公正和平等》,中国人民大学出版社 2004 年版,第 646 页。

素，正在成为影响地位获得的主要因素。"① 由于群体结构的开放性，因此，主要通过后致性因素个体地位能够在不同群体实现转换。由此，在群体交往关系中，群体间的张力与摩擦相应减少，群体关系与群体文化关系自然处于良性发展状态。

社会主义物质基础的丰富发展不仅仅依靠市场经济，"市场是人们相互交往并从事互利活动的一种基本组织和安排，但不是全部组织和全部安排"。② 人类的社会及经济活动，市场并不能包罗万象，而且市场的正常运行还需要其他非市场因素的安排，"市场的整体成就深深地依赖于政治和社会的安排"。③ 尤其是社会的公共安排。换言之，社会主义物质基础的取得，还特别有赖于政府所进行的公共安排，这种公共安排本身就能促进群体文化和谐的发展。例如，制定与实施法律法规对市场进行合法的管制，维护市场秩序，从而减少其消极性因素，此过程昭显了公平公正，缓解了各群体间的矛盾，促进了群体文化的和谐；对市场基本无能为力的国防、治安、环境保护、医疗保健、基本教育、社会基本保障等公共物品提供，它在一定程度上缩小了各群体的差异，实际弥合了各群体的裂痕，在此过程中所体现出的公平正义理念易为各群体共同认可，进而促进群体文化和谐。学者的调查也证明："当前干群之间的矛盾冲突，是中国社会结构转型中产生出来的矛盾冲突，也必将会随着改革开放的不断深入，居民收入水平的普遍提高，社会保障体系的逐步健全而减缓。""东部地区社会公众对干群矛盾的看法要比中、西部地区缓和，回归分析模型的具体数值也显示，东、中、西部地区的社会公众对干群矛盾的判断呈日渐严重的趋势。""这说明随着经济收入水平的提高和制度体系的逐步完善，干群关系存在着进一步改善的可能。"④

（3）物质基础的丰富发展促进人的全面发展，促进转型时期群体文化和谐的实现

马克思恩格斯指出，共产主义社会"每个人的自由发展是一切人的自

---

① 陆学艺主编：《当代中国社会流动》，社会科学文献出版社2004年版，导言第13页。
② 张曙光：《经济学（家）如何讲公平》，载姚洋主编《转轨中国：审视社会公正和平等》，中国人民大学出版社2004年版，第646页。
③ ［印度］阿马蒂亚·森著，任赜、于真译，刘民权、刘柳校：《以自由看待发展》，人民出版社2002年版，第135页。
④ 李培林、张翼、赵延东、梁栋：《社会冲突与阶级意识——当代中国社会矛盾问题研究》，社会科学文献出版社2005年版，第225—226页。

由发展的条件"。① 可见,人的发展尺度是人类社会发展的根本尺度。中国共产党的十七大报告也明确指出,科学发展观的核心是以人为本,促进人的全面发展为科学发展观所倡导。② 而人的发展是指人的全面发展。马克思主义认为人的全面发展实现于现实社会之中,是一个历史的过程。"有个性的个人与偶然的个人之间的差别,不是概念上的差别,而是历史事实。"③ 因此,实现人的解放,促使人的个性得以生长,促进人的全面发展,需要落实到社会现实之中。人的解放,"只有在现实的世界中并使用现实的手段才能实现真正的解放"。"当人们不能使自己的吃喝住穿在质和量方面得到充分保证的时候,人们就根本不能获得解放。""'解放'是一种历史活动,不是思想活动",马克思、恩格斯指出:"解放的首要的条件是,'解放'是由历史的关系,是由工业状况、商业状况、农业状况、交往状况促成的。"④ 人的解放首先是在生产力发展、物质基础丰富的基础上实现的。在物质基础丰富发展的基础上,人的全面发展才有可能。马克思主义所言的人的全面发展指的是人以一种全面的方式,就是说,作为一个总体的人,占有自己的全面的本质。人的全面发展包括人的各种素质与能力的全面提升,人的个性得到自由发展,同时人的全面发展还包括人的社会关系的丰富发展,"社会关系实际上决定着一个人能够发展到什么程度"。⑤ 人在社会中组成群体,因此人的社会关系的丰富发展即人与他人的普遍的交往与全面的关系,自然也内含着群体与群体间的普遍交往与全面的关系。在群体关系对立与冲突的社会里,个人的社会关系易受群体关系失衡的影响,较难发展普遍交往与全面的关系。因此,促进人的全面发展实质也包含着促进群体与群体关系的良性发展之义。物质基础的丰富发展为人的全面发展提供了前提和基础,实际上也成为促进群体文化和谐的积极因素。在物质基础匮乏、人与人的社会交往受限、人的发展受限、群体与群体的交往存在隔阂的情况下,群体文化和谐的实现难以言及。

---

① 《马克思恩格斯选集》第1卷,人民出版社1995年版,第294页。
② 胡锦涛:《高举中国特色社会主义伟大旗帜 为夺取全面建设小康社会新胜利而奋斗——在中国共产党第十七次全国代表大会上的报告》,人民出版社2007年版,第15页。
③ 《马克思恩格斯选集》第1卷,人民出版社1995年版,第122页。
④ 《马克思恩格斯选集》第1卷,第74—75页。
⑤ 《马克思恩格斯全集》第3卷,人民出版社1960年版,第295页。

2. 建设转型时期群体文化和谐的物质基础

改革开放以来中国经济持续发展，从1978—2006年，年均GDP增长达到9.7%，中国高速增长延续时间之长、速度之高，已经超越了战后经济增长最受瞩目的日本、亚洲新兴工业化国家和地区的"经济起飞"。2005年世界银行统计，中国国民总收入已达到世界第4位。[①] 2008年国家统计局公布的数据显示，初步核算，2007年全年国内生产总值246619亿元，比上年增长11.4%，连续五年增速达到或超过10%。全年进出口总额21738亿美元，比上年增长23.5%。年末国家外汇储备余额达到1.53万亿美元，比上年增长43.3%。在经济增长的情况下，居民收入也获得了较大增长。[②] 这一系列的数据显示改革开放后中国整体的物质基础得到极大的丰富与发展。中国在推进现代化发展的过程中又迈出了一大步。

然而如果以群体文化和谐的角度来审视群体文化发展的物质基础，那么物质基础仍是较低水平与不均等的。首先，中国整体的人均GDP水平还很低，还不足以为各群体文化的发展提供雄厚的基础。2006年中国的按三年汇率法计算的人均GNI或者是人均GDP已经达到2000美元左右，虽然和1978年的379美元比发生了巨大的变化，但和世界平均水平（7000美元）相比，我们仍然存在着差距。[③] 其次，各群体的收入差距较大，群体发展的物质基础存在较大差异。2007年的数据显示，全年城镇居民人均可支配收入13786元，实际增长12.2%，农村居民人均纯收入4140元，实际增长9.5%。[④] 城乡人均收入差距按此数据约为3.33倍。中国的先富群体与低收入群体的收入差距较大，反映中国收入不平等的基尼系数，2002年就高达0.45。[⑤] 其中，市民群体与农民群体的差距是收入差距最大的差距之一。同

[①] 蔡志洲：《现阶段中国经济增长到底达到怎样的水平》，《经济科学》2007年第2期。

[②] 2008年1月24日（星期四）上午10时国务院新闻办公室举行新闻发布会，请国家统计局局长谢伏瞻介绍2007年国民经济运行情况，并答记者问。mms://wmv.china.com.cn/dianbo/zhibo/2008/080124.wmv。

[③] 蔡志洲：《现阶段中国经济增长到底达到怎样的水平》，《经济科学》2007年第2期。

[④] 2008年1月24日（星期四）上午10时国务院新闻办公室举行新闻发布会，请国家统计局局长谢伏瞻介绍2007年国民经济运行情况，并答记者问。——mms://wmv.china.com.cn/dianbo/zhibo/2008/080124.wmv。

[⑤] 《中国人类发展报告》（2005），转引自蔡昉、万广华《中国收入差距和贫困研究：我们知道什么，我们应该知道什么？》，载蔡昉、万广华《中国转轨时期收入差距与贫困》，社会科学文献出版社2006年版，第3页。

时，还存在着较大数量的低收入群体。再次，存在庞大的贫困群体，其基本温饱难以保证，难以言及发展的物质基础。虽然中国的减贫成就巨大，但剩下的城乡贫困群体，脱贫难度更大。

为了实现群体文化和谐，必须建设群体文化和谐的物质基础，可以考虑从以下方面进行：

第一，制定合理的经济发展战略，发挥比较优势。有学者指出："困扰诸多国家（地区）的公平和效率的两难问题，并不像许多文献讨论的那样相互割裂，它们两者实际上都共同受到一个国家（地区）所奉行的经济发展战略的影响。"[①]

对中国的研究也同样表明，即发展战略是解释中国经济增长和收入分配的关键。[②] 因此，各级政府在制定经济发展战略时，应该制定符合自身比较优势的发展战略，这样既能快速发展经济，提供充分的就业机会，又能兼顾公平，缓解收入差距，减少腐败行为，促进社会保障。经济发展战略还应注重中西部的发展，注重农村的发展，特别注重就业优先。因为广大的贫困人口与农村人口相对集中在中西部地区。战略实施的过程与结果可促进各群体发展的物质基础丰富，从而促进群体文化的和谐。

第二，完善市场机制，促进中国经济整体高质量的增长。中国经济整体高质量的增长能为群体文化和谐提供雄厚的物质基础。虽然中国经济实现了30年的高增长，但同时必须清醒认识到，目前经济仍然存在一些问题。比如，市场机制还不健全，市场化过程仍比较漫长；民主法治还不完善，政府监管能力还有待进一步加强；经济的对外依存度偏高，经济增长主要依靠投资与出口拉动；经济发展方式相对落后，经济效益还不太好；环境污染问题十分严峻，资源供给面临压力；城乡发展不平衡问题依然存在，区域发展不协调；城市化进程加快，面临诸多问题与压力，等等。因此，促进中国经济整体高质量的增长措施也主要从上述方面着手。这里尤应强调，市场机制的进一步完善的问题，"我们的市场化过程还有很长的道路要走"。[③] 必须破除市场经济运行中的人身依附、身份歧视与等级划分，同时加强非市场因素的

---

① 林毅夫：《经济发展战略与公平、效率的关系》，载姚洋主编《转轨中国：审视社会公正和平等》，中国人民大学出版社2004年版，第606页。

② 林毅夫、刘明兴：《中国的经济增长收敛与收入分配》，《世界经济》2003年第8期。

③ 张曙光：《经济学（家）如何讲公平》，载姚洋主编《转轨中国：审视社会公正和平等》，中国人民大学出版社2004年版，第646页。

第七章 转型时期群体文化和谐的实现

安排，尤其是公共产品的安排，使市场机制得以有效运行。目前有学者提出进一步解放思想，推动改革开放的深入，也具有类似意蕴。①

第三，促进农业发展，加大农村劳动力向非农产业转移的步伐，加快城市化进程。农业的发展、农村劳动力向非农产业转移及城市化过程都会促进物质基础的丰富，有利于农民群体文化发展。政府要加大对农业的投入，主要在农业科技投入、农村基本建设与农村教育上进行投入，从而为农业发展注入活力。要发展高效农业，增加农业自身的发展，促进农民增收。要努力促进农村企业的发展，加快农村劳动力向非农转移的步伐，从而提高非农收入在农民收入中的比例。要加大措施解决以"农民工"为主体的乡城迁移人员的市民待遇问题，在就业、教育、医疗、保障等方面采取措施，促进农民市民化，加快城市化进程。

第四，实施减贫新战略，加快减少贫困步伐。减贫是促进贫困群体文化发展的物质基础丰富的重要途径。20世纪90年代以来，我国经济实现了快速的增长，但是贫困人口数量减少的趋势却已放缓。② 减贫的任务更为艰巨。因此，在新的经济条件下，应在调查研究的基础上，实施减贫的新战略，将农村贫困人口与城市贫困人口予以整体考虑。对贫困人口实施就业扶持，加大对他们的教育、科技、保障的财政扶持力度，重视贫困群体的利益表达，保证他们分享改革与发展的成果。

第五，投资于人民③，提高各群体创造物质财富的能力。大幅度加大对教育的投资，尤其是对农民群体与贫困群体的教育投资。完善九年制义务教育，在农村落后地区对高中教育的贫困生进行补贴，解决贫困大学生的大学费用问题，提高教育工作者尤其是中西部地区和农村地区基层教育工作者的待遇和水平，提高对各级学校教育设施的投入等；投资于人民的健康，将农民群体与市民群体同等对待，实施全民医疗保障，加大对大病的保障力度，做到不因病返贫等；加大社会保障，尤其要解决农民、"农民工"为主体的乡城迁移人员的社会保障问题。投资于人民，提高各群体创造物质财富的能力是促进各群体发展物质基础的根本途径。

---

① 马晖：《思想解放就是要解决"改革疲劳症"》，《21世纪经济报道》2008年1月22日。
② 胡鞍钢、胡琳琳、常志霄：《中国经济增长与减少贫困（1978—2004）》，《清华大学学报》（哲学社会科学版）2006年第5期。
③ 该语引自胡鞍钢、胡琳琳、常志霄《中国经济增长与减少贫困（1978—2004）》，《清华大学学报》（哲学社会科学版）2006年第5期。

第六，富裕人民，使各群体共享经济发展成果。我国现代化建设的一个重要目标是实现人民共同富裕，但是数据显示，整体上"中国人均收入和消费的增长远远落后于人均 GDP 的增长"。[①] 而且，农民群体、贫困群体等社会的弱势群体并未充分地从整体经济的增长中受益，即其享受改革开放以来的增长成果较其他群体偏少，而承担改革开放的代价相对较多。因此，富裕人民，必须促进全国各群体共同富裕，特别是要促进农民增收、城乡贫困人口减少。同时，还必须消除腐败，打击非法致富，保护合法致富。

（二）制度安排合理有效

许多国家的现代化历程表明，物质基础总体上的丰富发展并不能直接带来社会整体的安定、有序与和谐，包括群体文化的和谐。"过去大多数发展中国家，国民收入的增加并没有对穷人起显著程度的影响……贫穷问题深深植根于制度构架之中，特别深植于制度内部的经济和政治权力的分配之中。"[②] 换言之，实现社会和谐包括群体文化的和谐仅有社会总体上的物质基础丰富发展仍不够，还需要制度安排合理有效。制度的因素在实现社会和谐，包括群体文化和谐的过程中发挥着重要作用。对于制度，新制度主义学派的主要代表道格拉斯·C. 诺斯说："制度是一个社会的游戏规则，更规范地说，它们是决定人们的相互关系的系列约束。制度是由非正式约束（道德的约束、禁忌、习惯、传统和行为准则）和正式的法规（宪法、法令产权）组成的。"[③] 我们赞同有学者所指的制度就是交往的正式规则，非正式约束不在制度范围之内的观点。[④] 一定意义而言，中国改革的过程实质是在社会主义基本政治、经济制度基础上，相关具体制度改革与创新的过程。从农村承包制、企业租赁制与股份制、商品自由流通制、自主择业就业制、新型人事管理制、高等教育制度改革、社会保障制等，改革的过程充满了制度的变迁。改革开放以来，中国在经济、政治与文化等方面取得的巨大成就以及存在的诸多问题，一定意义上说均是由制度引发的。因为改革对许多不合

---

① 胡鞍钢、胡琳琳、常志霄：《中国经济增长与减少贫困（1978—2004 年）》，《清华大学学报》（哲学社会科学版）2006 年第 5 期。

② 阿恩特：《经济发展思想史》，商务印书馆1999年版，第110页；转引自鲁鹏《制度与发展关系论纲》，《中国社会科学》2002 年第 3 期。

③ ［美］道格拉斯·C. 诺斯著，陈郁译：《经济史中的结构与变迁》，上海三联书店、上海人民出版社 1994 年版，第 3 页。

④ 鲁鹏：《制度与发展关系论纲》，《中国社会科学》2002 年第 3 期。

时宜的制度进行创新，所以理顺了关系，激发了各方积极性，取得了成就；因为还有不合时宜的制度在运行，所以关系仍然存在一定的扭曲，各方积极性未充分调动起来，存在一些问题。同样，群体关系失衡问题，仔细审视，制度是引发它的重要因素。因此，实现群体文化和谐，可行的措施是努力促进制度安排合理有效。

1. 制度安排合理有效有利于促进转型时期群体文化和谐实现

第一，合理有效制度的价值指向能促进群体文化和谐。由于制度直接规定了群体的权利与义务的分配，规定了人们之间关系的基本样态，因此，它对于群体关系起着举足轻重的影响。分配得合理不合理、公平不公平，成为人们判定制度的重要价值标准，因而，制度的价值指向也能成为调节群体文化关系的重要手段。合理有效制度体现出的首要价值指向是正义，罗尔斯指出："正义是社会制度的首要价值，正像真理是思想体系的首要价值一样。"[1] 正义是各群体文化共同认同的观念，是转型时期群体文化和谐的重要理念，因此合理有效的制度具有促进群体文化关系和谐的功能。现代社会制度所面对的是人与人普遍性的交往关系，因此合理有效的制度具有普遍性的价值指向，而建立在血缘、家族等个别关系之上的制度在现代社会不合时宜。合理有效的制度因为普遍性特性，所以具有否定等级关系、废除人身依附、提倡平等观念的效应。而这些观念对于促进群体关系包括群体文化关系的平等相处发挥着重要作用，从而合理有效的制度能促进转型时期群体文化和谐的发展。

第二，合理有效制度缓和冲突，促进转型时期群体文化和谐。"一个社会中的人们，在其相互交往中势必发生冲突，为了解决冲突，把冲突限制在一定秩序的范围内，就需要有规则，制度就是规则。"[2] 这是制度产生的必要性，也是制度存在的必要性。制度通过解决矛盾与缓和冲突对社会各力量进行整合，以促进社会的发展。制度通过减少个体与个体之间、群体与群体之间的矛盾与冲突来最终促进社会各群体的平衡协调与共同发展，其中当然也包括整合群体文化矛盾、促进群体文化的和谐。社会中各群体的思想观念不尽相同，甚至存在混乱与矛盾。制度是社会主导文化的体现，运用制度规

---

[1] [美]约翰·罗尔斯著，何怀宏、何包钢、廖申白译：《正义论》，中国社会科学出版社1988年版，第292页。

[2] 鲁鹏：《制度与发展关系论纲》，《中国社会科学》2002年第3期。

范各群体，使各群体在对制度所体现的主导文化达成基本认同的过程中促进文化矛盾与冲突的缓和与解决。由此，制度实际体现出对群体文化的规范与引导，并最终能起到促进各群体文化和谐的作用。

第三，合理有效制度促进各群体文化发展，为转型时期群体文化和谐奠定基础。制度是文化的组成部分，广义文化即包含制度文化。作为与物质文化、精神文化并列的文化形式，制度具有自身独有的特性。制度在发展物质文明与发展文化尤其是精神文明方面均发挥着重要的作用。制度对发展文化的作用表现为："制度凭依自身的功能，把物质生产活动中的实践理性反映到文化观念中，通过支持或反对某些观念而扬弃主观世界的某些方面和规定，变主观世界为符合现实要求的思维，并使现实这一原本存在于主观世界之外、与主观性相对立的力量，在对象化过程中获得观念的表征，这就是人们通常所谓的新思想、新文化。"[①] 换言之，制度实际上起到了将物质生产活动中体现的要求转换为文化观念的作用，因此，一定意义上说制度是物质生产与精神生产的中介。制度正是在此过程中并运用这种方式推动了文化的发展。当然，这里所指的制度是合理有效的制度，不合理有效的制度只会阻碍文化的发展。同样，合理有效的制度安排也会推动各群体文化的发展，进而为群体文化和谐奠定基础。

第四，合理有效的制度促进人的发展，为转型时期群体文化和谐打牢基础。合理有效的制度不是一成不变的，而是不断创新的。"制度变革或创新便是改变人的活动空间的途径，它可以为发展开拓更加广阔的行为空间。改变人的活动包含丰富的内容，可以做多方面的理解，但归根结底是改变人的积极性、能动性、创造性和潜能发挥的状态。"[②] 还有学者明确指出："改革的目的，是解放和发展社会生产力，就是要打破种种束缚最大多数人的活动发展和创造才能发挥的落后的僵化的体制，最大限度地调动人的积极性，就是要找到适应现时代生产力发展水平和内在要求的，使社会主义基本经济、政治制度的优越性得以很好发挥的中间制度形式。"[③] 人的主体性的发挥对人的发展将起重要的作用，而人的发展则会为群体文化和谐打下了坚实的基础。因此，合理有效的制度通过促进人的发展为群体文化和谐打牢基础。

---

① 鲁鹏：《制度与发展关系论纲》，《中国社会科学》2002 年第 3 期。
② 同上。
③ 方军：《制度伦理与制度创新》，《中国社会科学》1997 年第 3 期。

2. 建设合理有效的制度促进转型时期群体文化和谐

新中国成立以来，实行社会主义制度，国家面貌为之一变。改革开放后，我国在社会主义基本制度的基础上不断进行制度创新，打破僵化的制度，调动各群体的积极性，拓展发展空间，释放巨大的发展能量，促进了各群体的发展。然而，群体关系包括群体文化关系在发展中出现了失衡。制度因素是引起失衡的重要因素，它包括制度匮乏、制度落后等。"当代中国社会的一些特殊的制度性安排对社会阶层分化仍然有着显著的影响，这些制度因素包括所有制、户籍制度、部门差异以及国家在资源配置中的强有力的作用。"[①] 因此，从制度上进行创新成为促进群体文化和谐的一个可行的重要举措。制度建设涉及的范围很广，当前，应在完善市场经济制度、司法体制、公共财政制度等方面着力。从群体文化和谐的角度审视，目前，可以首先考虑在以下制度上进行创新：

第一，户籍制度的改革。20世纪50年代末期开始实行的户籍制度已越来越不适应社会的发展，90年代以来，国家开始进行户籍改革，"但从总体上讲，我国户籍制度改革进程缓慢，传统的户籍制度仍是造成当前农村劳动力非农转移问题、农民工问题、城乡差距问题、区域经济协调发展问题乃至整个城乡二元结构问题的总的制度性根源，是建设社会主义和谐社会的体制性障碍"。[②] 当然，一定意义上说，它也是各群体文化关系出现失衡的重要的制度性影响因素。因此，促进群体文化和谐，迫切需要进行户籍制度改革。进行户籍制度改革，一是必须转变观念，认识户籍制度改革的重要意义。将户籍制度改革与公民的平等公民权、我国城市化进程及现代化发展相联系的高度来看待，增强紧迫性与重要性。二是实行统一的城乡户籍登记制度，按照居住地登记的原则，以具有合法固定住所、稳定的职业或生活来源为基本落户条件，向最终实现户口自由迁徙逐渐过渡。三是转换户籍管理职能，将附着于户籍上的各种附加的特殊权利和利益分配，如教育、医疗、社保、就业、抚恤与户籍进行剥离。四是进行就业、医疗、养老、抚恤等方面的综合改革，真正使户籍制度的改革得以稳步推进。五是可考虑在适当时候以立法的形式规范户籍管理，如制定户口法，真正做到依法管理户籍。

---

① 陆学艺主编：《当代中国社会阶层研究报告》，社会科学文献出版社2002年版，第7页。
② 漆向东：《和谐社会构建中的户籍制度改革问题研究》，《中州学刊》2007年第3期。

第二，完善就业制度。就业是民生之本，它对于人的生存与发展起着决定性的作用，对于各群体文化的发展与和谐也具有决定性意义。当前，完善就业制度可从以下几个方面着手：首先，贯彻实施《就业促进法》，依法促进就业；强化政府责任，将就业纳入经济社会发展规划，实施扩大就业的发展战略，将就业与政府考绩相联系。其次，完善相关制度，采取各项措施实施鼓励自主创业、自谋职业；正确认识、恰当引导与发挥非正规部门就业方面的作用。再次，实施城乡劳动者公平就业的制度，依法反对包括户籍、性别、学历、相貌、年龄、疾病、经验等方面的就业歧视；条件适当时可考虑制定反就业歧视法。最后，健全面向城乡全体劳动者的职业教育培训制度；特别重视高校毕业生就业、农民进城就业、下岗失业人员再就业的问题；实施就业援助制度，对弱势群体尤其是大龄、身有残疾、失去土地等人员进行就业扶持；贯彻《劳动合同法》，制定相关配套制度，依法维护劳动者的权益；完善失业救助制度。

第三，完善教育制度。教育对促进个体与群体的生存质量与发展水平具有重要意义，对于促进群体关系的良性发展也发挥着重要的作用。有学者调查表明："通过对教育分层机制的概括和分析，说明教育不平等的程度和模式在很大程度上依赖于具体的制度设计。"[①] 目前我国教育制度需要进一步完善，因此，要促进群体文化的和谐必须完善教育制度。这些措施主要包括建立健全保障教育发展优先的制度，即提高政府与社会对教育重要性的认识、在经济社会发展规划中将教育列为优先发展；完善教育经费的增长要快于财政性收入增长的制度等。在此基础上，完善教育制度主要是实施城乡公平的教育制度。首先，贯彻《义务教育法》，完善落实免除城乡九年制义务教育学杂费的机制和制度；在农村与城市可试行对高中阶段困难学生一律实施减免学杂费的制度，并在条件适当的时候，逐渐过渡到免收高中阶段学杂费。其次，完善推进公共教育均衡发展的制度，即公共教育资源向贫困地区、农村地区、中西部地区倾斜。再次，实施城市公共教育资源共享的制度，即城市公立学校向所有公民平等开放，以"农民工"为主体的乡城迁移人员子女与市民子女一样能在城市公立学校就近入学。最后，完善教育拨款制度，适应社会流动加快的现实，可采取公共教育拨款"人走款走"的

---

① 李煜：《制度变迁与教育不平等的产生机制——中国城市子女的教育获得（1966—2003）》，《中国社会科学》2006年第4期。

措施。

第四，完善减少贫困制度。改革开放以来，我国扶贫的成就举世瞩目。但是到20世纪90年代后中国减贫趋势放缓，与这期间中国整体经济发展的高速度不太相称，换言之，90年代以后经济发展的高速并没有带来减贫速度的加快，[1] 即使考虑到减贫难度越来越大的因素，情况大体也是如此。因此，应该加快完善减贫制度，对此可采取如下措施：首先，制定反贫困法，[2] 完善各项减贫法律制度。为制定减少贫困的宏观经济发展战略与经济社会政策提供法律依据；为开展各项有效地减少贫困措施提供法律制度保证。其次，完善农村土地产权制度，建立公平合理的土地产权制度，为农民的发展和利益提供制度保障，减少农民贫困；建立保障国有集体企业工人利益保障的制度，防止在企业改革中因制度性缺失而引发工人贫困现象产生。再次，完善向贫困地区、农村地区、中西部倾斜的公共投资制度，加大对这些地区的能源、交通、土壤改良、水利工程等基础设施的投入。最后，完善促进农村劳动力向非农产业转移的制度，完善促进"农民工"为主体的乡城迁移人员就业的制度；完善促进城市失业、下岗人员再就业制度；完善促进贫困地区、农村地区教育、城市贫困人口子女教育的制度；完善城乡失业、养老、医疗、住房、抚恤、工伤等方面的社会保障制度。

第五，完善收入分配制度。目前我国收入差距已突破国际公认的警戒线，中国社会科学院经济研究所收入分配课题组估计出来的1988年全国的基尼系数为0.382，该课题组2002年调查结果显示，该年全国的基尼系数接近0.460。收入差距全方位扩大，城乡收入差距尤为突出。[3] 因此，促进群体文化关系的和谐，必须完善收入分配制度。首先，突破收入分配效率与公平不能兼顾的观念，遵循公平与效率并重的原则，为完善收入分配制度提供理论支持。其次，自觉实施发挥比较优势的发展战略，放弃以赶超为目的的发展战略，促进经济发展与收入分配的公平合理；[4] 完善相关法律制度，建立公平的市场经济秩序，营造公正的市场环境；完善公共财政制度，实施

---

[1] 胡鞍钢、胡琳琳、常志霄：《中国经济增长与减少贫困（1978—2004）》，《清华大学学报》（哲学社会科学版）2006年第5期。

[2] 徐辉：《制度创新：中国反贫困成功的关键》，《东南亚纵横》2002年第6期。

[3] 李实：《收入分配与和谐社会》，《中国人口科学》2007年第5期。

[4] 林毅夫、刘明兴：《中国的经济增长收敛与收入分配》，《世界经济》2003年第8期。

公共财政收入分配向民生、农村及贫困地区倾斜的政策。再次，完善收入分配相关法律制度和政策，改善初次收入分配秩序混乱的局面，打击以各种方式获取非法收入；可考虑制定《工资法》，保障工资增长与国民收入增长相适应，使工资分配公平合理，保障有力；健全个人收入调节制度，调节过高收入。最后，完善社会保障制度，实施最低生活保障制度，实施覆盖城乡所有居民的养老、医疗、失业等保障制度。

第六，完善干部人事制度。干部人事制度是事关党和国家发展的制度，是关系干部群体发展及其与群众群体之间关系的重要制度。完善干部人事制度主要体现在以下几个方面：首先，提高对完善干部人事制度的认识，将其视为推进我国政治文明建设的重要制度予以对待；以《公务员法》的精神为指导，制定干部人事制度改革的配套法规，健全干部人事制度的管理运行机制。其次，完善干部选拔任用制度，包括考任制度、聘任制度、委任制度、竞争上岗制度等，其核心是实施"公推公选"，保证群众的知情权与参与权，保证干部选拔任用决策的公正公平。完善干部考核考评制度，制定科学的考核考评方法，将定期考核考评与随机日常考核考评结合起来，将领导考核考评与群众考核考评结合等，其核心是"公评公议"。完善干部退出制度，对干部辞职、退休做出制度性规定，实施干部任期制度，其核心是"公考公下"。[①] 再次，完善干部人事监督制度，健全用人失察失误责任追究制度。

第七，完善社会保障制度。社会保障是国民的生存与发展的底线保障，对减少社会矛盾，构建和谐的群体文化关系，发挥重要作用，因此，必须加紧完善社会保障制度。完善社会保障制度主要应做好如下几个方面：首先，加强社会保障法制化建设，加快制定《社会保障法》，为社会保障制度提供法律依据。其次，国家统筹社会保障制度建设，应适应社会成员社会流动加快的现实，解决目前社会保障制度建设中存在的不同部门各自为政的现象。再次，建立健全养老、医疗、失业、住房等社会保障制度，特别注重农村社会保障制度的建设，使城乡社会保障制度接轨，促进社会公平；加大力度建设城乡最低生活保障制度。最后，完善社会保障运行和监管机制，保障社保资金的安全。

---

① 范德珩、张长江：《论干部工作民主化的制度设计》，《领导科学》2007年第18期。

三、群体发展：转型时期群体文化和谐实现的基础

转型时期群体文化和谐的实现不仅需要观念变革和客观保障，还需要群体自身的良性发展。群体自身的良性发展，主要表现为合理群体结构的形成以及各群体文化的良性发展，它可为群体文化和谐的实现奠定坚实的基础。

（一）促进合理的群体结构形成

群体结构是社会各群体在社会中的位序，它是社会结构的主要表现。"从社会学的角度看，社会各群体的关系表现为社会结构。"[1] 群体结构实际体现出社会分层状况。"社会分层是一种根据获得有价值物的方式来决定人们在社会位置中的群体等级或类属的一种持久模式。"[2] 群体结构是群体主要在财富和收入（经济地位）、权力（政治地位）和声望（社会地位）等方面的综合表现所形成的相对固定的社会层级。它是群体生存与发展的结果与基点，也是群体文化生成与发展的结构性基础，体现了群体相互间的关系，包括文化关系。因此，从构建合理的群体结构入手促进转型时期群体文化关系的和谐确是重要的基础和途径。

1. 合理的群体结构有利于促进转型时期群体文化和谐的实现

一般认为，现代社会合理群体结构形态是中间大、两头小的橄榄形结构。[3] 这样的群体结构有利于促进群体文化和谐的实现。

第一，合理的群体结构，是社会结构的现代化，与经济现代化相互促进，从而奠定转型时期群体文化关系和谐的物质基础。物质基础丰富发展为转型时期群体文化和谐的实现奠定客观基础。物质基础丰富发展有赖于经济现代化的推进。而合理的群体结构的形成过程，即社会结构转型自身就是社会资源的一种重要配置力量。"实际上，社会结构的转型本身，就是一种推动经济社会发展的独立力量。……最近据专家测算，仅劳动力从农业向非农

---

[1] 李强：《从社会学角度看"构建社会主义和谐社会"》，载黄家海、王开玉主编《社会学视角下的和谐社会》，社会科学文献出版社2006年版，第63页。
[2] [美]戴维·波普诺著，李强等译：《社会学》第十版，中国人民大学出版社1999年版，第239页。
[3] 陆学艺主编：《当代中国社会阶层研究报告》，社会科学文献出版社2002年版，第61—62页。

产业的转移，对中国 1978—1998 年 GDP 增长的贡献就占 20% 以上，远高于体制改进因素的贡献，这种社会结构变动的收益，是苏东国家所没有的，它比中国相对于苏东国家具有海外华人投资优势的说法，影响要大得多。"① 同时，群体结构现代化为经济现代化提供了保障，如果没有群体结构的现代化，经济现代化的单一推进不能持久，拉丁美洲就是一个很好的例证。

第二，合理的群体结构，因社会中间层群体对社会主导价值具有较广泛的认同，从而促进转型时期群体文化和谐。"社会阶层结构的实质是基于社会权力、社会资源的占有和分配所形成的社会地位之间的不平等关系。"② 合理的群体结构，社会中间层群体在社会权力与社会资源的占有和分配中均处于中间地位，他们拥有体面的职业与生活，既是社会生产的主体、消费的主体，"中等收入群体的边际消费倾向和购买能力均比较强。显然，中等收入群体占主导位置的社会结构对于内需的拉动力是最强的"；③ 又是社会主导价值认同的主体；同时构成社会群体结构的主体。因此，中间层群体对社会主导价值的认同为自身文化关系的良性发展奠定了基础，并影响他们与其他群体之间文化关系的良性发展，从而最终有利于转型时期群体文化和谐的实现。"这样的社会中间层成为社会的主体，他们对社会的主导价值观有较强的认同……无疑，在这样的社会阶层结构形态中，社会各阶层之间的利益矛盾和冲突一般都不会很大，或者不会那么尖锐，大多数社会成员很少对社会感到不满。这样的社会是最稳定、最可持续发展的。"④

第三，合理的群体结构体现公平、开放与合理，能得到各群体的认同，从而促进转型时期群体文化和谐。合理的群体结构具有以下特征，社会位置的取得主要依据后天的才能与业绩，即后致性因素为主要因素，体现公平；社会地位向所有人及群体开放，不为一些人或群体所特有，社会群体公平流动，显示开放；没有外在的不合理因素影响各群体的位序，各群体基本需要得到满足，群体互惠互利，矛盾协商妥协，表现合理。因此，有学者鲜明指

---

① 数据来自蔡昉、王美艳《中国经济增长究竟有多快？》，《新视野》2002 年第 4 期；转引自李培林《东方现代化与中国的经验》，载黄家海、王开玉主编《社会学视角下的和谐社会》，社会科学文献出版社 2006 年版，第 18 页。

② 郑杭生、李路路主编，洪大用副主编：《中国人民大学中国社会发展研究报告 2005：走向更加和谐的社会》，中国人民大学出版社 2005 年版，第 14 页。

③ 吴忠民：《立足于社会公正、优化社会结构》，《社会学研究》2007 年第 2 期。

④ 陆学艺主编：《当代中国社会阶层研究报告》，社会科学文献出版社 2002 年版，第 62 页。

出:"现代社会的阶层分化机制以及由此形成的阶层结构之所以能够深入人心,成为一种广为接受的社会理念和文化价值,关键在于,通过这些机制和体制而形成的社会阶层结构具有公平性、开放性和合理性等本质特征,符合人类文明发展的方向。"[1] 而公平、开放与合理正是现代社会各群体普遍认同的价值,因此,合理的群体结构能促进群体文化和谐。

第四,不合理的群体结构,存在引发转型时期群体文化失衡的结构性因素。有学者指出:"目前,中国社会运行的巨大难题就在于,丁字形结构造成的社会群体之间的需求差异太大,社会交换难以进行,中间阶层的体面生活所需要的基本设施,在丁字形结构的下层群体看来都是奢侈的。总之,几乎所有的社会问题,例如犯罪问题、秩序问题、治安问题、贫困问题、艾滋病问题等等,都可以从丁字形结构和结构紧张上得到解释。"[2] 对中国目前的社会结构无论主张"断裂社会论",[3] 还是"现代结构雏形论"[4] 等观点,实质都言明一个共同的前提观点,即中国社会现有的群体结构离合理的群体结构的形成还存在较大的差距,一定意义上说,现有的群体结构是引发社会问题,包括群体关系紧张问题的总的根源。因为,"就社会结构方面看,合理的社会结构是社会和谐的基础。它以社会根源的形式决定着社会的稳定、和谐、协调与否"。[5] 反之,不合理的社会结构只会引起社会的纷争与失衡,是引发群体文化失衡的结构性因素。

2. 建设合理的群体结构促进转型时期群体文化和谐[6]

合理的群体结构是社会各群体构成的结构成为两头小、中间大的橄榄形群体结构。然而,目前我国群体结构中的群体该小的没有小下去,该大的没有大起来。具体说来,主要是由各群体所组成的社会中间层没有壮大起来,而主要是由农民群体所构成的底部层还有很大的规模。"记者在成都、重庆和西安这三个西部中心城市的调查发现,其社会结构仍呈现'底座庞大、

---

[1] 陆学艺主编:《当代中国社会阶层研究报告》,社会科学文献出版社2002年版,第65页。

[2] 李强:《从社会学角度看"构建社会主义和谐社会"》,载黄家海、王开玉主编《社会学视角下的和谐社会》,社会科学文献出版社2006年版,第64页。

[3] 孙立平:《断裂:20世纪90年代以来的中国社会》,社会科学文献出版社2003年版。

[4] 陆学艺主编:《当代中国社会阶层研究报告》,社会科学文献出版社2002年版。

[5] 郑杭生、李路路主编,洪大用副主编:《中国人民大学中国社会发展研究报告2005:走向更加和谐的社会》,中国人民大学出版社2005年版,第6页。

[6] 此部分有观点参考或受启发于陆学艺主编的《当代中国社会阶层研究报告》(社会科学文献出版社2002年版)一书,具体引用在文中已一一注明,特此致谢与说明。

塔尖细小'的'金字塔'形状，收入低于平均水平的中低收入者偏多。"[1] 同时，群体结构中存在的问题还表现在，社会主要群体的弱势化趋向，精英群体之间利益结盟的苗头。[2] 因此，要促进社会结构的现代化，必须建设合理的群体结构，进而在此基础上促进转型时期群体文化和谐。建设合理的群体结构我们以为可考虑主要从以下几个方面着手：

第一，充分认识群体结构现代化的意义，深刻把握社会体制改革的重要性，自觉引导合理的群体结构生成。群体结构实质是处于不同社会地位的群体之间相对固定的社会关系。群体结构具有相对稳定性的特点，但是群体结构的特点并不排除人们在一定的条件下可以对其进行自觉调控。"还有更为重要的研究结论是，社会地位的分化是可以通过社会制度和社会政策加以改变的社会现象，即社会分化和社会结构具有可变性的特征。"[3] 但是，整体上目前中国社会的群体结构演变具有自发性，换言之，国家和社会对群体结构的发展没有相对清醒的认识及长远的规划。如对于归类于农民或新市民的"农民工"为主体的乡城迁移人员群体、市民群体中的产业工人群体、自由职业者群体等一定意义均无自觉的长远认识与政策把握，"中国社会阶层结构的演变具有明显的自发性"。"关于整体社会发展的基本思路还不清晰，不利于社会制度与社会政策创新。"[4] 这与我国经济体制改革形成鲜明的对比。因此，建设合理的群体结构，必须充分认识群体结构现代化的意义，将其与经济现代化视为现代化同等的组成部分视之，将社会体制改革放在与经济体制改革同等重要的位置上，加大社会建设的力度，运用社会制度与社会政策自觉引导合理的群体结构的生成。

第二，大力发展经济，促进产业结构、就业结构、城乡结构的调整，为合理的群体结构形成奠定基础。群体结构是社会结构的核心，但群体结构的变化受制于其他因素，尤其是经济因素的影响。虽然群体结构的发展并不必然与经济结构的发展同步，但是根本上群体结构的现代化是建立在经济结构的现代化基础之上。因此，必须大力发展经济，促进产业结构、就业结构与

---

[1] 黄豁、侯大伟、石志勇：《中间阶层发育需政策扶持》，《瞭望》2006 年第 9 期。
[2] 吴忠民：《立足于社会公正，优化社会结构》，《社会学研究》2007 年第 2 期。
[3] 刘慧珍：《社会阶层分化与高等教育机会均等》，《北京师范大学学报》（社会科学版）2007 年第 1 期。
[4] 陆学艺主编：《当代中国社会阶层研究报告》，社会科学文献出版社 2002 年版，第 92、97 页。

城乡结构的调整，为现代化的群体结构生成奠定基础。数据显示，2006年我国的产业结构中，第一产业所占的比值仅为11.7%，我国实际已经进入工业化发展的中期；就业结构中，第一产业劳动者占社会劳动者总数2006年下降到42.6%；城乡结构中，2006年城镇人口的比重上升到总人口的43.9%。① 由此可见，虽然从产业结构上看我国已属工业化国家，但是就业结构上还有较大的发展空间，而城乡结构则严重滞后于工业化的发展水平与速度，城市化水平较低。客观而论，改革开放以来，我国经济发展迅速，产业结构调整速度加快，农村劳动力向非农产业转移速度加快，城市市民从事的职业有了整体的提升。② 但是，城乡结构的调整速度并不尽如人意，1.3亿"农民工"的市民化问题没有得到根本的解决。因此，要建设合理的群体结构仍需要继续大力推进经济结构的现代化，尤其是城乡结构的发展。

第三，促进资源配置、收入分配合理，为合理的群体结构形成提供条件。目前资源配置方式主要有市场机制与国家再分配机制。但是，从改革开放以来的长时期和整体上审视，国家的再分配机制的资源配置也存在着不合理之处，即偏重于城市、偏重于东部沿海地区，对农村地区、中西部地区资源配置较少，如产业投入资源、道路交通投入资源、公共设施投入资源、教育文化投入资源、医疗卫生投入资源等，当然最近几年有了十分明显的改变。某种程度而言，这是不合理的群体结构形成的重要因素。有学者调查研究显示，即使在新世纪，"单位和地区是再分配体制下的两大结构壁垒，对地位获得的影响是深刻的，持续性的。2003年中国综合社会调查证明了这一点。……所以，单位和地区不是简单的工作场所和生活场域的问题，而具有明确的社会经济地位的含义"。③ 换言之，同一职业在不同的单位、不同地区的经济地位具有较大的差异。应该说，这一现象中确实存在资源配置的影响因素。另外，由于这样或那样的原因，在资源配置上的权力扩张，包括资本权力的扩张及公权力的扩张也会带来资源配置的不合理，形成一些人或群体不合理地获得资源的现象，进而形成群体地位获得的不合法与不合理，如腐败问题、权钱交易、以权谋私、行业垄断等现象，使得某些群体的地位

---

① 数据来源《中国统计年鉴》（2007）。
② 温飞、李强：《如何实现"优化社会结构"和"扩大中等收入者比例"的战略》，《新视野》2007年第3期。
③ 边燕杰、李路路、李煌、郝大海：《结构壁垒、体制转型与地位资源含量》，《中国社会科学》2006年第5期。

明显高于其他群体。因此，在资源配置上必须加强对市场机制与国家再分配机制的引导与掌控，使资源配置合理，使不同群体能通过公平的方式获得应得的资源。

收入分配的合理也是合理的群体结构生成的重要条件。它涉及权利的平等、机会平等等因素。应强调初次分配与再分配的公平与效率，尤其是再分配中特别应注重公平。保护合法收入，调节过高收入，取缔非法收入。扩大中等收入的群体规模，减少低收入群体数量，加大力度减少贫困群体的数量。最终将各群体的收入差距控制在合理的范围之内，从而为合理的群体结构生成提供条件。

第四，进行制度创新，建设公平开放的流动机制，促进合理的群体结构形成。个体主要依赖自身能力、努力与业绩等自致因素取得地位的社会，一般而言社会流动性较好，流动渠道较为畅通、流动机制公平开放、流动速度较快、流动规模较大。这一般体现在相对开放的社会之中。社会流动性较好的社会容易形成合理的群体结构。改革开放后，中国社会正在逐步走向一个开放的社会，但是公正、合理、开放的现代社会流动机制尚未最终形成。[①]因此，进行制度创新，促进社会流动，是建设合理的群体结构的重要途径。制度创新前文已有论述，主要仍集中在户籍制度、就业制度、人事制度、收入分配制度、社会保障制度等方面；还需要相关的社会政策创新予以配套支持；同时，相关的公共资源配置也应跟上，如公共教育资源的公平配置等。目前转型时期最大规模的社会流动是农民群体向非农产业流动，农民市民化，即城市化的问题，其规模在世界各国现代化进程中也属罕见。因此，尤应注意清除影响农民群体向社会流动的制度性、政策性的障碍。

第五，大力发展教育，促进群体素质的提高，为合理的群体结构形成发挥积极作用。教育对群体就业结构改善、就业方式改变、收入水平提高、文明素质提升具有极为重要的作用，教育在合理的群体结构建设中具有重要的地位。因此，大力发展教育，提高各群体的受教育水平是促进合理的群众结构生成的重要条件。我国第五次人口普查显示，我国25岁以上人口，平均受教育年限仅为7.42年，这与经济发达国家还存在巨大差距，例如，美国为12.74年，日本为12.55年，英国为12.46年，德国为12.24年，韩国为11.48年。所以，推进基础教育，提高全体国民的受教育水平，最终可以优

---

① 陆学艺主编：《当代中国社会流动》，社会科学文献出版社2004年版，导言第12—13页。

化阶级阶层结构。① 目前，大力发展教育，首先是应该大力发展基础教育，普及完善九年义务制教育。其次，是采取措施积极推进高中阶段教育、中等职业技术教育的普及。再次，进一步促进高等教育平民化的发展。发展教育特别应注重城乡教育公平发展、城乡内部教育公平发展，实施教育资源配置的公平化，促进公立教育学校的均衡发展，以达到在发挥教育促进合理的群体结构生成的积极作用的同时，减少教育的不公平对群体分化的消极作用。

第六，采取公平有效的社会政策，支持各群体发展，促进合理群体结构的形成。群体结构是相对固定化的不同群体关系的表现。因此，群体的发展对于群体关系的良性发展，合理群体结构的生成起着重要的作用。转型时期，我国各群体均有发展，但发展并不均衡。例如，先富群体中的私营企业主群体从无到有，得到很大的发展；主要分布在市民群体中的专业技术人员群体也得到了较大的发展；而农民群体、市民群体中的产业工人群体的地位则整体下沉，其中"农民工"群体的地位处于相对模糊的状态，等等。因此，必须采取公平有效的社会政策，支持各群体的发展，尤其是支持弱势群体的发展。首先，支持农民群体、市民群体中的产业工人群体的发展，防止基本群体弱势化的问题。"关于工人和农民，过去曾经出现一些比较极端的说法，但工人、农民是社会的基本阶层，是社会结构的主体，这些理念是不能抛弃的。"② 对于农民群体，要采取各种政策措施，如完善土地产权制度，加快农民向非农产业转移的步伐，促进"农民工"融入城市，达到减少农民，富裕农民，促进农民市民化的目的，从根本上减少群体结构的底部规模。对于市民群体的产业工人群体，应保障其合法权利，提升其基本素质，在就业与再就业方面提供政策支持，促进其不断发展。总之，这两个群体为改革开放作出了较大贡献，承受了较大的代价，应采取措施保证其共享改革的更大的成果。其次，采取政策措施，促进市民群体中的商业服务人员群体、办事人员群体和专业技术人员群体、个体私营企业主群体等群体的发展，以扩大市民群体中的社会中间层所占比例，从而促进合理的群体结构的发展。目前，社会中间层的比例仍太小。进入新世纪，即使在北京，有研究

---

① 温飞、李强：《如何实现"优化社会结构"和"扩大中等收入者比例"的战略》，《新视野》2007年第3期。
② 宋林飞：《优化社会结构是构建和谐社会的基础》，《社会学研究》2007年第2期。

表明，中间阶层在北京整个社会结构中的比重也只占约 1/3。① 再次，大力开展减贫措施，促进贫困群体的自我发展能力，减少城乡贫困群体的数量。采取有效措施，建设高效、精干的干部群体，减少干部群体的总体规模，防止某些干部腐化变质。最后，正确认识与肯定私营企业主的作用，采取措施促进以私营企业主为主的先富群体的健康发展。要促进更多的人通过合法手段进入先富群体行列，并鼓励先富群体帮助其他群体，尤其是贫困群体，切实带动其他群体富裕。同时必须防止拥有总体性资本的精英群体垄断社会资源与分配，侵害其他群体的利益。②

建设合理的群体结构，必须注意应以社会公正作为根本指导原则，清除合理的群体结构建设的负面拉动力量，如公权扩张、不受约束的资本扩张、平均主义等。③

（二）引导群体文化的良性发展

转型时期群体文化的良性发展，是指在社会主义现代化进程中，在社会主义经济、政治、文化、社会的发展过程中，群体文化在群体实践的基础上健康发展。它主要表现为群体文化发展的方向性，即与社会主义主导文化发展方向一致；群体文化发展的现代性，即与文化现代性发展的路径相同；群体文化发展的活力性，即群体文化发展符合创新、活力的特性。群体文化的良性发展有助于群体文化和谐。和谐是各部分的相互协调、互相配合、相互包容、求同存异的过程。如果各群体文化处于良性发展的状态，一定意义各群体在许多观念的认识上更容易找到共通之处，而这会有助于各群体文化关系的良性发展。因此，需要考察各群体文化良性发展的内涵，因为它是引导群体文化良性发展的重要前提与环节。

1. 各群体文化良性发展的主要内涵

（1）农民群体文化良性发展的主要内涵

整体上，对于农民群体文化的良性发展我们以为主要应从以下几个方面着力：

第一，增强主体意识。人的主体性活动属于意识到自身需要的目的性活

---

① 赵卫华：《北京市社会阶层结构状况与特点分析》，《北京社会科学》2006 年第 1 期。
② 孙立平：《总体性资本与转型期精英形成》，载孙立平《转型与断裂——改革以来中国社会结构的变迁》，清华大学出版社 2004 年版，第 284—296 页。
③ 吴忠民：《立足于社会公正，优化社会结构》，《社会学研究》2007 年第 2 期。

动。人在这种活动中不但意识到自身的需要和目的，而且意识到自身的地位和作用。主体意识就是属于人的自我意识。[1] 它实质是人对自身的清醒认识及发展把握，主要表现为人的自主、自立与自强。人的主体意识的觉醒是社会发展及人的能力提高的产物，尤其是现代社会的产物。具体而言，对于农民群体而言，增强主体意识主要包括增强平等意识、权利意识、进取意识及法治意识。其目的是强调在我国现代化发展的过程中、在社会快速转型时期，农民群体主动应对经济与市场的挑战，适应社会的发展，把握自我，抓住机遇，发展自己。对于"农民工"群体为主体的乡城迁移人员而言则是认识自我，从文化上尽可能减少无根意识，边缘意识的影响，尽快适应城市生活。

第二，树立开拓竞争、市场观念、风险观念与效率观念等现代观念。根本而言，现代观念的树立也是主体意识增强的表现。我国农民一方面具有安分守己、逆来顺受的品性；另一方面具有刚健坚忍的品格、功利的进取心态和务实的经世观念。当前，农民群体的生产生活环境已发生极大改变，"农民工"还需面对工业化、城市化的挑战。因此，应发挥农民群体文化中的积极方面，树立开拓竞争等现代观念，以利于自身的生存与发展。

第三，自觉接受现代文明的熏陶。包括生活方式、观念更新与交往实践，等等。尤其是"农民工"为主体的乡城迁移人员，融入城市的步伐与其接受现代文明的程度相适应，因此应在言谈举止、衣着服饰、卫生习惯、科技素养、环保意识、开放意识等尽力吸收城市市民群体文化的积极方面，尽快缩短市民化的进程。

(2) 市民群体文化良性发展的主要内涵

大体上市民群体文化良性发展的内涵，主要体现在以下几个方面：第一，树立进取和创新的观念。"城市已经表明了人口、生产工具、资本、享乐和需求的集中这个事实。"[2] 我国城市的发展已经整体上使市民的生活水平超越了温饱阶段进入小康，有个别大城市的市民生活水平已处于较为发达的水平。因此，如何在生活需要已相对满足的前提下提升自己，进取与创新的观念必不可少。它可以使人摆脱日常平庸，不断超越自我，"'自为与超

---

[1] 高清海：《主体呼唤的历史根据和时代内涵》，《中国社会科学》1994年第4期。
[2] 《马克思恩格斯选集》第1卷，人民出版社1995年版，第104页。

越'为都市文化之魂,实际上,就是以创新为都市文化之魂"。① 它还可通过促进市民文化的发展带动我国整体文化水平的提高,尤其是影响乡城迁移者的文化,如"农民工"的市民化。第二,树立平等和包容观念。平等观念本是市民群体的文化特性之一,但是在此强调的平等是不局限于市民内部的小范围的平等,而是具有现代文化特性的真正的平等观念,如对"农民工"与市民平等、对外地人与本地人平等、对陌生人与熟人的平等,等等。包容观念建立在人员快速流动、观念异彩纷呈、个体空间自由等现象的基础上,是构建社会主义和谐文化的要求,也是市民理性得以提高的表征。第三,树立学习和文明的观念。市民群体文化中具有世俗性主流,与庸俗性相随的特点,因此,促进市民自由而全面的发展,树立学习与文明的观念十分必要。它包括不断学习观念、终身学习观念,包括将文明观念贯穿于工作、生活、行为等方式中。它能使市民拒绝浅薄和庸俗,生成内涵与高雅,它是体现市民群体文化水准的判断标志之一。

(3) 贫困群体文化良性发展的主要内涵

贫困群体的生存状态形成有着外在复杂的社会经济、政治、制度、自然环境上的原因,贫困群体文化是其生存状态的反映。但是毕竟人具有主动性,在同样的环境下,不同的人有不同的选择,一定程度和一定意义上的超越贫困是可能的。因此,贫困群体文化的良性发展实际上就是发挥贫困群体文化中的积极方面,如积极进取、吃苦耐劳、开拓创新、独立合作等,而阻断贫困群体文化中的消极成分如消极认命、懒散怠惰、因循守旧、依赖排外等。我们以为在此应特别强调以下两个方面:第一,树立自立自强观念。贫困群体文化建立在贫困群体的生存状态之上,因此,促进文化的良性发展,必须树立自立自强观念,它既可以改变贫困群体的生存状态,同时又能使其文化获得生机。自立自强观念包括自尊自信、积极进取等观念。它实质是贫困群体主观能动性的体现。第二,树立开放合作观念。闭塞和守旧在很大程度上导致贫困群体文化消极方面的生成。因此,促进贫困群体文化的良性发展,树立开放合作的观念十分重要,它是阻断贫困群体文化的消极方面的一个较为可行的重要观念。它促使贫困群体清醒认识自身的生存状态,努力超越狭隘封闭环境,走出自我禁锢世界,以开放合作的心态追求人生的发展。

---

① 姜义华:《构筑国际大都市社会主义先进文化》,《复旦学报》(社会科学版) 2002 年第 5 期。

(4) 先富群体文化良性发展的主要内涵

先富群体文化良性发展的主要内涵，我们以为主要在于树立正确的财富观念。财富的价值观念是价值观的重要组成部分，随着我国社会的发展，财富的增加，树立正确的财富观念越显重要，先富群体更是如此。先富群体树立正确的财富观念，主要涉及以下几个方面：首先，财富认识正确恰当。财富是人生的必需，财富保障人的尊严、显示人的成就、体现人的价值，是实现幸福生活的手段。但是，人不能成为财富的奴隶，否则是一种异化的表现。同时，应注重无形财富。其次，财富获取合法合理。在守法、诚信的基础上积累财富。如依法纳税、环境保护、员工安全等。再次，财富使用正当适宜。在不损害道德风气与善良习俗的基础上消费与使用财富，杜绝斗富、炫富等财富消费的畸形现象。发挥财富的最大作用，使财富有利于自己、他人与社会的发展，特别是个体和群体的自由而全面的发展。尽力承担财富的社会责任，树立财富取之于社会，用之于社会的现代财富观念，帮助贫困群体。最后，财富观念反对落后。反对拜金主义、享乐主义和极端个人主义等落后腐朽的财富观念，做一个成熟的富人。

(5) 群众群体文化良性发展的主要内涵

群众群体文化良性发展的内涵，主要是树立主人翁意识。马克思主义认为人民群众是历史的创造者，是历史的主人。在物质财富、精神财富与社会变革中群众均是主导力量。因此，群众群体树立主人翁意识正是对此的自觉。大体上，树立主人翁意识包括以下三个层面：首先，发展意识。发展蕴含着做自己主人的意识，因为只有发展才能促进自己与社会的良好生存与共同进步。要发展，自立自强、开放创造、团结合作十分必要，需要强化自己的主体意识。其次，权利意识。权利意识是对自我权利的清醒自觉的认识与要求，也包括对他人权利的清醒认识与评价。权利的根本基础是利益。因此，认识权利、主张权利、维护权利与发展权利是群众群体文化发展的重要方面。权利总是与权力纠缠在一起，对权利的认识与要求，还需要对权力进行正确的认识与研判。再次，参与意识。参与社会公共事务，是群众群体文化主人翁意识的重要表现之一。公共事务与公共空间实际上与群众群体极度相关。对公共性的关注、参与反映群众群体的现代性程度。

(6) 干部群体文化良性发展的主要内涵

干部群体文化良性发展的主要内涵，整体上我们以为主要应强调发扬公仆精神。公仆精神，就是全心全意为人民服务的精神。发扬公仆精神，应着力于以下几个方面：首先，强化理想信念作用。强化干部群体为人民服务的理想与信念，这是树立公仆精神的首要。过去有段时期，我国曾盲目夸大精神作用，现在则出现另一极端，盲目贬低精神的作用。为人民服务的理想与信念是干部群体的价值导向。其次，树立正确的权力观念。干部群体的权力基本上属于公共权力，一切权力都是人民赋予的，一切权力应为人民使用。树立公权力的观念，解决的是权力来源与权力为谁使用的问题。再次，树立平等法治观念，勤政为民、廉政为民的理念。这主要要求干部群体正确认识权力为民的途径问题。也是干部群体认识发扬公仆精神的能力素质问题，没有为民的能力，公仆精神的发扬也会落空。要清除干部群体中以权谋私、贪污腐败等违法违纪现象，以防其侵蚀干部群体的公仆精神。

2. 引导群体文化的良性发展

稳定性是文化的特征之一，但是变迁也是文化发展的必然。这同样适用于群体文化，只是群体文化的变迁局限在较小范围之内。总体上，文化的发展就是文化的变迁问题，而文化的良性发展就是文化变迁的正向发展。现代社会已经进入21世纪，文化的发展也已超越无意识变迁的范围，在一定意义上有意识的变迁成为文化变迁的重要方式。群体文化的良性发展也是如此，因此，正是在此基础上，我们可以考虑利用通过不同的途径、采取不同的措施引导群体文化的良性发展，当然这些措施在现有条件下应是可能及可行的。大体上，这些措施主要有以下几个方面：

(1) 促进现代化发展，提高群体实践水平

"现代化是人们最经常地用来描述今天正在发生的社会和文化变迁的术语之一。它被很清楚地界定为一个无所不包的、全球性的文化与社会经济变迁的过程。"[①] 即使在相对狭窄的工业化的范围内使用现代化概念，文化也与现代化密切相关。"文化的发展，可能性是所有提到的词语中最引人注目的。事实上，可以说关于文化一词的意义问题就是由工业方面的重大社会变革直接引发的问题，民主和阶级以其独特的方式表现了它，而艺术的变迁则是与此紧密相连的反映。"[②]群体文化的良性发展，根植于群体实践之中。而

---

① [美] 威廉·A. 哈维兰著，瞿铁鹏、张钰译：《文化人类学》第十版，上海社会科学院出版社2006年版，第475页。

② 转引自 [英] 艾伦·斯温伍德《现代性与文化》，载周宪主编《文化现代性精粹读本》，中国人民大学出版社2006年版，第56页。

第七章　转型时期群体文化和谐的实现

在当代转型时期，由于现代化是中国社会重要的现象，是各群体均置身之中的重要现象，因此群体实践水平提高的过程在中国现代化进程之中呈现，况且现代化本身就内含文化现代化。现代化主要包括工业化、城市化、民主化、教育普及化、法制化等进程。因此，促进现代化就是促进经济、政治、社会、文化与人的发展的全面进步。各群体参与我国现代化的实践活动，则包括参与经济、政治、社会、文化与人的发展的实践。例如，农民群体在现代化过程中的实践，包括农民促进农业现代化的实践、"农民工"成为新型产业工人参与产业化、工业化发展的实践；市民各群体在促进现代化的各行各业上的实践活动等。当然这些实践活动均是具有现代性指向的活动，只有这样才能提升其实践水平。正如有学者指出："尽管促成农民个人现代性增长的原因有很多，但众多研究表明，与现代或现代文明的接触是引导农民抛弃旧有价值观和生活方式的关键所在。"[1]而提升人的实践水平，则为群体文化的良性发展奠定了根本基础。

（2）进行制度创新，拓宽群体发展空间

文化中"有意识的变迁是由个人（社会上层人士）或某一社会阶层所发动，按照计划对社会的个别文化要素或局部制度进行改革，历史上的'变法'、'维新'，基本上都属于此类"。[2]依此，实际上当代中国的一系列改革均是有意识的文化的变迁。从20世纪末开始在中国大地上如火如荼的经济、政治等体制改革无不出于此。目前，改革已进入深化阶段，一定意义上进入全方位制度创新的阶段，面临的问题及难度很大。但是，只有制度创新才能保护改革取得的成果，促进现代化的继续推进。制度创新尤其是社会建设方面的制度创新会拓宽群体发展空间，促进群体文化的良性发展。因为，制度具有结构性的影响，成为各群体发展的前提与制约，如关于户籍制度的改革、教育制度的完善、社会保障制度的完善等均是如此。拓宽群体发展的空间，包括拓宽群体自由发展的空间，拓宽群体平等发展的空间，拓宽群体全面发展的空间。制度创新前述已论及，此处不再重复。

（3）发展各级教育，提升群体整体素质

教育的重要性，本书已多次论及。不过在此仍无法绕开。因为，它对群

---

[1] 周晓虹：《流动与城市体验对中国农民现代性的影响——北京"浙江村"与温州一个农村社区的考察》，《社会学研究》1998年第5期。

[2] 童恩正：《人类与文化》，重庆出版社2004年版，第23页。

体整体素质的提升具有极大的作用。对于文化现代化而言，教育是一种启蒙，是对人的创造力的提升。教育对处于不利处境的群体的作用更为显著。埃尔德曾经指出："即使是极端聪明和勤奋的人，如果没有机会，也不能超越灾难的影响而获得生活的成功。"[①] 所以教育对贫穷和家庭条件不好的孩子而言，就是一个十分难得的机会。有研究表明，只有至少接受初中教育，"农民工"才能真正建立"好男儿志在四方"的信心和摆脱农村的勇气，积极主动地进城务工。[②] 可见，教育所带来的整体素质的提高给农民群体带来了开拓进取等现代文化观念。发展各级教育，应完善和巩固九年制义务教育，发展各级职业技术教育，发展高等教育；发展各级教育还应发展在职教育培训。在我国当前社会发展水平下，发展各级教育，还是应立足于发展公立教育机构，发展农村教育，促进城乡间及城乡内部教育的平衡。发展各级教育，还应坚守教育的目的，培养"四有"新人，开展素质教育，注重教育的公平、民主，运用恰当的教育方法培养学生，促进学生良好的人格及创造性发展，尽力减少应试教育的不良影响。

（4）加强职业道德建设，提高群体职业素养

职业是随着生产力的发展和分工的出现而产生的，现代社会是高度职业化的社会，职业是创造社会财富及个人谋生的主要手段。职业占据人的生命的大部分时间，是人生存与发展的方式，是人获得成就的主要方式，并成为衡量一个人价值的主要依据。职业影响人的思维习惯、行为方式、交往关系、文化观念等。职业还是群体划分的重要依据，以财富（收入）、地位与声望为主要标准的群体划分均与职业高度相关。考虑到职业对于各群体的重要意义，因此加强职业道德建设对提高群体职业素养有着重要的意义，而群体职业素养的提高是群体文化良性发展的重要促进因素。加强群体职业道德建设，首先，应强化职业道德的规范性，涉及公共服务领域或与公民的利益息息相关的职业应以法规的形式提升职业的规范性并强化落实。其次，净化职业道德建设的环境。职业道德秩序与社会道德秩序密切相关，它是社会道德秩序的反映。因此，要通过建设社会良好的道德秩序，从而促进职业道德

---

① G.H.埃尔德：《大萧条的孩子们》，第467页；转引自周晓虹主编《中国中产阶级阶层调查》，社会科学文献出版社2005年版，第239页。

② 程名望、史清华：《农民工进城务工文化差异的实证分析》，《中国人力资源开发》2006年第7期。

建设。再次，注重核心价值理念的指导。社会的职业道德虽然因职业分工不同而各有不同，但是其基本的职业道德规范却是共同的，体现出社会主导价值规范的指向，反映主导文化的核心价值。因此，注重社会主义核心价值理念的引导是职业道德建设的重要方面。另外，应大力开展职业道德教育。教育对职业道德认知、情感、行为与习惯均具有不容忽视的作用。最后，应重点加强干部、医生、教师、传媒人员、企业主等群体的职业道德建设。尤应加强干部群体的职业道德建设，因为干部群体的职业道德建设水准，影响着其他群体职业道德建设的水准。

（5）引导生活方式，提升群体文明素养

生活方式指人们在日常生活领域的活动方式，包括生活目标、消费方式、交往方式、家务方式、休闲方式、日常精神生活方式等。生活方式是人们日常生活的重要表现，表现出自在性、经验性与稳定性等特点，生活方式的改变一定意义上是基础性或根本性的改变，因为生活方式是人的存在的一种重要形式，是文化的表现形式，尽管具有无意识性与自发性的特点。因此，对于人的发展，生活方式的健康向上起着重要的作用。有学者指出，"如果把人类的基本社会活动作生产和生活两大类划分的话，那么今天我们对现代化可以作这样的表述：现代化就是获得现代文明的生产方式和生活方式的过程"。① 因此，引导各群体生活方式对于各群体文化的良性发展发挥着重要的作用。引导群体生活方式，大体可考虑以下措施：首先，提倡文明、健康、科学、和谐、优雅的生活方式。② 指在日常生活体现出文明、健康、科学、和谐与优雅的文化品性，因为这样的生活方式是通向人的幸福生活的保证。值得说明的是，这样的生活方式并不仅指城市化的生活方式。虽然工业文明是社会的发展主导，城市化是社会的重要方向，但是它并不绝对表示，工业文明只在城市生活中体现，体现现代文明的乡村生活同样可以做到文明、健康、科学、和谐、优雅。同样，没有体现这些特点的城市生活也不能说是积极向上的生活方式。其次，建构健康向上生活方式的外在条件。生活方式的进步需要外在的客观条件。"物质生活的生产方式制约着整个社

---

① 王雅林：《"换一种活法"：中国社会生活方式与现代化》，载沙莲香主编《社会学家的沉思：中国社会文化心理》，中国社会出版社1998年版，第64页。

② 王雅林：《人类生活方式的前景》，中国社会科学出版社1997年版，第240页。

会生活、政治生活和精神生活的过程。"① 这些外在条件主要包括经济发展、社会结构、人口素质、生活保障、社会秩序与社会稳定等方面发展良好。② 这需要全社会的努力。改革开放后，由于我国经济的发展，人们良好生活方式的建构已具备一定的客观条件，但尤应不断努力，特别是在社会建设方面。再次，引导建构健康向上的生活方式。它表现在政府、媒体等依法对健康向上的生活方式的肯定与提倡，如合理消费、环保节约、注重精神生活的生活方式等。尤应注重媒体的正确引导作用。这方面，干部群体、教育工作者群体应带头做出表率。另外进行生活方式教育。引导各群体树立正确的生活目标与积极的生活观念。生活方式与价值观紧密相关。在这方面，我们的教育存在着欠缺，"会生活"，"会过好生活"的教育应纳入青少年教育及成人教育的重要内容。通过价值观的指向，使各群体树立正确的生活观念，选择健康向上的生活方式。最后，发扬传统生活方式的积极方面，清除不良生活方式的影响。提倡中国传统的生活方式中的节俭、和睦、慈爱等价值导向，清除消费主义等不良生活方式的影响。总之，一切妨碍人的幸福生活的不良生活方式均应清除其影响。

（6）开展思想政治教育，提升群体精神素质

国际上流行的社会学观点认为："'人与人之间或和谐相处，或互相冲突，或漠不关心，这些形形色色的社会关系的总和就是社会'。和谐、冷漠与冲突，是三种主要的社会关系。社会发展与进步表现为减少冷漠、化解冲突、增加和谐。目前，应关注与解决我国社会不同程度存在的城市冷漠、雇主冷漠、富人冷漠与领导冷漠等现象。"③ 要解决这一现象，必须提升各群体的精神素质。"思想政治教育的全部工作，其直接目的和专门任务，都是为了把本阶级、本社会对人们的思想政治品德要求变成人们实际的思想品德，使人们实现从'现有'向'应有'的转变。"④ 可见，在提升群体精神素质方面，思想政治教育可以担当重要作用。开展思想政治教育工作，提升群体精神素质大体应考虑从以下几个方面着手：首先，根本的目标指

---

① 《马克思恩格斯选集》第 2 卷，人民出版社 1995 年版，第 32 页。
② 吴焕文：《生活方式指标体系初探》，《山东师范大学学报》（人文社会科学版）2002 年第 5 期。
③ 宋林飞：《优化社会结构是构建和谐社会的基础》，《社会学研究》2007 年第 2 期。
④ 张耀灿、郑永廷、吴潜涛、骆郁廷等：《现代思想政治教育学》，人民出版社 2006 年版，第 6 页。

第七章 转型时期群体文化和谐的实现

导。根本目的即是人的全面发展。人的全面发展中包括人的各种素质与能力的全面提升,人的个性得到自由发展,同时人的全面发展还包括人的社会关系的丰富发展。精神素质的提升本身就是人的全面发展的内涵,因此提升群体精神素质需要在促进人的全面发展的根本目的的视野下进行,防止将精神素质提升庸俗化、成为一种权宜之举的可能。其次,先进的思想指引。提升群体精神素质,要运用先进的思想指引人。在当前,要在各群体中大力弘扬先进文化,用社会主义核心价值体系来指引人,即运用马克思主义及马克思主义中国化的成果、中国特色社会主义的共同理想、爱国主义为核心的民族精神和以改革创新为核心的时代精神教育与鼓舞人,运用社会主义荣辱观引领社会风尚。在此过程中要大力提倡平等、独立、理性、科学、民主、创新、人文精神、开放精神、和谐精神。消除等级、封闭、守旧、愚昧、工具理性、资本主宰一切、权力至上等思想与观念的影响。再次,用有效的方法引导。思想政治教育要采取各种途径在各群体的认知、价值、情感等系统下工夫,促进群体精神素质的提高,并最终予以践行。这些方法和措施大体包括:传播先进的思想。知识的力量和作用是巨大的,群体的精神素质的提高必须要建立在群体良好的知识素养上。要发挥职业系统、媒体系统等力量开展传播活动,让先进的思想占领群体的思想领地。通过解决实际问题提升精神素质。主要注重各群体对社会主导价值的认同与内化。在人的生存与发展的实践活动中提升精神素质的措施具有特别的指向性,而且这种提升对人的影响具有长期性与稳定性。因此,思想政治教育者要关心人,要在关心人的同时提升人。通过文化环境、优良管理等提升精神素质。人的精神素质的提升受到所处的环境的影响,构建良好的文化环境、推进管理育人,是提升人的精神素质的重要途径。搞好思想政治教育管理,"有意识地调节思想政治教育系统内外各种关系和资源,以便最大限度地实现思想政治教育效率"。[①] 思想政治教育提升群体的精神素质的途径与方法较多,因此要强调齐抓共管。同时,要特别注重对干部群体精神素质的提升,并通过干部群体带动其他群体精神素质的提高。最后,以高尚的人格感染人。要充分运用榜样的教育作用,提升各群体的精神素质。要从各群体中发现真实的榜样,如在 2008 年四川汶川地震中涌现出极为感人的英雄与模范。目前开展的道德模范的评选活动、感动中国

---

① 秦在东:《思想政治教育管理论》,湖北人民出版社 2003 年版,第 27 页。

的人物评选活动等即是很好的形式。但是，就整个中国而言，榜样的树立仍显太少。榜样的作用来自真实，在当前社会各种利益诱惑颇多的情况下，榜样能给人以现实的指引。

四、价值引领：转型时期群体文化和谐实现的关键

群体文化和谐指不同群体文化之间的关系和谐，具体指不同文化的群体在共同认同社会主义主导文化的前提下，在普遍认同平等互信、公平正义、和而不同、协调共促、友爱团结等理念基础上，在尊重差异、协调发展的实践过程中，不同的群体文化之间相互包容、协调运作、动态平衡、具有生机与有机统一，从而促进各群体文化的共同发展、推进和谐文化的积极建设、推动社会主义和谐社会的构建。可见，文化和谐是在一定条件下实现的，即不同的群体对文化理念、文化价值的共同的认同。仔细分析转型时期群体文化的现实状况与发展态势，以公民精神与和谐文化切入可推动各群体对基本理念的认同，从而促进群体文化的和谐发展。

（一）以公民精神为基础，促进转型时期群体文化和谐的实现

1. 公民精神的提倡有利于促进转型时期群体文化和谐

现代意义上的公民，通常是指具有一国国籍并依据宪法或法律规定，享有权利和承担义务的人。公民内涵有两方面基本内容，即宪政国家内社会成员的资格和权利。公民不同于臣民、人民与市民。公民是随着现代生产力的发展、民主法治国家的历程而产生和发展的。各国的宪法和法律对公民的权利与义务均有明确的规定。公民精神是指公民在对公民身份的明确认知、公民权利义务的实践体认、公共事务的积极参与、个人与国家社会的责任担当过程中体现出来的积极的价值指向。它主要包括权利义务统一的观念、私利与公利统一的观念、平等与尊重的观念、合作与宽容的观念、服从与参与的观念、自由与法治的观念、责任与正义的观念等。公民精神的提倡有利于促进转型时期群体文化和谐，其原因主要有以下几个方面：

（1）公民精神涵盖主体广泛有利于各群体文化的认同

社会上所有的成员均是公民，且公民精神本身包括平等的观念，因此公民精神的提倡可涵盖所有的群体。无论是农民群体还是市民群体、贫困群体还是先富群体、干部群体还是群众群体，均不概外。它涵盖的广泛性还体现在公民精神的适用超越了传统经济基础上熟人社会的狭小范围，扩展到陌生

第七章 转型时期群体文化和谐的实现

人的广泛范围，因为这正是公民精神的适用主体基础。因为其涵盖广泛，而且它原本就是从各群体的公民身份的实践活动中生长出来的，只是在不同的公民身上表现程度不一而已，因此，它为不同群体产生广泛的认同提供普遍性的主体基础。

（2）公民精神的价值内涵能促进各群体文化的认同

公民精神所包括的权利义务统一的观念、私利与公利统一的观念、平等与尊重的观念、合作与宽容的观念、服从与参与的观念、自由与法治的观念、责任与正义的观念等，由于其建构在公民主体身份的基础上、发轫于公民独立人格的前提下、提升于公民现实实践的过程中，因此，比较容易得到各群体的广泛认同。有学者指出："公民身份意味着一定的社区或文明社会在人与人和群体与群体之间有某种联系或网络，而且有某些规范和价值观使他们的生活有意义。"① 同时，公民精神主要产生并作用于公共生活中，具有公共的品性。公共生活狭义系指以国家、政府为载体的政治生活；广义的还包括经济、文化、精神生活中那些具有"公共性"的部分。公共生活就是"大家的"共在、共有、共识、共享的生活领域，公开、透明、开放是公共生活的外在表现方式，公共性是公共生活的本质特征。换言之，公共生活就是客观（有时也可以是主观自觉地）上以"通过大家"（手段）并"为了大家"（目的）的一种生活样态和生活领域。② 而正是在公共生活中，各群体容易出现差异、产生矛盾甚至引发冲突。这些差异、矛盾与冲突表现在文化上即出现群体文化失衡。公民精神由于其公共性可成为提供各群体协调、缓解、解决这些差异、矛盾与冲突的可行的可选择途径之一。更为重要的是，公民精神的内涵具备了能使各群体产生广泛认同的内在特性。比如，公民精神的核心理念是权利义务统一的观念，它的本质内涵是确定公民与国家的权利关系问题，但是权利与义务统一的观念内涵着公平正义的理念，而且其本身既是公民处理与国家关系的观念，又是公民处理个体间、群体间关系的观念，因此，雅诺斯基在其公民理论的著作中专门论述权利与义务的平衡问题，指出："权利与义务的平衡不是一个简单的问题，因为它包括体现于市场和政治体制之中的人际过程和群体过程——公民对国家、公民对群体

---

① ［美］托马斯·雅诺斯基著，柯雄译：《公民与文明社会》，辽宁教育出版社2000年版，第32页。

② 张兴国：《公共生活的伦理视野》，《河北学刊》2006年第6期。

和群体对国家的过程。"① 当然还应包括群体与群体之间关系的问题。"因为是否能有一定的社会平衡，要看占优势的是什么样的意识形态，不同群体的社会力量对比如何，以及代表那些较低阶级和群体的社会运动能动员多大的力量来追求自己的利益。"② 其实法律就是社会力量对比在政治上的反映，它是以国家意志的形式确立各群体的关系。因此体现公民精神的这些观念由于兼顾到不同主体的要求与利益，所以能促进群体文化的沟通与认同。再如平等与尊重的观念、合作与宽容的观念本身也具处理群体间关系的内涵，更兼其超越了私人性关系的特点、扩展到所有公民主体上，包括陌生主体之上，不论职业、地位、贫富等，因此特别容易得到各群体的认同。

（3）公民精神的发展方向有益于各群体文化的认同

从历史长河而言，公民的产生，包括公民权利的取得过程历经长久、发展曲折。就宏观而言，它同生产力的发展、社会制度的转换、社会发展的程度及宪政国家的发展有密切的联系。有西方学者指出："公民权利与义务是阶级斗争、战争、人口迁徙及平等主义意识形态的结果。"③ 这一说法至少部分证实了上述观点。而正是在此过程中，公民精神得以产生。在中国传统社会走向现代社会的过程中，可以说中国经历了两千年来的亘古未有的大变，经历了一系列的束缚与磨难，新中国终于得以诞生，它也为公民权利的取得提供了条件；但新中国成立后的曲折发展，又使公民权利的取得与保障出现过曲折。可见中国公民权利取得的历程比较曲折，因此，在其过程中产生与发展的公民精神更显得弥足珍贵。改革开放后，在我国社会主义经济与政治体制改革的进程中，在我国民主法治国家发展中，在公民不断积极参与的实践中，公民精神得到恢复与提倡。公民精神由于其适应我国公民社会的发展，符合社会主义核心价值体系的要求，切合和谐文化的理念，因此某种意义上可以说公民精神的发展代表了社会文化发展的一个路径。同时，由于其适用主体的普适性、具体内涵的价值指引性，因此在一定意义上昭示了群体文化发展的一种共同方向。而发展的共同方向性则为促进各群体文化对公民精神的广泛认同提供了有益的帮助。

---

① ［美］托马斯·雅诺斯基著，柯雄译：《公民与文明社会》，辽宁教育出版社2000年版，第131页。

② 同上书，第134页。

③ 同上书，第176页。

2. 提倡公民精神促进群体文化和谐

公民精神是各群体在践行公民权利与义务中体现与发展出的价值指向，但是公民的这种实践与提升并非是生而有之的，换言之，作为社会的成员，公民的公民意识养成有一个形成和发展的过程，公民精神也是如此。这一前提实际铸就了公民，无论是属何群体，提倡公民精神的可能性。提倡公民精神可以考虑从以下几个方面着手：

(1) 进行公民教育，推动公民精神生长的主体基础

公民教育是指通过教育各群体成员树立公民主体意识、践行公民权利与义务、积极参与公共事务、对自我他人与社会国家的责任担当的过程，从而培养具有公民精神的公民。学校公民教育实质是为社会将来的后备群体服务，不能忽视。学校教育可以通过传授公民知识培养学生公民身份的明确认知，通过唱国歌、升国旗等活动树立对国家的归属感，通过进行志愿活动、积极参与社区公共服务培养参与能力，通过对主要来自教师的影响形成良好的公民人格等。社会教育在对各群体成员进行公民教育中占据重要地位。公民教育是终身教育，各单位均应进行公民教育。社会教育的重要阵地是大众传媒。大众传媒具有引导公民意识生长的重要功能，因此尤其应强调大众传媒的社会责任，采取措施保证其对各群体公民教育的正向功能发挥。公民教育的内容主要是权利与义务一致的观点，在中国转型时期既要对各群体强调对公民义务的认真遵守，更要强调对公民自身权利的积极维护；强调公民行为的合法性要求及日常公民的现实践行；强调在法律的基础上对公民的平等与尊重，对不同价值观念的包容；强调公民的责任感及对国家的归属感。国家和政府在对各群体公民教育中具有主导地位。要制定公民教育规划，保证公民教育在学校教育中的地位和条件，引导社会的公民教育，鼓励采取各种方法促进公民教育的有效性。要注重吸收中国传统文化中的优秀成分，进行时代转换为公民教育服务；当然也要注重吸收西方公民教育的成功经验，进行中国转换，批判地吸收为我所用。要特别重视对农民群体、贫困群体的公民教育，使他们树立国家公民的明确认知与自豪，增强参与意识。要尤其重视对干部群体、先富群体、市民群体的公民教育，使其认识到公民的平等身份。

(2) 提高公民全面生活满足感与人际信任感，奠定公民精神生长的文化基础

英格尔哈特等通过引入公民全面生活满足感及人际信任感等来探讨国家

的政治文化变迁，指出，尤其是全面的生活满足感、人际信任感等构成的文化特征群对国家政治文化变迁起重要的作用。并指出，一个人对工作、居家条件、家庭生活、休闲时间的满足感，共同构成一国文化特征群的大部分内容。① 这一观点对我们很有启发。换言之，一个人的生活境况引起其全面生活满足感、人际信任感，进而引发其对国家政治的态度。当然我们认为他所指的人际信任感更强调社会信任的意蕴。其实，马克思主义早就指出，社会意识根本受制于社会存在。公民对国家政治的态度属于一种社会意识，表现为生活的满足感、人际信任感的社会意识最终还是应从人的生存状况中寻找根源。因此，从反向推导，要提高公民精神生长的文化基础，提高公民的全面生活满足感与人际信任感还是应从改善公民的生活境况着力。改善公民的生活境况，大体上有经济建设、政治建设、文化建设、社会建设等多方面。但在当前经济建设发展势头较好，社会建设较弱的情况下，着力进行社会建设是可行的重要路径。此点在前述物质基础丰富发展与制度建设合理有效中已有论及，在此不赘述。

（3）推进民主政治发展，建设公民精神生长的良好环境

公民精神的生长立足于社会民主政治的发展，因为公民精神就是在民主政治不断发展的基础上产生的。因此当前需要推进我国民主政治发展，为公民精神生长提供良好环境。我国民主政治是坚持党的领导、人民当家作主、依法治国的有机统一。其中"人民当家作主是社会主义民主政治最核心、最本质的内容"。② 因此，推动社会主义民主政治建设，应推动民主政治的民主化与制度化建设两大方面，一定意义上讲，这些方面我国已经取得了一定的成绩。"中国全能主义政治的总体性社会已经基本瓦解。"③ 当前应有步骤地、稳妥地在政治民主化与制度化上进一步推进。需要说明的是，从建设公民精神生长的良好环境而言，目前在社会主义民主政治建设整体不断推进的前提下，应尤为注重加强政府建设。政府掌管公共行政，在公共政策的决策、实施与监督等方面如能有效地保障公民的参与，将对公民精神的生长起重要的作用。加强政府建设，应建设法治政府，正如应松年所指出的："服

---

① 转引自王乐理《政治文化导论》，中国人民大学出版社2000年版，第168—175页。
② 李慎明：《坚持人民当家作主是社会主义民主政治的出发点和落脚点》，《政治学研究》2005年第2期。
③ 本刊评论员：《如何认识和推进中国的民主政治建设》，《科学社会主义》2006年第6期。

务政府、责任政府、诚信政府、公开政府等等，最终都要落实到法治政府。"①

（4）促进公民参与，推进公民精神生长的现实践行

公民精神的生长并不是抽象的理论问题，它是现实的实践践行问题。换言之，公民精神是在公民参与国家社会事务管理的实践过程中生长出来的。有调查显示："总体上说，改革开放以来当代中国公民参与有了很大的变化。""从公民参与主体的情况看，我国公民的参与水平仍然较低，参与的稳定性程度较低，参与的制度化、程序化程度较低。"② 因此，注重公民参与，践行公民权利义务对公民精神的生长有着重要的作用。首先，应开放公共事务领域，扩大各群体公民参与的范围。在国家法律制度落实、公共行政管理、各种公共事务管理监督等方面都应在法律规定期的范围内向公民开放。这需要从法律政策上予以保证，当然它是渐进有序的过程。其次，完善公民参与的途径，推进公民参与的方式多样化。充分利用国家系统的正式渠道促进公民参与，充分发挥大众传媒的渠道促进公民参与；利用民情反映、专家咨询、听证制度、立法参与、网上参与等方式进行参与。再次，提高公民参与意识；解决公民参与困难；注重农民、工人等基本群体的参与，注重弱势群体的参与等。

（二）以社会主义核心价值体系为指导，促进转型时期群体文化和谐的实现

1. 社会主义核心价值体系是群体文化和谐的指导

建设和谐文化以社会主义核心价值体系为根本。社会主义核心价值体系是社会主义意识形态的本质体现，也是社会主义先进文化的精髓。马克思主义指导思想、中国特色社会主义共同理想、以爱国主义为核心的民族精神和以改革创新为核心的时代精神、社会主义荣辱观构成了社会主义核心价值体系的基本内容。社会主义核心价值体系是由社会主义核心价值所组成的体系，它所包含的社会主义核心价值是各群体共同认同与现实践行的价值指向，具有鲜明的价值导向作用。"社会主义核心价值体系本身就是一种文化因素，是中国特色社会主义文化的根本因素。对中国现代文化中的主流义

---

① 转引自汤耀国、游志斌、李洁、韩雪《民主政治：有序与突破》，《瞭望新闻周刊》2006年第11期。

② 李萍主编：《公民日常行为的道德分析》，人民出版社2004年版，第122页。

化,即社会主义先进文化而言,核心价值体系是精髓,是精华,是最高指导思想。对于非社会主义文化因素而言,它也具有指导、引导、规范鉴别的作用。"① 各群体文化之间关系的和谐发展是建设和谐文化的重要方面,因此,社会主义核心价值体系对各群体文化具有极为重要的指引作用。进一步分析,社会主义核心价值体系显示的民主法治、公平正义、协调发展、共同富裕、以人为本等理念,对各群体文化的发展方向、各群体文化地位的平等尊重、各群体文化差异的包容共处、各群体文化矛盾的良性处理等起着重要的引领作用,从而促进群体文化和谐的实现。

2. 以社会主义核心价值体系为指导,促进转型时期群体文化和谐的实现

以社会主义价值体系为指导,促进转型时期群体文化和谐的实现,可从以下几个方面着手:

(1) 加强社会主义核心价值体系的教育

其一,进行马克思主义与中国特色社会主义共同理想教育。马克思主义指导思想是中国人民历史和现实的选择,它在中国人民追求独立、民主与富强的过程中起着指引作用。没有马克思主义的指导,中国共产党人的奋发与图强、人民的团结与凝聚都将失去指路明灯。包括毛泽东思想、邓小平理论、"三个代表"重要思想及科学发展观等重大战略思想在内的中国特色的社会主义理念体系是中国化马克思主义的最新成果,对中国的现代化的发展与人民的幸福安康起着重要的指导作用。马克思主义包括中国化的马克思主义具有强大的现实生命力。应巩固马克思主义的指导地位,加强对马克思主义的理论研究,并结合中国生动活泼的现实实践不断发展中国化的马克思主义。因此,应运用马克思主义基本原理与基本精神教育各群体,应运用马克思主义中国化的最新成果教育各群体,应运用中国特色的社会主义共同理想凝聚社会各群体,把我国建设成为富强民主文明和谐的社会主义现代化国家,实现中华民族的伟大复兴。因为中国特色的社会主义共同理想在全国各族人民、社会各群体中具有广泛的共识。应采取生动活泼的形式开展马克思主义思想教育,增强马克思主义的感召力,增强中国特色社会主义共同理想的指引力。应特别注重对干部群体、各群体的青年成员进行马克思主义教育,切不放松对其他群体的马克思主义教育;在教育中要防止所谓现在进行马克思主义教育不合时宜的错误思想影响,同时要注意运用马克思主义思想

---

① 黄楠森:《论社会主义和谐文化的建设》,《人文杂志》2007年第4期。

第七章　转型时期群体文化和谐的实现

对各种文化进行鉴别、引导的作用。应采取切实措施扩大中国特色社会主义共同理想的目标指引作用，充分调动各群体的积极性、主动性与创造性，为此共同理想而努力奋斗。

其二，进行以爱国主义为核心的民族精神教育。民族精神是民族精神状态的综合反映，是内在于民族思想观念、伦理道德、思维方式、语言文字、审美情趣、风俗习惯、行为实践之中的共同的精神品性的表现，是民族文化的核心和灵魂，是民族文化精华的综合反映。民族精神对于民族的自信心、认同感、凝聚力与创造力等起着重要的作用，是民族不断发展的精神源泉。在现代民族国家的范式下，它是国家不断前行的精神支撑。中华民族，素以爱国主义、勤劳勇敢等精神著称于世。在中国走向现代化的进程中，培育以爱国主义为核心的中华民族精神，对于民族与国家的发展将起到极为重要的作用，因为不同民族现代化的进程总是以民族的个性为依托，与民族性相融合。进行民族精神教育，应全面认识中华传统文化，并予以批判地继承，并将其与现代化的发展、人的发展相结合，体现民族性与时代性；要运用现代理论与技术不断挖掘中国传统文化资源，进行爱国主义为核心的民族精神教育；要挖掘中国革命与建设时期的优秀精神，将其作为民族精神教育的鲜活材料；要清除民族虚无主义、历史虚无主义的影响，正确认识中华民族历史与现状，增强民族自信，促进民族自强。

其三，进行以改革创新为核心的时代精神教育。目前我们的时代是知识经济和经济全球化的时代，是中国现代化开始腾飞的时代，是中国走向全面小康的时代，是中国人民积极性、主动性与创造性不断发展的时代。因此，在此时代应大力总结与弘扬在实践中体现出来的以改革创新精神为核心的先进精神，如实事求是、求真务实的精神，解放思想、改革创新的精神，艰苦奋斗、顽强拼搏的精神，不甘落后、勇于争先的精神、海纳百川、不断开放的精神，淡泊名利、无私奉献的精神等。要教育全体人民、各群体敢于创新、善于创新，勇于改革、不断改革。在经济、政治、社会与文化各领域，在体制、管理、理论、科技、文化等方面进行改革与创新。要清除"现在已没有必要进行改革"的消极思想影响，形成有利于改革创新的良好氛围，采取有力措施积极鼓励改革与创新，使中华民族保持长久的生命力与活力。要特别注重教育与科技管理体制的改革创新，改变教育方法，推动科技发展，促进教育与科技的现代化。应注重在社会各群体中进行时代精神教育。

其四，进行社会主义荣辱观的教育。良好的道德在社会的发展中起着重要的推进作用。关于什么是光荣、什么是耻辱的荣辱观是人的道德观念的一个集中体现。以"八荣八耻"为主要内容的社会主义荣辱观对于提高人的素质、推进社会道德发展、为社会主义现代化建设提供精神支持,推动社会进步起着重要作用。将社会主义荣辱观真正落实于各群体的言行思想之中,应注重进行思想道德教育。过去我们一度将思想道德教育提到不应有的地位,现在则出现相反趋向,不信甚至贬低思想道德教育的作用。这两种倾向均属片面。应注重对社会上的不同现象、不同关系进行分析,对什么是光荣、什么是耻辱进行社会主义价值导向的研判,引导各群体正确鉴别与对待。要特别注重对大众传媒的引导,营造良好的社会舆论,倡导高尚、光荣的言行,鞭笞低级、耻辱的言行。要运用榜样示范来教育人。榜样具有特殊的感染作用。榜样应真实,使人信服。尤其要注重对干部群体的社会主义荣辱观教育。要将社会主义荣辱观教育与职业道德教育结合起来,在本职工作中践行社会主义荣辱观。

(2) 以社会主义核心价值体系指导各群体文化的发展,促进群体文化和谐的实现

其一,以社会主义核心价值体系指导各群体文化发展的方向。社会主义核心价值体系是社会主义意识形态的本质体现,是社会主义先进文化的精髓,指引着社会主义社会不同群体文化发展的方向。以社会主义核心价值体系引领各群体文化发展的方向,要求各群体高度认同马克思主义指导思想、中国特色社会主义共同理想、以爱国主义为核心的民族精神和以改革创新为核心的时代精神、社会主义荣辱观为主要构成的社会主义核心价值体系,将社会主义核心价值体系作为自身群体文化发展的指引方向。因为正是在共同的文化发展方向下,各群体文化能取得共识,从而使群体文化关系和谐具有根本的基础。

其二,以社会主义核心价值体系为指导,在促进各群体文化对社会主义核心价值体系的认同的前提下,对各群体文化采取求同存异的态度,促进群体文化和谐的实现。社会主义核心价值体系是社会主义先进文化的精髓,而各群体文化由于主体不同、发展不同,因此存在着不同的特点,其文化既有社会主义核心价值体系的内容,也含有各群体自身独特的文化内涵。以社会主义核心价值体系为指导,促进各群体文化关系的和谐发展,应在社会主义核心价值体系的指导下对各群体文化的发展采取求同存异的态度,协调各群

体文化间的差异与矛盾，做到既促进社会主义核心价值体系的发展，又促进各群体文化的发展，从而促进群体文化关系和谐的实现。

其三，以社会主义核心价值体系为指导，坚决抵制各群体文化中的错误和腐朽思想的影响，促进群体文化和谐的实现。由于社会主义初级阶段的特点，各群体文化中既具有优良的文化因素，又存在一些错误甚至腐朽思想的影响，这些思想会极大地阻碍各群体文化自身的发展与群体文化关系的良好发展，不利于群体文化和谐的实现。因此，应以社会主义核心价值体系为指导，积极应对各种挑战，坚决抵制与努力消除这些错误甚至腐朽思想的文化影响，从而促进群体文化关系的良性发展与群体文化和谐的实现。

其四，以社会主义核心价值体系指导各群体的现实践行，促进各群体文化的发展与群体文化和谐的实现。文化存在于主体的各项实践活动中，在主体实践中体现与反映出来。以社会主义核心价值指导各群体文化的发展与群体文化和谐的实现，重要的方面是以它为指导促进各群体的现实践行，从而在实践过程中发展群体文化、促进群体文化和谐的实现。这方面，主要是以社会主义核心价值体系为指导，促进各群体积极参与社会主义现代化建设的实践，提升自身的实践水平，并在此过程中推动群体文化的发展与群体文化和谐的实现。

（三）以和谐理念为取向，促进转型时期群体文化和谐的实现

1. 和谐理念是转型时期群体文化和谐的取向

和谐理念的价值指向是群体文化和谐的重要取向。当然，我们所指的和谐理念是社会主义社会所具有的和谐理念。没有和谐理念的价值取向，当然也无法论及转型时期群体文化和谐。和或和谐是指事物（包括自然、人和社会）生成与发展的一般规律、事物存在与运行的最佳状态、人们行为处世的普遍价值尺度、中华民族的深层思维方式以及仁人志士追求的理想境地。因此，和谐对群体文化和谐的价值指向作用，一是来自"和而不同"、"求同存异"等和谐价值的指引，正因为如此所以各群体文化能友好相处，实现和谐，这是一般意义上对和谐的价值指引作用言说最多的方面。二是对和谐是事物的生成与发展规律的充分认识，从而促进各群体对自己的生存与发展采取积极的态度，与其他群体平等共处，从而最终促进自群体的发展，这是最根本意义上的和谐理念的价值指引作用。三是对和谐是事物存在与运行的最佳状态的恰当认识，从而促进各群体处理好与其他群体的文化关系，使自群体的发展尽力保持最佳状态，这是基本意义上的和谐理念的价值指引

作用之一。四是对和谐是民族思维方式的认同与践行,从而促进各群体和谐的思维方式思考自群体的生存与发展,处理好与其他群体的文化关系,这是在内在层次上的和谐理念的价值指引作用。五是对和谐是仁人志士追求的理想境地的一定认识,从而促进各群体在现实实践中努力发展,与其他群体共同发展,从而为构建社会主义和谐社会作出应有贡献,这是在目标指向上的和谐理念的价值指引作用。

另外,和谐还具有动态性特性,体现和谐的生命力与创造性;制度性特性,凸现和谐的运行机理;原则性特点,展现和谐的价值导向。和谐的这些根本特性在当前社会主义社会中还能为各群体正确认识和谐,为群体文化发展包括群体文化间关系的良性发展提供极为重要的价值指引。因此,在转型时期构建社会主义和谐社会的过程中,对和谐的正确认识也成为各群体文化和谐的实现的重要前提与价值取向。

2. 培育和谐理念促进转型时期群体文化和谐的实现

以和谐理念为取向,促进群体文化和谐的实现并不是一个自发的过程。它既需要各群体主体性的提升,在实践中提倡和谐理念的生成,从而促进群体文化关系的和谐发展;又需要立足于和谐理念的要求,从各个方面对群体进行引导,使和谐理念的内涵成为群体文化的重要组成部分或者得到基本的认同,并进而成为各群体的价值指向引导群体的实践活动。实现这一目标可从以下几个方面予以考虑:

(1) 开展和谐理念教育,奠定和谐理念生长的基础

和谐理念作为一种价值取向它并不能自发地受到各群体的深入认识与广泛认同。因此,开展和谐理念教育,促进和谐理念在各群体中的影响,在某种意义上成为促进群体文化和谐实现的重要的文化基础之一。前述所言,和或和谐是指事物(包括自然、人和社会)生成与发展的一般规律、事物存在与运行的最佳状态、人们行为处世的普遍价值尺度、中华民族的深层思维方式以及仁人志士追求的理想境地。因此,倡导和谐理念、培育和谐精神主要也从以下几个方面着手:

其一,引导各群体充分认识和谐是事物(包括自然、人和社会)生成与发展的一般规律,即"和实生物",这是和谐的本体性层次的认识。只有认识到和谐的本体性质,才能在具体的层次上认识与践行和谐理念与精神。引导各群体认识和谐是事物存在与运行的最佳状态,从而在实践中尽量追求和谐。并做到使个体内部各因素、群体内部各组成,个体与群体、群体与群

体间关系力求保持最佳状态,只有这样,才能最终有利于自身及群体的发展。引导各群体认识和谐是人们行为处世的普遍价值尺度。和谐是处理个体间、群体间、个体与群体间、人与社会、人与自然关系的准则。建立在民主法治基础上的平等互信、公平正义、和而不同、协调共促、包容宽容、友爱团结等均是和谐的理念与精神体现。引导各群体认识和谐是一种思维方式,注重动态的统一与平衡,追求多样性基础上的协调,以整体、系统的思维方式看待、处理并解决问题。引导各群体认识到和谐既是人类社会及仁人志士追求的理想境地,它同时也是现实各群体的理想追求。构建社会主义和谐社会反映了各群体的共同愿望。通过正确认识使各群体在现实实践中努力,为和谐的社会而奋斗。

其二,在实践中倡导和谐理念。应在制度建设、经济、政治与文化发展的实践中着力,即用和谐理念指导各群体的现实实践,使各群体在实践中加深对和谐理念的认识。这是一个双向的过程。同时,还应努力营造和谐的文化氛围,使各群体在生活中体会和谐、在交往中践行和谐、在文化中体验和谐。

其三,倡导和谐理念,需要全社会共同努力。国家机关、企事业单位尤其是教育部门、乡村组织、农村与城市社区等均应担负起责任,当然,思想政治教育工作者在此过程中担当着责无旁贷的作用。

(2) 营造和谐理念的生成环境,形成和谐理念生成的良好氛围

文化理念的发展与变迁来自物质环境、经济发展、人口状况、文化内部的创新、文化传播、有目的的变革等原因。提倡和谐理念,同样需要在经济发展、制度安排、文化创新、社会变革等方面着力,并促使它们成为和谐理念生成的重要土壤。一定意义上,这些努力与改变均可称为营造和谐理念良好环境的努力。因为,人的这些实践活动是和谐理念的根基。应在科学发展观的指导下推进社会主义现代化建设,为和谐理念的生成提供良好的经济环境;应加强制度建设,保障社会公平正义,建设和谐理念生成的制度坏境;应加强社会主义核心价值体系的指导,树立社会主义荣辱观,大力提倡和谐的价值取向,营造积极健康的文化环境;应不断加强社会(狭义)建设,促进各群体矛盾的化解,促进各群体关系的良性发展,为提倡和谐理念奠定主体基础。

营造和谐理念的生成环境,采取措施促使和谐理念的取向占据社会的主要文化阵地至关重要。在社会认同多样化的情况下,进一步巩固社会主义核

心价值体系的地位;在社会各群体文化现实存在甚至产生矛盾的情况下,用和谐理念整合各群体文化理念。注重以正确的舆论导向引导各种文化观点,使其不与和谐理念的价值取向相矛盾。同时还应注意,应清除妨碍和谐理念生成的消极文化因素。

(3) 加强各群体和谐理念的践行,促进和谐理念的现实生长

首先,加强各群体积极参与中国特色社会主义建设的践行。和谐理念是在构建社会主义和谐社会的实践中生长起来的,是在中国特色社会主义建设进程中发展起来的。因此,积极推动各群体在中国特色社会主义建设中的践行是加强各群体和谐理念践行的重要措施与途径。要采取措施为各群体参与中国特色社会主义建设提供客观条件,包括物质条件、制度条件、教育条件及社会建设条件。例如,对于"农民工"为主体的乡城迁移群体而言,应努力改善其就业环境、放宽移居城市条件、加强社会保障等,这方面前已论及,在此不赘述。要促进各群体参与中国特色社会主义建设实践的主体能力提高。这方面主要是加强教育包括终身教育、提供培训机会,提升各群体的能力。

其次,加强各群体以和谐理念与精神指导的践行。这是一个问题的两个方面。以和谐理念与精神指导的践行会反过来推动和谐理念的生长。这方面主要体现在促进各群体以和谐理念与精神构建和谐的群体关系等。具体而言,大体上包括以下几个方面:其一,以和谐的理念促进各群体相互了解。主要是建立在平等互信的基础上的相互沟通,以平和的心态承认各群体间的差异。其二,以和谐的理念促进各群体相互交往,包括经济生活、政治生活、文化生活与日常生活中的互动与交往。建立在平等理念基础上的相互交往有利于各群体增进了解、达成共识。其三,以和谐理念促进各群体相互促进。主要是以共同发展、共同享有的理念指导促进各群体发展的相对均衡,它包括发展机会均等、发展过程共进,发展结果共享等方面。其四,以和谐的理念促进各群体协调矛盾。即在公平正义的原则下,在求同存异的理念下认清矛盾性质,妥善处理矛盾。对有些无法妥协的矛盾则应坚持和谐的原则性,采取必要措施进行处理。因为,并不是任何群体矛盾都是可以协商的。当然这种极端情况在现实生活中毕竟存在很少。

总之,以和谐理念为取向,促进群体文化和谐的实现需要多方面的努力。

参考文献

一、文献

《马克思恩格斯选集》第1—4卷，人民出版社1995年版。
《马克思恩格斯全集》第1卷，人民出版社1956年版。
《马克思恩格斯全集》第2卷，人民出版社1957年版。
《马克思恩格斯全集》第3卷，人民出版社1960年版。
《马克思恩格斯全集》第13卷，人民出版社1962年版。
《马克思恩格斯全集》第42卷，人民出版社1979年版。
马克思：《1844年经济学哲学手稿》，人民出版社2000年版。
《列宁选集》第1—4卷，人民出版社1995年版。
列宁：《哲学笔记》，人民出版社1974年版。
《毛泽东选集》第1—4卷，人民出版社1991年版。
《毛泽东著作选读》（下册），人民出版社1986年版。
《毛泽东文集》第2卷，人民出版社1993年版。
《邓小平文选》第一至二卷，人民出版社1994年版。
《邓小平文选》第二卷，人民出版社1993年版。
《江泽民文选》第一至三卷，人民出版社2006年版。
胡锦涛：《高举中国特色社会主义伟大旗帜　为夺取全面建设小康社会新胜利而奋斗——在中国共产党第十七次全国代表大会上的报告》。
胡锦涛：《在省部级主要领导干部提高构建社会主义和谐社会能力专题研讨班开班式上的讲话》。
中央文献研究室编：《十六大以来重要文献选编》（上、中、下），中央文献出版社2005、2006、2008年版。
《中共中央关于构建社会主义和谐社会若干重大问题的决定》（2006）。
《公民道德建设实施纲要》（2001）。

二、典籍

杨伯峻译注：《论语译注》，中华书局1980年版。

杨伯峻编注：《孟子译注》，中华书局1960年版。

（清）王先谦：《荀子集解》，中华书局1988年版。

（宋）朱熹删定：《中庸辑略》，北京图书馆出版社2003年版。

（宋）范应元集注：《老子道德经古本集注直解》，北京图书馆出版社2003年版。

（宋）林希逸撰：《庄子鬳斋口義》，北京图书馆出版社2003年版。

三、学术著作

张耀灿、郑永廷、吴潜涛、骆郁廷等：《现代思想政治教育学》，人民出版社2006年版。

张耀灿主编：《中国共产党思想政治工作史论》，高等教育出版社1999年版。

秦在东：《思想政治教育管理论》，湖北人民出版社2003年版。

骆郁廷：《精神动力论》，武汉大学出版社2003年版。

陈序经：《文化学概论》，中国人民大学出版社2005年版。

张岱年、方克立主编：《中国文化概论》，北京师范大学出版社1994年版。

衣俊卿：《文化哲学十五讲》，北京大学出版社2004年版。

童恩正：《人类与文化》，重庆出版社1998年版。

司马云杰：《文化社会学》，中国社会科学出版社2001年版。

司马云杰：《文化价值论》，陕西人民出版社2003年版。

梁漱溟：《东西文化及其哲学》，商务印书馆1999年版。

费孝通：《乡土中国　生育制度》，北京大学出版社1998年版。

张岱年：《文化与价值》，新华出版社2004年版。

张岱年、汤一介等：《文化的冲突与融合》，北京大学出版社1997年版。

殷海光：《中国文化的展望》，上海三联书店2002年版。

许倬云：《中国古代文化的特质》，新星出版社2006年版。

庄锡昌、顾晓鸣、顾云深等编：《多维视野中的文化理论》，浙江人民出版社1987年版。

萧俊明：《文化转向的由来》，社会科学文献出版社2004年版。

周怡：《解读社会—文化与结构的路径》，社会科学文献出版社 2004 年版。

李小娟主编：《文化的反思与重建》，黑龙江人民出版社 2002 年版。

万俊人：《思想前沿与文化后方》，东方出版社 2002 年版。

万俊人：《寻求普世伦理》，商务印书馆 2001 年版。

汪晖、陈燕谷主编：《文化与公共性》，生活·读书·新知三联书店 1998 年版。

张旭东：《全球化时代的文化认同》第二版，北京大学出版社 2005 年版。

王列、杨雪冬主编：《全球化与世界》，中央编译出版社 1998 年版。

俞可平：《全球化压力下的世界文化》，江西人民出版社 2001 年版。

陈定家主编：《全球化与身份危机》，河南大学出版社 2004 年版。

汪澍白：《毛泽东思想与中国文化传统》，厦门大学出版社 1987 年版。

阎光才：《识读大学——组织文化的视角》，教育科学出版社 2002 年版。

贾春峰：《文化力》，人民出版社 1995 年版。

冯天瑜、杨华、任放编著：《中国文化史》，高等教育出版社 2005 年版。

金元浦主编：《文化研究：理论与实践》，河南大学出版社 2004 年版。

陶东风主编：《知识分子与社会转型》，河南大学出版社 2004 年版。

郑金洲：《教育文化学》，人民教育出版社 2000 年版。

王乐理：《政治文化导论》，中国人民大学出版社 2000 年版。

朱效梅：《大众文化研究——一个文化与经济互动发展的视角》，清华大学出版社 2000 年版。

王铭铭：《西方人类学思潮十五讲》，广西师范大学出版社 2005 年版。

田丰：《文化进步论——对全球化进程中的文化的哲学思考》，广东高等教育出版社 2002 年版。

饶会林主编：《城市文化与文明研究》，高等教育出版社 2005 年版。

孙逊主编：《都市文化研究》第一辑，上海三联书店 2005 年版。

薛晓源、曹荣湘编：《全球化与文化资本》，社会科学文献出版社 2005 年版。

王逢振主编：《詹姆逊文集——文化研究和政治意识》，中国人民大学出版社 2004 年版。

罗钢、刘象愚主编：《文化研究读本》，中国社会科学出版社 2000 年版。

［英］爱德华·B. 泰勒著，连树声译：《原始文化：神话、哲学、宗教、语言、艺术和习俗发展之研究》，广西师范大学出版社 2005 年版。

［英］马凌诺斯基著，费孝通译：《文化论》，华夏出版社 2002 年版。

［美］本尼迪克特著，张燕、付铿译：《文化模式》，浙江人民出版社 1987 年版。

［美］克拉克·威斯勒著，钱岗南、傅志强译：《人与文化》，商务印书馆 2004 年版。

［法］列维-斯特劳斯著，俞宣孟、谢维扬、白信才译：《结构人类学》，上海译文出版社 1999 年版。

［美］罗伯特·F. 墨菲著，王卓君、吕迺基译：《文化与社会人类学引论》，商务印书馆 1991 年版。

［英］雷蒙·威廉斯著，刘建基译：《关键词——文化与社会的词汇》，生活·读书·新知三联书店 2005 年版。

［英］奈杰尔·拉波特、乔安娜·奥弗林著，鲍雯妍、张亚辉等译：《社会文化人类学的关键概念》，华夏出版社 2005 年版。

［英］马克·J. 史密斯著，张美川译：《文化——再造社会科学》，吉林人民出版社 2005 年版。

［英］斯图尔特·霍尔编，徐亮、陆兴华译：《表征——文化表象与意指实践》，商务印书馆 2003 年版。

［美］威廉·A. 哈维兰著，瞿铁鹏、张钰译：《文化人类学》第十版，上海社会科学院出版社 2006 年版。

［英］阿雷恩·鲍尔德温、布莱恩·朗赫斯特、斯考特·麦克拉肯、迈尔斯·奥格伯恩、格瑞葛·斯密斯著，陶东风等译：《文化研究导论》，高等教育出版社 2004 年版。

［美］G. 恩伯、M. 恩伯著，杜杉杉译、刘钦审校：《文化的变异》，辽宁人民出版社 1988 年版。

［美］L. A. 怀特著，沈原、黄克克、黄玲伊译，黄世积校：《文化的科学》，山东人民出版社 1988 年版。

［美］马文·哈里斯著，李培荣、高地译，陈观胜校：《文化人类学》，东方出版社 1988 年版。

［美］菲利普·马格比著，夏克、李天钢、陈江岚译：《文化：历史的投影》，上海人民出版社1987年版。

［美］丹尼尔·贝尔著，赵一凡、蒲隆、任晓晋译：《资本主义文化矛盾》，生活·读书·新知三联书店1988年版。

谢少波、王逢振主编：《文化研究访谈录》，中国社会科学出版社2003年版。

［美］克利福德·格尔茨著，韩莉译：《文化的解释》，译林出版社1999年版。

［美］克利福德·吉尔兹著，王海龙、张家瑄译：《地方性知识——阐释人类学论文集》，中央编译出版社2004年版。

［美］约翰·R.霍尔、玛丽·乔·尼兹著，周晓红、于彬译：《文化：社会学的视野》，商务印书馆2002年版。

［法］皮埃尔·布尔迪厄著，蒋梓骅译：《实践感》，译林出版社2004年版。

联合国教科文组织：《世界文化报告（1998）——文化创新与市场》，北京大学出版社2000年版。

［英］保罗·杜盖伊等著，霍炜译：《做文化研究——索尼随身听的故事》，商务印书馆2003年版。

［德］于尔根·哈贝马斯等著，周宪主编：《文化现代性精粹读本》，中国人民大学出版社2006年版。

［法］皮埃尔·布尔迪厄著，包亚明译：《文化资本与社会炼金术——布尔迪厄访谈录》，上海人民出版社1997年版。

国际儒学联合会学术委员会编：《儒学与世界和平及社会和谐》，首都师范大学出版社1999年版。

朱贻庭主编：《儒家文化与和谐社会》，学林出版社2005年版。

张立文：《中国和合文化导论》，中共中央党校出版社2001年版。

左亚文：《和合思想的当代阐释——唯物辩证法与东方智慧的对话》，湖北教育出版社2003年版。

郑涵：《中国的和文化意识》，学林出版社2005年版。

席酉民、唐方成、郭士伊：《和谐理论》，西安交通大学出版社2004年版。

红旗大参考编写组：《构建社会主义和谐社会大参考》，红旗出版社

2005 年版。

熊月之主编：《和谐社会论》，时事出版社 2005 年版。

黄建钢：《群体心态论》，浙江大学出版社 2004 年版。

［美］戴维·波普诺著，李强等译：《社会学》第十版，中国人民大学出版社 1999 年版。

［英］安东尼·吉登斯著，赵旭东、齐心、马戎、阎书昌等译，刘琛、张建忠校译：《社会学》第四版，北京大学出版社 2003 年版。

［美］戴维·格伦斯基编，王俊等译：《社会分层》，华夏出版社 2005 年版。

［法］埃米尔·涂尔干著，渠东译：《社会分工论》，生活·读书·新知三联书店 2000 年版。

［印度］阿马蒂亚·森著，任赜、于真译，刘民权、刘柳校：《以自由看待发展》，人民出版社 2002 年版。

［美］杜赞奇著，王福明译：《文化权力与国家——1900—1942 年的华北农村》，江苏人民出版社 2004 年版。

郑杭生：《中国特色社会学理论的探索》，中国人民大学出版社 2005 年版。

罗荣渠：《现代化新论——世界与中国的现代化进程》，商务印书馆 2004 年版。

孙立平：《现代化与社会转型》，北京大学出版社 2005 年版。

刘祖云：《社会转型解读》，武汉大学出版社 2005 年版。

贺善侃：《当代中国转型期社会形态研究》，学林出版社 2003 年版。

薛晓源、陈家刚主编：《全球化与新制度主义》，社会科学文献出版社 2004 年版。

李培林、张翼、赵延东、梁栋：《社会冲突与阶级意识——当代中国社会矛盾问题研究》，社会科学文献出版社 2005 年版。

陆学艺主编：《当代中国社会阶层研究报告》，社会科学文献出版社 2002 年版。

陆学艺主编：《当代中国社会流动》，社会科学文献出版社 2004 年版。

孙立平：《转型与断裂：改革以来中国社会结构的变迁》，清华大学出版社 2004 年版。

孙立平：《现代化与社会转型》，北京大学出版社 2005 年版。

参考文献

李培林、李强、孙立平：《中国社会分层》，社会科学文献出版社 2004 年版。

李春玲：《断裂与碎片——当代中国社会阶层分化实证分析》，社会科学文献出版社 2005 年版。

李强：《农民工与中国社会分层》，社会科学文献出版社 2004 年版。

黄家海、王开玉主编：《社会学视角下的和谐社会》，社会科学文献出版社 2006 年版。

郑杭生、李路路主编，洪大用副主编：《中国人民大学中国社会发展研究报告 2005：走向更加和谐的社会》，中国人民大学出版社 2005 年版。

张静主编：《身份认同研究》，世纪出版集团、上海人民出版社 2006 年版。

蔡昉、万广华：《中国转轨时期收入差距与贫困》，社会科学文献出版社 2006 年版。

姚洋主编：《转轨中国：审视社会公正和平等》，中国人民大学出版社 2004 年版。

张丽君：《新时期干群矛盾研究》，中国社会科学出版社 2004 年版。

李拓：《和谐与冲突——新时期中国阶级阶层结构问题研究》，中国财政经济出版社 2002 年版。

石彤：《中国社会转型时期的社会排挤——以国企下岗女工为视角》，北京大学出版社 2004 年版。

周晓虹主编：《中国中产阶层调查》，社会科学文献出版社 2005 年版。

刘精明：《国家、社会阶层与教育》，中国人民大学出版社 2005 年版。

赵丽江：《中国私营企业家的政治参与》，中国经济出版社 2006 年版。

刘玉亭：《转型期中国城市贫困的社会空间》，科学出版社 2005 年版。

黄树民著，素兰、纳日碧力戈译：《林村的故事：一九四九年后的中国农村变革》，生活·读书·新知三联书店 2002 年版。

吴毅：《村治变迁中的权威与秩序——20 世纪川东双村的表达》，中国社会科学出版社 2002 年版。

张汝立：《农转工——失地农民的劳动与生活》，社会科学文献出版社 2006 年版。

周拥平等编著：《看看他们：北京 100 个外来贫困农民家庭》，中国青年出版社 2004 年版。

黄怡：《城市社会分层与居住隔离》，同济大学出版社 2006 年版。

沙莲香主编：《社会学家的沉思：中国社会文化心理》，中国社会出版社 1998 年版。

邓正来：《国家与市民社会——一种社会理论的研究路径》，世纪出版集团、上海人民出版社 2006 年版。

马长山：《国家、市民社会与法治》，商务印书馆 2002 年版。

师吉金：《构建与嬗变——中国共产党与当代中国社会之变迁》，济南出版社 2003 年版。

胡福明、陆剑杰、张一兵主编：《马克思主义实践论与邓小平理论的哲学基础》，南京大学出版社 2000 年版。

康有为：《大同书》，古籍出版社 1956 年版。

李华兴、吴嘉勋编：《梁启超选集》，上海人民出版社 1984 年版。

夏晓虹编：《梁启超文选》，中国广播电视出版社 1992 年版。

葛懋春、蒋俊编选：《梁启超哲学思想论文选》，北京大学出版社 1984 年版。

刘波编：《孙中山箴言录》，中国文联出版社 1998 年版。

赵朴初：《佛教常识答问》，北京出版社 2003 年版。

香港道教学院主办，陈鼓应主编：《道家文化研究》第一辑，上海古籍出版社 1992 年版。

王宗昱、李四龙、杨立华、周学农编著：《中国宗教名著导读·佛道教卷》，北京大学出版社 2004 年版。

杜继文：《中国佛教与中国文化》，宗教文化出版社 2003 年版。

陶德麟、黎德扬主编：《马克思主义哲学原理》，武汉大学出版社 2002 年版。

王海明：《新伦理学》，商务印书馆 2001 年版。

张凤阳：《现代性的谱系》，南京大学出版社 2004 年版。

王成兵：《当代认同危机的人学解读》，中国社会科学出版社 2004 年版。

李萍主编：《公民日常行为的道德分析》，人民出版社 2004 年版。

姬金铎：《封建主义及其当代影响》，中国社会科学出版社 2003 年版。

汤志钧编：《康有为政论集》上册，中华书局 1981 年版。

北京大学哲学系外国哲学史教研室编译：《西方哲学原著选读》，商务印书馆1981年版。

［英］罗素著，何兆武、李约瑟、马元德译：《西方哲学史》上、下，商务印书馆1963年版。

［希腊］亚里士多德著，吴寿彭译：《政治学》，商务印书馆1965年版。

［希腊］柏拉图著，郭斌和、张竹明译：《理想国》，商务印书馆1986年版。

［英］洛克著，叶启芳、瞿菊农译：《政府论》下篇，商务印书馆1964年版。

［法］卢梭著，何兆武译：《社会契约论》，商务印书馆2003年版。

［德］马克斯·韦伯著，约翰内斯·温克尔曼整理，林荣远译：《经济与社会》上卷，商务印书馆1997年版。

［德］马克斯·韦伯著，于晓、陈维纲等译：《新教伦理与资本主义精神》，生活·读书·新知三联书店1987年版。

［英］亚当·斯密著，余涌译：《道德情操论》，中国社会科学出版社2003年版。

［法］埃米尔·涂尔干著，渠东、汲喆译：《宗教生活的基本形式》，上海人民出版社1999年版。

［法］圣西门著，何清新译：《圣西门选集》上卷，商务印书馆1962年版。

［法］圣西门著，王燕生译：《圣西门选集》第1卷，商务印书馆1979年版。

［法］圣西门著，董果良、赵鸣远译：《圣西门选集》第3卷，商务印书馆1985年版。

［法］傅立叶著，赵俊欣、吴模信、徐知勉译：《傅立叶选集》第2卷，商务印书馆1981年版。

［英］欧文著，柯象峰译：《新和谐公社组织法》，《欧文选集》第2卷，商务印书馆1981年版。

［法］托克维尔著，董果良译：《论美国的民主》，商务印书馆1988年版。

［美］约翰·罗尔斯著，何怀宏、何包钢、廖申白译：《正义论》，中国社会科学出版社1988版。

［德］恩斯特·卡西尔著，甘阳译：《人论》，上海译文出版社1985

年版。

[法] 罗兰·巴尔特著,王东亮等译:《符号学原理》,生活·读书·新知三联书店1999年版。

[德] 阿尔弗雷德·许茨著,霍桂桓、索昕译:《社会实在问题》,华夏出版社2001年版。

[美] 亨廷顿著,周琪、刘绯、张立平、王圆译:《文明的冲突与世界秩序的重建》,新华出版社1998年版。

[美] 托马斯·雅诺斯基著,柯雄译:《公民与文明社会》,辽宁教育出版社2000年版。

[美] 成中英:《从中西互释中挺立——中国哲学与中国文化的新定位》,中国人民大学出版社2005年版。

[匈] 阿格尼丝·赫勒著,李瑞华译:《现代性理论》,商务印书馆2005年版。

[美] 亨德里克·房龙著,迮卫、靳翠微译:《宽容》,生活·读书·新知三联书店1985年版。

四、学位论文

王兵:《群体认同的社会心理研究》,北京大学博士后报告,2001年。

李小平:《群体态度构成与演化的非线性动力学模型及其应用研究》,南京师范大学博士论文,2003年。

何玉兴:《社会群体沟通平衡问题学理资源探析》,中国社会科学院博士论文,2000年。

姜治莹:《转型时期中国社会阶层文化价值研究》,吉林大学博士论文,2002年。

何兰萍:《社会转型期的大众文化与现代性体验》,南京大学博士论文,2003年。

仲红卫:《当代中国的市民文化——当代中国的社会发展与文化变迁》,复旦大学博士论文,2001年。

宋善文:《当前人民内部矛盾研究》,华中师范大学博士论文,2005年。

胡秀娥:《社会阶层变动与人民内部矛盾新发展》,中国人民大学硕士论文,2004年。

刘捷:《改革开放以来我国先富群体问题研究》,北京大学博士论文,2001年。

钟牧原：《我国先富群体的价值观探析》，中国人民大学硕士论文，2004年。

胡秀红：《城市富裕阶层研究——以北京市为例》，中国科学院地理研究所硕士论文，1998年。

徐建萍：《中等收入阶层在中国政治稳定中的作用、现状及对策分析》，中国人民大学硕士论文，2004年。

张伟：《转型期中国城市中间阶层的质性研究——以北京市为例》，北京大学博士论文，2004年。

陈义平：《中国中产阶层扩大的条件与机制研究》，南开大学博士论文，2004年。

韩克庆：《经济全球化对中国社会分层的影响》，南开大学博士论文，2003年。

张怡：《作为符号权力的文化——皮埃尔·布迪厄的文化社会学导论》，北京师范大学博士论文，2002年。

五、论文

张耀灿：《中国传统和谐文化的当代价值》，《中国教育报》2005年12月20日。

黄力之：《巴黎手稿与马克思主义文化哲学》，《学术研究》2005年第7期。

黄枬森：《马克思恩格斯与毛泽东邓小平之间的桥梁》，《高校理论战线》2000年第5期。

王秀华、程瑞山：《冲突与和谐：毛泽东政治秩序理念及当代价值》，《中国人民大学学报》2006年第4期。

张静：《私人与公共：两种关系的混合变形》，《华中师范大学学报》（人文社会科学版）2005年第3期。

郑杭生、李路路：《社会结构与社会和谐》，《中国人民大学学报》2005年第2期。

李强、唐仕：《城市农民工与城市中的非正规就业》，《社会学研究》2002年第6期。

李强：《中国大陆城市农民工的职业流动》，《社会学研究》1999年第3期。

李强：《中国外出农民工及其汇款之研究》，《社会学研究》2001年第

4 期。

陈映芳:《农民工的制度安排与身份认同》,《社会学研究》2005 年第 3 期。

李路路:《当代中国社会分层的制度化结构》,《教学与研究》1996 年第 3 期。

郑广怀:《伤残农民工:无法被赋权的群体》,《社会学研究》2005 年第 3 期。

刘精明:《向非农职业流动:农民生活史的一项研究》,《社会学研究》2001 年第 6 期。

郭正林:《当代中国农民政治参与的程度、动机及社会效应》,《社会学研究》2003 年第 3 期。

朱启臻、朱琳、张凤荣:《北京山区农民土地价值观念变化分析》,《绿色中国》2005 年第 4 期。

张文宏、阮丹青、潘允康:《天津农村居民的社会网》,《社会学研究》1999 年第 2 期。

刘倩:《市场因素下的"共产主义小社区"——对中国中部一个村庄社会结构变革的实证研究》,《社会学研究》1997 年第 5 期。

王春光:《农村流动人口的"半城市化"问题研究》,《社会学研究》2006 年第 5 期。

唐灿、冯小双:《"河南村"流动农民的分化》,《社会学研究》2000 年第 4 期。

翟学伟:《社会流动与关系信任——也谈关系强度与农民工的求职策略》,《社会学研究》2003 年第 1 期。

曹子玮:《农民工的再建构社会网与网内资源流向》,《社会学研究》2003 年第 3 期。

王毅杰、童星:《流动农民社会支持网探析》,《社会学研究》2004 年第 2 期。

张海波、童星:《被动城市化群体城市适应性与现代性获得中的自我认同——基于南京市 561 位失地农民的实证研究》,《社会学研究》2006 年第 2 期。

李学增、程学斌:《中国城市各阶层的利益差距》,《中国社会科学》1997 年第 6 期。

参考文献

唐任伍、章文光：《论"中国富人"》，《改革》2003年第6期。

毛三元：《直面富人群体》，《中南财经大学学报》1999年第3期。

宋晓梧、高书生：《对当前城镇居民贫富状况的思考》，《经济学家》2002年第3期。

袁山林、吴丽民、陈世斌：《经济繁荣背后的文化》，《经济论坛》2003年第6期。

戴建中：《现阶段中国私营企业主研究》，《社会学研究》2001年第5期。

严先溥：《关注高收入消费群体》，《瞭望生活周刊》2001年第17期。

周怡：《贫困研究：结构解释与文化解释的对垒》，《社会学研究》2002年第3期。

劳动和社会保障部：《城市低保制为市民撑起保护伞》，《人民日报》2007年10月9日。

徐琴：《城市体制外贫困社群的生产与再生产》，《江海学刊》2006年第5期。

慈勤英、王卓祺：《失业者的再就业选择——最低生活保障制度的微观分析》，《社会学研究》2006年第3期。

黄晨熹：《城市低保对象求职行为的影响因素及相关制度安排研究——以上海为例》，《社会学研究》2007年第1期。

王兆萍：《贫困文化的性质和功能》，《社会科学》2005年第4期。

吴理财：《"贫困"的经济学分析及其分析的贫困》，《经济评论》2001年第4期。

肖文涛：《我国社会转型期的城市贫困问题研究》，《社会学研究》1997年第5期。

辛秋水：《重视农村的文化扶贫》，《瞭望新闻周刊》2006年第8期。

杨帆：《中国已进入财富激增时期"暴富"考验中国崛起》，《中国民营科技与经济》2007年第4期。

岑科：《"仇富"对面是"欺贫"——杜维明谈企业家的社会责任》，《中国企业家》2006年第1—2期合刊。

杨茜、江严：《仇富心理及其他》，《心理世界》2006年第3期。

毛寿龙：《仇富的本质是仇不公》，《学习月刊》2006年第7期上。

万军、刘君栩、杨丽华：《当前党员领导干部的思想状况问卷调查》，

《科学社会主义》2006年第6期。

谢鹏程：《论社会主义法治理念》，《中国社会科学》2007年第1期。

周业安、赵坚毅：《市场化、经济结构变迁和政府经济结构政策转型——中国经验》，《管理世界》2004年第5期。

陈佳贵、黄群慧：《工业发展、国情变化与经济现代化战略——中国成为工业大国的国情分析》，《中国社会科学》2005年第4期。

孙立平：《"关系"、社会关系与社会结构》，《社会学研究》1996年第5期。

孙立平、王汉生、王思斌、林彬、杨善华：《改革以来中国社会结构的变迁》，《中国社会科学》1994年第2期。

孙立平：《"自由流动资源"与"自由活动空间"——改革以来中国社会结构变迁研究》，《探索》1993年第1期。

蔡昉、王美艳：《中国经济增长究竟有多快?》，《新视野》2002年第2期。

陈剩勇、林龙：《权利失衡与利益协调：城市贫困群体利益表达的困境》，《青年研究》2005年第2期。

王思斌：《走向发展型社会政策与社会组织建设》，《社会学研究》2007年第2期。

许欣欣：《社会、市场、价值观：整体变迁的征兆——从职业评价与择业取向看中国社会结构变迁再研究》，《社会学研究》2005年第4期。

李春玲：《流动人口地位获得的非制度途径——流动劳动力与非流动劳动力之比较》，《社会学研究》2006年第5期。

毛丹、王燕锋：《J市农民为什么不愿做市民——城郊农民的安全经济学》，《社会学研究》2006年第6期。

《农村·农业·农民》杂志编者：《〈论新生代民工——游离在两种生活状态间的"边缘人"〉编者按》，《农村·农业·农民》（B版）2006年第7期。

项兆伦、李其森：《干群关系融洽群众安居乐业——江西省余江县锦江镇九亭村调查》，《党建研究》2004年第9期。

邓世豹：《平等：和谐社会之基》，《法学论坛》2005年第4期。

洋龙：《平等与公平、正义、公正之比较》，《文史哲》2004年第4期。

韩水法：《平等的概念》，《文史哲》2006年第4期。

韩东才：《和谐社会的信任文化因素研究》，《学术研究》2006年第9期。

杨中芳、彭泗清：《中国人人际信任的概念化：一个人际关系的观点》《社会学研究》1999年第2期。

李丹婷：《论制度信任及政府在其中的作用》，《中共福建省委党校学报》2006年第8期。

闫健：《当代西方信任研究若干热点问题综述》，《当代世界与社会主义》2006年第4期。

张静：《信任问题》，《社会学研究》1997年第3期。

王绍光、刘欣：《信任的基础：一种理性的解释》，《社会学研究》2002年第3期。

韩东才：《和谐社会的信任文化因素研究》，《学术研究》2006年第9期。

段忠桥：《马克思和恩格斯的公平观》，《哲学研究》2000年第8期。

梁丽萍：《以政府的积极治理促进社会秩序的公平正义——访国家行政学院副院长韩康》，《中国党政干部论坛》2006年第12期。

雷庆翼：《"中"、"中庸"、"中和"评议》，《孔子研究》2000年第3期。

程梅花、邹林：《论儒家"致中和"的思维方式》，《孔子研究》2000年第3期。

张东娇：《简论沟通及其教育价值》，《教育科学》2002年第1期。

严文华：《20世纪80年代以来国外组织沟通研究评价》，《外国经济与管理》2001年第2期。

张德胜、金耀基、陈海文、陈健民、杨中芳、赵志裕、伊沙白：《论中庸理性：工具理性、价值理性和沟通理性之外》，《社会学研究》2001年第2期。

祝业精：《简论战略网络中的协调机制》，《经济与管理研究》2003年第6期。

何玲利：《论建立健全和谐社会的利益协调机制》，《理论导刊》2005年第11期。

［美］乔治·F. 麦克林著，邹诗鹏译：《多元文化社会中的宽容精神》，《求是学刊》2005年第1期。

王颖：《团结友善刍议》，《高校理论战线》2003年第9期。

高丙中：《社团合作与中国公民社会的有机团结》，《中国社会科学》2006年第3期。

程立涛、祁刚利：《论社会主义友爱的特点》，《河北师范大学学报》（哲学社会科学版）2004年第2期。

廖申白：《友爱在亚里士多德伦理学中的地位》，《哲学研究》1999年第5期。

蔡志洲：《现阶段中国经济增长到底达到怎样的水平》，《经济科学》2007年第2期。

林毅夫、刘明兴：《中国的经济增长收敛与收入分配》，《世界经济》2003年第8期。

胡鞍钢、胡琳琳、常志霄：《中国经济增长与减少贫困（1978—2004）》，《清华大学学报》（哲学社会科学版）2006年第5期。

鲁鹏：《制度与发展关系论纲》，《中国社会科学》2002年第3期。

方军：《制度伦理与制度创新》，《中国社会科学》1997年第3期。

漆向东：《和谐社会构建中的户籍制度改革问题研究》，《中州学刊》2007年第3期。

李煜：《制度变迁与教育不平等的产生机制——中国城市子女的教育获得（1966—2003）》，《中国社会科学》2006年第4期。

徐辉：《制度创新：中国反贫困成功的关键》，《东南亚纵横》2002年第6期。

李实：《收入分配与和谐社会》，《中国人口科学》2007年第5期。

范德珩、张长江：《论干部工作民主化的制度设计》，《领导科学》2007年第18期。

吴忠民：《立足于社会公正，优化社会结构》，《社会学研究》2007年第2期。

黄豁、侯大伟、石志勇：《中间阶层发育需政策扶持》，《瞭望》2006年第9期。

刘慧珍：《社会阶层分化与高等教育机会均等》，《北京师范大学学报》（社会科学版）2007年第1期。

边燕杰、李路路、李煌、郝大海：《结构壁垒、体制转型与地位资源含量》，《中国社会科学》2006年第5期。

温飞、李强：《如何实现"优化社会结构"和"扩大中等收入者比例"的战略》，《新视野》2007年第3期。

宋林飞：《优化社会结构是构建和谐社会的基础》，《社会学研究》2007年第2期。

赵卫华：《北京市社会阶层结构状况与特点分析》，《北京社会科学》2006年第1期。

高清海：《主体呼唤的历史根据和时代内涵》，《中国社会科学》1994年第4期。

姜义华：《构筑国际大都市社会主义先进文化》，《复旦学报》（社会科学版）2002年第5期。

周晓虹：《流动与城市体验对中国农民现代性的影响——北京"浙江村"与温州一个农村社区的考察》，《社会学研究》1998年第5期。

程名望、史清华：《农民工进城务工文化差异的实证分析》，《中国人力资源开发》2006年第7期。

吴焕文：《生活方式指标体系初探》，《山东师范大学学报》（人文社会科学版）2002年第5期。

张兴国：《公共生活的伦理视野》，《河北学刊》2006年第6期。

李慎明：《坚持人民当家作主是社会主义民主政治的出发点和落脚点》，《政治学研究》2005年第2期。

本刊评论员：《如何认识和推进中国的民主政治建设》，《科学社会主义》2006年第6期。

黄枬森：《论社会主义和谐文化的建设》，《人文杂志》2007年第4期。

后　　记

本书是在我的博士论文的基础上修改而成的。在此我要感谢华中师范大学政法学院为我提供了良好的学习环境。

望着手中这本书稿，首先要特别感谢我的博士生导师秦在东教授与黄洁师母，先生渊博的知识、敏锐的学术眼光使我受益匪浅。同时深切感谢硕士生导师张耀灿教授与陈四维师母，在读期间张老师与陈师母始终给予我亲切关怀、谆谆教诲。还要由衷地感谢林剑教授、龙静云教授、刘从德教授，他们的教导是我前行的动力。感谢龚海泉教授及已离我们远去的饶定轲教授，他们的关爱令我不敢懈怠。感谢姜红老师的帮助。

真诚感谢在百忙之中参加我的论文答辩的石云霞教授、杨鲜兰教授等委员以及匿名评审专家。他们对论文的中肯评价与建设性意见，为论文的成书提供了帮助。感谢吴雪梅博士、马景华教授为本书所做的工作。感谢毕红梅博士、梅萍博士、董英博士、陈华州博士等，他们的鼓励与支持催我奋进。感谢王茂胜博士，他为本书的出版提供了无私的帮助。求学期间还得到了其他许多老师、同学与朋友的帮助与关心，在此一并深表谢意！

我要深深感谢我的亲人，我的母亲、女儿……是他们的支持与厚爱支撑我顺利完成学业。

衷心感谢中国社会科学出版社编审卢小生先生，他为本书的出版付出了无私帮助与辛勤劳动；同时，我还要感谢解放军外国语学院为本书出版所提供的经费资助。本书得以付梓，与他们的鼎力支持密不可分。

本书在写作过程中参考了同行专家、学者的有关著作和论文，谨致诚挚的谢意。限于本人水平，书中难免有不妥之处，希望专家、学者和读者不吝批评指正。

李丽华

2008 年 12 月于洛阳